[Wissen für die Praxis]

Weiterführend empfehlen wir:

Das gesamte Behinderten- und Rehabilitationsrecht
ISBN 978-3-8029-5259-3

PSG III – BTHG: Die neue Hilfe zur Pflege im SGB XII
ISBN 978-3-8029-7560-8

Bundesteilhabegesetz Reformstufe 2: Das neue SGB IX
ISBN 978-3-8029-7565-3

BTHG-Umsetzung – Die Eingliederungshilfe im SGB IX
ISBN 978-3-8029-7573-8

Weitere Titel unter: www.WALHALLA.de

Wir freuen uns über Ihr Interesse an diesem Buch. Gerne stellen wir Ihnen zusätzliche Informationen zu diesem Programmsegment zur Verfügung.

Bitte sprechen Sie uns an:

E-Mail: WALHALLA@WALHALLA.de
http://www.WALHALLA.de

Walhalla Fachverlag · Haus an der Eisernen Brücke · 93042 Regensburg
Telefon (0941) 56 84-0 · Telefax (0941) 56 84-111

Bundesteilhabegesetz

Reformstufe 3:

Neue Eingliederungshilfe

Vergleichende Gegenüberstellung/Synopse

Gesetzesmaterialien und Erläuterungen zum Teil 2 SGB IX 2020: Besondere Bestimmungen zur selbstbestimmten Lebensführung für Menschen mit Behinderungen

WALHALLA

Bibliografische Information der Deutschen Nationalbibliothek

Die Deutsche Nationalbibliothek verzeichnet diese Publikation in der Deutschen Nationalbibliografie; detaillierte bibliografische Daten sind im Internet über http://dnb.dnb.de abrufbar.

Zitiervorschlag:
Knoche, T.: Bundesteilhabegesetz Reformstufe 3: Neue Eingliederungshilfe
Walhalla Fachverlag, Regensburg 2019

Hinweis: Unsere Werke sind stets bemüht, Sie nach bestem Wissen zu informieren. Alle Angaben in diesem Buch sind sorgfältig zusammengetragen und geprüft. Durch Neuerungen in der Gesetzgebung, Rechtsprechung sowie durch den Zeitablauf ergeben sich zwangsläufig Änderungen. Bitte haben Sie deshalb Verständnis dafür, dass wir für die Vollständigkeit und Richtigkeit des Inhalts keine Haftung übernehmen.

Bearbeitungsstand: 15. Juli 2019

Produktion: Walhalla Fachverlag, 93042 Regensburg
Umschlaggestaltung: grubergrafik, Augsburg
Printed in Germany
ISBN 978-3-8029-7571-4

SBL-CPI-0819-26220-Q

Schnellübersicht

BTHG ein „lebendes System" – Hinweise zum Buchaufbau

Am 01.01.2020 ist es soweit – Teil 2 des Neunten Buches Sozialgesetzbuch (SGB IX) – tritt vollständig in Kraft. Damit wird das Recht der Eingliederungshilfe aus dem Recht der Sozialhilfe (SGB XII) entnommen und als eigenes Leistungsgesetz ausgestaltet. Wie der Titel dieses Teil 2 „Besondere Leistungen zur selbstbestimmten Lebensführung für Menschen mit Behinderungen (Eingliederungshilferecht)" zeigt, findet dabei auch eine – von der UN-Behindertenrechtskonvention ausgehende und bereits in Teil 1 des SGB IX vollzogene – strukturelle Überführung hin zu einer personenzentrierten Betrachtung der Bedarfe von Menschen mit Behinderung statt. Leistungen der „neuen" Eingliederungshilfe sollen gewährt werden, um „Leistungsberechtigten eine individuelle Lebensführung zu ermöglichen, die der Würde des Menschen entspricht, und die volle, wirksame und gleichberechtigte Teilhabe am Leben in der Gesellschaft zu fördern. Die Leistung soll sie befähigen, ihre Lebensplanung und -führung möglichst selbstbestimmt und eigenverantwortlich wahrnehmen zu können." (Wortlaut von § 90 Absatz 1 Satz 1 und Satz 2 SGB IX in der Fassung ab 01.01.2020).

Um diese Aufgaben bewältigen zu können, müssen Mitarbeitende beim Eingliederungshilfeträger, bei den Leistungserbringern, aber auch der Betroffene und seine Bevollmächtigten (z. B. rechtliche Betreuer) schnell und fundiert mit den neuen rechtlichen Vorgaben vertraut sein.

Da die Einarbeitung meist leichter fällt, wenn man sich „am Bekannten festhalten kann", wurden die Paragrafen von Teil 2 des SGB IX den entsprechenden Textstellen des SGB XII gegenüber gestellt und im Anschluss daran jeweils die Gesetzesbegründung und weitere Hinweise zur Auslegung der Vorschriften abgedruckt. So kann man auf einen Blick erkennen, was unverändert bleibt, wo Erweiterungen stattfanden und was ganz neu in das Recht der Eingliederungshilfe eingefügt wurde.

Ausgangspunkt war dabei die Gesetzesbegründung des Bundesteilhabegesetzes (Drs. 19/9522). Soweit diese durch die Beschlussempfehlung (Drs. 19/10523) modifziert wurde, sind diese Änderungen berücksichtigt.

Damit unterschieden werden kann, welcher Text zur Gesetzesbegründung gehört und was Autorentext ist (im Folgenden „Redaktionelle Hinweise"), wurden die Hinweise grau unterlegt.

Das Bundesteilhabegesetz ist ein „lebendes System" – so Andrea Nahles als 2016 zuständige Ministerin des BMAS bei der Vorstellung des neuen Gesetzes. Die Auswertung von Modellprojekten, die Diskussion in diversen Arbeitsgruppen zu Teilthemen sowie Fachtagungen bringen immer wieder noch nicht „ausgeleuchtete" Teilaspekte, Ungereimtheiten im BTHG-Wortlaut oder redaktionelle Versehen des Gesetzgebers ans Licht. Aus diesem Grund werden die Vorschriften des neuen Eingliederungshilferechts (sowie damit zusammenhängende Vorschriften im SGB XII, z. B. § 42a SGB XII – siehe Kapitel 12 dieses Buches) nachjustiert. Teilweise sind Verbesserungen bereits im Bundesgesetzblatt verkündet:

- Gesetz zur Durchführung von Verordnungen der Europäischen Union zur Bereitstellung von Produkten auf dem Markt und zur Änderung des Neunten und Zwölften Buches Sozialgesetzbuch vom 18.04.2019 (BGBl. I S. 473)
- Gesetz zur zielgenauen Stärkung von Familien und ihren Kindern durch die Neugestaltung des Kinderzuschlags und die Verbesserung der Leistungen für Bildung und Teilhabe (Starke-Familien-Gesetz) vom 29.04.2019 (BGBl. I S. 530) – insbesondere Erweiterung von § 42b SGB XII (siehe dazu die Ausführungen bei § 113)

Vorwort

Teilweise waren notwendige Änderungen zur Drucklegung des Buches (15.07.2019) noch im Gesetzgebungsverfahren:

- Gesetz zur Änderung des Neunten und des Zwölften Buches Sozialgesetzbuch und anderer Rechtsvorschriften (Drs. 19/11006) – sog. Reparaturgesetz; dieses Vorhaben wurde noch vor der parlamentarischen Sommerpause am 27.06.2019 in 1. Lesung im Bundestag behandelt und soll bis November 2019 verkündet werden. Neben Nachjustierungen im SGB IX ist hier insbesondere die Anfügung von Absatz 5 in § 113 sowie die Neufassung des Wortlautes von § 42a SGB XII erwähnenswert (siehe dazu Kapitel 12 dieses Buches).
- Gesetz zur Entlastung unterhaltsverpflichtender Angehöriger in der Sozialhilfe und in der Eingliederungshilfe (Angehörigen-Entlastungsgesetz), Referentenentwurf des BMAS vom 12.06.2019. Dieser Entwurf soll Mitte August 2019 vom Bundeskabinett verabschiedet und gleich nach der parlamentarischen Sommerpause in Bundestag und Bundesrat behandelt werden. Nach diesem Entwurf sollen Unterhaltsverpflichtete nur noch herangezogen werden, wenn das Jahresbruttoeinkommen über 100.000 Euro liegt. Im Eingliederungshilferecht soll bei volljährigen Leistungsbeziehern künftig gänzlich auf Elternbeiträge verzichtet werden (siehe die Ausführungen bei § 138 und § 142). Neu eingefügt werden soll ein „Budget für Ausbildung"; den Wortlaut des geplanten § 61a SGB IX finden Sie in den Erläuterungen zu § 111.

Diese Verbesserungen/Anpassungen sind bereits in den folgenden Ausführungen – sowohl im Gesetzeswortlaut als auch den Erläuterungen – berücksichtigt und entsprechend gekennzeichnet (noch nicht verkündete Änderungen im Gesetzeswortlaut in kursiver Schrift).

Verlag und Autor wollen mit diesem Buch eine Orientierungshilfe im neuen Recht schaffen und hoffen, dass dies gelungen ist. Rückmeldungen und Verbesserungsvorschläge sind stets willkommen!

Thomas Knoche, im Juli 2019

Kapitel 1
Allgemeine Vorschriften

Gesetzestext mit BTHG-Gesetzesbegründung und redaktionellen Hinweisen

<table>
<tr><th colspan="2">SGB XII bis 31.12.2019</th><th>SGB IX ab 1.1.2020</th></tr>
<tr><td colspan="2">Erstes Kapitel
Allgemeine Vorschriften

§ 1 Aufgabe der ~~Sozialhilfe~~
Satz 1 und Satz 2</td><td>Kapitel 1
Allgemeine Vorschriften

§ 90 Aufgabe der Eingliederungshilfe</td></tr>
<tr><td colspan="2">$_1$Aufgabe der ~~Sozialhilfe~~ ist es, ~~den~~ Leistungsberechtigten die Führung eines Lebens zu ermöglichen, das der Würde des Menschen entspricht.

$_2$Die Leistung soll sie so weit wie möglich befähigen, unabhängig von ihr zu leben; darauf haben auch die Leistungsberechtigten nach ihren Kräften hinzuarbeiten.

Sechstes Kapitel
Eingliederungshilfe für behinderte Menschen</td><td>(1) $_1$Aufgabe der Eingliederungshilfe ist es, Leistungsberechtigten eine individuelle Lebensführung zu ermöglichen, die der Würde des Menschen entspricht, und die volle, wirksame und gleichberechtigte Teilhabe am Leben in der Gesellschaft zu fördern. $_2$Die Leistung soll sie befähigen, ihre Lebensplanung und -führung möglichst selbstbestimmt und eigenverantwortlich wahrnehmen zu können.</td></tr>
<tr><td>§ 53 Leistungsberechtigte und Aufgabe</td><td>§ 53 Absatz 3 : Satzteile umgruppiert</td><td></td></tr>
<tr><td>(3) $_1$Besondere Aufgabe der Eingliederungshilfe ist es, eine drohende Behinderung zu verhüten oder eine Behinderung oder deren Folgen zu beseitigen oder zu mildern und die behinderten Menschen in die Gesellschaft einzugliedern. $_2$Hierzu gehört insbesondere, den behinderten Menschen die Teilnahme am Leben in der Gemeinschaft zu ermöglichen oder zu erleichtern, ihnen die Ausübung eines angemessenen Berufs oder einer sonstigen angemessenen Tätigkeit zu ermöglichen oder sie so weit wie möglich unabhängig von Pflege zu machen.</td><td>$_1$Besondere Aufgabe der ~~Eingliederungshilfe~~ ist es, eine ~~drohende Behinderung~~ zu verhüten ~~oder eine Behinderung oder deren Folgen~~ zu beseitigen oder zu mildern.....$_2$... oder ~~sie~~ so weit wie möglich unabhängig von Pflege zu machen.</td><td>(2) Besondere Aufgabe der medizinischen Rehabilitation ist es, eine Beeinträchtigung nach § 99 Absatz 1 abzuwenden, zu beseitigen, zu mindern, auszugleichen, eine Verschlimmerung zu verhüten oder die Leistungsberechtigten soweit wie möglich unabhängig von Pflege zu machen.</td></tr>
<tr><td></td><td>~~..., ihnen die~~ Ausübung ~~eines angemessenen Berufs oder einer sonstigen angemessenen Tätigkeit zu ermöglichen....~~</td><td>(3) Besondere Aufgabe der Teilhabe am Arbeitsleben ist es, die Aufnahme, Ausübung und Sicherung einer der Eignung und Neigung der Leistungsberechtigten entsprechenden Beschäftigung sowie die Weiterentwicklung ihrer Leistungsfähigkeit und Persönlichkeit zu fördern.

(4) Besondere Aufgabe der Teilhabe an Bildung ist es, Leistungsberechtigten eine ihren Fähigkeiten und</td></tr>
</table>

SGB XII bis 31.12.2019	SGB IX ab 1.1.2020
	Leistungen entsprechende Schulbildung und schulische und hochschulische Aus- und Weiterbildung für einen Beruf zur Förderung ihrer Teilhabe am Leben in der Gesellschaft zu ermöglichen.
~~... die Teilnahme~~ am Leben in der Gemeinschaft zu ermöglichen oder zu erleichtern,....	(5) Besondere Aufgabe der Sozialen Teilhabe ist es, die gleichberechtigte Teilhabe am Leben in der Gemeinschaft zu ermöglichen oder zu erleichtern.

Gesetzesbegründung zu § 90 (Drs. 18/9522, S. 269, 270)

Die Regelung enthält eine Weiterentwicklung des geltenden Rechts des SGB XII in § 1 zur Aufgabe der Sozialhilfe allgemein und in § 53 speziell zur Aufgabe der Eingliederungshilfe für behinderte Menschen, die noch veraltet ist und auf den defizitorientierten Behinderungsbegriff abstellt.

Die neue Definition der Aufgabe der Eingliederungshilfe erfolgt im Lichte des Übereinkommens der Vereinten Nationen über die Rechte von Menschen mit Behinderungen (UN-BRK). Sie trägt dem neuen gesellschaftlichen Verständnis nach einer inklusiven Gesellschaft im Lichte der UN-BRK und der möglichst weitgehenden Selbstbestimmung und individuellen Lebensplanung der Menschen mit Behinderungen Rechnung.

Redaktioneller Hinweis:

In § 90 SGB IX werden in Absatz 1 die für alle Leistungen geltenden übergeordneten Aufgaben – eigentlich besser Ziele – der Eingliederungshilfe definiert. Sie gelten künftig den Eingliederungshilfeträgern als Richtschnur und als Ziele für die Planung und Ausführung der Leistungen.

In Absatz 1 werden – geltend für alle Leistungen der Eingliederungshilfe – genannt:

- Ermöglichung einer **individuellen** Lebensführung, die der Würde des Menschen entspricht
- Förderung einer **vollen**, **wirksamen** und **gleichberechtigten** Teilhabe am Leben in der Gesellschaft
- **eigenverantwortliche** und **selbstbestimmte** Lebensplanung und Lebensführung – ausgelöst oder unterstützt durch die bewilligte(n) Leistung(en)

Als Leistungen der Eingliederungshilfe nennt § 102 SGB IX folgende Leistungsgruppen:

- Leistungen zur medizinischen Rehabilitation (§ 109 i.V.m. §§ 42 ff. und § 64 SGB IX),
- Leistungen zur Teilhabe am Arbeitsleben (§ 111 i.V.m. §§ 58, 60 bis 62 SGB IX),
- Leistungen zur Teilhabe an Bildung (§ 112 SGB IX)
- Leistungen zur Sozialen Teilhabe (§ 113 i.V.m. §§ 77 bis 84 SGB IX)

Für diese Leistungsgruppen werden in den Absätzen 2 bis 5 von § 90 SGB IX die besonderen Aufgaben (Ziele) dieser Leistungen definiert; diese sind **neben** den in Absatz 1 genannten zu beachten. Die Definitionen greifen inhaltlich im Wesentlichen die bisherigen – in SGB XII genannten – Aufgaben unverändert auf; lediglich bei der Teilhabe an Bildung wird die Aufgabe der Eingliederungshilfe erweitert.

Leistung	Ziel der Leistung
Medizinische Rehabilitation (§ 109 i.V.m. §§ 42 ff. und § 64 SGB IX)	Beeinträchtigungen ■ abzuwenden ■ zu beseitigen ■ zu mindern ■ auszugleichen ■ eine Verschlimmerung zu verhindern Soweit wie möglich unabhängig von Pflege zu machen
Teilhabe am Arbeitsleben (§ 111 i.V.m. §§ 58, 60 bis 62 SGB IX)	Förderung der ■ Aufnahme, ■ Ausübung, ■ Sicherung, einer Beschäftigung, die der Eignung und Neigung des Leistungsberechtigten entspricht. Förderung der Weiterentwicklung der Leistungsfähigkeit und Persönlichkeit des Leistungsberechtigten Beschränkt auf nicht erwerbsfähige Leistungsberechtigte; deckt sich nicht mit den Zielen der beruflichen Reha nach § 49 Absatz 1 SGB IX, vielmehr ist hier eine Ausrichtung nach den Leistungen im Arbeitsbereich einer WfbM gegeben (§ 58 Absatz 2 SGB IX).
Teilhabe an Bildung (§ 112 SGB IX)	Ermöglichung einer der Fähigkeiten und Leistungen des Leistungsberechtigten entsprechende ■ Schulausbildung ■ schulische und hochschulische Aus- und Weiterbildung für einen Beruf Ziel: Förderung der Teilhabe am Leben in der Gesellschaft
Soziale Teilhabe (§ 113 i.V.m. §§ 77 bis 84 SGB IX)	■ Ermöglichung oder ■ Erleichterung der gleichberechtigten Teilhabe am Leben in der Gemeinschaft Diese Formulierung ist nur ein Teil der übergreifenden Ziele von Absatz 1, wiederholt diese also nur auschnittsmäßig. Zu berücksichtigen ist der komplette Zielekatalog aus Absatz 1.

Zu Absatz 1

Absatz 1 definiert übergreifend die Aufgabe der Eingliederungshilfe. Er orientiert sich an den in Artikel 3 Ziffern a und c formulierten allgemeinen Grundsätzen der UN-BRK, auf welche alle Leistungen auszurichten sind. Dies sind insbesondere „individuelle Autonomie einschließlich der Freiheit, eigene Entscheidungen zu treffen, sowie die Unabhängigkeit" und „die volle und wirksame Teilhabe an der Gesellschaft und die Einbeziehung in die Gesellschaft".

Redaktioneller Hinweis:

Artikel 3 der UN-BRK lautet in der deutschen Übersetzung (die oben in der Gesetzesbegründung angesprochenen Ziffern a und c sind fett markiert):

Artikel 3 Allgemeine Grundsätze

Die Grundsätze dieses Übereinkommens sind:

a) **die Achtung der dem Menschen innewohnenden Würde, seiner individuellen Autonomie, einschließlich der Freiheit, eigene Entscheidungen zu treffen, sowie seiner Unabhängigkeit;**

b) die Nichtdiskriminierung;

c) **die volle und wirksame Teilhabe an der Gesellschaft und Einbeziehung in die Gesellschaft;**

d) die Achtung vor der Unterschiedlichkeit von Menschen mit Behinderungen und die Akzeptanz dieser Menschen als Teil der menschlichen Vielfalt und der Menschheit;

e) die Chancengleichheit;

f) die Zugänglichkeit;

g) die Gleichberechtigung von Mann und Frau;

h) die Achtung vor den sich entwickelnden Fähigkeiten von Kindern mit Behinderungen und die Achtung ihres Rechts auf Wahrung ihrer Identität

Die ebenfalls genannte Achtung der Menschenwürde ist zugleich auch ein verfassungsrechtliches Gebot des Artikel 1 Absatz 1 GG, dem bei der Eingliederungshilfe als unterstem sozialen Netz für Leistungen an Menschen mit Behinderungen höchste Bedeutung zukommt.

Redaktioneller Hinweis:

Artikel 1 Absatz 1 des Grundgesetzes (GG) lautet:

„(1) Die Würde des Menschen ist unantastbar. Sie zu achten und zu schützen ist Verpflichtung aller staatlichen Gewalt."

Der Hinweis auf die inklusive Gesellschaft macht die Sichtweise der UN-BRK deutlich, wonach Menschen mit Behinderungen Teil der Gesellschaft sind und nicht erst einbezogen werden müssen.

Eine inhaltliche Änderung der Aufgabe der Eingliederungshilfe ist mit der neuen Definition grundsätzlich nicht verbunden.

Zu den Absätzen 2 bis 5

Die Leistungen der Eingliederungshilfe differenzieren sich in Leistungen zur medizinischen Rehabilitation, den Leistungen zur Teilhabe am Arbeitsleben, den Leistungen Teilhabe an Bildung und den Leistungen zur Sozialen Teilhabe. Die Absätze 2 bis 5 definieren jeweils die besonderen Aufgaben dieser Leistungen. Die Definitionen greifen inhaltlich im Wesentlichen die bisherigen Aufgaben dieser Leistungen unverändert auf; bei der Teilhabe an Bildung wird die Aufgabe der Eingliederungshilfe erweitert.

Absatz 2 definiert aufbauend auf der allgemeinen Definition der Aufgabe der Eingliederungshilfe die spezielle Aufgabe der medizinischen Rehabilitation. Die Regelung entspricht inhaltlich der bisherigen Definition in § 53 Absatz 3 SGB XII.

Absatz 3 definiert die besondere Aufgabe der Teilhabe am Arbeitsleben. Sie entspricht der bisherigen Aufgabe; siehe auch Begründung zu § 111 Absatz 1.

Absatz 4 definiert die Aufgabe der Sozialen Teilhabe in Anlehnung an das geltende Recht. Aufgabe ist es wie auch im geltenden Recht nach dem SGB XII, eine gleichberechtigte Teilhabe am Leben in der Gemeinschaft zu ermöglichen oder zu erleichtern.

Redaktioneller Hinweis

Die Gesetzesbegründung verweist auf die „Begründung Allgemeiner Teil zu Teil 2". Diese Begründung lautet im Gesetzentwurf (Drs. 18/9522, S. 267):

„Soziale Teilhabe

Leistungen zur Sozialen Teilhabe gewinnen insbesondere vor dem Hintergrund der mit den besonderen Leistungen zur selbstbestimmten Lebensführung für Menschen mit Behinderungen verbundenen Zielsetzungen der Ermöglichung einer individuellen Lebensführung sowie der Förderung gleichberechtigter Teilhabe am Leben in der Gesellschaft zunehmend an Bedeutung. Vor diesem Hintergrund werden in Teil 1 die bisherigen „Leistungen zur Teilhabe am Leben in der Gemeinschaft" als „Soziale Teilhabe" definiert, um bisher unbenannte Leistungstatbestände ergänzt, teilweise konkretisiert, neu strukturiert und unter Beibehaltung des offenen Leistungskataloges im Kapitel „Soziale Teilhabe" zusammengefasst.

Bereits der Leistungskatalog des BSHG hatte auf die entsprechenden Regelungen des SGB IX verwiesen; zusätzlich enthielt das BSHG lediglich für die Eingliederungshilfe spezifische Regelungen. Diese Systematik ist anlässlich der Einordnung des Sozialhilferechts in das Sozialgesetzbuch (SGB XII) im Jahre 2005 unverändert übernommen worden. Eine Änderung erfolgte nur insoweit, als die im BSHG erfolgte Zweiteilung der Leistungen in Hilfe zum Lebensunterhalt und Hilfe in besonderen Lebenslagen aufgegeben und die einzelnen Leistungsarten der Hilfe in besonderen Lebenslagen als gleichwertige Leistungen in unterschiedlichen Lebenslagen nebeneinander gestellt wurden.

Die Bedeutung der Leistungen zur Sozialen Teilhabe im Vergleich zur Medizinischen Rehabilitation und Teilhabe am Arbeitsleben hat seit Inkrafttreten des BSHG kontinuierlich zugenommen. Die Eingliederungshilfe für behinderte Menschen als steuerfinanzierte Fürsorgeleistung hat rechtssystematisch die Funktion eines untersten Netzes für Menschen mit Behinderungen. In den Bereichen medizinische Rehabilitation und Teilhabe am Arbeitsleben sind die vorrangigen Sozialversicherungssysteme ausgebaut worden mit der Folge, dass diese Leistungen innerhalb der Eingliederungshilfe relativ an Bedeutung verloren haben. Anders verhält es sich jedoch bei der Sozialen Teilhabe; für diese ist die Eingliederungshilfe weiter in den meisten Fällen (Ausnahmen: gesetzliche Unfallversicherung, Jugendhilfe und Kriegsopferfürsorge) das einzige Leistungssystem. Dies spiegelt sich auch in den Leistungsausgaben wider."

Trotz der gestiegenen Bedeutung der Leistungen zur Sozialen Teilhabe, bleibt es weiterhin beim Grundsatz, dass diese gegenüber den Leistungen zur medizinischen Rehabilitation, der Teilhabe am Arbeitsleben und der Teilhabe an Bildung nachrangig sind („unterstes Netz").

Leistungsgruppen der Eingliederungshilfe

1 Medizinische Rehabilitation

- Kapitel 3 (§§ 109–110), siehe S. 97 ff.

2 Teilhabe am Arbeitsleben

- Kapitel 4 (§ 111), siehe S. 103 ff.

3 Teilhabe an Bildung

- Kapitel 5 (§ 112), siehe S. 117 ff.

4 Soziale Teilhabe – nachrangig gegenüber den Leistungsgruppen Ziffer 1–3

- Kapitel 6 (§§ 113–116), siehe S. 125 ff.

Leistungen der Eingliederungshilfe „werden solange geleistet, wie die Teilhabeziele nach Maßgabe des Gesamtplanes (§ 121 SGB IX) erreichbar sind" – so der Wortlaut von § 104 Abs. 1 Satz 2 SGB IX. Auch diese Ausrichtung auf ein finales Ziel ist gegenüber der derzeitigen Rechtslage unverändert (vgl. dazu auch die Ausführungen bei § 104 SGB IX).

SGB XII bis 31.12.2019	SGB IX ab 1.1.2020
§ 2 Nachrang der ~~Sozialhilfe~~	**§ 91 Nachrang der Eingliederungshilfe**
(1) ~~Sozialhilfe~~ erhält nicht~~, wer sich vor allem durch Einsatz seiner Arbeitskraft, seines Einkommens und seines Vermögens selbst helfen kann oder~~ wer die erforderliche Leistung von anderen, ~~insbesondere von Angehörigen~~ oder von Trägern anderer Sozialleistungen, erhält.	(1) Eingliederungshilfe erhält, wer die erforderliche Leistung nicht von anderen oder von Trägern anderer Sozialleistungen erhält.
(2) 1Verpflichtungen anderer, insbesondere ~~Unterhaltspflichtiger oder~~ der Träger anderer Sozialleistungen, bleiben unberührt. 2Auf Rechtsvorschriften beruhende Leistungen anderer dürfen nicht deshalb versagt werden, weil nach dem Recht der Sozialhilfe entsprechende Leistungen vorgesehen sind.	(2) 1Verpflichtungen anderer, insbesondere der Träger anderer Sozialleistungen, bleiben unberührt. 2Leistungen anderer dürfen nicht deshalb versagt werden, weil dieser Teil entsprechende Leistungen vorsieht; dies gilt insbesondere bei einer gesetzlichen Verpflichtung der Träger anderer Sozialleistungen oder anderer Stellen, in ihrem Verantwortungsbereich die Verwirklichung der Rechte für Menschen mit Behinderungen zu gewährleisten oder zu fördern.
	(3) Das Verhältnis der Leistungen der Pflegeversicherung und der Leistungen der Eingliederungshilfe bestimmt sich nach § 13 Absatz 3 des Elften Buches.

Gesetzesbegründung zu § 91 (Drs. 18/9522, S. 270, 271; Drs. 18/10523, S. 59)

Für die steuerfinanzierten Leistungen der Eingliederungshilfe wird grundsätzlich am Nachrangprinzip festgehalten; das Verhältnis zu den eigenen Verpflichtungen (siehe § 92 SGB IX) und den Verpflichtungen anderer ist deshalb zu regeln.

Zu Absatz 1

Die Regelung übernimmt inhaltlich den Gedanken des § 2 Absatz 1 SGB XII, soweit er nicht der neuen Regelung des § 92 unterfällt. In Konkretisierung des Nachrangprinzips können Leistungen nicht gewährt werden, wenn die leistungsberechtigte Person die erforderliche Leistung von anderen oder von Trägern anderer Sozialleistungen erhält.

Redaktioneller Hinweis:

Der Hinweis auf § 92 meint, dass entgegen der bisherigen Regelung in § 2 SGB XII kein Nachrang mehr bezüglich eigenem Einkommen und Vermögen des Leistungsberechtigten sowie dessen Angehörigen aufgenommen wurde. Vielmehr hat der Leistungsberechtigte (und nur er!) im Rahmen seiner finanziellen Leistungsfähigkeit einen Beitrag zu den Leistungen der Eingliederungshilfe zu leisten. Vorrangig bleibt also – je nach finanzieller Ausstattung – weiterhin der Einsatz von Einkommen und Vermögen des Leistungsberechtigten (aber nicht mehr des Partners, der Angehörigen!). Diese Konstruktion ist Ausfluss der (vermeintlichen?) Aufgabe des Fürsorgeprinzips. Näheres siehe § 92 sowie die Regelungen zu Einkommen und Vermögen in Kapitel 9 (§§ 135 ff.).

Zu Absatz 2

Die Sätze 1 und 2 übertragen inhaltsgleich die Regelung des bisherigen § 2 Absatz 2 SGB XII. Satz 2 konkretisiert zusätzlich den Nachrang der Leistungen der Eingliederungshilfe in Bezug auf die gesetzlichen Verpflichtungen der vorrangigen Sozialleistungssysteme. Die Konkretisierung in Bezug auf andere Stellen trägt Artikel 4 Absatz 2 der UN-BRK Rechnung, wonach alle staatlichen Ebenen gefordert sind, in ihrem Verantwortungsbereich die Verwirklichung der Rechte für Menschen mit Behinderungen zu gewährleisten und zu fördern. Neben den aufgezählten Konkretisierungen kommen aber weitere Verpflichtungen anderer in Betracht wie beispielsweise Versicherungsleistungen auf Grund vertraglicher Verpflichtungen.

Zu Absatz 3 – Gesetzesbegründung in der Beschlussfassung (Drs. 18/10523):

Eingliederungshilfe und Pflege haben auch nach Einführung des neuen Pflegebedürftigkeitsbegriffs grundsätzlich unterschiedliche Aufgaben. Aufgabe der Eingliederungshilfe ist die Förderung der vollen, wirksamen und gleichberechtigten Teilhabe am Leben in der Gesellschaft. Aufgabe der Pflege ist die Kompensation von gesundheitlich bedingten Beeinträchtigungen der Selbständigkeit oder der Fähigkeiten. Die Leistungen der Eingliederungshilfe und die Leistungen der Pflege sind grundsätzlich verschieden und stehen gleichrangig zueinander. Die Regelungen zum Verhältnis der Leistungen der Pflegeversicherung und der Leistungen der Eingliederungshilfe finden sich in § 13 des Elften Buches.

Redaktioneller Hinweis:

Ursprünglich sah der Gesetzentwurf (Drs. 18/9522) einen grundsätzlichen Vorrang von Leistungen der Pflegeversicherung bzw. Leistungen der Hilfe zur Pflege vor. Es war folgender Wortlaut geplant:

„(3) Im häuslichen Umfeld im Sinne des § 36 des Elften Buches der Leistungsberechtigten gehen die Leistungen der Pflegeversicherung nach dem Elften Buch und die Leistungen der Hilfe zur Pflege nach dem Siebten Kapitel des Zwölften Buches und die Leistungen der Hilfe zur Pflege nach dem Bundesversorgungsgesetz den Leistungen der Eingliederungshilfe vor, es sei denn, bei der Leistungserbringung steht die Erfüllung der Aufgaben der Eingliederungshilfe im Vordergrund. Außerhalb des häuslichen Umfelds gehen die Leistungen der Eingliederungshilfe den in Satz 1 genannten Leistungen vor."

Aufgrund des massiven Protestes diverser Behindertenverbände (siehe z. B. Stellungnahme der Fachverbände, www.diefachverbaende.de) sowie den Spitzenverbänden der freien Wohlfahrtspflege (siehe Stellungnahme des BAGFW, www.bagfw.de) wurde dieses Vorhaben vom Ausschuss für Gesundheit zurückgenommen und ein Verweis auf die bereits jetzt geltende Regelung in § 13 SGB XI formuliert.

Absatz 3 Satz 3 von § 13 SGB XI sieht ein gleichberechtigtes Nebeneinander der Eingliederungshilfe und der sozialen Pflegeversicherung vor.

§ 13 Absatz 3 Satz 3 SGB XI lautet ab 1. Januar 2020:

„Die Leistungen der Eingliederungshilfe für Menschen mit Behinderungen nach dem Neunten Buch, dem Bundesversorgungsgesetz und dem Achten Buch bleiben unberührt, sie sind im Verhältnis zur Pflegeversicherung nicht nachrangig; die notwendige Hilfe in den Einrichtungen und Räumlichkeiten nach § 71 Absatz 4 ist einschließlich der Pflegeleistungen zu gewähren."

Damit gewährleistet ist, dass bei dieser gleichrangigen Stellung der Leistungen und damit eigentlich auch der Zuständigkeiten der Leistungsberechtigte „Leistungen aus einer Hand" bekommt, sind die Regelungen in § 13 Absatz 4 und Absatz 4a SGB XI zu berücksichtigen. Diese Vorgaben wurden mit Geltung ab 01.01.2017 durch das Dritte Pflegestärkungsgesetz (PSG III) eingeführt:

§ 13 Absatz 4 und Absatz 4a SGB XI lauten wie folgt:

„(4) Treffen Leistungen der Pflegeversicherung und Leistungen der Eingliederungshilfe zusammen, vereinbaren mit Zustimmung des Leistungsberechtigten die zuständige Pflegekasse und der für die Eingliederungshilfe zuständige Träger,

- *dass im Verhältnis zum Pflegebedürftigen der für die Eingliederungshilfe zuständige Träger die Leistungen der Pflegeversicherung auf der Grundlage des von der Pflegekasse erlassenen Leistungsbescheids zu übernehmen hat,*
- *dass die zuständige Pflegekasse dem für die Eingliederungshilfe zuständigen Träger die Kosten der von ihr zu tragenden Leistungen zu erstatten hat sowie*
- *die Modalitäten der Übernahme und der Durchführung der Leistungen sowie der Erstattung.*

Die bestehenden Wunsch- und Wahlrechte der Leistungsberechtigten bleiben unberührt und sind zu beachten. Die Ausführung der Leistungen erfolgt nach den für den zuständigen Leistungsträger geltenden Rechtsvorschriften. Soweit auch Leistungen der Hilfe zur Pflege nach dem Zwölften Buch zu erbringen sind, ist der für die Hilfe zur Pflege zuständige Träger zu beteiligen. ... [Ausführungen zu Empfehlungen, siehe unten] ...

(4a) Bestehen im Einzelfall Anhaltspunkte für ein Zusammentreffen von Leistungen der Pflegeversicherung und Leistungen der Eingliederungshilfe, bezieht der für die Durchführung eines Teilhabeplanverfahrens oder Gesamtplanverfahrens verantwortliche Träger mit Zustimmung des Leistungsberechtigten die zuständige Pflegekasse in das Verfahren beratend mit ein, um die Vereinbarung nach Absatz 4 gemeinsam vorzubereiten."

Pflegeversicherung und Träger der Eingliederungshilfe können also mit Zustimmung des Leistungsberechtigten vereinbaren, dass der Träger der Eingliederungshilfe die Leistungen der Pflegeversicherung auf Grundlage des Bescheids der Pflegekasse übernimmt.

Nach Satz 5 von Absatz 4 war der Spitzenverband Bund der Pflegekassen gemeinsam mit der Bundesarbeitsgemeinschaft der überörtlichen Träger der Sozialhilfe bis zum 1. Januar 2018 aufgefordert, in einer Empfehlung Näheres zu den Modalitäten der Übernahme und der Durchführung der Leistungen sowie der Erstattung und zu der Beteiligung des für die Hilfe zur Pflege zuständigen Trägers niederzulegen. Dies ist mit der *„Empfehlung des GKV-Spitzenverbandes und der Bundesarbeitsgemeinschaft der überörtlichen Träger der Sozialhilfe gemäß § 13 Absatz 4 Satz 5 SGB XI zu den Modalitäten der Übernahme und der Durchführung der Leistungen der Pflegeversicherung durch einen Träger der Eingliederungshilfe sowie der Erstattung der Kosten für diese Leistungen (§ 13 Absatz 4 Satz 1 SGB XI) und zu der Beteiligung des für die Hilfe zur Pflege zuständigen Trägers"* vom 10.04.2018 geschehen. Die Empfehlung kann auf den Seiten des GKV-Spitzenverbandes abgerufen werden: https://www.gkv-spitzenverband.de/media/dokumente/pflegeversicherung /richtlinien__vereinbarungen__formulare/rahmenvertraege__richlinien_und_bundesempfehlungen/2018_10_15_Pflege_Empfehlungen_nach_13_Abs__4_SGB_XI.pdf

Wie sich aus Absatz 4a ergibt, muss die Pflegekasse an dem Gesamtplanverfahren beratend teilnehmen, wenn der Leistungsberechtigte einverstanden ist und soweit dies für den Träger der Eingliederungshilfe zur Feststellung der Leistungen nach den Kapiteln 3 bis 6 – also Leistungen zur medizinischen Rehabilitation, Teilhabe am Arbeitsleben, Teilhabe an Bildung, Soziale Teilhabe – erforderlich ist; dies ergibt sich auch aus § 117 Absatz 3 Satz 1 SGB IX.

Die Einbeziehung der Pflegekassen dient dazu, die zur Bedarfsdeckung erforderlichen Leistungen aufeinander abzustimmen und eine etwaige Vereinbarung möglichst frühzeitig gemeinsam vorzubereiten.

Ist der Leistungsberechtigte nicht mit der Einbeziehung der Pflegekasse einverstanden, muss der Eingliederungshilfeträger nach den ihm vorliegenden Informationen entscheiden.

Die Schnittstellenregelung zwischen Eingliederungshilfe und Leistungen der sozialen Pflegeversicherung in Fällen, in denen Betroffene in Einrichtungen (oder Räumlichkeiten) nach § 43a SGB XI leben, findet sich in § 103 Absatz 1 SGB IX.

In § 103 Absatz 2 SGB IX findet sich die Regelung für die häusliche Pflege inklusive der Regelungen zur Hilfe zur Pflege.

Insoweit sind § 91 Absatz 3 und § 103 SGB IX im Zusammenhang zu lesen.

In den Ausführungen zu § 103 SGB IX sind als redaktionelle Hinweis der ab 1. Januar 2020 geltende Wortlaut von §§ 43a, 71 Absatz 4, 145 SGB XI samt Gesetzesbegründung (PSG III) abgedruckt. Dort finden Sie auch eine Zusammenfassung zu Schnittstellen der Eingliederungshilfe zur Pflege (siehe S. 71).

SGB IX ab 1.1.2020
§ 92 Beitrag Zu den Leistungen der Eingliederungshilfe ist nach Maßgabe des Kapitels 9 ein Beitrag aufzubringen.

Gesetzesbegründung zu § 92 (Drs. 18/9522, S. 272)

Die Leistungen der Eingliederungshilfe sehen neben der Nachrangregelung in § 91 ferner vor, dass im Rahmen der finanziellen Leistungsfähigkeit auch der Leistungsberechtigte einen eigenen Beitrag zu den steuerfinanzierten Leistungen beizutragen hat.

Die bisherigen sozialhilferechtlichen Regelungen zum Einkommens- und Vermögenseinsatz (red. Anmerkung: bisher Kapitel 11 SGB XII) werden durch ein neues System ersetzt (red. Anmerkung: siehe Kapitel 9 SGB IX, §§ 135 ff.).

Nun wird die finanzielle Inanspruchnahme losgelöst von dem bisherigen fürsorgerechtlichen System geregelt. Anstelle des bisherigen Einsatzes des Einkommens über der Einkommensgrenze ist nun ein Beitrag aufzubringen. Dieser Beitrag richtet sich nur nach der finanziellen Situation des Leistungsberechtigten. Das Nähere dazu wird in den §§ 135 ff. geregelt.

Redaktioneller Hinweis:

§ 92 SGB IX sieht vor, dass der Leistungsberechtigte zu den Leistungen der Eingliederungshilfe einen Beitrag zu erbringen hat, dessen Berechnung sich nach den Vorgaben der §§ 135 bis 142 SGB IX (Einkommen und Vermögen) richtet.

Diese Beitragspflicht bzw. -höhe ist begrenzt oder ausgeschlossen durch

- die finanzielle Leistungsfähigkeit des Leistungsberechtigten,
- Vorgaben, ob die Eingliederungshilfeleistung überhaupt beitragspflichtig ist (§ 138 Absatz 1 SGB IX), denn viele Leistungen in der Eingliederungshilfe sind beitragsfrei, insbesondere Leistungen aus der Leistungsgruppe medizinische Rehabilitation (§ 109 SGB IX), der Leistungsgruppe der sog. beruflichen Rehabilitation (Teilhabe am Arbeitsleben, § 111 Absatz 1 SGB IX) sowie die meisten Leistungen zur Teilhabe an Bildung,
- den gleichzeitigen Bezug von Leistungen zur Sicherung des Lebensunterhalts nach SGB II, SGB XII oder § 27a BVG, die eine Beitragspflicht ausschließen (§ 138 Absatz 1 Ziffer 8 SGB IX).

SGB IX ab 1.1.2020

§ 93 Verhältnis zu anderen Rechtsbereichen

(1) Die Vorschriften über die Leistungen zur Sicherung des Lebensunterhalts nach dem Zweiten Buch sowie über die Hilfe zum Lebensunterhalt und die Grundsicherung im Alter und bei Erwerbsminderung nach dem Zwölften Buch bleiben unberührt.

(2) Die Vorschriften über die Hilfe zur Überwindung besonderer sozialer Schwierigkeiten nach dem Achten Kapitel des Zwölften Buches, über die Altenhilfe nach § 71 des Zwölften Buches und über die Blindenhilfe nach § 72 des Zwölften Buches bleiben unberührt.

(3) Die Hilfen zur Gesundheit nach dem Zwölften Buch gehen den Leistungen der Eingliederungshilfe vor, wenn sie zur Beseitigung einer Beeinträchtigung mit drohender erheblicher Teilhabeeinschränkung nach § 99 geeignet sind.

Gesetzesbegründung zu § 93 (Drs. 18/9522, S. 272)

Zu Absatz 1

Die Vorschrift regelt das Verhältnis zu den Leistungen zum Lebensunterhalt.

Zu Absatz 2

Mit Inkrafttreten der Eingliederungshilfe -neu- im SGB IX einerseits und einer Regelung der Leistungen für die Hilfe zur Überwindung besonderer sozialer Schwierigkeiten, die Altenhilfe und die Blindenhilfe andererseits in zwei unterschiedlichen Sozialgesetzbüchern ist es erforderlich, dieses Nebeneinander der Leistungsarten der Sozialhilfe zur Eingliederungshilfe -neu- klarzustellen.

Da es bei den Leistungen keine Überschneidungen zwischen den Hilfen nach dem 2. Teil des Neunten Buches und dem Zwölften Buch gibt, ist eine Regelung des Vor-/Nachrangverhältnisses nicht erforderlich. Es sind weiterhin für Personen, bei denen besondere Lebensverhältnisse mit sozialen Schwierigkeiten verbunden sind, Leistungen nach dem Achten Kapitel des Zwölften Buch zu gewähren. Ebenso ist alten Menschen in bisherigem Umfang Altenhilfe zu gewähren. Auch künftig sind blinde Menschen im Sinne der Eingliederungshilfe -neu- wesentlich behindert bzw. erheblich teilhabeeingeschränkt und haben aus diesem Grunde neben der Eingliederungshilfe nach Maßgabe der Vorschriften des Teils 2 des SGB IX zusätzlich einen Anspruch auf Leistungen der Blindenhilfe nach § 72 SGB XII.

Redaktioneller Hinweis:

Eine Vorrang-/Nachrangregelung gibt es damit nicht bei Leistungen des SGB XII, bei denen es keine Überschneidungen der Leistungen gibt. Dazu gehören:

- Hilfe zum Lebensunterhalt (§§ 27 ff. SGB XII)
- Grundsicherung im Alter und bei Erwerbsminderung (§§ 41 ff. SGB XII)
- Hilfe zur Überwindung besonderer sozialer Schwierigkeiten (§§ 67 ff. SGB XII)
- Altenhilfe (§ 71 SGB XII)
- Blindenhilfe (§ 72 SGB XII)

Ausnahme: Die Hilfen zur Gesundheit (§§ 47 ff. SGB XII) gehen den Leistungen der Eingliederungshilfe vor, wenn sie zur Beseitigung einer Beeinträchtigung mit drohender erheblicher Teilhabeeinschränkung geeignet sind.

Achtung: Bei den Hilfen zur Überwindung besonderer sozialer Schwierigkeiten gibt es ein Missverhältnis zwischen dem Gesetzestext und der Gesetzesbegründung, da in § 67 Satz 2 SGB XII ab dem 1. Januar 2020 eine Vorrangrangregelung bezüglich der Eingliederungshilfe durch das Bundesteilhabegesetz (Art. 13 Nr. 22) eingebaut wurde. Der Gesetzgeber scheint dies übersehen zu haben.

§ 67 SGB XII lautet ab 1. Januar 2020: *„$_1$Personen, bei denen besondere Lebensverhältnisse mit sozialen Schwierigkeiten verbunden sind, sind Leistungen zur Überwindung dieser Schwierigkeiten zu erbringen, wenn sie aus eigener Kraft hierzu nicht fähig sind. $_2$Soweit der Bedarf durch Leistungen nach anderen Vorschriften dieses Buches oder des Achten und* ***Neunten Buches*** *gedeckt wird, gehen diese der Leistung nach Satz 1 vor."*

Aus der Gesetzesbegründung (Drs. 18/9522, S. 337) zu dieser Änderung in § 67 SGB XII geht hervor, dass sichergestellt sein soll, „dass nach der Neuregelung der Eingliederungshilfe im Neunten Buch die im Rahmen dessen erbrachten Leistungen weiterhin vorrangig gegenüber den Leistungen nach dem Achten Kapitel zu gewähren sind und Leistungen der Hilfe zur Überwindung besonderer sozialer Schwierigkeiten nur gewährt werden können, soweit diese Leistungen nicht bereits durch Leistungen der Eingliederungshilfe erbracht werden oder erbracht werden können."

Der Bundesrat sieht die vorliegenden Regelungen zum „Nebeneinander" der Leistungen von SGB XII und dem neuen Eingliederungshilferecht kritisch. Im Zusammenhang mit der Beratung des „Gesetzes zur Änderung des Neunten und des Zwölften Buches Sozialgesetzbuch und anderer Rechtsvorschriften" (= sog. Reparaturgesetz, Drs. 19/11006) forderte der Ausschuss für Arbeit, Integration und Sozialpolitik (AIS)eine klarstellende Regelung. Als Begründung fügt der AIS an (Drs. 196/1/19, S. 6): „Mit dem SGB IX ist ein weiteres Leistungsgesetz für die Eingliederungshilfe (EGH) geschaffen worden. Das Verhältnis der Leistungen zwischen SGB IX und SGB XII ist allerdings nicht geregelt, da beide Gesetze eine inhaltlich gleiche Ausschlussregelung enthalten. § 2 SGB XII bestimmt, dass Sozialhilfe unter anderem nicht erhält, wer die erforderliche Leistung von Trägern anderer Sozialleistungen erhält. § 91 Absatz 1 SGB IX formuliert den Nachrang der EGH positiv, inhaltlich aber identisch. Danach erhält EGH, wer unter anderem die erforderliche Leistung nicht von Trägern anderer Sozialleistungen erhält. Demnach hätte die Leistung Vorrang, die rein faktisch als erste erbracht wird. Dies ist aber weder sinnvoll noch praktikabel. Relevant wird dies beim Zusammentreffen von Leistungen der EGH nach dem SGB IX mit solchen nach dem Siebten bis Neunten Kapitel SGB XII, da jede dieser Leistungen prinzipiell auch Inhalt von Leistungen der EGH sein könnte. Es soll daher geregelt werden, dass die speziellen Leistungen des SGB XII (Siebtes bis Neuntes Kapitel) Vorrang vor Leistungen der EGH haben, sofern sie im Einzelfall nicht ausdrücklich Bestandteil der Eingliederungshilfeleistung sind." Dieses Ansinnen lehnt die Bundesregierung in ihrer Gegenäußerung zu dieser Stellungnahme ab (siehe Anlage 3 der Drs. 19/11006)

	SGB IX ab 1.1.2018
	§ 94 Aufgaben der Länder (1) Die Länder bestimmen die für die Durchführung dieses Teils zuständigen Träger der Eingliederungshilfe.
SGB XII bis 31.12.2019	**SGB IX ab 1.1.2020**
§ 7 Aufgabe der Länder $_1$Die obersten Landesbehörden unterstützten die Träger ~~der Sozialhilfe~~ bei der Durchführung ihrer Aufgaben nach diesem ~~Buch~~. $_2$Dabei sollen sie insbesondere den Erfahrungsaustausch zwischen den Trägern ~~der Sozialhilfe~~ sowie die Entwicklung und Durchführung von Instrumenten ~~der Dienstleistungen~~, der zielgerichteten Erbringung und Überprüfung von Leistungen und der Qualitätssicherung fördern.	(2) $_1$Bei der Bestimmung durch Landesrecht ist sicherzustellen, dass die Träger der Eingliederungshilfe nach ihrer Leistungsfähigkeit zur Erfüllung dieser Aufgaben geeignet sind. $_2$Sind in einem Land mehrere Träger der Eingliederungshilfe bestimmt worden, unterstützen die obersten Landessozialbehörden die Träger bei der Durchführung der Aufgaben nach diesem Teil. $_3$Dabei sollen sie insbesondere den Erfahrungsaustausch zwischen den Trägern sowie die Entwicklung und Durchführung von Instrumenten zur zielgerichteten Erbringung und Überprüfung von Leistungen und der Qualitätssicherung einschließlich der Wirksamkeit der Leistungen fördern. (3) Die Länder haben auf flächendeckende, bedarfsdeckende, am Sozialraum orientierte und inklusiv ausgerichtete Angebote von Leistungsanbietern hinzuwirken und unterstützen die Träger der Eingliederungshilfe bei der Umsetzung ihres Sicherstellungsauftrages. (4) $_1$Zur Förderung und Weiterentwicklung der Strukturen der Eingliederungshilfe bildet jedes Land eine Arbeitsgemeinschaft. $_2$Die Arbeitsgemeinschaften bestehen aus Vertretern des für die Eingliederungshilfe zuständigen Ministeriums, der Träger der Eingliederungshilfe, der Leistungserbringer sowie aus Vertretern der Verbände für Menschen mit Behinderungen. $_3$Die Landesregierungen werden ermächtigt, durch Rechtsverordnung das Nähere über die Zusammensetzung und das Verfahren zu bestimmen. (5) $_1$Die Länder treffen sich regelmäßig unter Beteiligung des Bundes sowie der Träger der Eingliederungshilfe zur Evidenzbeobachtung und zu einem Erfahrungsaustausch. $_2$Die Verbände der Leistungserbringer sowie die Verbände für Menschen mit Behinderungen können hinzugezogen werden. $_3$Gegenstand der Evidenzbeobachtung und des Erfahrungsaustausches sind insbesondere

SGB XII bis 31.12.2019	SGB IX ab 1.1.2020
	1. die Wirkung und Qualifizierung der Steuerungsinstrumente, 2. die Wirkungen der Regelungen zum leistungsberechtigten Personenkreis nach § 99 sowie der neuen Leistungen und Leistungsstrukturen, 3. die Umsetzung des Wunsch- und Wahlrechtes nach § 104 Absatz 1 und 2, 4. die Wirkung der Koordinierung der Leistungen und der trägerübergreifenden Verfahren der Bedarfsermittlung und -feststellung und 5. die Auswirkungen des Beitrags. $_4$Die Erkenntnisse sollen zur Weiterentwicklung der Eingliederungshilfe zusammengeführt werden.

Gesetzesbegründung zu § 94 (Drs. 18/9522, S. 273, 274; Drs. 18/10523)

Die mit der Reform der Eingliederungshilfe intendierte Umsetzung konsequenter Personenzentrierung und dem damit einhergehenden Wegfall der Charakterisierung von ambulanten, teilstationären und stationären Leistungen der Eingliederungshilfe erfordert eine neue Gewichtung der Aufgaben der Länder und Träger der Eingliederungshilfe. Den individuellen Rechtsansprüchen der Leistungsberechtigten ist Rechnung zu tragen. Länder und Träger müssen die Erbringung bedarfsdeckender Leistungen sicherstellen und dafür die strukturellen Voraussetzungen schaffen.

Zu Absatz 1

Redaktioneller Hinweis:

Absatz 1 gilt bereits seit 1. Januar 2018. Dieses Inkrafttreten war notwendig, um die administrativen Vorarbeiten zur Einführung der „neuen" Eingliederungshilfe in den Bundesländern durchführen zu können. Bis 1. Januar 2020 sind neue Leistungserbringungsverträge bzw. Rahmenvereinbarungen auf Grundlage des Vertragsrechts nach den §§ 123 ff. SGB IX zu verhandeln und abzuschließen (siehe weitere redaktionelle Hinweise dazu bei § 123 SGB IX).

Mit der Herauslösung des Rechts der Eingliederungshilfe aus dem Zwölften Buch sind künftig nicht mehr die Träger der Sozialhilfe für die Eingliederungshilfe zuständig. Die Bestimmung der zuständigen Träger der Eingliederungshilfe obliegt den Ländern. Im Unterschied zu den Regelungen des Zwölften Buches darf aufgrund des zwischenzeitlich neu gefassten Artikels 84 Absatz 1 Satz 6 GG keine Festlegung der Träger auf Landesebene erfolgen. Darüber hinaus bestimmt Artikel 84 Absatz 1 Satz 7 GG, dass durch Bundesgesetze Gemeinden und Gemeindeverbänden keine Aufgaben übertragen werden dürfen. Vielmehr haben die Länder in eigener Verantwortung für ihren Zuständigkeitsbereich festzulegen, wer die Aufgaben des Trägers der Eingliederungshilfe wahrzunehmen hat.

Redaktioneller Hinweis:

Der Wortlaut des in der Gesetzesbegründung angesprochenen Absatz 1 von Artikel 84 Grundgesetz (GG) lautet (die in der Begründung angesprochenen Sätze 6 und 7 sind fett markiert):

„(1) $_1$Führen die Länder die Bundesgesetze als eigene Angelegenheit aus, so regeln sie die Einrichtung der Behörden und das Verwaltungsverfahren. $_2$Wenn Bundesgesetze etwas anderes bestimmen, können die Länder davon abweichende Regelungen treffen. $_3$Hat ein Land eine abweichende Regelung nach Satz 2 getroffen, treten in diesem Land hierauf bezogene spätere bundesgesetzliche Regelungen der Einrichtung der Behörden und des Verwaltungsverfahrens frühestens sechs Monate nach ihrer Verkündung in Kraft, soweit nicht mit Zustimmung des Bundesrates anderes bestimmt ist. $_4$Artikel 72 Absatz 3 Satz 3 gilt entsprechend. $_5$In Ausnahmefällen kann der Bund wegen eines besonderen Bedürfnisses nach bundeseinheitlicher Regelung das Verwaltungsverfahren ohne Abweichungsmöglichkeit für die Länder regeln. **$_6$Diese Gesetze bedürfen der Zustimmung des Bundesrates. $_7$Durch Bundesgesetz dürfen Gemeinden und Gemeindeverbänden Aufgaben nicht übertragen werden.**"

Die Gesetzesbegründung bezieht sich hier auf die Änderung des Grundgesetzes aufgrund der Föderalismusreform im Jahr 2006 und die damit verbundene Entflechtung von Zuständigkeiten von Bund und Ländern. Bundesgesetze können danach nur in Ausnahmefällen wegen eines besonderen Bedürfnisses nach bundeseinheitlicher Regelung ohne Abweichungsmöglichkeit das Verwaltungsverfahren der Länder regeln (vgl. Satz 5 von Absatz 1); diese Gesetze benötigen dann aber nach Satz 6 die Zustimmung des Bundesrates.

Gemeinden und Gemeindeverbänden dürfen vom Bund Aufgaben nicht übertragen werden (Satz 7). Adressat für Aufgabenübertragungen durch den Bund sind ausschließlich die Länder, so dass eine Aufgabenübertragung auf Kommunen nur noch durch Landesrecht erfolgen kann.

Zwischenzeitlich haben nahezu alle Bundesländer durch landesrechtliche Vorschriften festgelegt, wer künftig Eingliederungshilfeträger ist (Stand: Juni 2019):

Baden-Württemberg

Träger der Eingliederungshilfe: Stadt- und Landkreise; Delegation von Aufgaben der Eingliederungshilfe von Landkreisen auf kreisangehörige Gemeinden ist möglich.

Rechtsgrundlagen: Änderung des Gesetzes zur Ausführung des Neunten Buches Sozialgesetzbuch (AGSGB IX) (Änderung durch Gesetz zur Umsetzung des Bundesteilhabegesetzes in Baden-Württemberg)

Bayern

Träger der Eingliederungshilfe: Bezirke (wie bisher)

Rechtsgrundlagen: Änderung des Gesetzes zur Ausführung der Sozialgesetze (AGSG) (Änderung durch Bayerisches Teilhabegesetz I – BayTHG I; siehe insbesondere den neuen Teil 7a, Art. 66a ff. sowie die Änderungen in Teil 10, Art. 80 ff.) sowie Änderung der Verordnung zur Ausführung der Sozialgesetze (AVSG) (ebenfalls (Änderung durch Bayerisches Teilhabegesetz I – BayTHG I)

Berlin

Träger der Eingliederungshilfe: bis 31.12.2019: Land Berlin, vertreten durch die Bezirksämter; Regelung ab 1.1.2020 ist noch offen

Rechtsgrundlagen: Änderung des Gesetzes zur Ausführung des Zwölften Buches Sozialgesetzbuch (AG-SGB XII) (Änderung durch Erstes Gesetz zur Änderung des Gesetzes zur Ausführung des Zwölften Buches Sozialgesetzbuch)

Brandenburg

Träger der Eingliederungshilfe: Örtliche Träger der Eingliederungshilfe sind die Landkreise und kreisfreien Städte. Überörtlicher Träger der Eingliederungshilfe ist das Land, wahrgenommen vom Landesamt für Soziales und Versorgung

Rechtsgrundlagen: Gesetz zur Ausführung des Neunten Buches Sozialgesetzbuch (AGSGB IX)

Bremen

Träger der Eingliederungshilfe: Stadtgemeinden Bremen und Bremerhaven. Die Freie Hansestadt Bremen (Land Bremen) ist für übergeordnete Aufgaben (Rahmenverträge etc.) Träger der Eingliederungshilfe

Rechtsgrundlagen: Gesetz zur Ausführung des Neunten Buches Sozialgesetzbuch (AGSGB IX)

Hamburg

Träger der Eingliederungshilfe: Freie und Hansestadt Hamburg (wie bisher)

Rechtsgrundlagen: Hamburgisches Gesetz zur Ausführung des Neunten Buches Sozialgesetzbuch – Rehabilitation und Teilhabe von Menschen mit Behinderungen – (AG-SGB IX)

Hessen

Träger der Eingliederungshilfe: Lebensaltersmodell – kreisfreie Städte und Landkreise für Minderjährige; Delegation der Landkreise auf größere Gemeinden ist möglich. Ab Volljährigkeit wird der Landeswohlfahrtsverband Hessen als überörtlicher Träger zuständig.

Rechtsgrundlagen: Änderung des Hessischen Ausführungsgesetzes zum Zwölften Buch Sozialgesetzbuch (HAG/SGB XII) (Änderung durch Viertes Gesetz zur Änderung des Hessischen Ausführungsgesetzes zum Zwölften Buch Sozialgesetzbuch sowie Gesetz zur Änderung des Hessischen Ausführungsgesetzes zum Zwölften Buch Sozialgesetzbuch und zur Aufhebung der Verordnung über Zuständigkeiten nach dem Zwölften Buch Sozialgesetzbuch)

Mecklenburg-Vorpommern

Träger der Eingliederungshilfe: Landkreise und kreisfreie Städte

Rechtsgrundlagen: Änderung des Landesausführungsgesetzes SGB XII (AG-SGB XII M-V) (Änderung durch Gesetz zur Änderung des Landesausführungsgesetzes SGB XII und anderer Gesetze)

Niedersachsen

Träger der Eingliederungshilfe: ab 1. Januar 2020 geplant: Lebensaltersmodell – Kommunen für Minderjährige. Ab Volljährigkeit trägt das Land Niedersachsen die Kosten für Erwachsene (inkl. Kosten für die Altenpflege)

Rechtsgrundlage: Niedersächsisches Gesetz zur Ausführung des Neunten und des Zwölften Buchs des Sozialgesetzbuchs (Nds. AG SGB IX / XII) = Artikel 1 des Gesetzes zur Umsetzung des Bundesteilhabegesetzes in Niedersachsen [bei Drucklegung noch in der Entwurfsfassung vom 14. Mai 2019]

Nordrhein-Westfalen

Träger der Eingliederungshilfe: Landschaftsverband Rheinland und Landschaftsverband Westfalen-Lippe; Fachleistungen für Minderjährige, die in der Herkunftsfamilie leben, bleiben bis Schulabschluss bei den Landkreisen und kreisfreien Städten.

Rechtsgrundlagen: Ausführungsgesetz zum Neunten Buch Sozialgesetzbuch für das Land Nordrhein-Westfalen (AG-SGB-IX NRW) vom 21. Juli 2018, berichtigt am 16. August 2018 sowie Änderung des Landesausführungsgesetz zum Sozialgesetzbuch Zwölftes Buch (SGB XII) – Sozialhilfe – für das Land Nordrhein-Westfalen (AG-SGB XII NRW)

Rheinland-Pfalz

Träger der Eingliederungshilfe: Lebensaltersmodell – Landkreise und kreisfreie Städte für Minderjährige. Das Land Reinland-Pfalz wird für Volljährige sowie für Leistungen der Teilhabe am Arbeitsleben auch bei Minderjährigen zuständig

Rechtsgrundlagen: Landesgesetz zur Ausführung des Neunten Buches Sozialgesetzbuch (AGSGB IX) vom 19. Dezember 2018 (GVBl. S. 463) = Artikel 1 des Landesgesetzes zur Ausführung des Bundesteilhabegesetzes (AGBTHG)

Saarland

Träger der Eingliederungshilfe: Land Saarland (Landesamt für Soziales)

Rechtsgrundlagen: Gesetz zur Ausführung des Neunten Buches Sozialgesetzbuch vom 13. Juni 2018 sowie Änderung des Gesetzes zur Ausführung des Zwölften Buches Sozialgesetzbuch (AGSGB XII)

Sachsen

Träger der Eingliederungshilfe: Landkreise und kreisfreie Städte, soweit der Kommunale Sozialverband Sachsen (KSV) nicht zuständig ist; der KSV ist zuständig für alle teilstationären und stationären Leistungen für Volljährige sowie generell für Leistungen zur Teilhabe am Arbeitsleben.

Rechtsgrundlagen: Änderung des Sächsischen Gesetzes zur Ausführung des Sozialgesetzbuches (SächsAGSGB) (Änderung durch Gesetz zur Regelung von Zuständigkeiten nach dem Sozialgesetzbuch und zur Zuständigkeit des Kommunalen Sozialverbands Sachsen)

Sachsen-Anhalt

Träger der Eingliederungshilfe: Land Sachsen-Anhalt als überörtlicher Träger der Sozialhilfe wird auch Träger der Eingliederungshilfe; Landkreise und kreisfreie Städte können zur Ausführung im Einzelfall herangezogen werden.

Rechtsgrundlagen: Änderung des Gesetzes zur Ausführung des Zwölften Buches Sozialgesetzbuch – Sozialhilfe (AG SGB XII) (Änderung durch Zweites Gesetz zur Änderung des Gesetzes zur Ausführung des Zwölften Buches Sozialgesetzbuch – Sozialhilfe)

Schleswig-Holstein

Träger der Eingliederungshilfe: Landkreise und kreisfreie Städte; Land Schleswig-Holstein für übergeordnete Steuerungs- und Koordinierungsaufgaben (z. B. Landesrahmenvereinbarungen)

Rechtsgrundlagen: Gesetz zur Ausführung des Neunten Buches Sozialgesetzbuch (AG-SGB IX) vom 22. März 2018 sowie Änderung des Gesetzes zur Ausführung des Zwölften Buches Sozialgesetzbuch (AG-SGB XII)

Thüringen

Träger der Eingliederungshilfe: Landkreise und kreisfreie Städte; Land Thüringen für übergeordnete Steuerungs- und Koordinierungsaufgaben (z. B. Rahmenverträge, Standort- und Bedarfsplanung)

Rechtsgrundlagen: Thüringer Gesetz zur Ausführung des Neunten Buches Sozialgesetzbuch (ThürAGSGB IX) vom 21. September 2018

Der ursprüngliche Gesetzentwurf (Drs. 18/9522) enthielt noch eine Übergangsregelung, mit der sichergestellt werden sollte, dass bis zum Zeitpunkt der Umsetzung der Regelung des Satzes 1 (also: Bestimmung des Eingliederungshilfeträgers) die Zuständigkeit rechtssicher geregelt bleibt. Im Gesetzentwurf gab es daher noch einen Satz 2 in Absatz 1, der lautete: „Bis zu einer Bestimmung im Sinne des Satzes 1 bleiben die bislang für die Eingliederungshilfe nach dem Sechsten Kapitel des Zwölften Buches zuständigen Träger für die Eingliederungshilfe nach diesem Teil zuständig." Er wurde in der Beschlussfassung gestrichen, da befürchtet wurde, dass die Festlegung der Länder, wer die Aufgaben des Trägers der Eingliederungshilfe wahrzunehmen hat, hinausgezögert wird. Aufgrund des langen Vorlaufs von Verkündung des Bundesteilhabegesetzes und dem Inkrafttreten des neuen Eingliederungshilferechts hielt der Gesetzgeber die Zeit zur Umsetzung für ausreichend und verzichtete auf die Übergangsregelung.

Zu Absatz 2

Aufgabe der Länder ist es, im Rahmen der Bestimmung des Trägers der Eingliederungshilfe sicherzustellen, dass nur solche Träger bestimmt werden, die aufgrund ihrer Leistungsfähigkeit dazu geeignet sind, die vielfältigen Aufgaben der Eingliederungshilfe zu erfüllen.

Soweit das Landesrecht mehrere Träger der Eingliederungshilfe bestimmt, sind die obersten Landessozialbehörden zur Unterstützung der Träger verpflichtet. Satz 2 greift damit die Vorschrift des § 7 Satz 2 SGB XII auf, die anlässlich der Überführung des Sozialhilferechts neu aufgenommen wurde. Damit wurde die bereits bestehende Praxis der obersten Landessozialbehörden, die Träger der Sozialhilfe bei der Durchführung ihrer Aufgaben zu unterstützen, gesetzlich verankert. Diese Verpflichtung hat sich ungeachtet ihrer unterschiedlichen Umsetzung in den Ländern bewährt.

Mit Satz 3 wird die Unterstützungsaufgabe der obersten Landessozialbehörden konkretisiert. Soweit die Länder mehrere Träger der Eingliederungshilfe bestimmt haben, wird ein Schwerpunkt der Unterstützungstätigkeiten in der Förderung des Erfahrungsaustausches zwischen den Trägern der Eingliederungshilfe bestehen. Es ist davon auszugehen, dass die zuständigen Träger der Eingliederungshilfe nicht deckungsgleich ihren Aufgaben nachkommen werden. Potentiale zur weiteren und kontinuierlichen Verbesserung der zielgerichteten Leistungserbringung bietet dabei insbesondere die Kenntnis, wie andere Träger ihre Aufgaben bewältigen. Darüber hinaus werden die obersten Landessozialbehörden im Rahmen ihrer Unterstützungsaufgaben den Fragen der Sicherung der Qualität und Wirksamkeit der Leistungen eine zentrale Bedeutung zukommen lassen.

Zu Absatz 3

Länder und Träger haben bedarfsdeckende Leistungen zu erbringen. Sie müssen flexibel auf die im Rahmen der Einzelfallsteuerung gewonnenen Erkenntnisse reagieren können und zeitnah das individuell erforderliche Angebot bereithalten. Um dem Rechnung zu tragen und künftig die Fachleistungen im Rahmen der zur Verfügung stehenden Ressourcen effektiv und effizient zur Verbesserung der Situation behinderter Menschen erbringen zu können, ist die Planung und Steuerung der Leistungen der Eingliederungshilfe erforderlich. Angebote müssen flächen- und bedarfsdeckend zur Verfügung stehen und dabei am Sozialraum orientiert und inklusiv ausgerichtet sein. Die Länder werden durch Absatz 3 verpflichtet, auf entsprechende Angebote von Leistungsanbietern hinzuwirken. Darüber hinaus haben sie die Träger der Eingliederungshilfe bei der Umsetzung ihres Sicherstellungsauftrags gemäß § 95 zu unterstützen.

Zu Absatz 4

Über den Erfahrungsaustausch zwischen den Trägern der Eingliederungshilfe in den einzelnen Ländern hinaus sind zur Förderung und Weiterentwicklung der Strukturen der Eingliederungshilfe in Arbeitsgemeinschaften auch die Leistungserbringer sowie Vertreter der Verbände für Menschen mit Behinderungen zu beteiligen. Den Landesregierungen wird durch Satz 3 das Recht eingeräumt, durch Rechtsverordnung das Nähere über die Zusammensetzung der Arbeitsgemeinschaften und das Verfahren zu bestimmen.

Zu Absatz 5

Ausgehend von der Erkenntnis, dass sich die Ausgangssituationen nicht nur in den Ländern selbst, sondern darüber hinaus auch zwischen den Ländern unterscheiden und die Eingliederungshilfereform insbesondere in der ersten Phase der Umsetzung des neuen Rechts eine erhebliche Umstellungssituation darstellt, ist eine länderübergreifende Evidenzbeobachtung sowie ein länderübergreifender Erfahrungsaustausch unter fachlichen wie finanziellen Gesichtspunkten sinnvoll, um eine weitgehend bundeseinheitliche Umsetzung des Rechts der Eingliederungshilfe zu erreichen. Insbesondere betrifft dies

- die Wirkung und Qualifizierung der Steuerungsinstrumente wie beispielsweise das Vertragsrecht (Ziffer 1),
- die Wirkungen der neuen Leistungen und Leistungsstrukturen wie beispielsweise die Soziale Teilhabe (Ziffer 2),
- die Umsetzung des Wunsch- und Wahlrechtes der Leistungsberechtigten in der Praxis (Ziffer 3),
- die Wirkungen und Qualifizierung der Teilhabe- und Gesamtplanung (Ziffer 4) sowie
- die Auswirkungen der neuen Regelungen zum Einsatz von Einkommen und Vermögen (Ziffer 5).

Da der leistungsberechtigte Personenkreis neu definiert wurde, bedarf dies in besonderer Weise der Beobachtung (Ziffer 2). Möglichen Umsetzungsproblemen und nicht intendierten Entwicklungen kann so frühzeitig entgegengewirkt werden.

Im Rahmen der Evidenzbeobachtung und des Erfahrungsaustausches ist es von zentraler Bedeutung, die genannten Diskussionsgegenstände nicht nur separat für sich zu betrachten, sondern insbesondere auch die Wirkungszusammenhänge aller Reformmaßnahmen und deren Wechselwirkungen mit in den Blick zu nehmen und zusammenzuführen. Vor diesem Hintergrund wird der Bund mit dem vollständigen Inkrafttreten des Eingliederungshilferechts ausgewählte Träger der Eingliederungshilfe zunächst einmal in den ersten fünf Jahren ab vollständigem Inkrafttreten der Regelungen bei der Umsetzung der Neuregelungen unterstützen. Sowohl die Verbände der Leistungserbringer als auch die Verbände für Menschen mit Behinderungen können in die Evidenzbeobachtung und den Erfahrungsaustausch hinzugezogen werden.

SGB IX ab 1.1.2020

§ 95 Sicherstellungsauftrag

$_1$Die Träger der Eingliederungshilfe haben im Rahmen ihrer Leistungsverpflichtung eine personenzentrierte Leistung für Leistungsberechtigte unabhängig vom Ort der Leistungserbringung sicherzustellen (Sicherstellungsauftrag), soweit dieser Teil nichts Abweichendes bestimmt. $_2$Sie schließen hierzu Vereinbarungen mit den Leistungsanbietern nach den Vorschriften des Kapitels 8 ab. $_3$Im Rahmen der Strukturplanung sind die Erkenntnisse aus der Gesamtplanung nach Kapitel 7 zu berücksichtigen.

Gesetzesbegründung zu § 94 (Drs. 18/9522, S. 273, 274)

Bereits nach § 17 Absatz 1 Nummer 2 SGB I sind die Leistungsträger verpflichtet, darauf hinzuwirken, dass die zur Ausführung der Sozialleistungen erforderlichen sozialen Dienste und Einrichtungen rechtzeitig und ausreichend zur Verfügung stehen. § 95 greift diese Verpflichtung auf und normiert die Verpflichtung des Trägers der Eingliederungshilfe zur Sicherstellung eines (bedarfsgerechten) personenzentrierten Leistungsangebots.

Die Vorschrift korrespondiert mit den sich aus § 94 ergebenden Aufgaben der Länder zur Unterstützung der Leistungsträger bei der Umsetzung des Sicherstellungsauftrags. Dabei sind die Erkenntnisse der Strukturplanung (vgl. § 94 Absatz 5) zu berücksichtigen.

Der Sicherstellungsauftrag wird grundsätzlich durch den Abschluss von Vereinbarungen mit den Leistungsanbietern nach den Vorschriften des Kapitels 8 erfüllt.

Redaktioneller Hinweis:

Damit künftig gewährleistet ist, dass jedem Leistungsberechtigten die zur Deckung seines individuell festgestellten Bedarfs erforderlichen Leistungen zur Verfügung stehen hat der Gesetzgeber die Sicherstellung auf drei Säulen gestellt:

Eingliederungshilfeträger	→	**Leistungsanbieter**
Sicherstellung ▪ ausreichender Leistungsangebote zur Deckung des individuell festgestellten Bedarfs des Leistungsberechtigten ▪ in ambulanter, teilstationärer, stationärer Form (für gewählte Wohnform) ▪ im Zuständigkeitsbereich („gemeindenah")	Vertragsschluss	Beschreiben/Anbieten von Einzelleistungen (Module) nach Art, Inhalt, Umfang, Qualität
↑		
Bedarfsprognose durch Strukturplanung ▪ Auswertung der Gesamtplanverfahren durch Eingliederungshilfeträger ▪ Unterstützung durch das Bundesland (§ 94 Absatz 3)		

Es handelt sich beim Sicherstellungsauftrag um eine objektiv-rechtliche Pflicht des Leistungsträgers, deren Nichtbeachtung keinen subjektiven klagbaren Anspruch des Einzelnen auslöst; vielmehr ist der Leistungsträger durch die Rechtsaufsicht zur Erfüllung seiner gesetzlichen Pflicht anzuhalten.

Redaktioneller Hinweis:

Zwar besteht kein individueller einklagbarer Rechtsanspruch auf eine bestimmte Form der Versorgung. Allerdings kann der Leistungsberechtigte mit einer Rechtsaufsichtsbeschwerde im konkreten Fall der aufsichtführenden Behörde melden, dass die Deckung seines Bedarfs nicht durchgeführt werden kann, weil keine entsprechenden Leistungsangebote vorliegen.

Allerdings greift die Verpflichtung des Trägers der Eingliederungshilfe nur insoweit, als dieses Buch (red. Anm. das SGB IX) nichts Abweichendes bestimmt. Dies ist in Bezug auf Leistungen zur Teilhabe am Arbeitsleben der Fall, soweit Berechtigte Leistungen bei einem anderen Leistungsanbieter (§ 60 SGB IX) oder im Rahmen eines Budgets für Arbeit (§ 61 SGB IX) in Anspruch nehmen möchten. Eine Verpflichtung des Trägers der Eingliederungshilfe, Leistungen zur Beschäftigung bei einem anderen Leistungsanbieter oder bei einem privaten oder öffentlichen Arbeitgeber (mittels eines Budgets für Arbeit) zu ermöglichen, besteht nicht, auch wenn dies in letzter Konsequenz dazu führen kann, dass sich der Wunsch Leistungsberechtigter nach einer Beschäftigung außerhalb einer anerkannten Werkstatt für behinderte Menschen nicht erfüllt.

Redaktioneller Hinweis:

Siehe von dieser Ausnahme vom Sicherstellungsauftrag § 60 Absatz 3 SGB IX und § 61 Absatz 5 SGB IX: Beide regeln ausdrücklich, dass der zuständige Leistungsträger keine Verpflichtung hat, Leistungen durch andere Leistungsanbieter bzw. zur Beschäftigung bei privaten oder öffentlichen Arbeitgebern zu ermöglichen. Wohl aber muss der Eingliederungshilfeträger im Rahmen seines Sicherstellungsauftrags gewährleisten, dass genügend Plätze in Werkstätten für Menschen mit Behinderungen zur Verfügung stehen.

SGB XII bis 31.12.2019	SGB IX ab 1.1.2020
	§ 96 Zusammenarbeit
§ 4 Absatz 1 Zusammenarbeit	
(1) $_{1}$Die Träger der ~~Sozialhilfe~~ arbeiten mit anderen Stellen, deren ~~gesetzliche~~ Aufgaben ~~dem gleichen Ziel dienen oder die an Leistungen beteiligt sind oder beteiligt werden sollen,~~ zusammen, ~~insbesondere mit den Trägern von Leistungen nach dem Zweiten, dem Achten, dem Neunten und dem Elften Buch, sowie mit anderen Trägern von Sozialleistungen, mit den gemeinsamen Servicestellen der Rehabilitationsträger und mit Verbänden. $_{2}$Darüber hinaus sollen die Träger der Sozialhilfe gemeinsam mit den Beteiligten der Pflegestützpunkte nach § 7c des Elften Buches alle für die wohnortnahe Versorgung und Betreuung in Betracht kommenden Hilfe- und Unterstützungsangebote koordinieren. $_{3}$Die Rahmenverträge nach § 7a Absatz 7 des Elften Buches sind zu berücksichtigen und die Empfehlungen nach § 8a des Elften Buches sollen berücksichtigt werden.~~	(1) Die Träger der Eingliederungshilfe arbeiten mit Leistungsanbietern und anderen Stellen, deren Aufgabe die Lebenssituation von Menschen mit Behinderungen betrifft, zusammen.
§ 5 Verhältnis zur freien Wohlfahrtspflege	
(1) Die Stellung der Kirchen und Religionsgesellschaften des öffentlichen Rechts sowie der Verbände der freien Wohlfahrtspflege als Träger eigener sozialer Aufgaben und ihre Tätigkeit zur Erfüllung dieser Aufgaben werden durch ~~dieses Buch~~ nicht berührt.	(2) Die Stellung der Kirchen und Religionsgesellschaften des öffentlichen Rechts sowie der Verbände der Freien Wohlfahrtspflege als Träger eigener sozialer Aufgaben und ihre Tätigkeit zur Erfüllung dieser Aufgaben werden durch diesen Teil nicht berührt.
~~(2) $_{1}$Die Träger der Sozialhilfe sollen bei der Durchführung dieses Buches mit den Kirchen und Religionsgesellschaften des öffentlichen Rechts sowie den Verbänden der freien Wohlfahrtspflege zusammenarbeiten. $_{2}$Sie achten dabei deren Selbständigkeit in Zielsetzung und Durchführung ihrer Aufgaben.~~	
~~(3) $_{1}$Die Zusammenarbeit soll darauf gerichtet sein, dass sich die Sozialhilfe und die Tätigkeit der freien Wohlfahrtspflege zum Wohle der Leistungsberechtigten wirksam ergänzen. $_{2}$Die Träger der Sozialhilfe sollen die Verbände der freien Wohlfahrtspflege in ihrer Tätigkeit auf dem Gebiet der Sozialhilfe angemessen unterstützen.~~	
~~(4) $_{1}$Wird die Leistung im Einzelfall durch die freie Wohlfahrtspflege erbracht, sollen die Träger der Sozialhilfe von der Durchführung eigener Maßnahmen absehen. $_{2}$Dies gilt nicht für die Erbringung von Geldleistungen.~~	
~~(5) $_{1}$Die Träger der Sozialhilfe können allgemein an der Durchführung ihrer Aufgaben nach diesem Buch die Verbände der freien Wohlfahrtspflege beteiligen oder ihnen die Durchführung solcher Aufgaben über-~~	

SGB XII bis 31.12.2019	SGB IX ab 1.1.2020
~~tragen, wenn die Verbände mit der Beteiligung oder Übertragung einverstanden sind. 2Die Träger der Sozialhilfe bleiben den Leistungsberechtigten gegenüber verantwort~~lich.	
§ 4 Absatz 2	
(2) Ist die Beratung und Sicherung der gleichmäßigen, gemeinsamen oder ergänzenden Erbringung von Leistungen geboten, sollen zu diesem Zweck Arbeitsgemeinschaften gebildet werden.	(3) Ist die Beratung und Sicherung der gleichmäßigen, gemeinsamen oder ergänzenden Erbringung von Leistungen geboten, sollen zu diesem Zweck Arbeitsgemeinschaften gebildet werden.
§ 4 Absatz 3	
(3) Soweit eine Erhebung, Verarbeitung und Nutzung personenbezogener Daten erfolgt, ist das Nähere in einer Vereinbarung zu regeln.	(4) 1Sozialdaten dürfen im Rahmen der Zusammenarbeit nur erhoben, verarbeitet oder genutzt werden, soweit dies zur Erfüllung von Aufgaben nach diesem Teil erforderlich ist oder durch Rechtsvorschriften des Sozialgesetzbuches angeordnet oder erlaubt ist. 2Die Leistungsberechtigten sind über die Erhebung, Verarbeitung und Nutzung ihrer Daten zu informieren. 3Sie sind auf ihr Recht hinzuweisen, der Erhebung, Verarbeitung oder Nutzung ihrer Daten widersprechen zu können.

Gesetzesbegründung zu § 96 (Drs. 18/9522, S. 274)

Zu Absatz 1

Die Leistungen der Eingliederungshilfe können nur dann den gewünschten Erfolg bei den Leistungsberechtigten erzielen, wenn alle Stellen, deren gesetzliche Aufgaben dem gleichen Ziel dienen, zusammenarbeiten. Die Regelung verpflichtet die Träger der Eingliederungshilfe in Anlehnung an den bisherigen § 4 Absatz 1 Satz 2 SGB XII allgemein zur Zusammenarbeit mit den Leistungsanbietern und anderen Stellen, deren Aufgabe die Lebenssituation von Menschen mit Behinderungen betrifft. Andere Stellen im Sinne von Satz 1 sind insbesondere

- die Träger von Leistungen nach dem Zweiten, Achten, Neunten und Elften Buch,
- andere Träger von Sozialleistungen,
- die Kirchen und Religionsgesellschaften des öffentlichen Rechts sowie
- Verbände, insbesondere der freien Wohlfahrtspflege und der Interessenvertretungen von Menschen mit Behinderungen.

Die Zusammenarbeit mit den Trägern von Leistungen nach dem Achten Buch umfasst auch einen regelmäßigen Informationsaustausch zur effektiven Unterstützung von Kindern und Jugendlichen mit Behinderungen.

Zu Absatz 2

Absatz 2 hebt die Stellung der Kirchen und Religionsgemeinschaften sowie der Verbände der freien Wohlfahrtspflege als Träger eigener sozialer Aufgaben hervor. Die Vorschrift übernimmt damit aus dem bisherigen Fürsorgerecht einen bewährten Grundsatz, dessen Ursprünge in das Jahr 1924 zurückgehen, als der Grundsatz in § 5 der Verordnung über die Fürsorgepflicht geregelt wurde und im Wesentlichen inhaltsgleich von den Nachfolgeregelungen in § 10 BSHG sowie § 5 SGB XII übernommen worden ist.

Zu Absatz 3

Absatz 3 normiert für die Träger der Eingliederungshilfe den bisher für die Träger der Sozialhilfe in § 4 Absatz 2 SGB XII enthaltenen inhaltsgleichen Auftrag zur Bildung von Arbeitsgemeinschaften, soweit dies zur Beratung und Sicherung der gleichmäßigen, gemeinsamen oder ergänzenden Erbringung von Leistungen geboten ist. Die Aufgaben der Arbeitsgemeinschaften gehen somit über die Bearbeitung eines konkreten Einzelfalls hinaus. Arbeitsgemeinschaften können sowohl auf Bundes- als auch auf Landes- oder Kommunalebene eingerichtet werden. Da die Bildung von Arbeitsgemeinschaften und deren Zusammensetzung sich weitgehend nach den Bedürfnissen der Praxis richten, ist von einer weitergehenden Regelung abgesehen worden.

Zu Absatz 4

Es kann nicht ausgeschlossen werden, dass im Rahmen der Zusammenarbeit personenbezogene Daten erhoben, verarbeitet oder genutzt werden. Absatz 4 bestimmt daher zur Sicherstellung des Sozialdatenschutzes, dass Sozialdaten im Rahmen der Zusammenarbeit nur erhoben, verarbeitet oder genutzt werden dürfen, soweit dies zur Aufgabenerfüllung erforderlich ist oder durch Rechtsvorschriften des Sozialgesetzbuches angeordnet oder erlaubt ist.

Die Zulässigkeit der Erhebung, Verarbeitung und Nutzung von Sozialdaten soll aber nicht lediglich von der Erforderlichkeit der Aufgabenerfüllung abhängig sein, sondern es soll auch sichergestellt werden, dass datenschutzrechtliche Mindeststandards zu beachten sind. Dem tragen die Sätze 2 und 3 Rechnung. Dies steht auch im Einklang mit der Intention des Gesetzentwurfs, die Selbstbestimmung der Menschen mit Behinderungen zu stärken und ihnen Mitwirkungsrechte einzuräumen.

SGB XII bis 31.12.2019	SGB IX ab 1.1.2020
§ 6 Fachkräfte (1) Bei der Durchführung der Aufgaben ~~dieses Buches werden Personen beschäftigt, die sich hierfür nach ihrer Persönlichkeit eignen und in der Regel entweder~~ eine ihren Aufgaben entsprechende Ausbildung erhalten haben ~~oder über vergleichbare Erfahrungen verfügen.~~	**§ 97 Fachkräfte** $_1$Bei der Durchführung der Aufgaben dieses Teils beschäftigen die Träger der Eingliederungshilfe eine dem Bedarf entsprechende Anzahl an Fachkräften aus unterschiedlichen Fachdisziplinen. $_2$Diese sollen 1. eine ihren Aufgaben entsprechende Ausbildung erhalten haben und insbesondere über umfassende Kenntnisse a) des Sozial- und Verwaltungsrechts, b) über den leistungsberechtigten Personenkreis nach § 99 oder c) von Teilhabebedarfen und Teilhabebarrieren verfügen, 2. umfassende Kenntnisse über den regionalen Sozialraum und seine Möglichkeiten zur Durchführung von Leistungen der Eingliederungshilfe haben sowie 3. die Fähigkeit zur Kommunikation mit allen Beteiligten haben. $_3$Soweit Mitarbeiter der Leistungsträger nicht oder nur zum Teil die Voraussetzungen erfüllen, ist ihnen Gelegenheit zur Fortbildung und zum Austausch mit Menschen mit Behinderungen zu geben. $_4$Die fachliche Fortbildung der Fachkräfte, die insbesondere die Durchführung der Aufgaben nach den §§ 106 und 117 umfasst, ist zu gewährleisten.

Gesetzesbegründung zu § 97 (Drs. 18/9522, S. 274, 275)

Die für das Recht der Sozialhilfe geltende Vorschrift des § 6 SGB XII ist im Rahmen der Reform der Eingliederungshilfe umfassend weiterzuentwickeln. Die Ziele der Eingliederungshilfe lassen sich in der Praxis nur verwirklichen, wenn geeignete Fachkräfte in ausreichender Zahl hierfür eingesetzt werden. Die personenzentrierte Ausgestaltung der Leistungen der Eingliederungshilfe setzt eine umfassende Qualifikation der Mitarbeiter des Leistungsträgers sowie deren genaue Kenntnis des regionalen Sozialraums voraus.

Vor diesem Hintergrund haben die Leistungsträger Fachkräfte aus unterschiedlichen Fachdisziplinen zu beschäftigen. Das neue Bedarfsermittlungs- und -feststellungsverfahren wird je nach Leistungsträger die Akquise von zusätzlichem Personal und deren weitere Qualifizierung erfordern.

Es ist davon auszugehen, dass der Einsatz entsprechend qualifizierter Mitarbeiter, die auch über Kenntnisse der UN-BRK verfügen, dazu beitragen wird, dass die Leistungen der Eingliederungshilfe zum Wohle des Leistungsberechtigten zielgenau und effektiv erbracht werden. Je qualifizierter die Mitarbeiter der Leistungsträger sind, desto zielgenauer können Leistungen erbracht werden. Eine zielgerichtete Leistungserbringung ist nicht nur für die Leistungsberechtigten von besonderem Interesse, sondern wird darüber hinaus auch auf Dauer einen Beitrag zur Kostendämpfung leisten können.

Redaktioneller Hinweis:

Welche inhaltlichen Anforderungen bei Beratungs- und Unterstützungsleistungen auf Mitarbeiter beim Eingliederungshilfeträger zukommen, zeigen die Kataloge in § 106 Absatz 2 und Absatz 3 SGB IX.

Soweit die Mitarbeiter des Leistungsträgers bei Einführung des Teils 2 noch nicht über die erforderlichen Kenntnisse und Fähigkeiten verfügen, ist ihnen Gelegenheit zur Fortbildung zu geben. Die Regelung in Satz 4 folgt den gestiegenen Anforderungen an die Fachkräfte. Entsprechend der besonderen Bedeutung der Beratung und Unterstützung gemäß § 106 sowie der Gesamtplanung gemäß Kapitel 7 (red. Anm.: § 117 ff. SGB IX) sollen die Fachkräfte insbesondere in diesen beiden Bereichen fortgebildet werden.

SGB XII bis 31.12.2019	SGB IX ab 1.1.2020
§ 98 Örtliche Zuständigkeit	**§ 98 Örtliche Zuständigkeit**
(2) $_{1}$Für die ~~stationäre Leistung~~ ist der Träger der ~~Sozialhilfe~~ örtlich zuständig, in dessen Bereich die Leistungsberechtigten ihren gewöhnlichen Aufenthalt ~~im Zeitpunkt der Aufnahme in die Einrichtung haben oder in den zwei Monaten vor der Aufnahme zuletzt gehabt hatten.~~ ~~$_{2}$Waren bei Einsetzen der Sozialhilfe die Leistungsberechtigten aus einer Einrichtung im Sinne des Satzes 1 in eine andere Einrichtung oder von dort in weitere Einrichtungen übergetreten oder tritt nach dem Einsetzen der Leistung ein solcher Fall ein, ist der gewöhnliche Aufenthalt, der für die erste Einrichtung maßgebend war, entscheidend.~~	(1) $_{1}$Für die Eingliederungshilfe örtlich zuständig ist der Träger der Eingliederungshilfe, in dessen Bereich die leistungsberechtigte Person ihren gewöhnlichen Aufenthalt zum Zeitpunkt der ersten Antragstellung nach § 108 Absatz 1 hat oder in den zwei Monaten vor den Leistungen einer Betreuung über Tag und Nacht zuletzt gehabt hatte. $_{2}$Bedarf es nach § 108 Absatz 2 keines Antrags, ist der Beginn des Verfahrens nach Kapitel 7 maßgeblich. $_{3}$Diese Zuständigkeit bleibt bis zur Beendigung des Leistungsbezuges bestehen. $_{4}$Sie ist neu festzustellen, wenn für einen zusammenhängenden Zeitraum von mindestens sechs Monaten keine Leistungen bezogen wurden. $_{5}$Eine Unterbrechung des Leistungsbezuges wegen stationärer Krankenhausbehandlung oder medizinischer Rehabilitation gilt nicht als Beendigung des Leistungsbezuges.
$_{3}$Steht innerhalb von vier Wochen nicht fest, ob und wo der gewöhnliche Aufenthalt ~~nach Satz 1 oder 2~~ begründet worden ist oder ist ein gewöhnlicher Aufenthaltsort nicht vorhanden oder nicht zu ermitteln ~~oder liegt ein Eilfall vor~~, hat der ~~nach Absatz 1~~ zuständige Träger der ~~Sozialhilfe~~ über die Leistung unverzüglich zu entscheiden und sie vorläufig zu erbringen.	(2) $_{1}$Steht innerhalb von vier Wochen nicht fest, ob und wo der gewöhnliche Aufenthalt begründet worden ist, oder ist ein gewöhnlicher Aufenthalt nicht vorhanden oder nicht zu ermitteln, hat der für den tatsächlichen Aufenthalt zuständige Träger der Eingliederungshilfe über die Leistung unverzüglich zu entscheiden und sie vorläufig zu erbringen. $_{2}$Steht der gewöhnliche Aufenthalt in den Fällen des Satzes 1 fest, wird der Träger der Eingliederungshilfe nach Absatz 1 örtlich zuständig und hat dem nach Satz 1 leistenden Träger die Kosten zu erstatten. $_{3}$Ist ein gewöhnlicher Aufenthalt im Bundesgebiet nicht vorhanden oder nicht zu ermitteln, ist der Träger der Eingliederungshilfe örtlich zuständig, in dessen Bereich sich die leistungsberechtigte Person tatsächlich aufhält.
$_{4}$Wird ein Kind ~~in einer Einrichtung im Sinne des Satzes 1 geboren~~, tritt an die Stelle seines gewöhnlichen Aufenthalts der gewöhnliche Aufenthalt der Mutter.	(3) Werden für ein Kind vom Zeitpunkt der Geburt an Leistungen nach diesem Teil des Buches über Tag und Nacht beantragt, tritt an die Stelle seines gewöhnlichen Aufenthalts der gewöhnliche Aufenthalt der Mutter.
~~(3) In den Fällen des § 74 ist der Träger der Sozialhilfe örtlich zuständig, der bis zum Tod der leistungsberechtigten Person Sozialhilfe leistete, in den anderen Fällen der Träger der Sozialhilfe, in dessen Bereich der Sterbeort liegt.~~	
(4) ~~Für Hilfen an Personen, die sich in Einrichtungen zum Vollzug~~ richterlich angeordneter Freiheitsentziehung ~~aufhalten oder aufgehalten haben, gelten die Absätze 1 und 2 sowie die §§ 106 und 109 entsprechend.~~	(4) $_{1}$Als gewöhnlicher Aufenthalt im Sinne dieser Vorschrift gilt nicht der stationäre Aufenthalt oder der auf richterlich angeordneter Freiheitsentziehung beruhende Aufenthalt in einer Vollzugsanstalt. $_{2}$In diesen Fällen ist der Träger der Eingliederungshilfe örtlich

SGB XII bis 31.12.2019	SGB IX ab 1.1.2020
	zuständig, in dessen Bereich die leistungsberechtigte Person ihren gewöhnlichen Aufenthalt in den letzten zwei Monaten vor der Aufnahme zuletzt hatte.
~~(5) [1]Für die Leistungen nach diesem Buch an Personen, die Leistungen nach dem Sechsten bis Achten Kapitel in Formen ambulanter betreuter Wohnmöglichkeiten erhalten, ist der Träger der Sozialhilfe örtlich zuständig, der vor Eintritt in diese Wohnform zuletzt zuständig war oder gewesen wäre. [2]Vor Inkrafttreten dieses Buches begründete Zuständigkeiten bleiben hiervon unberührt.~~	

Gesetzesbegründung zu § 98 (Drs. 18/10523, S. 59)

Da die Länder im Rahmen ihrer Kompetenz nur Regelungen treffen können, die Geltung für den Bereich des jeweiligen Landes beanspruchen, jedoch länderübergreifende Fallkonstellationen möglich sind, bedarf es einer bundesgesetzlichen Regelung der örtlichen Zuständigkeit.

Redaktioneller Hinweis:

Im Gesetzgebungsverfahren wurde § 98 mit der Beschlussempfehlung gegenüber dem ursprünglichen Gesetzentwurf (Dr. 18/9522) neu formuliert; im ursprünglichen Gesetzentwurf entsprach § 98 den bisherigen Regelungen des § 98 SGB XII plus einer Übergangsregelung. Erst im Laufe des Gesetzgebungsverfahrens wurden, wie oben dargestellt, Modifikationen eingefügt. Der Gesetzentwurf enthielt zudem eine Übergangsregelung, die in die Beschlussempfehlung nicht mit übernommen wurde.

Im Folgenden abgedruckt ist die Begründung der Beschlussempfehlung (Drs. 18/10523).

Die Änderung des § 98 folgt der Tatsache, dass mit dem zweiten Teil des Neunten Buches die Gliederung nach ambulanter, teilstationärer und stationärer Leistung für Menschen mit Behinderungen aufgegeben wird.

Die Regelung der Zuständigkeit richtet sich nun durchgängig nach dem gewöhnlichen Aufenthalt und entspricht im Ergebnis weitestgehend der bisherigen Regelung zur örtlichen Zuständigkeit im Zwölften Kapitel des Zwölften Buches. Berücksichtigt wird nun jedoch insbesondere das jetzt in der Eingliederungshilfe nach diesem Gesetz bestehende Antragserfordernis (red. Anm. siehe § 108 SGB IX).

Redaktioneller Hinweis:

Der gewöhnliche Aufenthalt eines Leistungsberechtigten ist nach § 30 Absatz 3 Satz 2 SGB I danach zu bestimmen, *„wo er sich unter Umständen aufhält, die erkennen lassen, dass er an diesem Ort oder in diesem Gebiet nicht nur vorübergehend verweilt"*.

Auf den gewöhnlichen Aufenthalt kommt es immer dann an, wenn kein Wohnsitz vorhanden ist oder ein solcher sich nicht feststellen lässt. Denn der Begriff des Wohnsitzes schließt den des gewöhnlichen Aufenthaltes ein. Der gewöhnliche Aufenthalt fordert zwar keine ständige, wohl aber eine regelmäßige Anwesenheit. Der tatsächliche Aufenthalt muss durch objektive Merkmale den Schluss auf ein auf längere Sicht beabsichtigtes Verweilen und die Rückkehr an diesen Ort oder in ein Gebiet zulassen. Prognostisch muss festgestellt werden können, dass der Aufenthalt nicht nur vorübergehender Natur ist (z. B. zu Besuchszwecken). Allein die Behauptung oder die subjektive Absicht des längerfristigen Aufenthalts ist nicht ausreichend (so schon BSG, Urteil v. 15.3.1995, Az. 5 RJ 28/94).

Da ab 1. Januar 2020 für Leistungen der Eingliederungshilfe grundsätzlich eine Antragstellung notwendig ist, stellt die ab 1. Januar 2020 geltende Regelung in § 98 Absatz 1 – im Gegensatz zur bisherigen Regelung in SGB XII – auf den Zeitpunkt der ersten Antragstellung ab (ist ausnahmsweise kein Antrag erforderlich, so ist auf den Beginn des Gesamtplanverfahrens abzustellen). Die durch diese erste Antragstellung begründete örtliche Zuständigkeit bleibt bis zum Ende des Leistungsbezugs bestehen. Kurzzeitige Unterbrechungen bis zu sechs Monaten beenden die Zuständigkeit nicht.

Die Zuständigkeit ist neu festzustellen, wenn für einen zusammenhängenden Zeitraum von mindestens sechs Monaten keine Leistungen bezogen wurden. Davon gänzlich ausgenommen sind Unterbrechungen des Aufenthalts – auch über die sechs Monate hinweg – wegen einer stationären Krankenbehandlung oder einer stationären medizinischen Reha-Maßnahme.

Kann der gewöhnliche Aufenthalt nicht ermittelt werden, muss der für den tatsächlichen Aufenthalt zuständige Träger der Eingliederungshilfe über die Leistung unverzüglich entscheiden und sie vorläufig so lange erbringen, bis gegebenenfalls der gewöhnliche Aufenthalt feststeht.

Für Deutsche, die ihren gewöhnlichen Aufenthalt im Ausland haben, trifft § 101 Absatz 4 SGB IX eine Spezialregelung: zuständig ist der Träger, in dessen Bereich die antragstellende Person geboren ist.

Die bloße Änderung der Vorschriften zur örtlichen Zuständigkeit soll möglichst keine Änderung der Leistungsträger oder Unterbrechungen der Leistungen hervorrufen. Da wegen der weitest gehenden Beibehaltung der bestehenden Regelungen kaum Änderungen zu erwarten sind, andererseits jedoch erst nach Ausübung des Bestimmungsrechtes der Länder nach § 94 Absatz 1 Satz 1 feststeht, ob eine Änderung in der örtlichen Zuständigkeit eintreten würde, sind die diesbezüglichen Entscheidungen den Ländern zu überlassen. Die Länder können diese Zuständigkeitsprobleme durch die Regelung des Absatzes 1 selber lösen, weil sie die Einrichtung der Behörden jederzeit so regeln können, wie sie es für erforderlich halten.

Mit Absatz 3 wird der gewöhnliche Aufenthalt eines neugeborenen Kindes – wie bisher im Zwölften Buch – an den gewöhnlichen Aufenthalt der Mutter angeknüpft. Wegen der fehlenden Möglichkeit der Bezugnahme auf eine „stationäre Einrichtung“ im Recht der Eingliederungshilfe ist nun der Leistungsbezug „über Tag und Nacht“ eingefügt worden. Gleichzeitig wird auf das nun bestehende Antragserfordernis im zweiten Teil des Neunten Buches Bezug genommen.

Redaktioneller Hinweis:

Der gewöhnliche Aufenthalt eines in einer Einrichtung mit Tag und Nacht Betreuung geborenen Kindes richtet sich nach dem der Mutter. Wegen der fehlenden Möglichkeit der Bezugnahme auf eine „stationäre Einrichtung" im Recht der Eingliederungshilfe ist hier der Leistungsbezug „über Tag und Nacht" eingefügt worden, der bisher nur im SGB VIII auftauchte.

Die bisherige Regelung in Absatz 5 (SGB XII alt), die eine Ermächtigung für die Länder enthielt, abweichende Bestimmungen zur örtlichen Zuständigkeit innerhalb des Landes zu erlassen, wurde aufgehoben. Das Recht der Länder in § 94 Absatz 1 Satz 1, die für die Durchführung dieses Teils zuständigen Träger zu bestimmen, beinhaltet das Recht zur – abweichenden – Bestimmung zur örtlichen Zuständigkeit. Insofern bedarf es keiner gesonderten Regelung.

Kapitel 2
Grundsätze der Leistungen

Gesetzestext mit BTHG-Gesetzesbegründung und redaktionellen Hinweisen

SGB XII bis 31.12.2019	SGB IX ab 1.1.2020
	§ 99 Leistungsberechtigter Personenkreis Leistungen der Eingliederungshilfe erhalten Personen nach § 53 Absatz 1 und 2 des Zwölften Buches und den §§ 1 bis 3 der Eingliederungshilfe-Verordnung in der am 31. Dezember 2019 geltenden Fassung.

Zur Bestimmung des leistungsberechtigten Personenkreises gelten bis auf weiteres (vorauss. 31.12.2022) § 53 Absatz 1 und Absatz 2 SGB XII und Abschnitt I der Verordnung nach § 60 des Zwölften Buches Sozialgesetzbuch (Eingliederungshilfe-Verordnung).

§ 53 Absatz 1 und Absatz 2 SGB XII

(1) $_1$Personen, die durch eine Behinderung im Sinne von § 2 Absatz 1 Satz 1 des Neunten Buches wesentlich in ihrer Fähigkeit, an der Gesellschaft teilzuhaben, eingeschränkt oder von einer solchen wesentlichen Behinderung bedroht sind, erhalten Leistungen der Eingliederungshilfe, wenn und solange nach der Besonderheit des Einzelfalles, insbesondere nach Art oder Schwere der Behinderung, Aussicht besteht, dass die Aufgabe der Eingliederungshilfe erfüllt werden kann. $_2$Personen mit einer anderen körperlichen, geistigen oder seelischen Behinderung können Leistungen der Eingliederungshilfe erhalten.

(2) $_1$Von einer Behinderung bedroht sind Personen, bei denen der Eintritt der Behinderung nach fachlicher Erkenntnis mit hoher Wahrscheinlichkeit zu erwarten ist. $_2$Dies gilt für Personen, für die vorbeugende Gesundheitshilfe und Hilfe bei Krankheit nach den §§ 47 und 48 erforderlich ist, nur, wenn auch bei Durchführung dieser Leistungen eine Behinderung einzutreten droht.

Abschnitt I der Verordnung nach § 60 des Zwölften Buches Sozialgesetzbuch (Eingliederungshilfe-Verordnung)

§ 1 Körperlich wesentlich behinderte Menschen

Durch körperliche Gebrechen wesentlich in ihrer Teilhabefähigkeit eingeschränkt im Sinne des § 53 Absatz 1 Satz 1 des Zwölften Buches Sozialgesetzbuch sind

1. Personen, deren Bewegungsfähigkeit durch eine Beeinträchtigung des Stütz- oder Bewegungssystems in erheblichem Umfange eingeschränkt ist,
2. Personen mit erheblichen Spaltbildungen des Gesichts oder des Rumpfes oder mit abstoßend wirkenden Entstellungen vor allem des Gesichts,
3. Personen, deren körperliches Leistungsvermögen infolge Erkrankung, Schädigung oder Fehlfunktion eines inneren Organs oder der Haut in erheblichem Umfange eingeschränkt ist,
4. Blinden oder solchen Sehbehinderten, bei denen mit Gläserkorrektion ohne besondere optische Hilfsmittel
   a) auf dem besseren Auge oder beidäugig im Nahbereich bei einem Abstand von mindestens 30 cm oder im Fernbereich eine Sehschärfe von nicht mehr als 0,3 besteht oder
   b) durch Buchstabe a nicht erfaßte Störungen der Sehfunktion von entsprechendem Schweregrad vorliegen,
5. Personen, die gehörlos sind oder denen eine sprachliche Verständigung über das Gehör nur mit Hörhilfen möglich ist,
6. Personen, die nicht sprechen können, Seelentauben und Hörstummen, Personen mit erheblichen Stimmstörungen sowie Personen, die stark stammeln, stark stottern oder deren Sprache stark unartikuliert ist.

§ 2 Geistig wesentlich behinderte Menschen

Geistig wesentlich behindert im Sinne des § 53 Absatz 1 Satz 1 des Zwölften Buches Sozialgesetzbuch sind Personen, die infolge einer Schwäche ihrer geistigen Kräfte in erheblichem Umfange in ihrer Fähigkeit zur Teilhabe am Leben in der Gesellschaft eingeschränkt sind.

§ 3 Seelisch wesentlich behinderte Menschen

Seelische Störungen, die eine wesentliche Einschränkung der Teilhabefähigkeit im Sinne des § 53 Absatz 1 Satz 1 des Zwölften Buches Sozialgesetzbuch zur Folge haben können, sind

1. körperlich nicht begründbare Psychosen,
2. seelische Störungen als Folge von Krankheiten oder Verletzungen des Gehirns, von Anfallsleiden oder von anderen Krankheiten oder körperlichen Beeinträchtigungen,
3. Suchtkrankheiten,
4. Neurosen und Persönlichkeitsstörungen.

Gesetzesbegründung zu § 99 (Drs. 18/10523, S. 60)

Bis zum Inkrafttreten der Neudefinition des leistungsberechtigten Personenkreises im Jahr 2023 wird der leistungsberechtigte Personenkreis in der Eingliederungshilfe nach den Vorschriften bestimmt, die am 31. Dezember 2019 im 6. Kapitel des Zwölften Buches und in der auf der Grundlage von § 60 SGB XII erlassenen Eingliederungshilfe-Verordnung geregelt. Die §§ 1 bis 3 der Eingliederungshilfe-Verordnung erhalten für den Zeitraum von 2020 bis 2022 Gesetzesrang.

Zu dieser Neudefinition enthält Artikel 25a (red. Anmerkung: dies ist § 99 in der Fassung ab 1. Januar 2023, siehe dazu gleich) bereits eine richtungsweisende Regelung im Lichte der UN-Behindertenrechtskonvention und in Orientierung an dem Klassifikationssystem der an der Internationalen Klassifikation der Funktionsfähigkeit, Behinderung und Gesundheit (ICF). Damit die Neudefinition den jetzigen leistungsberechtigten Personenkreis abbildet, sollen auf der Grundlage dieser Regelung eine wissenschaftliche Untersuchung und eine modellhafte Erprobung nach Artikel 25 erfolgen, um die Regelung rechtzeitig vor dem Jahre 2023 durch Gesetz konkretisieren zu können.

Redaktioneller Hinweis:

Der oben dargestellte Wortlaut von § 99 SGB IX, wie er in der Zeit vom 1. Januar 2020 bis voraussichtlich zum 31. Dezember 2022 gilt, ist ein Kompromiss, der während der heftig geführten Diskussion im Gesetzgebungsverfahren gefunden wurde.

Das Bundesteilhabegesetz führt in § 2 SGB IX eine neue Definition von Behinderung ein, die den bisherigen – defizitorientierten – Begriff der Behinderung durch ein an der UN-Behindertenrechtskonvention und an der Internationalen Klassifikation der Funktionsfähigkeit, Behinderung und Gesundheit (ICF) orientiertes Verständnis ersetzt. Nach diesem Verständnis entsteht Behinderung in Wechselwirkung zwischen einem gesundheitlichen Problem einer Person und einstellungs- und umweltbedingten Barrieren.

Für die „Zielgruppe" der Eingliederungshilfe bedeutet diese Definition in § 2 Absatz 1 Satz 1 bis 2 SGB IX, dass es sich um Menschen mit Behinderungen handelt, deren Beeinträchtigung die Folge einer Schädigung von Körperfunktionen und -strukturen ist und die in erheblichem Maße in ihrer Fähigkeit zur Teilhabe an der Gesellschaft eingeschränkt sind.

Seit dem Inkrafttreten des Bundessozialhilfegesetzes (BSHG) im Jahre 1962 ist der Personenkreis, der Leistungen der Eingliederungshilfe für behinderte Menschen erhält, weitgehend unverändert geblieben. Danach sind Personen leistungsberechtigt, wenn sie infolge einer gesundheitlichen Störung im Sinne von § 2 SGB IX (Fassung bis Inkrafttreten des Bundesteilhabegesetzes) wesentlich in ihrer Fähigkeit, an der Gesellschaft teilzuhaben, eingeschränkt sind oder dies einzutreten droht. In der Eingliederungshilfe muss für einen Rechtsanspruch bisher das Merkmal einer wesentlichen Behinderung („Wesentlichkeit") als Zugangsvoraussetzung vorliegen. Die Eingliederungshilfe-Verordnung in der derzeit geltenden Fassung konkretisiert dies für bestimmte Personenkreise. Danach gelten bestimmte Gruppen körperlich (einschließlich der Sinne), geistig, seelisch behinderter Menschen kraft Gesetzes als wesentlich behindert; die wesentliche Behinderung bei anderen Personenkreisen ist durch Prüfung im Einzelfall festzustellen.

Es herrscht seit langem Konsens darüber, dass der geltende Behinderungsbegriff für die Eingliederungshilfe mit dem Merkmal der Wesentlichkeit – da weitgehend defizitorientiert – veraltet ist; er definiert sich u. a. über die Abweichung der individuellen Funktion, Fähigkeit oder Gesundheit vom für das Lebensalter eines Menschen typischen, als normal angesehenen Zustand. Er bezieht nur unzulänglich gesellschaftliche Veränderungen sowie das gewandelte Rollenverständnis von Menschen mit Behinderungen ein. Auch ist die Anwendung in der Praxis nicht immer einheitlich.

Mit der im Jahre 2009 in Deutschland in Kraft getretenen UN-BRK wurde der Begriff der Behinderung zwar nicht definiert, aber das neue Verständnis von Behinderung in Artikel 1 als Ausgangspunkt dargelegt. Danach zählen zu den Menschen mit Behinderungen Menschen, die langfristige körperliche, seelische, geistige oder Sinnesbeeinträchtigungen haben, welche sie in Wechselwirkung mit verschiedenen Barrieren an der vollen wirksamen und gleichberechtigten Teilhabe an der Gesellschaft hindern können.

Für die reformierte Eingliederungshilfe soll der leistungsberechtigte Personenkreis vor diesem Hintergrund neu definiert werden und zwar „im Lichte der UN-Behindertenkonvention [sic!] und in Orientierung an der Internationalen Klassifikation der Funktionsfähigkeit, Behinderung und Gesundheit (ICF)" (siehe Drs. 18/10523, S. 84). Mit der Neuregelung soll der leistungsberechtigte Personenkreis nicht ausgeweitet und nicht eingeschränkt werden; der bisherige leistungsberechtigte Personenkreis der Eigliederungshilfe soll also nicht verändert werden. Über diese zwei Parameter – Neudefinition bei gleichzeitiger Beibehaltung des leistungsberechtigten Personenkreises – herrscht Konsens. Uneinigkeit herrschte im Gesetzgebungsverfahren darüber, wie dies geschehen kann. Deshalb wurde beginnend ab 2017 mittels wissenschaftlicher Untersuchung und modellhafter Erprobung geklärt, welche konkreten Voraussetzungen zu regeln sind. Wie dem folgenden Wortlaut des § 99 in der Fassung ab 1. Januar 2023 zu entnehmen ist, sind die Voraussetzungen dort sehr offen gehalten. Diese unbestimmten Rechtsbegriffe wie etwa „größere Anzahl" sollen auf Grundlage einer wissenschaftlichen Untersuchung festgelegt werden. Im Ergebnis sollen die in § 99 (2023) noch bewusst offen gehaltenen Kriterien zur Definition des leistungsberechtigten Personenkreises in einem Bundesgesetz konkretisiert und in einer anwendungsfreundlichen Form operationalisiert werden.

Geplante Fassung von § 99 – voraussichtlich ab 2023

Zum 1. Januar 2023 soll folgender neuer Wortlaut gelten, sofern bis zu diesem Zeitpunkt die Evaluierung (siehe dazu gleich) erfolgreich war und ein entsprechendes Bundesgesetz (vgl. § 99 Absatz 7 der folgenden Textfassung) verkündet wurde.

„§ 99 Leistungsberechtigter Personenkreis [Fassung ab 1.1.2023]

(1) Eingliederungshilfe ist Personen nach § 2 Absatz 1 Satz 1 und 2 zu leisten, deren Beeinträchtigungen die Folge einer Schädigung der Körperfunktion und -struktur einschließlich der geistigen und seelischen Funktionen sind und die dadurch in Wechselwirkung mit den Barrieren in erheblichem Maße in ihrer Fähigkeit zur Teilhabe an der Gesellschaft eingeschränkt sind. Eine Einschränkung der Fähigkeit zur Teilhabe an der Gesellschaft in erheblichem Maße liegt vor, wenn die Ausführung von Aktivitäten in einer größeren Anzahl der Lebensbereiche nach Absatz 4 nicht ohne personelle oder technische Unterstützung möglich oder in einer geringeren Anzahl der Lebensbereiche auch mit personeller oder technischer Unterstützung nicht möglich ist. Mit steigender Anzahl der Lebensbereiche nach Absatz 4 ist ein geringeres Ausmaß der jeweiligen Einschränkung für die Leistungsberechtigung ausreichend.

(2) Leistungsberechtigt nach diesem Teil sind auch Personen, denen nach fachlicher Kenntnis eine erhebliche Einschränkung im Sinne von Absatz 1 Satz 2 mit hoher Wahrscheinlichkeit droht. Ist bei Personen nach § 2 Absatz 1 Satz 1 und 2 die Ausführung von Aktivitäten in weniger als den nach Absatz 1 Satz 2 bestimmten Lebensbereichen nicht ohne personelle oder technische Unterstützung möglich oder in weniger als den nach Absatz 1 Satz 2 bestimmten Lebensbereichen auch mit personeller oder technischer Unterstützung nicht möglich, ist aber im Einzelfall in ähnlichem Ausmaß personelle oder technische Unterstützung zur Ausführung von Aktivitäten notwendig, können Leistungen der Eingliederungshilfe gewährt werden.

(3) Bei der Feststellung des erheblichen Maßes der Einschränkung nach Absatz 1 Satz 2 ist die für die Art der Behinderung typisierende notwendige Unterstützung in Lebensbereichen nach Absatz 4 maßgebend.

(4) Lebensbereiche im Sinne von Absatz 1 Satz 2 sind

1. Lernen und Wissensanwendung,
2. allgemeine Aufgaben und Anforderungen,
3. Kommunikation,
4. Mobilität,
5. Selbstversorgung,
6. häusliches Leben,
7. interpersonelle Interaktionen und Beziehungen,
8. bedeutende Lebensbereiche sowie
9. Gemeinschafts-, soziales und staatsbürgerliches Leben.

(5) Personelle Unterstützung im Sinne von Absatz 1 Satz 2 ist die regelmäßig wiederkehrende und über einen längeren Zeitraum andauernde Unterstützung durch eine anwesende Person. Bei Kindern und Jugendlichen bis zur Vollendung des 18. Lebensjahres bleibt die Notwendigkeit von Unterstützung auf Grund der altersgemäßen Entwicklung unberücksichtigt.

(6) Leistungen zur Teilhabe am Arbeitsleben nach Kapitel 4 erhalten Personen, die die Voraussetzungen nach § 58 Absatz 1 Satz 1 erfüllen.

(7) Das Nähere über

1. die größere und geringere Anzahl nach Absatz 1 Satz 2,
2. das Verhältnis von der Anzahl der Lebensbereiche zum Ausmaß
3. der jeweiligen Einschränkung nach Absatz 1 Satz 3 und
4. die Inhalte der Lebensbereiche nach Absatz 4

bestimmt ein Bundesgesetz."

Das Bundesministerium für Arbeit und Soziales (BMAS) hat die Arbeitsgemeinschaft ISG Institut für Sozialforschung und Gesellschaftspolitik GmbH sowie transfer – Unternehmen für soziale Innovation mit den Unterauftragnehmern Universität Kassel (Prof. Dr. Felix Welti) und Dr. med. Matthias Schmidt-Ohlemann mit dem Forschungsvorhaben „Rechtliche Wirkungen im Fall der Umsetzung von Artikel 25a § 99 BTHG (ab 2023) auf den leistungsberechtigten Personenkreis der Eingliederungshilfe" beauftragt. Die Bundesregierung hat am 13. September 2018 den Abschlussbericht dieses Forschungsvorhabens als Unterrichtung an den Deutschen Bundestag übermittelt (Drs. 19/4500).

Das Forschungsergebnis ist ernüchternd, denn als Ergebnis der Studie wird insbesondere festgehalten, dass sich der leistungsberechtigte Personenkreis durch das neue Verfahren verändert und damit „das ursprüngliche Anliegen des BMAS, eine griffige Definition zu erhalten, bei der der Personenkreis gleich bleibt, nicht erfüllbar ist" (Abschlussbericht S. 91).

Offen ist derzeit, welche Schlüsse der Gesetzgeber aus diesem Forschungsergebnis ziehen wird. Eventuell folgt er dem Vorschlag des Forschungsvorhabens, das im Folgenden zitiert wird (Abschlussbericht, S. 90 ff.):

„Auf Grundlage der Untersuchungsergebnisse lassen sich Kriterien benennen, wie sich ein an der ICF orientierter Leistungszugang unter quantitativen und qualitativen Gesichtspunkten darstellen kann. Dabei ergibt sich die Orientierung an der ICF bereits aus § 2 Absatz 1 Satz 1 SGB IX, wonach der Behinderungsbegriff des deutschen Rechts insgesamt an der ICF orientiert wird.

(1) *Zielgruppe:* Ausgehend vom gesetzgeberischen Willen zur Kontinuität des leistungsberechtigten Personenkreises der Eingliederungshilfe nach § 99 SGB IX mit dem nach § 53 SGB XII leistungsberechtigten Personenkreis sollten die Grundzüge der bisherigen Regelung erhalten bleiben:

- Die Leistungen richten sich an Menschen mit Behinderung nach § 2 Absatz 1 Satz 1 SGB IX sowie von einer solchen Behinderung bedrohte Personen.
- Innerhalb dieses Personenkreises wird eine Qualifikation vorgenommen. Diese wird bisher als „wesentliche" Behinderung bezeichnet. Der Begriff kann als „erheblich" modernisiert werden, um die unerwünschte Konnotation mit einem „Wesensmerkmal" auszuschließen.

- Leistungen für nicht wesentlich bzw. erheblich behinderte Personen können nach Ermessen geleistet werden (bisher § 53 Absatz 1 Satz 2 SGB XII). Eine solche Regelung ist erforderlich, um ungewollte Leistungslücken zu vermeiden.

(2) *Leistungsanspruch:* Die Prüfung eines Anspruchs auf Leistungen der Eingliederungshilfe muss sich zuerst auf das Vorliegen einer Behinderung oder drohenden Behinderung nach § 2 Absatz 1 SGB IX (i.V. m. § 13 SGB IX) richten. Hierzu sind die Störungen der gesundheitlichen Funktionen in Ergänzung der Diagnoseschlüssel der ICD, die Aktivitäts- und Teilhabestörungen einschließlich der einstellungsbedingten und umweltbedingten Barrieren in den Blick zu nehmen. Die Behinderung darf (prognostisch) nicht nur vorübergehend sein („mindestens sechs Monate").

(3) *Leistungsgruppe und Zuständigkeit:* Aus §§ 14, 15 SGB IX ergibt sich, dass frühzeitig bei der Prüfung eines Leistungsantrags das gesamte Spektrum der in Betracht kommenden Leistungen zur Teilhabe aller Rehabilitationsträger in den Blick zu nehmen ist. Um innerhalb der gesetzlichen 14-Tages-Frist die gebotene Weiterleitung des Antrags oder eines Teilantrags an einen (vorrangig) zuständigen anderen Rehabilitationsträger vornehmen zu können, ist in der Systematik des Teilhaberechts vor allem auf die Zuordnung der begehrten Leistung zu einer Leistungsgruppe und die Plausibilität der Verknüpfung von Behinderung und beantragter Leistung zu achten.

(4) *Besondere Leistungstatbestände:* Für einzelne Personengruppen bzw. Fallkonstellationen sollte die Leistungsberechtigung konkretisiert werden. Nur bei Leistungen zur Teilhabe am Arbeitsleben in WfbM und durch ein Budget für Arbeit, bei Leistungen zur Teilhabe an Bildung und Leistungen zur Sozialen Teilhabe gibt es nicht regelhaft einen vorrangig zuständigen Rehabilitationsträger. Daher ist eine originäre Bestimmung des leistungsberechtigten Personenkreises mit einem einschränkenden Merkmal nur für diese Leistungen zu empfehlen.

- Für die Leistungen zur *medizinischen Rehabilitation* und die Leistungen zur *Teilhabe am Arbeitsleben außer den Leistungen in WfbM und durch ein Budget für Arbeit* sind im Normalfall vorrangige Leistungsträger zuständig. Gibt es solche nicht, z. B. bei nichtversicherten Personen in der medizinischen Rehabilitation, ist ein Kriterium der erheblichen Behinderung zweifelhaft, da die Leistung z. B. eines Hilfsmittels im Umfang der Krankenversicherungsansprüche (§ 109 Absatz 2 SGB IX) in jedem Fall erforderlich ist.
- Für die Leistungen zur *Teilhabe am Arbeitsleben in WfbM* und durch ein *Budget für Arbeit* kommt es alleine auf die wesentliche Beeinträchtigung der Teilhabe an, wie sie in § 58 Absatz 1 SGB IX definiert ist. Konsequenterweise hat sich der Gesetzgeber bereits in § 99 Absatz 6 SGB IX i. d. F. von Art. 25a BTHG entschieden, die Leistungsberechtigung alleine an dem dort beschriebenen Kriterium zu orientieren.
- Für die Leistungen zur *Teilhabe an Bildung* nach §§ 75, 112 SGB IX wäre es sinnvoll und konsequent, die Leistungsberechtigung alleine daran zu orientieren, ob behinderungsbedingt eine erhebliche Beeinträchtigung der Teilhabe an Bildung im allgemeinen Bildungswesen eingetreten ist oder einzutreten droht.

(5) *Relevanz:* Eine Konkretisierung der Erheblichkeit der Behinderung bleibt danach nur noch erforderlich für die Leistungen zur Sozialen Teilhabe. Hierfür ist ein quantifizierendes Kriterium, das im Sinne einer „Checkliste" abzählbare Mindestkriterien von starken und weniger starken Aktivitätseinschränkungen definiert, nicht zu empfehlen, da diese eine qualitative Entscheidung nicht ersetzen kann und zu Änderungen des leistungsberechtigten Personenkreises führen würde.

(6) *Kriterien der Erheblichkeit:* Kriterien für die Erheblichkeit der Behinderung ergeben sich aus der Betroffenheit der in der ICF und in § 118 SGB IX genannten Lebensbereiche, aus dem nach §§ 13, 118 SGB IX ermittelten Leistungsbedarf und aus der Unabweisbarkeit der Bedarfsdeckung. Insoweit stößt die vom Gesetzgeber gewünschte und kategorial mögliche Unterscheidung von Leistungszugang und Leistungsbedarf an Grenzen. Sie ist nur dort konsequent möglich, wo für nicht gedeckte Bedarfe noch ein nachrangiges Leistungssystem zur Verfügung steht (wie in der Pflege).

(7) *Erhebliche Beeinträchtigung von Aktivitäten und Teilhabe:* Eine erhebliche Beeinträchtigung von Aktivitäten und Teilhabe kann angenommen werden, wenn ohne personelle oder technische Hilfe die beeinträchtigte Person bei relevanten praktischen Lebensvollzügen in mindestens einem Lebensbereich beeinträchtigt ist und nur durch personelle oder technische Unterstützung die Ausführung dieser Lebensvollzüge ermöglicht werden kann, verbessert werden kann oder einer Verschlechterung vorgebeugt werden kann.

(8) *Kriteriengeleitete Entscheidung im Kontext:* Voraussichtlich ist auch zukünftig die nach §§ 13, 118 SGB IX ggf. auch trägerübergreifend erfolgende Bedarfsermittlung der Leistungsentscheidung vorgelagert. Mit der Leistungsentscheidung wird auch entschieden, ob Erheblichkeit vorliegt. Um zu sichern, dass die im Einzelfall erforderlichen Leistungen der Eingliederungshilfe nahtlos, zügig sowie nach Gegenstand, Umfang und Ausführung einheitlich erbracht werden, erscheinen *bundesweite Empfehlungen* zur Bestimmung der Erheblichkeit in der Eingliederungshilfe sinnvoll. Diese können an § 118 SGB IX und an die bereits bestehende Tradition der BAGüS-Orientierungshilfen anknüpfen. Sie sollten mit den gemeinsamen Empfehlungen der Rehabilitationsträger nach §§ 25, 26 SGB IX systematisch verknüpft werden, um die verfahrensmäßige Verbindung mit den vorrangigen Leistungsträgern herzustellen.

Um eine entsprechende untergesetzliche Normierung durch bundesweite Empfehlungen zu legitimieren, kann eine Bundesarbeitsgemeinschaft der Träger der Eingliederungshilfe gesetzlich damit beauftragt werden. Um der untergesetzlichen Regelung Akzeptanz zu verschaffen und dem Beteiligungsgebot nach Art. 4 Absatz 3 UN-BRK zu entsprechen, müsste dabei eine § 94 Absatz 4 SGB IX entsprechende Zusammensetzung mit einer effektiven Partizipation der Verbände der Menschen mit Behinderungen geschaffen werden. Das BMAS müsste als Rechtsaufsicht an diesem Verfahren beteiligt sein.

Vorläufiger Definitionsvorschlag

Ein erster Versuch, auf der Grundlage der Untersuchungsergebnisse eine Definition des leistungsberechtigten Personenkreises vorzunehmen, könnte folgendermaßen aussehen:

In § 99 Absatz 1 SGB IX sind Satz 2 und 3 zu ersetzen durch die Formulierung:

„Eine erhebliche Beeinträchtigung von Aktivitäten und Teilhabe besteht, wenn die beeinträchtigte Person relevante praktische Lebensvollzüge in mindestens einem Lebensbereich nach Absatz 4 nicht ohne personelle oder technische Hilfe ausführen kann und nur durch personelle oder technische Unterstützung die Ausführung dieser Lebensvollzüge ermöglicht oder verbessert werden kann oder einer Verschlechterung vorgebeugt werden kann."

In § 99 Absatz 2 SGB IX ist Satz 2 zu streichen.

Die Formulierung in § 99 Absatz 3 SGB IX ist umstritten. Empirisch konnte gezeigt werden, dass eine „typisierende notwendige Unterstützung" bei manchen Behinderungsarten eher deutlich wird und bei anderen Behinderungsarten weniger, wie z. B. bei seelischer Behinderung oder Suchterkrankung [...]. In den Rechtsworkshops wurden grundsätzliche Bedenken gegenüber typisierender Unterstützung geäußert: So könnten durch eine Typisierung einerseits auch solche Personen leistungsberechtigt werden, die nach Prüfung des Einzelfalls eher keine Eingliederungshilfe erhalten würden. Andererseits könnten Personen, die keinem Typus zugeordnet werden können, die aber in der Gesamtbetrachtung von mehreren kleineren Einschränkungen als leistungsberechtigt beurteilt würden, bei einer typisierenden Betrachtung aus der Leistungsberechtigung herausfallen [...].

Die gesonderte Regelung des Leistungszugangs für die *Teilhabe am Arbeitsleben* in § 99 Absatz 6 SGB IX sollte beibehalten werden. Sie sollte um eine gesonderte Regelung des Leistungszugangs für die *Teilhabe an Bildung* ergänzt werden, die sich daran orientiert, ob behinderungsbedingt eine erhebliche Beeinträchtigung der Teilhabe an Bildung im allgemeinen Bildungswesen eingetreten ist oder einzutreten droht.

Dieser Vorschlag hat nur vorläufigen Charakter und kann die Grundlage einer weiterführenden Diskussion bilden."

Basierend auf diesem wissenschaftlichen Zwischenergebnis berät eine Arbeitsgruppe (AG Leistungsberechtigter Personenkreis) bestehend aus Vertretern des BMSA, der Bundesländer, der örtlichen und überörtlichen Träger der Eingliederungshilfe, der Fach- und Interessensverbände von Menschen mit Behinderung, der Wohlfahrtsverbände eine Neudefinition bzw. neue Festlegung des leistungsberechtigten Personenkreises. Im Frühjahr 2019 fanden dazu mehrere Fachgespräche statt. Bis zum Spätsommer 2019 soll sich die Arbeitsgruppe auf die Grundzüge eines Modells verständigen, wie der leistungsberechtigte Personenkreis in der Eingliederungshilfe künftig ausgestaltet werden soll.

Weitere Infos stellt das BMAS unter www.gemeinsam-einfach-machen.de zur Verfügung (dort Rubrik „Umsetzung BTHG > Untersuchung nach Artikel 25 Absatz 5 BTHG")

SGB XII bis 31.12.2019	SGB IX ab 1.1.2020
§ 23 Sozialhilfe für Ausländerinnen und Ausländer	**§ 100 Eingliederungshilfe** für Ausländer
(1) $_{1}$Ausländern, die sich im Inland tatsächlich aufhalten~~, ist Hilfe zum Lebensunterhalt, Hilfe bei Krankheit, Hilfe bei Schwangerschaft und Mutterschaft sowie Hilfe zur Pflege nach diesem Buch zu leisten.~~ ~~$_{2}$Die Vorschriften des Vierten Kapitels bleiben unberührt.~~ ~~$_{3}$Im Übrigen kann Sozialhilfe geleistet werden~~, soweit dies im Einzelfall gerechtfertigt ist. $_{4}$Die Einschränkungen nach Satz 1 gelten nicht für Ausländer, die im Besitz einer Niederlassungserlaubnis oder eines befristeten Aufenthaltstitels sind und sich voraussichtlich dauerhaft im Bundesgebiet aufhalten. $_{5}$Rechtsvorschriften, nach denen ~~außer den in Satz 1 genannten~~ Leistungen ~~auch sonstige Sozialhilfe zu leisten ist oder geleistet werden soll,~~ bleiben unberührt.	(1) $_{1}$Ausländer, die sich im Inland tatsächlich aufhalten, können Leistungen nach diesem Teil erhalten, soweit dies im Einzelfall gerechtfertigt ist. $_{2}$Die Einschränkung auf Ermessensleistungen nach Satz 1 gilt nicht für Ausländer, die im Besitz einer Niederlassungserlaubnis oder eines befristeten Aufenthaltstitels sind und sich voraussichtlich dauerhaft im Bundesgebiet aufhalten. $_{3}$Andere Rechtsvorschriften, nach denen Leistungen der Eingliederungshilfe zu erbringen sind, bleiben unberührt.
(2) Leistungsberechtigte nach § 1 des Asylbewerberleistungsgesetzes erhalten keine Leistungen der ~~Sozialhilfe~~.	(2) Leistungsberechtigte nach § 1 des Asylbewerberleistungsgesetzes erhalten keine Leistungen der Eingliederungshilfe.
(3) $_{1}$Ausländer ~~und ihre Familienangehörigen~~ erhalten keine Leistungen ~~nach Absatz 1 oder nach dem Vierten Kapitel~~, wenn 4. sie eingereist sind, um ~~Sozialhilfe~~ zu erlangen.	(3) Ausländer, die eingereist sind, um Leistungen nach diesem Teil zu erlangen, haben keinen Anspruch auf Leistungen der Eingliederungshilfe.

Gesetzesbegründung zu § 100 (Drs. 18/9522, S. 277, 278)

§ 100 übernimmt inhaltsgleich die geltende Regelung des § 23 SGB XII. Ggf. notwendige Änderungen sind einem anderen Gesetzgebungsverfahren vorbehalten.

Redaktioneller Hinweis:

Zu beachten ist, dass Ausländer und Ausländerinnen grundsätzlich Eingliederungshilfeleistungen als Ermessensleistungen erhalten („können", siehe Formulierung in Absatz 1 Satz 1) – es sei denn, es handelt sich um Ausländer und Ausländerinnen mit einer Niederlassungserlaubnis oder mit einem befristeten Aufenthaltstitel mit Bleibeperspektive (siehe Absatz 1 Satz 2). Für diesen Personenkreis besteht – bei Vorliegen der sonstigen Voraussetzungen – ein Rechtsanspruch (Wegfall der „Einschränkung auf Ermessensleistungen").

Zu Absatz 2

Leistungsberechtigte nach dem Asylbewerberleistungsgesetz (AsylbLG) erhalten keine Leistungen der Eingliederungshilfe nach diesem Buch; das gilt auch, wenn sie im Besitz eines Aufenthaltstitels sind. Auf Leistungsberechtigte, die nach 15 Monaten (red. Anm.: künftig 18 Monate; Änderung durch Geordnete-Rückkehr-Gesetz) Leistungen nach § 2 Absatz 1 AsylbLG beziehen (sog. „Analogleistungsberechtigte"), sollen allerdings die Regelungen zur Eingliederungshilfe für Ausländer nach Teil 2 des SGB IX-E zukünftig – ebenso wie die Regelungen der Sozialhilfe für Ausländer nach dem SGB XII – entsprechende Anwendung finden; § 2 Absatz 1 AsylbLG soll entsprechend geändert werden.

Redaktioneller Hinweis:

Mit dem Bundesteilhabegesetz wurde § 2 Absatz 1 AsylbLG angepasst; er lautet ab 1. Januar 2020 (Änderungen fett markiert):

„(1) Abweichend von den §§ 3 und 4 sowie 6 bis 7 **sind** *das Zwölfte Buch Sozialgesetzbuch* **und Teil 2 des Neunten Buches Sozialgesetzbuch** *auf diejenigen Leistungsberechtigten entsprechend anzuwenden, die sich seit 18 Monaten ohne wesentliche Unterbrechung im Bundesgebiet aufhalten und die Dauer des Aufenthalts nicht rechtsmissbräuchlich selbst beeinflusst haben."*

Für die Dauer des Grundleistungsbezugs (red. Anm.: erste 18 Monate, Änderung durch Geordnete-Rückkehr-Gesetz) bietet § 6 Absatz 1 AsylbLG bereits nach geltendem Recht eine Grundlage für die Gewährung von Leistungen der Eingliederungshilfe. Bei der Auslegung und Anwendung dieser Norm obliegt es den Leistungsbehörden nach dem AsylbLG, europarechtliche Vorgaben einzuhalten und den Wertentscheidungen völkerrechtlicher Verträge, an die Deutschland gebunden ist (UN-Kinderrechtskonvention, UN-Behindertenrechtskonvention), Rechnung zu tragen. Dies kommt insbesondere in Betracht, soweit die Gewährung von Eingliederungshilfe an Kinder betroffen ist, weil hier nicht nur die UN-Behindertenrechtskonvention, sondern auch die UN-Kinderrechtskonvention zu beachten ist.

Redaktioneller Hinweis:

Ja nach Status des Ausländers gelten also folgende Regeln:

Ausländer mit Aufenthaltserlaubnis

Ausländer, die im Besitz einer Niederlassungserlaubnis (= unbefristeter Aufenthaltstitel, § 9 AufenthG) oder einer Aufenthaltserlaubnis (= befristeter Aufenthaltstitel, § 7 AufenthG) sind und sich voraussichtlich dauerhaft in Deutschland aufhalten, haben Anspruch auf Eingliederungshilfe, wenn die jeweiligen Voraussetzungen vorliegen.

Ausländer mit vorübergehendem Aufenthaltsrecht

Ausländer mit absehbar nur vorübergehendem Aufenthaltsrecht erhalten Eingliederungshilfe nur als Ermessensleistungen.

Asylbewerber

Asylbewerber erhalten zunächst keine Eingliederungshilfe. Anspruch darauf haben sie erst, wenn sie sich seit 18 Monaten ohne wesentliche Unterbrechung im Bundesgebiet aufhalten und die Dauer des Aufenthalts nicht rechtsmissbräuchlich selbst beeinflusst haben.

Ausschluss

Ausländer, die eingereist sind, um Leistungen der Eingliederungshilfe zu erlangen, haben darauf keinen Anspruch.

SGB XII bis 31.12.2019	SGB IX ab 1.1.2020
§ 24 Sozialhilfe für Deutsche im Ausland	**§ 101 Eingliederungshilfe für Deutsche im Ausland**
(1) $_1$Deutsche, die ihren gewöhnlichen Aufenthalt im Ausland haben, erhalten keine Leistungen. $_2$Hiervon kann im Einzelfall nur abgewichen werden, soweit dies wegen einer außergewöhnlichen Notlage unabweisbar ist und zugleich nachgewiesen wird, dass eine Rückkehr in das Inland aus folgenden Gründen nicht möglich ist: 1. Pflege und Erziehung eines Kindes, das aus rechtlichen Gründen im Ausland bleiben muss, 2. längerfristige stationäre Betreuung in einer Einrichtung oder Schwere der Pflegebedürftigkeit oder 3. hoheitliche Gewalt.	(1) $_1$Deutsche, die ihren gewöhnlichen Aufenthalt im Ausland haben, erhalten keine Leistungen der Eingliederungshilfe. $_2$Hiervon kann im Einzelfall nur abgewichen werden, soweit dies wegen einer außergewöhnlichen Notlage unabweisbar ist und zugleich nachgewiesen wird, dass eine Rückkehr in das Inland aus folgenden Gründen nicht möglich ist: 1. Pflege und Erziehung eines Kindes, das aus rechtlichen Gründen im Ausland bleiben muss, 2. längerfristige stationäre Betreuung in einer Einrichtung oder Schwere der Pflegebedürftigkeit oder 3. hoheitliche Gewalt.
(2) Leistungen werden nicht erbracht, soweit sie von dem hierzu verpflichteten Aufenthaltsland oder von anderen erbracht werden oder zu erwarten sind.	(2) Leistungen der Eingliederungshilfe werden nicht erbracht, soweit sie von dem hierzu verpflichteten Aufenthaltsland oder von anderen erbracht werden oder zu erwarten sind.
(3) Art und Maß der Leistungserbringung sowie der Einsatz des Einkommens und des Vermögens richten sich nach den besonderen Verhältnissen im Aufenthaltsland.	(3) Art und Maß der Leistungserbringung sowie der Einsatz des Einkommens und Vermögens richten sich nach den besonderen Verhältnissen im Aufenthaltsland.
(4) $_1$~~Die Leistungen sind abweichend von § 18 zu beantragen.~~ $_2$Für die Leistungen zuständig ist der ~~überörtliche~~ Träger der ~~Sozialhilfe~~, in dessen Bereich die antragstellende Person geboren ist.	(4) $_1$Für die Leistung zuständig ist der Träger der Eingliederungshilfe, in dessen Bereich die antragstellende Person geboren ist.
$_3$Liegt der Geburtsort im Ausland oder ist er nicht zu ermitteln, wird der örtlich zuständige Träger von einer Schiedsstelle bestimmt. $_4$~~§ 108 Absatz 1 Satz 2 gilt entsprechend.~~	$_2$Liegt der Geburtsort im Ausland oder ist er nicht zu ermitteln, wird der örtlich zuständige Träger von einer Schiedsstelle bestimmt.
~~(5) $_1$Leben Ehegatten oder Lebenspartner, Verwandte und Verschwägerte bei Einsetzen der Sozialhilfe zusammen, richtet sich die örtliche Zuständigkeit nach der ältesten Person von ihnen, die im Inland geboren ist. $_2$Ist keine dieser Personen im Inland geboren, ist ein gemeinsamer örtlich zuständiger Träger nach Absatz 4 zu bestimmen. $_3$Die Zuständigkeit bleibt bestehen, solange eine der Personen nach Satz 1 der Sozialhilfe bedarf.~~	
(6) Die Träger der ~~Sozialhilfe~~ arbeiten mit den deutschen Dienststellen im Ausland zusammen.	(5) Die Träger der Eingliederungshilfe arbeiten mit den deutschen Dienststellen im Ausland zusammen.

Gesetzesbegründung zu § 101 (Drs. 18/9522, S. 278)

§ 101 übernimmt inhaltsgleich die Regelung des § 24 SGB XII. Der Anwendungsbereich betrifft ausschließlich Deutsche, die ihren gewöhnlichen Aufenthalt im Ausland haben.

Redaktioneller Hinweis:

Zum Begriff des „gewöhnlichen Aufenthalts" nach § 30 SGB I siehe vorne die Definition bei § 98.

Nur wenn eine Rückkehr nach Deutschland aus den drei abschließend normierten Gründen nicht möglich ist, sollen Leistungen gewährt werden. Entsprechend steht der Begriff der stationären Betreuung in einer Einrichtung nicht im Zusammenhang mit dem Recht der Eingliederungshilfe, sondern er ist abstrakt zu verstehen als ein Aufenthaltsort im Ausland.

SGB XII bis 31.12.2019	SGB IX ab 1.1.2020
§ 54 Leistungen der Eingliederungshilfe (1) $_1$Leistungen der Eingliederungshilfe sind neben den Leistungen nach § 140 und neben den Leistungen nach den §§ 26 und 55 des Neunten Buches in der am 31. Dezember 2017 geltenden Fassung *Erläuterung:* *§ 140 SGB XII =Teilhabe am Arbeitsleben* *§ 26 SGB IX (alte Fassung) = Leistungen zur medizinischen Rehabilitation* *§ 55 SGB IX (alte Fassung) = Leistungen zur Teilhabe am Leben in der Gemeinschaft* ~~insbesondere~~ ~~1. Hilfen zu einer angemessenen Schulbildung, insbesondere im Rahmen der allgemeinen Schulpflicht und zum Besuch weiterführender Schulen einschließlich der Vorbereitung hierzu; die Bestimmungen über die Ermöglichung der Schulbildung im Rahmen der allgemeinen Schulpflicht bleiben unberührt,~~ ~~2. Hilfe zur schulischen Ausbildung für einen angemessenen Beruf einschließlich des Besuchs einer Hochschule,~~ ~~3. Hilfe zur Ausbildung für eine sonstige angemessene Tätigkeit,~~ ~~4. Hilfe in vergleichbaren sonstigen Beschäftigungsstätten nach § 56,~~ ~~5. nachgehende Hilfe zur Sicherung der Wirksamkeit der ärztlichen und ärztlich verordneten Leistungen und zur Sicherung der Teilhabe der behinderten Menschen am Arbeitsleben.~~ ~~$_2$Die Leistungen zur medizinischen Rehabilitation und zur Teilhabe am Arbeitsleben entsprechen jeweils den Rehabilitationsleistungen der gesetzlichen Krankenversicherung oder der Bundesagentur für Arbeit.~~	**§ 102 Leistungen der Eingliederungshilfe** (1) Die Leistungen der Eingliederungshilfe umfassen 1. Leistungen zur medizinischen Rehabilitation, 2. Leistungen zur Teilhabe am Arbeitsleben, 3. Leistungen zur Teilhabe an Bildung und 4. Leistungen zur Sozialen Teilhabe. (2) Leistungen nach Absatz 1 Nummer 1 bis 3 gehen den Leistungen nach Absatz 1 Nummer 4 vor.
~~(2) Erhalten behinderte oder von einer Behinderung bedrohte Menschen in einer stationären Einrichtung Leistungen der Eingliederungshilfe, können ihnen oder ihren Angehörigen zum gegenseitigen Besuch Beihilfen geleistet werden, soweit es im Einzelfall erforderlich ist.~~ ~~(3) $_1$Eine Leistung der Eingliederungshilfe ist auch die Hilfe für die Betreuung in einer Pflegefamilie, soweit eine geeignete Pflegeperson Kinder und Jugendliche über Tag und Nacht in ihrem Haushalt versorgt und dadurch der Aufenthalt in einer vollstationären Einrichtung der Behindertenhilfe vermieden oder beendet werden kann. $_2$Die Pflegeperson bedarf einer Erlaubnis nach § 44 des Achten Buches.~~	[jetzt geregelt in § 115, siehe dort]

Gesetzesbegründung zu § 102 (Drs. 18/9522, S. 278)

Zu Absatz 1

Absatz 1 benennt entsprechend der Systematik der Sozialgesetzbücher die einzelnen Leistungsgruppen der Eingliederungshilfe.

Redaktioneller Hinweis:

Zu Aufgaben und Ziele der Leistungen siehe die Ausführungen bei § 90 SGB IX.

Dies sind zum einen wie im geltenden Recht im Sechsten Kapitel des SGB XII

- die Leistungen zur Medizinischen Rehabilitation
  (red. Anm.: § 109 i.V.m. §§ 42 ff. und § 64 SGB IX),
- die Leistungen zur Teilhabe am Arbeitsleben
  (red. Anm.: § 111 i.V.m. §§ 58, 60 bis 62 SGB IX) und
- die bisherigen Leistungen zur Teilhabe am Leben in der Gemeinschaft, die jetzt begrifflich als Leistungen zur Sozialen Teilhabe definiert werden
  (red. Anm.: § 113 i.V.m. §§ 77 bis 84 SGB IX).

Die bisher den Leistungen zur Teilhabe am Leben in der Gemeinschaft zugehörigen Leistungen im Zusammenhang mit Ausbildung und Schulbildung werden zu einer eigenständigen Leistungsgruppe, da sie von der Definition der Aufgabe der Sozialen Teilhabe in § 76 und § 113 nicht mehr erfasst sind.

Redaktioneller Hinweis:

Gemeint ist die neue Leistungsgruppe „Leistungen zur Teilhabe an Bildung" (§ 112 SGB IX).

Zu Absatz 2

Absatz 2 stellt klar, dass die Leistungen zur Medizinischen Rehabilitation, zur Teilhabe am Arbeitsleben und zur Teilhabe an Bildung den Leistungen zur Sozialen Teilhabe vorgehen.

Redaktioneller Hinweis:

Die Festlegung der Nachrangigkeit von Leistungen der Sozialen Teilhabe ist auch in § 76 Absatz 1 SGB IX niedergelegt. Dieser § 76 gilt aber nicht für die Eingliederungshilfeträger. Da Teil 2 des SGB IX als eigenes Leistungsgesetz angelegt ist, war eine Nennung des Nachrangs hier in § 102 SGB IX geboten.

SGB XII bis 31.12.2019	SGB IX ab 1.1.2020
§ 55 Sonderregelung für behinderte Menschen in Einrichtungen $_1$Werden Leistungen der Eingliederungshilfe ~~für behinderte Menschen~~ in ~~einer vollstationären~~ Einrichtung ~~der Hilfe für behinderte Menschen~~ im Sinne des § 43a des Elften Buches erbracht, umfasst die Leistung auch die Pflegeleistungen in ~~der~~ Einrichtung. $_2$Stellt der ~~Träger der Einrichtung~~ fest, dass der ~~behinderte~~ Mensch so pflegebedürftig ist, dass die Pflege in ~~der~~ Einrichtung nicht sichergestellt werden kann, vereinbaren der Träger der ~~Sozialhilfe~~ und die zuständige Pflegekasse mit dem ~~Einrichtungsträger~~, dass die Leistung ~~in~~ eine~~r~~ anderen ~~Einrichtung~~ erbracht wird; dabei ist angemessenen Wünschen des ~~behinderten~~ Menschen Rechnung zu tragen.	**§ 103 Regelung für Menschen mit Behinderungen und Pflegebedarf** (1) $_1$Werden Leistungen der Eingliederungshilfe in Einrichtungen oder Räumlichkeiten im Sinne des § 43a des Elften Buches in Verbindung mit § 71 Absatz 4 des Elften Buches erbracht, umfasst die Leistung auch die Pflegeleistungen in diesen Einrichtungen oder Räumlichkeiten. $_2$Stellt der Leistungserbringer fest, dass der Mensch mit Behinderungen so pflegebedürftig ist, dass die Pflege in diesen Einrichtungen oder Räumlichkeiten nicht sichergestellt werden kann, vereinbaren der Träger der Eingliederungshilfe und die zuständige Pflegekasse mit dem Leistungserbringer, dass die Leistung bei einem anderen Leistungserbringer erbracht wird; dabei ist angemessenen Wünschen des Menschen mit Behinderungen Rechnung zu tragen. $_3$Die Entscheidung zur Vorbereitung der Vereinbarung nach Satz 2 erfolgt nach den Regelungen zur Gesamtplanung nach Kapitel 7. (2) $_1$Werden Leistungen der Eingliederungshilfe außerhalb von Einrichtungen oder Räumlichkeiten im Sinne des § 43a des Elften Buches in Verbindung mit § 71 Absatz 4 des Elften Buches erbracht, umfasst die Leistung auch die Leistungen der häuslichen Pflege nach den §§ 64a bis 64f, 64i und 66 des Zwölften Buches, solange die Teilhabeziele nach Maßgabe des Gesamtplanes (§ 121) erreicht werden können, es sei denn der Leistungsberechtigte hat vor Vollendung des für die Regelaltersrente im Sinne des Sechsten Buches erforderlichen Lebensjahres keine Leistungen der Eingliederungshilfe erhalten. $_2$Satz 1 gilt entsprechend in Fällen, in denen der Leistungsberechtigte vorübergehend Leistungen nach den §§ 64g und 64h des Zwölften Buches in Anspruch nimmt. $_3$Die Länder können durch Landesrecht bestimmen, dass der für die Leistungen der häuslichen Pflege zuständige Träger der Sozialhilfe die Kosten der vom Träger der Eingliederungshilfe erbrachten Leistungen der häuslichen Pflege zu erstatten hat.

Gesetzesbegründung zu § 103 (Drs. 18/10523)

Zu Absatz 1:

Es handelt sich um die inhaltliche Übernahme von § 55 SGB XII. Die Regelung wird wegen der Aufgabe der Differenzierung der Eingliederungshilfe nach ambulanten, teilstationären und vollstationären Leistungen angepasst.

Redaktioneller Hinweis:

Um den Absatz 1 zu verstehen, ist es unabdingbar, auf die Änderungen in § 43a, § 71 Absatz 4 SGB XI sowie der Übergangsregelung in § 145 SGB XI einzugehen. Diese Vorschriften werden mit dem Dritten Pflegestärkungsgesetz (PSG III) mit Geltung ab 1. Januar 2020 geändert, um einen Gleichklang mit den Änderungen durch das Bundesteilhabegesetz herzustellen. Diese Änderungen werden im Anschluss an die Kommentierung von § 103 dargestellt.

Zur Durchbrechung des Nachranggrundsatzes siehe die Ausführungen zu § 91 Absatz 3 SGB IX.

Der angefügte Satz 3 trägt dazu bei, die Rechte pflegebedürftiger Menschen mit Behinderungen bei der Frage ihrer Verlegung in Pflegeeinrichtungen zu stärken. Im Rahmen des partizipativen Gesamtplanverfahrens muss damit der Leistungsberechtigte bereits bei der Entscheidung über das „ob" der Leistungserbringung bei einem anderen Leistungserbringer beteiligt werden.

Redaktioneller Hinweis:

Ob der Leistungsberechtigte bei der Entscheidung über das „ob" der Verlegung wirklich beteiligt wird – so die Gesetzesbegründung oben –, darf zumindest bezweifelt werden. Denn in Satz 2 ist niedergelegt, dass der Leistungsberechtigte die Einrichtung verlassen muss, wenn der Leistungserbringer (= Träger der Einrichtung) feststellt, dass der Pflegebedarf dort nicht mehr gedeckt werden kann und deshalb ein Wechsel zu einer anderen Einrichtung erfolgen muss. Vereinbaren tun dies „der Träger der Eingliederungshilfe und die zuständige Pflegekasse mit dem Leistungserbringer". Nach dem Wortlaut von Satz 2 ist bei dieser Vereinbarung der Betroffene selbst nicht dabei. „Dabei ist angemessenen Wünschen des Menschen mit Behinderungen Rechnung zu tragen." – so der zweite Halbsatz von Satz 2. Dem Wortlaut von Satz 2 folgend hat der Leistungsberechtigte kein Mitspracherecht über das „Ob" des Umzugs, lediglich bei der Fragestellung „wohin", also zu welchem neuen Leistungsanbieter, ist den Wünschen des Betroffenen zu folgen – soweit diese angemessen sind (siehe auch von Boetticher, Das neue Teilhaberecht, S. 266). Diese Aushandlung hat dann – wie Satz 3 festlegt – im Rahmen der Gesamtplanung zu erfolgen.

Zu Absatz 2 – Allgemeines

Eingliederungshilfe und Hilfe zur Pflege haben auch nach Einführung des neuen Pflegebedürftigkeitsbegriffs grundsätzlich unterschiedliche Aufgaben.

Aufgabe der Pflege ist die Kompensation von gesundheitlich bedingten Beeinträchtigungen der Selbständigkeit oder der Fähigkeiten. Aufgabe der Eingliederungshilfe ist die Förderung der vollen, wirksamen und gleichberechtigten Teilhabe am Leben in der Gesellschaft.

Lebenslagenmodell

In der Lebenssituation eines Menschen, der von Geburt an oder in seiner aktiven Erwerbsphase mit einer Behinderung konfrontiert wird, ist für Menschen mit Behinderung neben der Sozialen Teilhabe gerade die Teilhabe an Bildung und die Teilhabe am Arbeitsleben zu fördern, sei es am allgemeinen Arbeitsmarkt oder in einer Werkstatt für behinderte Menschen oder bei anderen Leistungsanbietern. In dieser Lebensphase dominieren damit im Regelfall die Leistungen der Eingliederungshilfe. Ein Mensch, der hingegen erst im vorgerückten Alter Pflegebedürftigkeit und Behinderung erleidet, ist typischerweise von vorneherein im Wesentlichen auf Pflegeleistungen angewiesen.

Für diese Differenzierung der Lebenslagen ist die Regelung der Schnittstelle anhand des Alters der Leistungsberechtigten, anknüpfend an das Kriterium der Regelaltersgrenze der gesetzlichen Rentenversicherung, ein objektives und eindeutiges Kriterium. Sie ermöglicht eine einfache Zuordnung der Leistungen und trägt maßgeblich dazu bei, Streitigkeiten über die Frage, welcher Leistungsträger zuständig ist, zu vermeiden. Die Regelung trägt zur Förderung selbstbestimmter Lebensführung und Teilhabe von Menschen mit Behinderungen an der Gesellschaft bei.

Redaktioneller Hinweis:

Versicherte in der gesetzlichen Rentenversicherung, die bis 31. Dezember 1946 geboren sind, erreichen die Regelaltersgrenze mit Vollendung des 65. Lebensjahres. Für Geburtsjahrgänge 1947 bis Ende 1963 wird die Regelaltersgrenze bis zum Jahr 2030 jährlich in Ein- bzw. Zweimonatsschritten angehoben (siehe die Tabelle in § 235 Absatz 2 SGB VI). Ab dem Jahr 2030 gilt dann – für Versicherte ab dem Geburtsjahr 1964 – eine Regelaltersgrenze mit Vollendung des 67. Lebensjahres (§ 35 SGB VI).

Die Unterscheidung der verschiedenen Lebenslagen anhand der Regelaltersgrenze stellt zugleich einen sachlichen Grund dar. So unterscheiden sich die Lebenslagen von Personen, die Leistungen der Hilfe zur Pflege erhalten, von den Lebenslagen von Personen, die Leistungen der Eingliederungshilfe erhalten, grundlegend. Pflegebedürftigkeit tritt in den meisten Fällen erst im hohen Alter ein, wenn die betroffene Person bereits aus dem Erwerbsleben ausgeschieden ist, während Leistungen der Eingliederungshilfe deutlich früher in Anspruch genommen werden. So lag zum Stichtag 31. Dezember 2014 das Durchschnittsalter der Empfängerinnen und Empfänger von Leistungen der Hilfe zur Pflege bei ca. 75 Jahren. Empfängerinnen und Empfänger von Leistungen der Eingliederungshilfe waren dagegen zum Stichtag 31. Dezember 2014 durchschnittlich rund 36 Jahre alt.

Menschen, die erst nach Erreichen der Regelaltersgrenze Pflegebedürftigkeit und Behinderung erleiden, haben grundsätzlich die Möglichkeit, für einen solchen Pflegefall Vorsorge zu treffen, um im Bedarfsfall aufgrund der begrenzten Höhe der Leistungen der Pflegeversicherung die weiteren Pflegeleistungen auch aus eigenen Mitteln finanzieren zu können. Bei Personen, die von Geburt an oder in ihrer aktiven Erwerbsphase mit einer Behinderung konfrontiert werden, kann dies nicht im gleichen Maße erwartet werden. Deshalb soll hier die Regelung, dass die Leistungen der Eingliederungshilfe auch die Leistungen der Hilfe zur Pflege umfassen, weitergelten und somit das Herausführen aus der Fürsorge fortdauern, solange und soweit die Ziele der Eingliederungshilfe erreicht werden können.

Bei der Gewährung von Leistungen sind die verschiedenen Lebenslagen von Menschen, die von Geburt an oder in der aktiven Erwerbsphase mit einer Behinderung konfrontiert werden, die in einigen Fällen neben notwendigen Leistungen der Eingliederungshilfe auch Pflegebedarf nach sich zieht, und von denjenigen, die erst im vorgerückten Alter Pflegebedürftigkeit und Behinderung erleiden und typischerweise im Wesentlichen auf Pflegeleistungen angewiesen sind, zu berücksichtigen. Für Menschen mit Behinderungen sollen die Leistungen der Pflege inhaltlich den Leistungen der Teilhabe zugeordnet werden, da sie mit darauf hinwirken, die Teilhabebeeinträchtigung aufzuheben oder wenigstens zu mildern.

Zu Absatz 2 Satz 1

Der erste Halbsatz regelt, dass bei Leistungsberechtigten nach Teil 2 des SGB IX, solange die Teilhabeziele nach Maßgabe des Gesamtplanes (§ 121) erreicht werden können, die Leistungen der Eingliederungshilfe zugleich die Leistungen der häuslichen Pflege nach den §§ 64a bis 64f des Zwölften Buches sowie den Entlastungsbetrag nach den §§ 64i und 66 des Zwölften Buches umfassen.

Keine Anwendung findet die Regelung grundsätzlich auf Fälle, in denen neben der Eingliederungshilfe zugleich Leistungen der (teil-) stationären Pflege erbracht werden. Leistungen der teilstationären Pflege werden im Unterschied zu den Leistungen der häuslichen Pflege in Einrichtungen der Tages- oder Nachtpflege erbracht, soweit die häusliche Pflege nicht in ausreichendem Umfang sichergestellt werden kann oder die teilstationäre Pflege zur Ergänzung oder Stärkung der häuslichen Pflege erforderlich ist (§ 64g SGBXII). Die Pflegeleistungen sind in diesen Fällen, soweit die Leistungen der teilstationären Pflege oder der Kurzzeitpflege nicht nur vorübergehend erbracht werden, in einem Umfang notwendig, der in der eigenen Häuslichkeit nicht mehr sichergestellt werden kann. Im Verhältnis zu den Leistungen der Eingliederungshilfe dominieren die pflegerischen Leistungen

Zur Sicherstellung einer adäquaten pflegerischen Versorgung ist es daher erforderlich, dass in den Fällen eines nicht nur vorübergehenden Bezugs von Leistungen der teilstationären Pflege oder der Kurzzeitpflege die pflegerischen Leistungen unmittelbar durch den zuständigen Leistungsträger erbracht werden. Leistungslücken sind damit nicht verbunden, da Leistungsberechtigte in diesen Fällen ihre Leistungen durch den jeweils zuständigen Leistungsträger erhalten.

Der zweite Halbsatz regelt, dass, soweit vor Erreichen der Altersgrenze Leistungen der Eingliederungshilfe erbracht worden sind, auch nach Erreichen der Regelaltersgrenze die Leistungen der Eingliederungshilfe weiterhin die Leistungen der Hilfe zur Pflege umfassen. Diese Regelung trägt den Interessen der Leistungsberechtigten in zweierlei Hinsicht Rechnung:

Erstens kommen die gegenüber dem SGB XII günstigeren Regelungen bei der Berücksichtigung von Einkommen und Vermögen zum Tragen.

Redaktioneller Hinweis:

Im Umkehrschluss bedeutet dies aber natürlich, dass für Leistungsberechtigte, die erst im Rentenalter die Leistungen in Anspruch nehmen, die ungünstigeren Anrechnungsregelungen der Hilfe zur Pflege zur Anwendung kommen.

Die Rechtsposition soll für die Menschen, die von Geburt an oder in der aktiven Erwerbsphase mit einer Behinderung konfrontiert werden, bewahrt bleiben, da deren spezifische Lebenslage grundsätzlich zu berücksichtigen ist. Bei Menschen, die erst im vorgerückten Alter Pflegebedürftigkeit und Behinderung erleiden, umfasst zwar die Eingliederungshilfe nicht die Hilfe zur Pflege, es bleibt jedoch weiterhin ein Zugang zu den Leistungen der Eingliederungshilfe bestehen, da grundsätzlich Leistungen der Eingliederungshilfe und Leistungen der Hilfe zur Pflege gleichrangig geleistet werden.

Zweitens erfolgt die Leistungserbringung aus einer Hand.

Zu Absatz 2 Satz 2

Es wird sichergestellt, dass der Anwendungsbereich der Regelung des Satzes 1 nicht endet, wenn der Leistungsberechtigte nur vorübergehend statt Leistungen der häuslichen Pflege Leistungen der (teil-)stationären Pflege oder der Kurzzeitpflege in Anspruch nimmt. Grundsätzlich sind Leistungen der teilstationären Pflege und der Kurzzeitpflege nach dem Recht der Hilfe zur Pflege im Unterschied zum SGB XI zeitlich nicht befristet bzw. betragsmäßig begrenzt. Als vorübergehend ist ein Zeitraum von bis zu acht Wochen anzusehen; die Dauer orientiert sich an der zeitlich befristeten Kurzzeitpflege nach dem Recht des SGB XI (red. Anm.: dort § 42 SGB XI).

Zu Absatz 2 Satz 3

Nach § 94 haben die Länder die für die Durchführung der Eingliederungshilfe zuständigen Träger der Eingliederungshilfe zu bestimmen. Im Hinblick darauf, dass bereits nach geltendem Recht die Zuständigkeit der Leistungsträger für die Eingliederungshilfe einerseits und für die Hilfe zur Pflege unterschiedlich ausgestaltet ist und auseinanderfallen kann, werden die Länder ermächtigt, durch Landesrecht eine Kostenerstattungsregelung zu treffen. Damit wird den Ländern die Möglichkeit eröffnet, im Falle auseinanderfallender Zuständigkeiten sicherzustellen, dass kein Leistungsträger durch die Sonderregelung des § 103 Absatz 2 zusätzlich belastet wird.

Exkurs: Änderungen der SGB XI-Regelungen durch das Dritte Pflegestärkungsgesetz (PSG III) mit Geltung ab 1. Januar 2020 (§§ 43a, 71 Absatz 4, 145 SGB XI)

Zu § 43a SGB XI

Sowohl die Überschrift des Vierten Titels des Elften Buches Sozialgesetzbuch – Soziale Pflegeversicherung (SGB XI) als auch der Wortlaut des § 43a werden durch das Dritte Pflegestärkungsgesetz (PSG III) mit Geltung ab 1. Januar 2020 neu gefasst.

(Änderungen gegenüber der ab 1. Januar 2017 geltenden Fassung sind unterstrichen).

Die Überschrift lautet dann:

„Vierter Titel Pauschalleistung für die Pflege von Menschen mit Behinderungen"

§ 43a SGB XI lautet ab 1. Januar 2020:

„§ 43a Inhalt der Leistung

$_{1}$Für Pflegebedürftige der Pflegegrade 2 bis 5 in einer vollstationären Einrichtung im Sinne des § 71 Absatz 4 Nummer 1, in der die Teilhabe am Arbeitsleben, an Bildung oder die soziale Teilhabe, die schulische Ausbildung oder die Erziehung von Menschen mit Behinderungen im Vordergrund des Einrichtungszwecks stehen, übernimmt die Pflegekasse zur Abgeltung der in § 43 Absatz 2 genannten Aufwendungen 15 Prozent der nach Teil 2 Kapitel 8 des Neunten Buches vereinbarten Vergütung. $_{2}$Die Aufwendungen der Pflegekasse dürfen im Einzelfall je Kalendermonat 266 Euro nicht überschreiten. $_{3}$Die Sätze 1 und 2 gelten auch für Pflegebedürftige der Pflegegrade 2 bis 5 in Räumlichkeiten im Sinne des § 71 Absatz 4 Nummer 3, die Leistungen der Eingliederungshilfe für Menschen mit Behinderungen nach Teil 2 des Neunten Buches erhalten. $_{4}$Wird für die Tage, an denen die Pflegebedürftigen im Sinne der Sätze 1 und 3 zu Hause gepflegt und betreut werden, anteiliges Pflegegeld beansprucht, gelten die Tage der An- und Abreise als volle Tage der häuslichen Pflege."

Die Gesetzesbegründung des PSG III (Drs. 18/9518) zum neuen Wortlaut von § 43a lautet:

„§ 43a SGB XI in der geltenden Fassung, der an vollstationäre Einrichtungen der Hilfe für behinderte Menschen anknüpft, liefe ohne Anpassungen des Wortlauts mit der Aufgabe der Differenzierung der Eingliederungshilfe nach ambulanten, teilstationären und vollstationären Leistungen durch das Bundesteilhabegesetz ins Leere. Die Änderungen dienen der Aufrechterhaltung der bisherigen Rechtswirkungen der Norm. Hierzu wird auch § 71 Absatz 4 SGB XI ergänzt, auf den in § 43a Satz 3 SGB XI verwiesen wird. Über die Leistung nach § 43a SGB XI hinaus gehende Leistungen nach dem Elften Buch sind daher in den Einrichtungen im Sinne des Satz 1 und den Räumlichkeiten im Sinne des Satz 3 ausgeschlossen. Satz 3 betrifft Pflegebedürftige, die Leistungen der Eingliederungshilfe für Menschen mit Behinderungen nach Teil 2 des durch das Bundesteilhabegesetz neu gefassten SGB IX erhalten.

Die bislang in Satz 1 geregelte Bezugnahme auf das nach § 75 Absatz 3 SGB XII vereinbarte Heimentgelt ist aufgrund der Rechtsänderungen, die mit der Einführung des neuen Teil 2 des SGB IX durch das Bundesteilhabegesetz verbunden sind, anzupassen. Die entsprechende Regelung in Satz 1 bezieht sich deshalb künftig auf die nach Teil 2 Kapitel 8 des neuen SGB IX vereinbarte Vergütung. Da die hiernach vereinbarten Vergütungen den Lebensunterhalt nicht mehr mit umfassen, sondern sich auf die Fachleistungen konzentrieren, bedarf es zugleich einer Anpassung des Prozentsatzes, der der Berechnung zu Grunde zu legen ist, um den bisher zu berücksichtigenden Anteil der Vergütung weiterhin in etwa gleicher Höhe abzubilden."

Besitzstandsschutzregelung:

Zu beachten ist § 145 SGB XI, der eine Besitzstandsschutzregelung enthält. Sie betrifft Menschen mit Behinderungen, die im Sinne des SGB XI pflegebedürftig sind und die am Stichtag des 1. Januar 2017 dem § 43a SGB XI in der zu diesem Zeitpunkt geltenden Fassung nicht unterfallen, sondern Anspruch auf Leistungen bei häuslicher Pflege nach §§ 36 ff. SGB XI haben. Auf sie wird § 43a SGB XI auch in der ab dem 1. Januar 2020 geltenden Fassung nicht angewendet, sondern sie behalten insofern Anspruch auf die Leistungen der Pflegeversicherung bei häuslicher Pflege. Siehe dazu und auch zu Fällen, in denen die Wohnform gewechselt wird, die Gesetzesbegründung zu § 145 SGB XI am Ende des Beitrags.

Zu § 71 Absatz 4 SGB XI

Die Regelung des § 71 Absatz 4 SGB XI bestimmt, wann keine stationäre Pflegeeinrichtung i. S. d. § 71 Absatz 2 SGB XI vorliegt, sondern eine stationäre Einrichtung mit vorrangig anderer Zielsetzung als die der Pflege.

Zum 1. Januar 2020 wird § 71 Absatz 4 SGB XI durch das PSG III neu gefasst:

(Inhaltliche Änderungen gegenüber der bis 31. Dezember 2019 geltenden Fassung sind auch hier unterstrichen)

§ 71 Absatz 4 SGB XI lautet ab 1. Januar 2020:

„(4) Keine Pflegeeinrichtungen im Sinne des Absatzes 2 sind

1. stationäre Einrichtungen, in denen die Leistungen zur medizinischen Vorsorge, zur medizinischen Rehabilitation, zur Teilhabe am Arbeitsleben, zur Teilhabe an Bildung oder <u>zur sozialen Teilhabe</u>, die schulische Ausbildung oder die Erziehung kranker Menschen oder von <u>Menschen mit Behinderungen</u> im Vordergrund des Zweckes der Einrichtung stehen,
2. Krankenhäuser <u>sowie</u>
3. <u>Räumlichkeiten,</u>
   a) <u>in denen der Zweck des Wohnens von Menschen mit Behinderungen und der Erbringung von Leistungen der Eingliederungshilfe für diese im Vordergrund steht,</u>
   b) <u>auf deren Überlassung das Wohn- und Betreuungsvertragsgesetz Anwendung findet und</u>
   c) <u>in denen der Umfang der Gesamtversorgung der dort wohnenden Menschen mit Behinderungen durch Leistungserbringer regelmäßig einen Umfang erreicht, der weitgehend der Versorgung in einer vollstationären Einrichtung entspricht; bei einer Versorgung der Menschen mit Behinderungen sowohl in Räumlichkeiten im Sinne der Buchstaben a und b als auch in Einrichtungen im Sinne der Nummer 1 ist eine Gesamtbetrachtung anzustellen, ob der Umfang der Versorgung durch Leistungserbringer weitgehend der Versorgung in einer vollstationären Einrichtung entspricht.</u>"

Die Regelung ist – laut Gesetzesbegründung zum PSG III – notwendig, um die gleichen Rechtswirkungen wie bisher zu erzielen. Da mit der Einführung des Teils 2 des neuen SGB IX durch das Bundesteilhabegesetz die Differenzierung zwischen ambulanten, teilstationären und vollstationären Leistungen der Eingliederungshilfe und damit der Einrichtungsbegriff aufgegeben wird, sei eine Anpassung notwendig.

Von „außen" betrachtet wirkt es kurios: Ein Mensch mit Behinderung, der heute in so genannten stationären Einrichtungen („Wohnheimen") lebt, wohnt ab 2020, ohne dass er umziehen muss, in höchst unterschiedlichen „Gebilden". Je nachdem, von welchem Gesetz aus man das betrachtet:

- SGB IX:
  In der „neuen" Eingliederungshilfe lebt er nun in einer „besonderen Wohnform" (§ 104 SGB IX).
- SGB XII:
  In der Grundsicherung lebt er in einer Räumlichkeit, bei dem ihm ein persönlicher Wohnraum zur Verfügung steht und er weitere Räume gemeinsam mit anderen Personen nutzen kann, sog. „gemeinschaftliche Wohnform" oder auch „Gemeinsames Wohnen" (§ 42a SGB XII).
- SGB XI:
  In der Pflegeversicherung lebt er weiter in einer „stationären Einrichtung" (§ 71 Absatz 4 Ziff. 1 SGB XI) oder – wenn außerhalb einer vollstationären Einrichtung ein entsprechendes Leistungsangebot gemacht wird – in „Räumlichkeiten" (§ 71 Absatz 4 Ziff. 3 SGB XI).

  Die Aufwendungen der Pflegekasse für Pflegeleistungen dürfen hier im Einzelfall je Kalendermonat 266 Euro nicht überschreiten. Das bedeutet, dass dieser Deckelungsbetrag von 266 Euro für Pflegeleistungen unter Umständen auch für Menschen mit hohem Unterstützungsbedarf gilt, die nach allgemeinem Verständnis nicht in einer stationären Einrichtung leben, sondern vielleicht in einer Betreuten Wohngruppe, wenn die Gesamtversorgung regelmäßig einen Umfang erreicht, der weitgehend der Versorgung in einer vollstationären Einrichtung entspricht – es könnte dann eine „Räumlichkeit" nach § 71 Absatz 4 Ziff. 3 SGB XI vorliegen.

Da der Begriff „Räumlichkeiten" in § 71 Absatz 4 Ziff. 3 SGB XI sehr auslegungsbedürftig ist, wurde bereits mit Geltung ab 1. Januar 2019 in § 71 Absatz 5 SGB XI festgelegt, dass „der Spitzenverband Bund der Pflegekassen ... mit dem Ziel, eine einheitliche Rechtsanwendung zu fördern, spätestens bis zum 1. Juli 2019 Richtlinien zur näheren Abgrenzung, wann die in Satz 1 Nummer 3 Buchstabe c genannten Merkmale vorliegen und welche Kriterien bei der Prüfung dieser Merkmale mindestens heranzuziehen sind ..".

Diese Richtlinien liegen nun im Entwurf (Stand: 20.05.2019) vor und sind im Folgenden abgedruckt:

Richtlinien des GKV-Spitzenverbandes nach § 71 Absatz 5 Satz 1 SGB XI zum Vorliegen von Räumlichkeiten i. S. d. § 71 Absatz 4 Nr. 3 SGB XI

Präambel

Aufgrund der Einführung des Teils 2 des neuen SGB IX durch das Bundesteilhabegesetz wird zum 1. Januar 2020 die Differenzierung zwischen ambulanten, teilstationären und vollstationären Leistungen der Eingliederungshilfe aufgegeben. Es erfolgt eine personenzentrierte Neuausrichtung der Eingliederungshilfe mit der Folge, dass die Leistungen der Eingliederungshilfe unabhängig vom Ort der Inanspruchnahme gewährt werden und zudem in Fachleistungen und existenzsichernde

Leistungen differenziert werden. Damit fällt der bisherige Anknüpfungspunkt des § 43a SGB XI an die Leistungserbringung im Bereich der vollstationären Versorgung erwachsener Menschen mit Behinderungen weg.

Die Regelung des § 71 Absatz 4 SGB XI bestimmt, wann keine stationäre Pflegeeinrichtung i. S. d. § 71 Absatz 2 SGB XI vorliegt, sondern eine stationäre Einrichtung mit vorrangig anderer Zielsetzung als die der Pflege. Die Abgrenzung solcher Einrichtungen ist maßgeblich sowohl für die Anwendung der vertragsrechtlichen Regelungen des SGB XI als auch für den leistungsrechtlichen Anspruch des Versicherten. Um die bisherigen, an der Wohnform orientierten Leistungsansprüche im SGB XI auch unter der personenzentrierten Neugestaltung der Eingliederungshilfe aufrechterhalten zu können, erfasst die Regelung des § 71 Absatz 4 SGB XI in ihrer neuen Fassung ab 1. Januar 2020 auch Räumlichkeiten, in denen der Zweck des Wohnens von Menschen mit Behinderungen und die Erbringung von Leistungen der Eingliederungshilfe im Vordergrund stehen. Weitere Kriterien sind die Anwendung des Wohn- und Betreuungsvertragsgesetzes sowie der Umfang der Gesamtversorgung der dort wohnenden Menschen mit Behinderungen durch Leistungserbringer, der regelmäßig einen Umfang erreicht, der weitgehend der Versorgung in einer vollstationären Einrichtung entspricht. Damit erfasst § 71 Absatz 4 SGB XI diejenigen Räumlichkeiten, die bislang in der bis zum 31.12.2019 geltenden Fassung durch § 43a SGB XI erfasst wurden oder die eine Erscheinungsform annehmen, die diesen gleichzustellen sind.

Angesichts der Vielzahl der Fallgestaltungen und der Ausgestaltung der Einrichtungen in den Ländern werden mit den nachfolgenden Richtlinien die in § 71 Absatz 4 Satz 1 Nr. 3c SGB XI genannten Merkmale, wann der Umfang einer Gesamtversorgung der in den Räumlichkeiten wohnenden Menschen mit Behinderungen durch einen Leistungserbringer regelmäßig einen Umfang erreicht, der weitgehend einer Versorgung in einer vollstationären Einrichtung entspricht, konkretisiert.

1. Zielsetzung der Richtlinien

Die Richtlinien beschreiben die Merkmale, nach welchen der Umfang einer Gesamtversorgung der in den Räumlichkeiten wohnenden Menschen mit Behinderungen, durch Leistungserbringer weitgehend der einer vollstationären Einrichtung entspricht und welche Kriterien zur Prüfung dieser Merkmale heranzuziehen sind. Dies dient der Feststellung, ob es sich bei einer Einrichtung um Räumlichkeiten i. S. d. § 71 Absatz 4 Nr. 3c SGB XI handelt.

2. Geltungsbereich

Die Richtlinien gelten für Räumlichkeiten,

- in denen der Zweck des Wohnens von Menschen mit Behinderungen und der Erbringung von Leistungen der Eingliederungshilfe für diese im Vordergrund stehen (§ 71 Absatz 4 Nr. 3a SGB XI),
- auf deren Überlassung das Wohn- und Betreuungsvertragsgesetz Anwendung findet (§ 71 Absatz 4 Nr. 3b) und
- in denen der Umfang der Gesamtversorgung der dort wohnenden Menschen mit Behinderungen durch Leistungserbringer regelmäßig einen Umfang erreicht, der weitgehend der Versorgung in einer vollstationären Einrichtung entspricht (§ 71 Absatz 4 Nr. 3c SGB XI). Dies gilt auch, wenn die Versorgung von Menschen mit Behinderungen sowohl in Räumlichkeiten i. S. d. § 71 Absatz 4 Nr. 3a und b SGB XI als auch in stationären Einrichtungen i. S. d. § 71 Absatz 4 Nr. 1 SGB XI erfolgt und bei einer Gesamtbetrachtung der Umfang der Versorgung durch Leistungserbringer weitgehend der in einer vollstationären Einrichtung entspricht.

3. Räumlichkeiten i. S. d. § 71 Absatz 4 Nr. 3 SGB XI

Von einer Räumlichkeit i. S. d. § 71 Absatz 4 Nr. 3 SGB XI ist nur dann auszugehen, wenn alle Merkmale der nachfolgenden Nummern 3.1 bis 3.3 und auch ggf. der Ziffer 3.4 kumulativ vorliegen.

3.1 Zweck des Wohnens von Menschen mit Behinderungen und Erbringung von Leistungen der Eingliederungshilfe

(1) In den Räumlichkeiten müssen der Zweck des Wohnens von Menschen mit Behinderungen und die Erbringung von Leistungen der Eingliederungshilfe für diese im Vordergrund stehen.

(2) Der Zweck des Wohnens von Menschen mit Behinderungen und die Erbringung von Leistungen der Eingliederungshilfe stehen dann im Vordergrund, wenn die Räumlichkeiten den Mittelpunkt der Lebensführung des Leistungsberechtigten darstellen und die Erbringung der Leistungen der Eingliederungshilfe den Hauptzweck beim Wohnen darstellen. Sowohl das Wohnen als auch die Erbringung von Leistungen der Eingliederungshilfe stehen im übergeordneten Verhältnis zu den anderen, in den Räumlichkeiten erbrachten Leistungen und stellen den im Vordergrund stehenden Zweck der Räumlichkeiten dar. Bei Einrichtungen, die am 31.12.2019 als vollstationäre Einrichtungen der Hilfe für behinderte Menschen i. S. d. § 71 Absatz 4 SGB XI in der bis zum 31.12.2019 geltenden Fassung, galten, ist davon auszugehen, dass der Zweck des Wohnens von Menschen mit Behinderungen und die Erbringung von Leistungen der Eingliederungshilfe im Vordergrund stehen.

3.1.1 Zweck des Wohnens von Menschen mit Behinderungen

(1) Dem Zweck des Wohnens von Menschen mit Behinderungen dienen die Räumlichkeiten, wenn es sich um die Überlassung von Wohnraum i. S. d. § 42a Absatz 2 Nr. 2 SGB XII an Menschen mit Behinderungen i. S. d. § 99 SGB IX handelt. Es handelt sich um Wohnraum i. S. d. § 42a Absatz 2 Nr. 2 SGB XII, wenn dem Leistungsberechtigten von dem Anbieter der Räumlichkeiten ein persönlicher Wohnraum allein oder zu zweit zur alleinigen Nutzung und zusätzliche Räume zur gemeinsamen Nutzung mit weiteren Personen überlassen worden sind.

Über die Art und Nutzung der an den Leistungsberechtigten überlassenen Räumlichkeiten können der zwischen dem Anbieter der Räumlichkeiten und dem Leistungsberechtigten geschlossene Vertrag über die Überlassung von Wohnraum sowie ggf. der Leistungsbescheid des Trägers der Sozialhilfe über Leistungen nach § 42a SGB XII Anhaltspunkte geben. Die überörtlichen Sozialhilfeträger stellen den Landesverbänden der Pflegekassen monatlich eine Liste der Einrichtungen zur Verfügung, in die Leistungen im Sinne des § 42a SGB XII fließen. Das Nähere dazu ist in entsprechenden Vereinbarungen auf den Landesebenen zu regeln.

(2) Der Wohnraum muss an Menschen mit Behinderungen i. S. d. § 99 SGB IX überlassen worden sein. Dies ist gegeben, wenn der Leistungsberechtigte Leistungen der Eingliederungshilfe nach § 53 Absatz 1 und 2 SGB XII und den §§ 1 bis 3 Eingliederungshilfe-Verordnung in der am 31.12.2019 geltenden Fassung bezieht.

3.1.2 Erbringung von Leistungen der Eingliederungshilfe

(1) In den Räumlichkeiten selbst müssen Leistungen der Eingliederungshilfe erbracht werden; es handelt sich dabei um Leistungen

- zur medizinischen Rehabilitation (§ 109 SGB IX)
- zur Teilhabe am Arbeitsleben (§ 111 SGB IX)
- zur Teilhabe an Bildung (§ 112 SGB IX)
- zur sozialen Teilhabe (§ 113 SGB IX)

(2) Werden die Leistungen der Eingliederungshilfe nicht in den Räumlichkeiten selbst, sondern außerhalb dieser Räumlichkeiten erbracht, ist maßgeblich, dass es zwischen dem Anbieter der Räumlichkeiten und den Erbringern der Leistungen der Eingliederungshilfe eine organisatorische Verbindung (z. B. Fahrdienst) gibt. Die in den Räumlichkeiten erbrachten bzw. organisierten Leistungen sind mit dem Zweck des Wohnens von Menschen mit Behinderungen, also der Überlassung des Wohnraums, verknüpft und konzeptionelle Bestandteile der angebotenen Leistungen. Als Prüfgrundlagen sind die Vereinbarungen nach §§ 123 ff. SGB IX und der zwischen dem Anbieter der Räumlichkeiten und dem Leistungsberechtigten geschlossene Vertrag über die vertraglich vereinbarten Leistungen heranzuziehen. Ergänzend dazu kommt zur Auslegung der vorgenannten Verträge das Konzept des Leistungserbringers in Betracht. Für die Gesamtbetrachtung, ob die Versorgung der Menschen mit Behinderungen der Versorgung in einer stationären Einrichtung entspricht, sind die den Leistungen zugrundeliegenden Vereinbarungen mit dem Träger der Eingliederungshilfe nach §§ 123 ff. SGB IX sowie die mit dem Leistungsberechtigten vertraglich vereinbarten Leistungen zu betrachten. Ergänzend dazu kommt zur Auslegung der zuvor genannten Verträge das Konzept des Leistungserbringers in Betracht.

3.2 Anwendung des Wohn- und Betreuungsvertragsgesetzes bei der Überlassung der Räumlichkeit

3.2.1 Vorliegen der Anwendbarkeit

(1) Auf die Überlassung der Räumlichkeiten muss das Wohn- und Betreuungsvertragsgesetz (WBVG) Anwendung finden. Dies ist der Fall, wenn sich gemäß § 1 Absatz 1 WBVG ein Unternehmer (nachfolgend als Leistungserbringer bezeichnet) gegenüber einem volljährigen, pflegebedürftigen oder volljährig behinderten Verbraucher (nachfolgend als Mensch(en) mit Behinderungen bezeichnet) vertraglich zur Überlassung von Wohnraum und zur Erbringung von Leistungen verpflichtet hat, die der Bewältigung von eines durch Alter, Pflegebedürftigkeit oder Behinderungen bedingten Hilfebedarfs dienen. Unerheblich ist, ob der Unternehmer die Pflege- und Betreuungsleistungen nach den vertraglichen Vereinbarungen zur Verfügung stellt oder diese vorgehalten werden. Damit kommt es nicht darauf an, ob die Pflege- und Betreuungsleistungen bereits mit Beginn des Vertragsverhältnisses oder erst zu einem späteren Zeitpunkt erbracht werden sollen.

(2) Das WBVG findet gemäß § 1 Absatz 2 WBVG auch dann Anwendung, wenn die vom Unternehmer geschuldete Überlassung des Wohnraums und Erbringung der Pflege- und Betreuungsleistungen Gegenstand verschiedener Verträge sind und

- diese Verträge dergestalt miteinander verknüpft sind, dass der Bestand des Vertrags über die Wohnraumüberlassung von dem Bestand des Vertrags über die Erbringung von Pflege- und Betreuungsleistungen abhängig ist. Dies ist dann der Fall, wenn die Überlassung des Wohnraums ohne eine gleichzeitige Verpflichtung hinsichtlich der Pflege- und Betreuungsleistungen für den Menschen mit Behinderungen nicht sinnvoll ist,

- der Mensch mit Behinderungen den Vertrag über die Wohnraumüberlassung nicht unabhängig von dem Vertrag über die Erbringung von Pflege- und Betreuungsleistungen in Anspruch nehmen kann, so dass der Mensch mit Behinderungen die Verträge über die Überlassung des Wohnraums und der Erbringung von Pflege- und Betreuungsleistungen nicht voneinander isoliert kündigen kann oder
- der Leistungserbringer den Abschluss des Vertrags über die Überlassung des Wohnraums tatsächlich vom Abschluss des Vertrags über die Erbringung von Pflege- und Betreuungs-leistungen abhängig macht.

Die Überlassung von Wohnraum und die Erbringung von Pflege- und Betreuungsleistungen können in verschiedenen Verträgen und zudem mit mehreren Unternehmen verbunden werden. Voraussetzung ist jedoch, dass die Unternehmer rechtlich, wirtschaftlich oder faktisch miteinander verbunden sind. Von einer rechtlichen Verbundenheit ist dann auszugehen, wenn die Unternehmer ihrerseits durch Verträge verbunden sind und diese einen Bezug zur Anwendbarkeit des WBVG haben. Eine wirtschaftliche Verbundenheit ist anzunehmen, wenn es sich zwar um rechtlich selbständige Leistungserbringer handelt, die aber aufgrund ihrer gesellschaftsrechtlichen Verflechtungen in unmittelbar wirtschaftlicher Beziehung stehen.

(3) Der vereinbarte Vertragsinhalt kann dem zwischen dem Unternehmer und Verbraucher geschlossenen Vertrag entnommen werden.

3.2.2 Keine Anwendbarkeit

(1) Verpflichtet sich der Leistungserbringer neben der Überlassung von Wohnraum ausschließlich zur Erbringung von allgemeinen Unterstützungsleistungen wie die Vermittlung von Pflege- und Betreuungsleistungen, findet das WBVG keine Anwendung. Dies gilt auch für allgemeine Betreuungsleistungen wie hausmeisterliche Dienste, Fahr- und Begleitdienste sowie Besuchs- oder Sicherheitsdienste.

(2) Keine Anwendung findet das WBVG ebenfalls auf Verträge über Leistungen

- der Krankenhäuser, Vorsorge- oder Rehabilitationseinrichtungen i. S. d. § 107 SGB V,
- der Internate der Berufsbildungs- und Berufsförderwerke,
- i. S. d. § 41 SGB VIII (Hilfe für junge Volljährige, Nachbetreuung),
- die im Rahmen von Kur- und Erholungsaufenthalten erbracht werden.

3.3 Umfang einer Gesamtversorgung

(1) Der Umfang einer anbietergestützten Gesamtversorgung, der typischerweise einer stationären Versorgung entspricht, wird erreicht, wenn durch einen oder mehrere Leistungserbringer eine umfassende Deckung des Bedarfs des in den Räumlichkeiten wohnenden Menschen mit Behinderungen erfolgt. Hiervon ist auszugehen, wenn durch den oder die Leistungserbringer Unterkunft und Verpflegung, Leistungen der Eingliederungshilfe sowie Pflege- und Betreuungsleistungen sowie die räumliche und sächliche Ausstattung zur Verfügung gestellt werden.

(2) Merkmale für einen Umfang einer Gesamtversorgung entsprechend einer vollstationären Einrichtung im Bereich der Erbringung von den im Vordergrund stehenden Leistungen der Eingliederungshilfe und Pflege- sowie Betreuungsleistungen sind:

- Der Leistungserbringer erbringt die im Vordergrund stehenden Leistungen
  - zur medizinischen Rehabilitation (§ 109 SGB IX)
  - zur Teilhabe am Arbeitsleben (§ 111 SGB IX)
  - zur Teilhabe an Bildung (§ 112 SGB IX)
  - zur sozialen Teilhabe (§ 113 SGB IX)
- Der Leistungserbringer erbringt auch allgemeine Pflegeleistungen. Deren Inhalt sind die im Einzelfall erforderlichen Tätigkeiten zur Unterstützung bei körperlich, kognitiven oder psychisch bedingten Beeinträchtigungen der Selbstständigkeit, zur Kompensation der Beeinträchtigungen durch eine teilweise oder vollständige Übernahme von Verrichtungen oder zur Beaufsichtigung oder Anleitung des pflegebedürftigen Menschen mit dem Ziel der eigenständigen Ausführung der Verrichtungen. Zu den Pflegeleistungen gehören die körperbezogenen Pflegemaßnahmen und die pflegerischen Betreuungsmaßnahmen.

(3) Merkmale für einen Umfang einer Gesamtversorgung entsprechend einer vollstationären Einrichtung im Bereich der Unterkunft und Verpflegung sind:

- Überlassung von Wohnraum i. S. d. § 42a Nr. 2 SGB XII an behinderte Menschen i. S. d. § 99 SGB IX
- Versorgung mit Wasser, Energie sowie Entsorgung von Abwasser und Abfall
- Reinigung des Wohnraums und der Gemeinschaftsräume (Sichtreinigung, Unterhaltsreinigung, Grundreinigung und der übrigen Räume entsprechend Hygiene-/Reinigungsplan und darüber hinaus im Bedarfsfall)
- Wartung und Unterhaltung von Gebäuden, Einrichtung und Ausstattung, technischen Anlagen und Außenanlagen
- Bereitstellung, Instandhaltung und Reinigung der Haushalts- und Bettwäsche sowie das maschinelle Waschen und ggf. kleine Instandsetzungen der persönlichen Wäsche und Kleidung. Das Wechseln der Wäsche erfolgt nach Bedarf. Beim Einräumen der Wäsche wird ggf. Unterstützung geleistet.
- Zubereitung und bedarfsgerechte zeitlich individuelle Bereitstellung von Speisen und das Vorhalten von Getränken in erreichbarer Nähe für die Bewohner

(4) Merkmale für einen Umfang einer Gesamtversorgung entsprechend einer vollstationären Einrichtung im Bereich räumliche und sächliche Ausstattung sind:

Der Leistungserbringer stellt die räumliche und sächliche Ausstattung sicher. Dies umfasst die Bereitstellung, Instandhaltung und Instandsetzung von Wohnraum, Gemeinschafts- und Funktionsräumen einschließlich Inventar.

(5) Die Unterbringung und Versorgung der in den Räumlichkeiten wohnenden Menschen mit Behinderungen erfolgt regelmäßig, d. h. an mindestens 5 Tagen in der Woche und ganztägig durch Leistungserbringer. Die Menschen mit Behinderungen stehen zudem unter ständiger Verantwortung geeigneten Personals.

(6) Die o. g. Leistungen und damit die Versorgung werden durch den Anbieter der Räumlichkeiten umfassend organisiert und verantwortet. Dabei kann die Erbringung der Leistungen allein durch den Anbieter (Leistungserbringer) selbst oder durch mehrere Leistungserbringer erfolgen. Erfolgt die Leistungserbringung durch andere als dem Anbieter der Räumlichkeiten und/oder mehrere Leistungsanbieter, muss die Gesamtverantwortung hierfür bei dem Anbieter der Räumlichkeiten liegen.

(7) Unerheblich ist, ob die in den Einrichtungen wohnenden Menschen mit Behinderungen die Leistungen tatsächlich in Anspruch nehmen. Maßgeblich für das Vorliegen eines Umfangs einer Gesamtversorgung, der weitgehend der Versorgung in einer vollstationären Einrichtung entspricht, ist das Vorhalten der Leistungen, die im Bedarfsfall in Anspruch genommen werden können.

(8) Zur Prüfung, ob der Umfang einer Gesamtversorgung erreicht wird, sind die angebotenen Leistungen heranzuziehen. Als weitere Prüfgrundlage sind die Vereinbarungen nach §§ 123 ff. SGB IX und der zwischen dem Anbieter der Räumlichkeiten und dem Leistungsberechtigten geschlossene Vertrag über die vertraglich vereinbarten Leistungen heranzuziehen. Ergänzend dazu kommt zur Auslegung der vorgenannten Verträge das Konzept der Leistungserbringer in Betracht. Des Weiteren kann der im Teilhabe- bzw. Gesamtplanverfahren erstellte Teilhabe- bzw. Gesamtplan als ergänzende Prüfgrundlage herangezogen werden.

3.4 Versorgung sowohl in Räumlichkeiten i. S. d. § 71 Absatz 4 Nr. 3a und 3b SGB XI als auch in Einrichtungen i. S. d. § 71 Absatz 4 Nr. 1 SGB XI

(1) Bei einer Versorgung der Menschen mit Behinderungen sowohl in Räumlichkeiten i. S. d. § 71 Absatz 4 Nr. 3a und b SGB XI und Einrichtungen i. S. d. § 71 Absatz 4 Satz 1 Nr. 1 SGB XI ist eine Gesamtbetrachtung anzustellen, ob der Umfang der Versorgung durch Leistungserbringer weitgehend der Versorgung in einer vollstationären Einrichtung entspricht.

(2) Einrichtungen i. S. d. § 71 Absatz 4 Nr. 1 SGB XI sind stationäre Einrichtungen, in denen die Leistungen zur medizinischen Vorsorge, zur medizinischen Rehabilitation, zur Teilhabe am Arbeitsleben, zur Teilhabe an Bildung oder zur sozialen Teilhabe, die schulische Ausbildung oder die Erziehung kranker Menschen oder von Menschen mit Behinderungen im Vordergrund des Zweckes der Einrichtung stehen.

(3) Eine stationäre Einrichtung i. S. d. § 71 Absatz 4 Nr. 1 SGB XI liegt vor, wenn der Leistungsberechtigte unter ständiger Aufsicht von Fachpersonal steht. Dies kann stundenweise auch in teilstationären Einrichtungen wie beispielsweise einer Werkstatt für Menschen mit Behinderungen erfolgen. Für die Feststellung des in § 71 Absatz 4 Nr. 1 SGB XI genannten Einrichtungszwecks ist der ganzheitliche Förderansatz des Trägers der Einrichtung zu betrachten. Dieser kann sich an dem Konzept, den Leistungsangeboten und der Personalstruktur der Einrichtung ausmachen lassen.

(4) Hinsichtlich des Vorliegens einer Versorgung in Räumlichkeiten i. S. d. § 71 Absatz 4 Nr. 3a und b SGB XI sind die Merkmale und Prüfkriterien nach Ziffer 3.1 und 3.2 der Richtlinien anzuwenden.

Für die Gesamtbetrachtung, ob die Versorgung der Menschen mit Behinderungen sowohl in Räumlichkeiten i. S. d. § 71 Absatz 4 Nr. 3a und b SGB XI als auch Einrichtungen i. S. d. § 71 Absatz 4 Nr. 1 SGB XI der Versorgung in einer stationären Einrichtung entspricht, sind die Vereinbarungen mit dem Träger der Eingliederungshilfe nach §§ 123 ff SGB IX und die vertraglich mit dem Leistungsberechtigten vereinbarten und vorgehaltenen Leistungen zu betrachten. Diese müssen mit einer vollstationären Leistungserbringung entsprechen. Die unter Ziffer 3.1 bis 3.3 festgelegten Merkmale und Prüfkriterien sind für die Gesamtbetrachtung heranzuziehen.

Zu § 145 SGB XI

Mit Geltung ab 1. Januar 2017 wurde durch das PSG III folgende Übergangsregelung in das Elfte Buch Sozialgesetzbuch eingefügt:

„§ 145 Besitzstandsschutz für pflegebedürftige Menschen mit Behinderungen in häuslicher Pflege

Für pflegebedürftige Menschen mit Behinderungen, die am 1. Januar 2017 Anspruch auf Leistungen der Pflegeversicherung bei häuslicher Pflege haben und in einer Wohnform leben, auf die § 43a in der am 1. Januar 2017 geltenden Fassung keine Anwendung findet, findet § 43a auch in der ab dem 1. Januar 2020 geltenden Fassung keine Anwendung. Wechseln diese pflegebedürftigen Menschen mit Behinderungen nach dem 1. Januar 2017 die Wohnform, findet Satz 1 keine Anwendung, solange sie in einer Wohnform leben, auf die § 43a in der am 1. Januar 2017 geltenden Fassung Anwendung gefunden hätte, wenn sie am 1. Januar 2017 in einer solchen Wohnform gelebt hätten."

Gesetzesbegründung Drs. 18/9518 und Drs. 18/10510 zu § 145 (PSG III):

„Im Hinblick auf die Neuregelungen in § 43a SGB XI und § 71 Absatz 4 SGB XI, die zum 1. Januar 2020 notwendig werden, weil zu diesem Zeitpunkt die Neuregelungen zur Eingliederungshilfe durch das Bundesteilhabegesetz in Teil 2 des SGB IX in Kraft treten, wird eine Besitzstandsschutzregelung eingeführt.

Sie betrifft Menschen mit Behinderungen, die im Sinne des SGB XI pflegebedürftig sind und die am Stichtag des 1. Januar 2017 dem § 43a SGB XI in der zu diesem Zeitpunkt geltenden Fassung nicht unterfallen, sondern Anspruch auf Leistungen bei häuslicher Pflege nach §§ 36 ff. SGB XI haben.

Auf sie wird § 43a SGB XI auch in der ab dem 1. Januar 2020 geltenden Fassung nicht angewendet, sondern sie behalten insofern Anspruch auf die Leistungen der Pflegeversicherung bei häuslicher Pflege.

Dies gilt weiterhin, wenn sie nach dem 1. Januar 2017 in eine andere Wohnform wechseln, die ebenfalls nicht dem § 43a SGB XI in der am 1. Januar 2017 geltenden Fassung unterfallen wäre (beispielsweise von einer ambulant betreuten Wohngruppe im Sinne des § 38a SGB XI in einen Einzelhaushalt, in dem sie gepflegt werden, oder von einer ambulanten Wohngruppe zu einer anderen).

Wechseln die pflegebedürftigen Menschen mit Behinderungen nach dem 1. Januar 2017 in eine Wohnform, auf die § 43a SGB XI in der am 1. Januar 2017 geltenden Fassung Anwendung gefunden hätte, wenn sie zu diesem Zeitpunkt in einer solchen Wohnform gelebt hätten, dann gilt für die Dauer ihres Aufenthalts in dieser Wohnform der Besitzstandsschutz nach Satz 1 nicht.

Das bedeutet insbesondere: Solange sich die Pflegebedürftigen in einer Wohnform aufhalten, auf die am 1. Januar 2017 § 43a SGB XI in der zu diesem Zeitpunkt geltenden Fassung Anwendung gefunden hätte, findet auch § 43a SGB XI in der ab dem 1. Januar 2020 geltenden Fassung auf sie Anwendung. Verlassen sie eine solche Wohnform wieder, lebt der Besitzstandsschutz nach Satz 1 wieder auf."

Zusammenfassung: Schnittstellen Eingliederungshilfe zur Pflege

Es sind drei Schnittstellen zu beachten:

Verhältnis Eingliederungshilfe zur Pflegeversicherung im ambulanten Bereich

§ 91 SGB IX i.V.m. § 13 Absatz 3, Absatz 4 SGB XI

Regeln das gleichrangige Nebeneinander von Leistungen der Pflegeversicherung nach dem SGB XI zu den Leistungen der Eingliederungshilfe im ambulanten (häuslichen) Bereich.

Eine Abgrenzung erfolgt nach dem Bedarf bzw. danach, welchem Ziel die konkrete Maßnahme dient – also nach der Zielrichtung des Bedarfs:

Zunächst ist auf den Grundsatz „Versicherung vor Steuer" zurückzugreifen: Kann der Bedarf des Leistungsberechtigten bereits durch Leistungen der Pflegeversicherung (Versicherungsleistung) gedeckt werden, ist die Bewilligung von Leistungen der Eingliederungshilfe (Steuerleistung) nicht möglich (so auch BAGüS Orientierungshilfe zur Sozialen Teilhabe, S. 10). Die Bedarfsermittlung ist im Teilhabe- bzw. Gesamtplanverfahren unter Beteiligung des Leistungsberechtigten und unter Berücksichtigung der Kontextfaktoren und Wünsche des Leistungsberechtigten festzustellen. Die zur Bedarfsdeckung erforderlichen Maßnahmen müssen dann den beteiligten Leistungsträgern unter Berücksichtigung der jeweiligen Zielsetzung zugeordnet werden (a. a. O., S. 11).

Eine weitere Abgrenzung stellt die Zielsetzung der Maßnahme dar: Die Eingliederungshilfe verfolgt einen sozialpädagogischen Ansatz der Befähigung, während es der Pflegeversicherung um die Wiedergewinnung von Fähigkeiten geht, die verloren gegangen sind oder die es zu erhalten gilt (so Fix, Die Schnittstelle Eingliederungshilfe, S. 3).

Bei körperbezogenen Pflegemaßnahmen ist daher eher eine Leistung der Pflegeversicherung anzunehmen.

Problematischer wird dies allerdings bei Betreuungsmaßnahmen, Hilfen bei der Haushaltsführung sowie Angeboten zur Unterstützung im Alltag. Hier ist die Schnittmenge zwischen den Leistungssystemen Pflegeversicherung und Eingliederungshilfe (insbesondere Assistenzleistungen im Rahmen der Sozialen Teilhabe) hoch. Der Träger der Eingliederungshilfe muss hier daher im Einzelfall stets prüfen, ob der Maßnahmezweck im Bereich der Befähigung zu einer eigenständigen Alltagsbewältigung liegt. Ist dies nicht der Fall, ist zu prüfen, ob die Maßnahme durch Leistungen der Pflegeversicherung vollständig gedeckt ist oder ob zur Bedarfsdeckung Leistungen der Eingliederungshilfe notwendig sind (bzw. eventuell Leistungen des Sozialhilfeträgers durch „Hilfe zur Pflege", wenn ein pflegerischer Bedarf vorliegt).

Verhältnis Eingliederungshilfe zur Pflegeversicherung in Einrichtungen der Behinderten-/Eingliederungshilfe

§ 103 Absatz 1 SGB IX i.V.m. §§ 43a, 71 Absatz 4 SGB XI (plus Übergangsregelung in § 145 SGB XI)

Die Vorschrift regelt das Verhältnis von Pflegeversicherung und Eingliederungshilfe im stationären Bereich ab 1. Januar 2020. Sie regelt ab diesem Zeitpunkt auch die Erbringung von Pflegeleistungen in Wohnformen, die ab 2020 im Bereich der Leistungen der Eingliederungshilfe für erwachsene Menschen mit Behinderung an die Stelle der derzeitigen vollstationären Einrichtungen der Eingliederungshilfe treten.

Der Anwendungsbereich des § 43a i. V. m. § 71 Absatz 4 Nummer 3 SGB XI („Räumlichkeiten") ist eröffnet, wenn folgende Eigenschaften kumulativ vorliegen (Fix, Die Schnittstelle Eingliederungshilfe, S. 4):

1. Im Vordergrund muss der Zweck des Wohnens und die Erbringung von Eingliederungshilfe stehen
2. Die Räumlichkeiten müssen unter das Wohn- und Betreuungsvertragsgesetz (WBVG) fallen
3. Der Umfang der Gesamtversorgung der dort wohnenden Menschen muss regelmäßig weitgehend der Versorgung in einer vollstationären Einrichtung entsprechen.

In diesen Fällen beteiligt sich die Pflegekasse zur Abgeltung der pflegebedingten Aufwendungen anstelle des Anspruchs auf Leistungen bei vollstationärer Pflege mit einem Pauschalbetrag in Höhe bis zu 266 Euro monatlich.

Verhältnis Eingliederungshilfe zur Hilfe zur Pflege nach SGB XII

§ 103 Absatz 2 SGB IX

Eingliederungshilfe (EGH) umfasst ab 1. Januar 2020 in ambulanten Versorgungssettings auch die Leistungen der häuslichen Pflege nach dem SGB XII (Hilfe zur Pflege), wenn der Leistungsberechtigte vor Vollendung des maßgeblichen Rentenalters (Regelaltersgrenze!) bereits Leistungen der Eingliederungshilfe erhalten hat.

Das bedeutet:

- **bei Behinderung von Geburt an oder bis zur Regelaltersgrenze**

  Die Leistungen der EGH umfassen die häuslichen Leistungen der Hilfe zur Pflege.

  Dies gilt auch über die Regelaltersgrenze hinaus, soweit die Teilhabeziele der EGH noch erreicht werden können.

  Es gelten die Einkommens- und Vermögensgrenzen der EGH (siehe dazu auch die Zusammenfassung auf Seite 237 ff.)

- **bei Behinderung und Pflegebedürftigkeit nach Erreichen der Regelaltersgrenze**

  Gleichrangiger Zugang zu Leistungen von Hilfe zur Pflege und EGH mit der Konsequenz von zwei Kostenträgern (Sozialhilfeträger, Eingliederungshilfeträger)

  Unterschiedliche Einkommens- und Vermögensgrenzen, (siehe dazu auch die Zusammenfassung auf Seite 237 ff.)

Auch bei der Bewilligung von Hilfe zur Pflege ist die Abgrenzungsproblematik wie bei den Leistungen der Pflegeversicherung im ambulanten Bereich zu bewältigen (siehe oben).

Anwendung des Lebenslagenmodells:
(Quelle: BMAS)

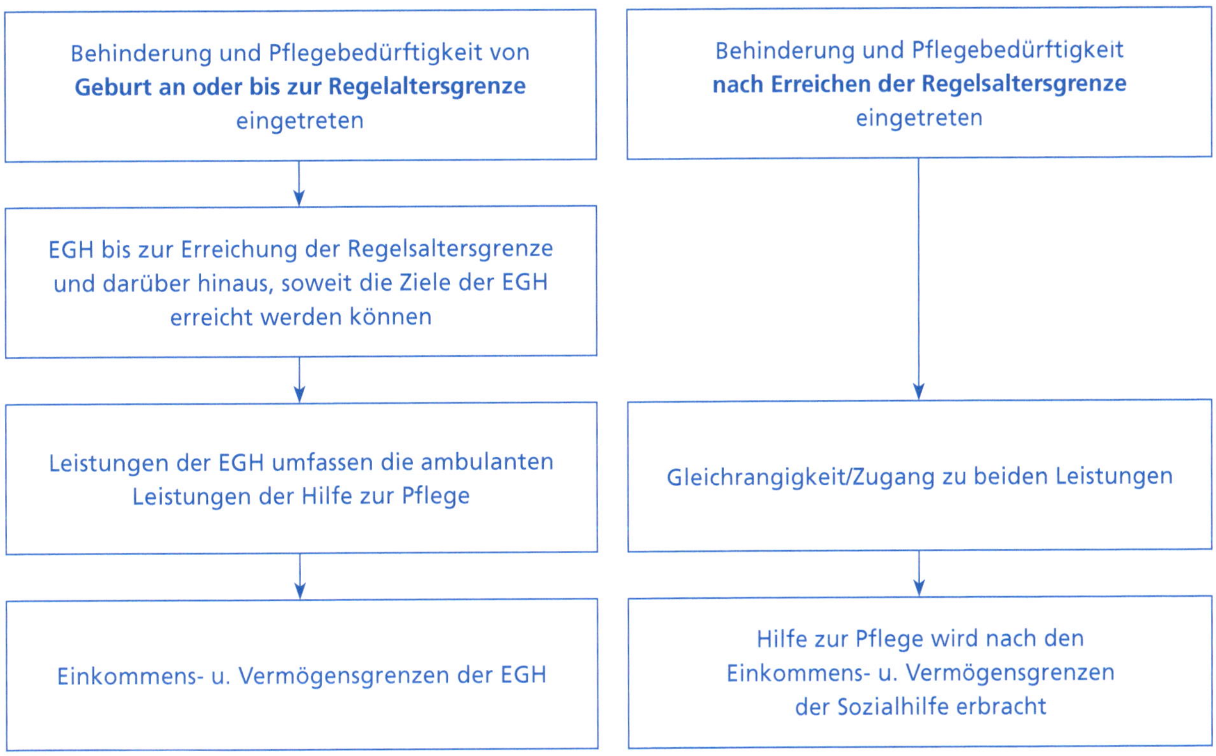

SGB XII bis 31.12.2019	SGB IX ab 1.1.2020
§ 9 Sozialhilfe nach der Besonderheit des Einzelfalles	**§ 104 Leistungen nach der Besonderheit des Einzelfalles**
(1) Die Leistungen richten sich nach der Besonderheit des Einzelfalles, insbesondere nach der Art des Bedarfs, den ~~örtlichen~~ Verhältnissen, den eigenen Kräften und Mitteln der Person ~~oder des Haushalts bei der Hilfe zum Lebensunterhalt~~.	(1) $_1$Die Leistungen der Eingliederungshilfe bestimmen sich nach der Besonderheit des Einzelfalles, insbesondere nach der Art des Bedarfes, den persönlichen Verhältnissen, dem Sozialraum und den eigenen Kräften und Mitteln; dabei ist auch die Wohnform zu würdigen. $_2$Sie werden so lange geleistet, wie die Teilhabeziele nach Maßgabe des Gesamtplanes (§ 121) erreichbar sind.
(2) $_1$Wünschen der Leistungsberechtigten, die sich auf die Gestaltung der Leistung richten, ~~soll entsprochen werden~~, soweit sie angemessen sind.	(2) $_1$Wünschen der Leistungsberechtigten, die sich auf die Gestaltung der Leistung richten, ist zu entsprechen, soweit sie angemessen sind.
$_2$~~Wünschen der Leistungsberechtigten, den Bedarf stationär oder teilstationär zu decken, soll nur entsprochen werden, wenn dies nach der Besonderheit des Einzelfalles erforderlich ist, weil anders der Bedarf nicht oder nicht ausreichend gedeckt werden kann und wenn mit der Einrichtung Vereinbarungen nach den Vorschriften des Zehnten Kapitels dieses Buches bestehen.~~ $_3$~~Der Träger der Sozialhilfe soll in der Regel Wünschen nicht entsprechen, deren Erfüllung mit unverhältnismäßigen Mehrkosten verbunden wäre.~~	$_2$Die Wünsche der Leistungsberechtigten gelten nicht als angemessen, 1. wenn und soweit die Höhe der Kosten der gewünschten Leistung die Höhe der Kosten für eine vergleichbare Leistung von Leistungserbringern, mit denen eine Vereinbarung nach Kapitel 8 besteht, unverhältnismäßig übersteigt und 2. wenn der Bedarf nach der Besonderheit des Einzelfalles durch die vergleichbare Leistung gedeckt werden kann.
	(3) $_1$Bei der Entscheidung nach Absatz 2 ist zunächst die Zumutbarkeit einer von den Wünschen des Leistungsberechtigten abweichenden Leistung zu prüfen. $_2$Dabei sind die persönlichen, familiären und örtlichen Umstände einschließlich der gewünschten Wohnform angemessen zu berücksichtigen. $_3$Kommt danach ein Wohnen außerhalb von besonderen Wohnformen in Betracht, ist dieser Wohnform der Vorzug zu geben, wenn dies von der leistungsberechtigten Person gewünscht wird. $_4$Soweit die leistungsberechtigte Person dies wünscht, sind in diesem Fall die im Zusammenhang mit dem Wohnen stehenden Assistenzleistungen nach § 113 Absatz 2 Nummer 2 im Bereich der Gestaltung sozialer Beziehungen und der persönlichen Lebensplanung nicht gemeinsam zu erbringen nach § 116 Absatz 2 Nummer 1. $_5$Bei Unzumutbarkeit einer abweichenden Leistungsgestaltung ist ein Kostenvergleich nicht vorzunehmen.
(3) Auf Wunsch der Leistungsberechtigten sollen ~~sie in einer Einrichtung untergebracht werden, in der sie~~ durch Geistliche ihres Bekenntnisses ~~betreut werden können.~~	(4) Auf Wunsch der Leistungsberechtigten sollen die Leistungen der Eingliederungshilfe von einem Leistungsanbieter erbracht werden, der die Betreuung durch Geistliche ihres Bekenntnisses ermöglicht.

SGB XII bis 31.12.2019	SGB IX ab 1.1.2020
§ 23 Eingliederungshilfe-Verordnung (Eingliederungsmaßnahmen im Ausland) ~~Maßnahmen~~ der Eingliederungshilfe für ~~behinderte Menschen~~ können auch im Ausland ~~durchgeführt~~ werden, wenn dies im Interesse der Eingliederung ~~des behinderten Menschen~~ geboten ist, die Dauer der ~~Eingliederungsmaßnahmen~~ durch den Auslandsaufenthalt nicht wesentlich verlängert wird und keine unvertretbaren Mehrkosten entstehen.	(5) Leistungen der Eingliederungshilfe für Leistungsberechtigte mit gewöhnlichem Aufenthalt in Deutschland können auch im Ausland erbracht werden, wenn dies im Interesse der Aufgabe der Eingliederungshilfe geboten ist, die Dauer der Leistungen durch den Auslandsaufenthalt nicht wesentlich verlängert wird und keine unvertretbaren Mehraufwendungen entstehen.

Gesetzesbegründung zu § 104 (Drs. 18/9522, S. 279, 280; Drs. 18/10523)

Das in § 8 SGB IX für alle Rehabilitationsträger geregelte Wunsch- und Wahlrecht wird für die Leistungen der Eingliederungshilfe präzisiert. Damit ist die Regelung auch lex specalis gegenüber der Vorschrift des § 33 SGB I.

Mit der in der Eingliederungshilfe neu verankerten Personenzentrierung der Leistungen entfällt die Unterscheidung zwischen ambulanter, teilstationärer und stationärer Leistungserbringung. Der in der Sozialhilfe verankerte Interessenausgleich zwischen den berechtigten Wünschen der Leistungsberechtigten und dem Ziel der wirtschaftlichen Leistungserbringung ist daher in der Eingliederungshilfe so auszugestalten, dass es auf die bisherige einrichtungsorientierte Abwägung nicht mehr ankommt. In § 104 werden daher drei wesentliche Prinzipien der Leistungserbringung in der Eingliederungshilfe aufgegriffen und zueinander ins Verhältnis gesetzt.

- Absatz 1 verankert den Grundsatz der einzelfallorientierten Leistungsgewährung.
- Absatz 2 definiert den Umfang des Wunsch- und Wahlrechts in der Eingliederungshilfe.
- Absatz 3 greift als übergeordnetes Korrektiv der Einzelfallprüfung das im Sozialrecht bewährte Kriterium der Zumutbarkeit auf. Die Zumutbarkeit ist insbesondere für den Ort der Leistungserbringung relevant.

Zu Absatz 1

Absatz 1 überführt das bislang in § 9 Absatz 1 SGB XII geregelte Grundprinzip der Leistungserbringung nach den Besonderheiten des Einzelfalls in die Eingliederungshilfe. Dabei wird der Fokus jedoch auf die Besonderheiten bei Menschen mit erheblich eingeschränkter Fähigkeit zur Teilhabe an der Gesellschaft gerichtet. Neben der Art des Bedarfs und den eigenen Kräften und Mitteln ist bei Menschen mit erheblich eingeschränkter Teilhabefähigkeit insbesondere auch von Bedeutung, wo sie leben, wie sie leben und wie das familiäre, freundschaftliche und nachbarschaftliche Umfeld ist. Dem wird Rechnung getragen, indem in die Einzelfallprüfung auch die Berücksichtigung der persönlichen Verhältnisse sowie des Sozialraums einzubeziehen sind.

Die Ergänzung in Absatz 1 („; dabei ist auch die Wohnform zu würdigen") unterstreicht, dass bei der Summe aller bei der Würdigung des Einzelfalls zu berücksichtigenden Umstände auch die Wohnform eine Rolle spielt (Begründung der Beschlussfassung, Drs. 18/10523).

Satz 2 stellt klar, dass die Leistungen der Eingliederungshilfe unabhängig von dem Erreichen einer bestimmten Altersgrenze so lange zu gewähren sind, wie die Teilhabeziele erreichbar sind.

Redaktioneller Hinweis:

Leistungen der Eingliederungshilfe sind also auf eine finale Zielrichtung ausgerichtet. Die Zielerreichung muss realistisch sein. Einen Zeitvorgabe, bis wann dieses Teilhabeziel erreicht wird/werden soll, gibt der Gesetzgeber nicht vor. In der Gesetzesbegründung zu § 78 SGB IX (Drs. 19/9522, S. 262) findet sich die Aussage, es reiche aus, „dass die angestrebten Ziele in weiter Ferne erreichbar sind". In der Gesamtplanung können damit also auch Teilhabeziele vereinbart werden, die zwar möglich sind, für die aber ein langer Atem notwendig ist.

Zu Absatz 2

Nach Absatz 2 Satz 1 ist angemessenen Wünschen der Leistungsberechtigten, die sich auf die Gestaltung der Leistungen richten, zu entsprechen.

Das Kriterium der Angemessenheit ist nicht auf Kostengesichtspunkte beschränkt, sondern umfasst auch die Qualität der Leistung und deren Erfolgswahrscheinlichkeit im Hinblick auf die im Gesamtplan festgehaltenen Teilhabeziele.

Das Erfordernis der Angemessenheit erfordert eine Bewertung aller Tatbestandsmerkmale des Absatzes 1 im Verhältnis zu den geäußerten Wünschen. In die Bewertung sind daher insbesondere

- die Art des Bedarfs,
- die persönlichen Verhältnisse,
- der Sozialraum und
- die eigenen Kräfte und Mittel der leistungsberechtigten Person

einzubeziehen.

Nach Absatz 2 Satz 2 wird dem Umstand Rechnung getragen, dass aufgrund der in der Eingliederungshilfe neu verankerten Personenzentrierung die Differenzierung in ambulante und stationäre Leistungen entfällt und der auf dieser Differenzierung basierende sogenannte „Mehrkostenvorbehalt" des § 13 SGB XII in der neuen Leistungssystematik ins Leere gehen würde.

Satz 2 definiert nunmehr eine „Angemessenheitsobergrenze". Die Angemessenheitsobergrenze greift wie in der Sozialhilfe auf die „unverhältnismäßigen Mehrkosten" zurück und bezweckt den notwendigen Ausgleich zwischen den das Wunsch- und Wahlrecht leitenden Vorstellungen des Leistungsberechtigten über die Leistungserbringung und dem den Trägern der Eingliederungshilfe obliegenden Gebot der Wirtschaftlichkeit.

Damit die unverhältnismäßigen Mehrkosten messbar sind, soll ein Kostenvergleich mit geeigneten und bedarfsdeckenden Leistungsalternativen von Leistungserbringern erfolgen, mit denen eine Vereinbarung nach Kapitel 8 (red. Anm.: Vertragsrecht, §§ 123–134) besteht.

Redaktioneller Hinweis:

Erster Parameter bei der Prüfung eines Kostenvergleiches ist also, dass eine vertragliche Vereinbarung mit einem Leistungserbringer bzw. Leistungsanbieter vorliegt.

§ 124 SGB IX definiert die Anforderungen an Leistungserbringer:

Nur Leistungsanbieter, die ihre Leistungen „wirtschaftlich und sparsam" erbringen können, sind geeignet für den Abschluss einer Vereinbarung. Zur Feststellung der „wirtschaftlichen Angemessenheit" der vom Leistungsanbieter geforderten Vergütung wird ein Vergleich mit den schon vereinbarten Vergütungen vergleichbarer Leistungsangebote aus dem regionalen Zuständigkeitsgebiet des Eingliederungshilfeträgers vorgenommen. Liegt die geforderte Vergütung preislich im unteren Drittel des Korridors aus den vergleichbaren Angeboten, wird sie automatisch als „wirtschaftlich" angesehen. Liegt sie darüber, sind die Gründe dafür konkret nachzuweisen und müssen nachvollziehbar auf einem höheren Aufwand beruhen sowie der wirtschaftlichen Betriebsführung entsprechen.

Ein solch gerechtfertigter höherer Aufwand kann sich insbesondere aus besonderen Leistungsangeboten ergeben, die einen höheren Personalschlüssel erfordern. Auch die Lage und Größe einer Einrichtung können eine höhere Vergütungsforderung rechtfertigen, wenn sich wirtschaftliche Nachteile aus der Lage oder dem Zuschnitt der Einrichtung ergeben und die Leistung nicht ohne den im Vergleich teureren Leistungserbringer erbracht werden kann.

Die Anwendung von Tarifrecht, auch von kirchlichen Trägern, kann nicht als unwirtschaftlich angesehen werden. Führt diese Anwendung zu Kosten, die über dem unteren Drittel liegen, muss dies vom Träger nachgewiesen und plausibel gemacht, dann aber auch anerkannt werden.

Eine Leistung ist hiernach allerdings nur dann mit einer anderen vergleichbar, wenn beide neben dem Teilhabeziel auch bezüglich der Leistungsform miteinander übereinstimmen und der individuelle Bedarf durch die im Vergleich betrachteten vereinbarten Leistungen gedeckt werden kann und diese wirklich verfügbar wären. Insbesondere können Einzelleistungen mit Gruppenleistungen bei der gemeinsamen Inanspruchnahme (§§ 112 Absatz 4, 116 Absatz 2) nicht bereits nach § 104 miteinander verglichen werden.

Redaktioneller Hinweis:

Zweiter Parameter bei der Prüfung ist die Vergleichbarkeit bezogen auf die individuellen Bedürfnisse des Betroffenen (Was kostet genau die individuell notwendige Leistung bzw. das Leistungssetting?)

Dabei stellen die Kosten für vergleichbare Leistungen von Leistungserbringern ihrerseits noch nicht die Angemessenheitsobergrenze dar, sondern erst deren unverhältnismäßige Überschreitung, die gesondert zu prüfen ist. Die unverhältnismäßigen Mehrkosten sind ein rechnerisches Prüfkriterium, bei dem die regional verfügbaren Angebote der Leistungserbringer und übliche Kostenschwankungen in den Blick zu nehmen sind.

Redaktioneller Hinweis:

Dritter Parameter ist also, einen Vergleich der geforderten Vergütung mit den Vergütungen vergleichbarer Leistungserbringer im Einzugsbereich vorzunehmen. Dazu kommt der sogenannte externe Vergleich zur Anwendung, der in § 124 Absatz 1 Satz 2 SGB IX näher beschrieben ist (zur weiteren Begründung siehe bei § 124).

Im Ergebnis des Vergleichs soll den Wünschen der Leistungsberechtigten nur dann entsprochen werden, wenn diese nicht mit unverhältnismäßigen Mehrkosten verbunden sind.

Zu Absatz 3

Nach Absatz 3 wird mit dem Kriterium der Zumutbarkeit ein gesetzliches Korrektiv vorgesehen. Die Zumutbarkeit stellt sicher, dass die an objektivierbaren Kostengesichtspunkten orientierte Angemessenheitsobergrenze nach Absatz 2 im Einzelfall nicht zu unverhältnismäßigen Ergebnissen der Angemessenheitsprüfung führt.

Bei einer individuell-konkreten Betrachtung der Lebenssituation der Menschen müssen alle Umstände gewürdigt werden, die den zuvor in Absatz 2 geregelten Kostenvergleich in den Hintergrund treten lassen. Hierbei sind die persönlichen, familiären und örtlichen Umstände, wie z. B. Alter, berufliche Tätigkeit, Familie und Partnerschaft, besonders zu würdigen, da im Falle einer Unzumutbarkeit des Kostenvergleichs die allgemeine Angemessenheitsprüfung nach Absatz 2 Satz 1 nicht entfällt.

Allerdings hat sich die Angemessenheit nach Absatz 2 Satz 1 in diesem Fall nicht mehr auf Kostengesichtspunkte zu erstrecken, sondern auf die Ausgestaltung der Leistung im Übrigen, wie z. B. auf deren Qualität und Geeignetheit zur Erreichung der Teilhabeziele.

Bei der Prüfung der Angemessenheit ist auch die bisherige Leistungsgewährung zu berücksichtigen. Was im geltenden Recht als angemessen angesehen wird, soll auch nach dem neuen Recht angemessen sein. Damit gilt insbesondere, dass eine Gewährung von ambulanten Leistungen der Eingliederungshilfe, die bisher angemessen ist, es auch weiterhin sein wird. Personen, die derzeit ambulante Leistungen der Eingliederungshilfe erhalten, können – sofern sie es wünschen – weiterhin in der bestehenden Wohnform leben.

Redaktioneller Hinweis:

Während des Gesetzgebungsverfahrens wurde der ursprüngliche Entwurf von § 104 Absatz 3 noch modifiziert (siehe Beschlussempfehlung. Drs. 18/10523, S. 11). In Absatz 3 wurden in Satz 2 ebenfalls die Berücksichtigung der gewünschten Wohnform sowie Satz 3 und Satz 4 eingefügt. Nachfolgend ist die Begründung zu diesen geänderten Passagen abgedruckt.

Die Änderung in Absatz 3 Satz 2 („Dabei sind die persönlichen, familiären und örtlichen Umstände einschließlich der gewünschten Wohnform angemessen zu berücksichtigen.") misst der gewünschten Wohnform im Rahmen der Zumutbarkeitsprüfung eine besondere Bedeutung zu. Zudem wird zum Ausdruck gebracht, dass die individuelle Lebenssituation von Menschen mit Behinderungen im Rahmen der Angemessenheitsprüfung nachdrücklich und eigens gewürdigt werden soll.

Der neue Satz 3 („Kommt danach ein Wohnen außerhalb von besonderen Wohnformen in Betracht, ist dieser Wohnform der Vorzug zu geben, wenn dies von der leistungsberechtigten Person gewünscht wird.") misst dem Wohnen außerhalb von besonderen Wohnformen, in denen ausschließlich Menschen mit Behinderungen betreut werden, eine besondere Bedeutung zu.

Im Lichte der UN-Behindertenrechtskonvention sollen inklusive Angebote geschaffen werden, in denen Menschen mit Behinderungen ein möglichst selbstbestimmtes Wohnen in der eigenen Wohnung und inklusiv ausgerichteten Wohnangeboten für Menschen mit und ohne Behinderungen im Quartier führen können. Daher ist dem Wohnen außerhalb einer besonderen Wohnform der Vorzug zu geben, wenn im Rahmen der Angemessenheits- und Zumutbarkeitsprüfung das Wohnen in und außerhalb von besonderen Wohnformen gleich bewertet wird und der Leistungsberechtigte dies wünscht.

Redaktioneller Hinweis:

Bezüglich der Kosten ist § 42a SGB XII bzw. die sog. 125%-Grenze zu beachten. Siehe dazu insbesondere auch die Einfügung von § 113 Absatz 5 SGB IX durch das sog. Reparaturgesetz; Ausführungen dazu finden Sie bei § 113.

Mit dem neuen Satz 4 („Soweit die leistungsberechtigte Person dies wünscht, sind in diesem Fall die im Zusammenhang mit dem Wohnen stehenden Assistenzleistungen nach § 113 Absatz 2 Nummer 2 im Bereich der Gestaltung sozialer Beziehungen und der persönlichen Lebensplanung nicht gemeinsam zu erbringen nach § 116 Absatz 2 Nummer 1.") wird den Wünschen der leistungsberechtigten Person auch bei der gemeinsamen Inanspruchnahme eine besondere Bedeutung beigemessen, soweit diese im engen Zusammenhang mit dem Wohnen steht und es damit um die Privatsphäre der leistungsberechtigten Person geht.

Dies betrifft die Bereiche der Gestaltung sozialer Beziehungen und der persönlichen Lebensplanung. In diesen ausgewählten Bereichen wird der mit der gemeinsamen Inanspruchnahme auch verbundenen Steuerungsfähigkeit der Eingliederungshilfeleistung eine geringere Bedeutung gegenüber dem Schutz der Privatsphäre eingeräumt. Durch die Stärkung des Wunsch- und Wahlrechts hinsichtlich der mit dem Wohnen im Zusammenhang stehenden Assistenzleistungen ergeben sich Mehrkosten für die Träger der Eingliederungshilfe im Umfang von rund 3,6 Mio. Euro jährlich.

Redaktioneller Hinweis – Prüfungsschema § 104 Absatz 1 bis 3 SGB IX

Prämisse: Wünsche der Betroffenen sind zu berücksichtigen, wenn sie angemessen sind. Alternativen (= vergleichbare Leistungsgestaltung) müssen zumutbar sein.

Zumutbarkeit = Prüfung der Alternative unter Berücksichtigung

- der Art des Bedarfs,
- der persönlichen Verhältnisse,
- des Sozialraums,
- der eigenen Kräfte und Mittel der Leistungsberechtigten,
- der gewünschten Wohnform.

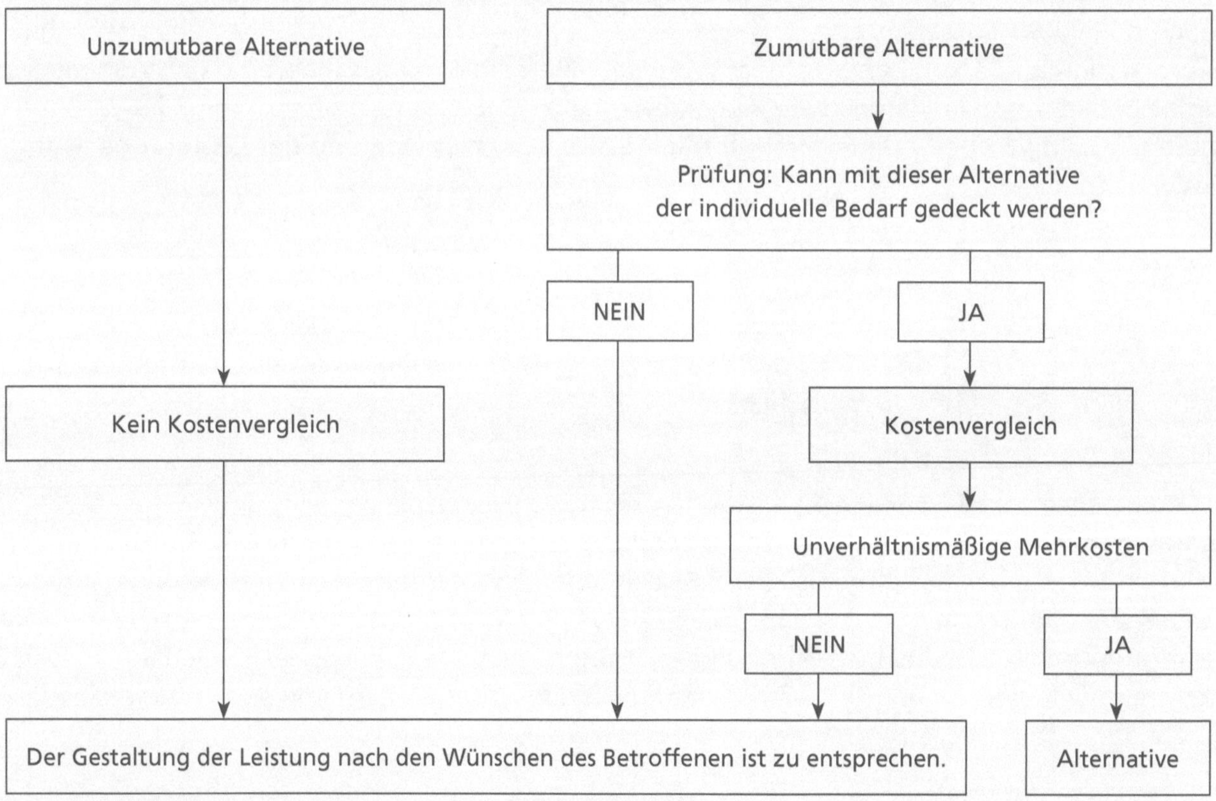

Bestandsfälle: Im Rahmen der Angemessenheitsprüfung ist die bisherige Leistungsgewährung zu berücksichtigen: Was im geltenden Recht als angemessen angesehen wird, soll auch nach dem neuen Recht angemessen sein!

Zu Absatz 4

Absatz 4 übernimmt inhaltlich die Regelung des § 9 Absatz 3 SGB XII, die jedoch im Zusammenhang mit der Personenzentrierung auf Leistungsanbieter abstellt und nicht weiter auf Einrichtungen.

Zu Absatz 5

Absatz 5 übernimmt inhaltsgleich die bisherige Regelung von § 23 der Eingliederungshilfe-Verordnung in der derzeit geltenden Fassung.

SGB XII bis 31.12.2019	SGB IX ab 1.1.2020
§ 10 Leistungsformen	**§ 105 Leistungsformen**
(1) Die Leistungen werden erbracht in Form von 1. Dienstleistungen, 2. Geldleistungen und 3. Sachleistungen.	(1) Die Leistungen der Eingliederungshilfe werden als Sach-, Geld- oder Dienstleistung erbracht.
(2) Zur Dienstleistung gehören insbesondere die Beratung in Fragen der ~~Sozialhilfe~~ und die Beratung und Unterstützung in sonstigen sozialen Angelegenheiten.	(2) Zur Dienstleistung gehören insbesondere die Beratung und Unterstützung in Angelegenheiten der Leistungen der Eingliederungshilfe sowie in sonstigen sozialen Angelegenheiten.
~~(3) Geldleistungen haben Vorrang vor Gutscheinen oder Sachleistungen, soweit dieses Buch nicht etwas anderes bestimmt oder mit Gutscheinen oder Sachleistungen das Ziel der Sozialhilfe erheblich besser oder wirtschaftlicher erreicht werden kann oder die Leistungsberechtigten es wünschen.~~	(3) $_{1}$Leistungen zur Sozialen Teilhabe können mit Zustimmung der Leistungsberechtigten auch in Form einer pauschalen Geldleistung erbracht werden, soweit es dieser Teil vorsieht. $_{2}$Die Träger der Eingliederungshilfe regeln das Nähere zur Höhe und Ausgestaltung der Pauschalen.
§ 57 SGB XII Persönliches Budget $_{1}$Leistungsberechtigte nach § 53 erhalten auf Antrag Leistungen der Eingliederungshilfe auch als Teil eines Persönlichen Budgets. $_{2}$§ 29 des Neunten Buches ist insoweit anzuwenden.	(4) $_{1}$Die Leistungen der Eingliederungshilfe werden auf Antrag auch als Teil eines Persönlichen Budgets ausgeführt. $_{2}$Die Vorschrift zum Persönlichen Budget nach § 29 ist insoweit anzuwenden.

Gesetzesbegründung zu § 105 (Drs. 18/9522, S. 280, 281)

Die Absätze 1 und 2 übernehmen inhaltsgleich die Absätze 1 und 2 von § 10 SGB XII.

Zu Absatz 3

Die Leistungen der Eingliederungshilfe heben sich von den weitgehend pauschalierten Leistungen zum Lebensunterhalt insoweit ab, als sie nur in bestimmten Lebenssituationen zum Tragen kommen und bei ihnen die Notwendigkeit einer individuellen Gestaltung im Vordergrund steht. Daher ist grundsätzlich nur der im Einzelfall ermittelte Bedarf für die Leistungen maßgebend.

Soweit es jedoch um Leistungen zur Deckung regelmäßig wiederkehrender typischer Bedarfe geht, werden diese in der Praxis aber heute schon aus Gründen der Verwaltungsvereinfachung pauschaliert. Hierzu gehört insbesondere die Beförderungspauschale für Menschen, die wegen ihrer Behinderung keine öffentlichen Verkehrsmittel nutzen können. Diese erhalten einen festen Geldbetrag als (monatliche) Pauschale, mit dem sie den Fahrdienst selbst bezahlen können.

In Anlehnung an diese Praxis wird nunmehr in Absatz 3 eine gesetzliche Grundlage zur Ausführung von Leistungen der Eingliederungshilfe in Form von pauschalen Geldleistungen geschaffen. Mit seiner Zustimmung soll der Leistungsberechtigte einen pauschalen Geldbetrag erhalten, um sich die betreffenden Leistungen selber „einkaufen" zu können. Dabei ist es nicht notwendig, dass die Leistung bei einem Leistungserbringer „eingekauft" wird, mit dem eine Vereinbarung nach dem Kapitel 8 (red. Anm.: Vertragsrecht, §§ 123–134) besteht. Der leistungsberechtigten Person steht es frei, die Beförderung auch beispielsweise durch Freunde, Bekannte oder Nachbarn durchführen zu lassen.

Die pauschale Geldleistung setzt ebenso voraus, dass ein Bedarf für die entsprechende Leistung individuell festgestellt worden ist. Der Umfang der Leistungen erfolgt dagegen in typisierender Weise unter Verzicht auf individuelle Besonderheiten. Hierin unterscheidet sich die pauschale Geldleistung auch von dem Persönlichen Budget, bei dem sich auch Höhe und Umfang der Leistungen nach dem individuellen Bedarf bestimmen.

Zur Höhe und Ausgestaltung der Pauschalen nimmt der Gesetzgeber keine Regelungen vor. Diese bleibt den Leistungsträgern vorbehalten, um örtliche Verhältnisse berücksichtigen zu können.

Welche konkreten Leistungen pauschaliert werden können, wird bei den Leistungen geregelt.

Redaktioneller Hinweis:

Bisher gab es keine ausdrückliche gesetzliche Regelung zu Geldpauschalen im Recht der Eingliederungshilfe nach SGB XII. Tatsächlich aber wurden Leistungen teilweise als Pauschalen erbracht. Möglich machte dies bisher § 17 Absatz 2 SGB XII, wonach Art und Maß der Leistungserbringung im Ermessen des Sozialhilfeträgers steht. Das Bundesteilhabegesetz fügt nun Geldpauschalen für einige Leistungen der Sozialen Teilhabe ausdrücklich in das neue Eingliederungshilferecht ein (§ 105 Absatz 3 SGB IX). Diese pauschalen Geldleistungen sind aber streng reglementiert:

- Der Katalog in § 116 Absatz 1 für mögliche Pauschalen ist abschließend; sie können nur erbracht werden für Leistungen
  - zur Assistenz zur Übernahme von Handlungen zur Alltagsbewältigung sowie Begleitung der Leistungsberechtigten
  - zur Förderung der Verständigung
  - zur Beförderung im Rahmen der Leistungen zur Mobilität
- Pauschalen dürfen nur mit Zustimmung des Leistungsberechtigten erbracht werden.
- Das Bedarfsdeckungsprinzip bezogen auf den jeweils Betroffenen muss auch hier beachtet werden: Die Pauschale muss den Bedarf des Leistungsberechtigten vollständig decken (individueller Bedarf!); von daher muss die Möglichkeit bestehen, Anpassungen nach den individuellen Besonderheiten zu machen.

Zu Absatz 4

Absatz 4 übernimmt inhaltsgleich das geltende Recht nach § 57 SGB XII unter Berücksichtigung der Änderung durch den bisherigen § 159 Absatz 5 SGB IX, wonach seit dem 1. Januar 2008 ein Rechtsanspruch auf Leistungen des Persönlichen Budgets besteht.

SGB XII bis 31.12.2019	SGB IX ab 1.1.2020
§ 11 Beratung und Unterstützung, ~~Aktivierung~~	**§ 106 Beratung und Unterstützung**
(1) Zur Erfüllung der Aufgaben dieses ~~Buches~~ werden die Leistungsberechtigten beraten und, soweit erforderlich, unterstützt.	(1) $_{1}$Zur Erfüllung der Aufgaben dieses Teils werden die Leistungsberechtigten, auf ihren Wunsch auch im Beisein einer Person ihres Vertrauens, vom Träger der Eingliederungshilfe beraten und, soweit erforderlich, unterstützt. $_{2}$Die Beratung erfolgt in einer für den Leistungsberechtigten wahrnehmbaren Form.
(2) $_{1}$Die Beratung betrifft die persönliche Situation, den Bedarf sowie die eigenen Kräfte und Mittel sowie die mögliche Stärkung der Selbsthilfe zur aktiven Teilnahme am Leben in der Gemeinschaft ~~und zur Überwindung der Notlage~~. $_{2}$Die aktive Teilnahme am Leben in der Gemeinschaft umfasst auch ein gesellschaftliches Engagement.	(2) Die Beratung umfasst insbesondere 1. die persönliche Situation des Leistungsberechtigten, den Bedarf, die eigenen Kräfte und Mittel sowie die mögliche Stärkung der Selbsthilfe zur Teilhabe am Leben in der Gemeinschaft einschließlich eines gesellschaftlichen Engagements,
$_{3}$~~Zur Überwindung der Notlage gehört auch, die Leistungsberechtigten für den Erhalt von Sozialleistungen zu befähigen.~~	2. die Leistungen der Eingliederungshilfe einschließlich des Zugangs zum Leistungssystem, 3. die Leistungen anderer Leistungsträger, 4. die Verwaltungsabläufe, 5. Hinweise auf Leistungsanbieter und andere Hilfemöglichkeiten im Sozialraum und auf Möglichkeiten zur Leistungserbringung, 6. Hinweise auf andere Beratungsangebote im Sozialraum,
$_{4}$Die Beratung umfasst auch eine gebotene Budgetberatung.	7. eine gebotene Budgetberatung.
(3) $_{1}$Die Unterstützung umfasst Hinweise und, soweit erforderlich, die Vorbereitung von Kontakten und die Begleitung zu sozialen Diensten sowie zu Möglichkeiten der aktiven Teilnahme am Leben in der Gemeinschaft unter Einschluss des gesellschaftlichen Engagements. $_{2}$Soweit Leistungsberechtigte zumutbar einer Tätigkeit nachgehen können, umfasst die Unterstützung auch das Angebot einer Tätigkeit sowie die Vorbereitung und Begleitung der Leistungsberechtigten. $_{3}$Auf die Wahrnehmung von Unterstützungsangeboten ist hinzuwirken. $_{4}$~~Können Leistungsberechtigte durch Aufnahme einer zumutbaren Tätigkeit Einkommen erzielen, sind sie hierzu sowie zur Teilnahme an einer erforderlichen Vorbereitung verpflichtet.~~ $_{5}$~~Leistungsberechtigte nach dem Dritten und Vierten Kapitel erhalten die gebotene Beratung für den Umgang mit dem durch den Regelsatz zur Verfügung gestellten monatlichen Pauschalbetrag (§ 27a Absatz 3 Satz 2).~~	(3) Die Unterstützung umfasst insbesondere 1. Hilfe bei der Antragstellung, 2. Hilfe bei der Klärung weiterer zuständiger Leistungsträger, 3. das Hinwirken auf zeitnahe Entscheidungen und Leistungen der anderen Leistungsträger, 4. Hilfe bei der Erfüllung von Mitwirkungspflichten, 5. Hilfe bei der Inanspruchnahme von Leistungen, 6. die Vorbereitung von Möglichkeiten der Teilhabe am Leben in der Gemeinschaft einschließlich des gesellschaftlichen Engagements, 7. die Vorbereitung von Kontakten und Begleitung zu Leistungsanbietern und anderen Hilfemöglichkeiten, 8. Hilfe bei der Entscheidung über Leistungserbringer sowie bei der Aushandlung und dem Abschluss von Verträgen mit Leistungserbringern sowie 9. Hilfe bei der Erfüllung von Verpflichtungen aus der Zielvereinbarung und dem Bewilligungsbescheid.

SGB XII bis 31.12.2019	SGB IX ab 1.1.2020
(4) [Zumutbarkeit einer Tätigkeit – hier nicht relevant]	
(5) $_1$Auf die Beratung und Unterstützung von Verbänden der freien Wohlfahrtspflege, von Angehörigen der rechtsberatenden Berufe und von sonstigen Stellen ist ~~zunächst~~ hinzuweisen. $_2$Ist die weitere Beratung durch eine Schuldnerberatungsstelle oder andere Fachberatungsstellen geboten, ist auf ihre Inanspruchnahme hinzuwirken. $_3$~~Angemessene Kosten einer Beratung nach Satz 2 sollen übernommen werden, wenn eine Lebenslage, die Leistungen der Hilfe zum Lebensunterhalt erforderlich macht oder erwarten lässt, sonst nicht überwunden werden kann; in anderen Fällen können Kosten übernommen werden.~~ $_4$~~Die Kostenübernahme kann auch in Form einer pauschalierten Abgeltung der Leistung der Schuldnerberatungsstelle oder anderer Fachberatungsstellen erfolgen.~~	(4) Die Leistungsberechtigten sind hinzuweisen auf die ergänzende unabhängige Teilhabeberatung nach § 32, auf die Beratung und Unterstützung von Verbänden der Freien Wohlfahrtspflege sowie von Angehörigen der rechtsberatenden Berufe und von sonstigen Stellen.

Gesetzesbegründung zu § 106 (Drs. 18/9522, S. 281)

Die personenzentrierte Neuausrichtung der Eingliederungshilfe setzt erhöhte Anforderungen an eine kompetente umfassende Beratung, Begleitung und Unterstützung von Menschen mit Behinderungen. Sie ist die Grundlage für eine selbstbestimmte Teilhabe von Menschen mit Behinderungen. Diesem Anspruch wird mit der neuen Regelung zur Beratung und Unterstützung durch den Leistungsträger für die Eingliederungshilfe Rechnung getragen.

Hierzu wird die bisherige Regelung des § 11 SGB XII, die für alle Leistungen der Sozialhilfe und insbesondere die Hilfe zum Lebensunterhalt Geltung hat, einerseits beschränkt auf die für die Eingliederungshilfe spezifischen Regelungsinhalte. Zum anderen wird aber auch der Aufgabenkatalog konkretisiert, um aus Gründen der Rechtssicherheit und Rechtsklarheit den erhöhten Anforderungen gerecht zu werden.

Redaktioneller Hinweis:

Diese Kataloge der Beratungs- und Unterstützungsleistungen konkretisieren damit auch die inhaltlichen Anforderungen an die Fachkräfte, die beim Eingliederungshilfeträger eingesetzt werden sollen, siehe § 97.

Zu Absatz 1

Absatz 1 übernimmt zum einen inhaltsgleich § 11 Absatz 1 SGB XII. Die Regelung wird aber im Hinblick auf die Besonderheit des zu beratenden Personenkreises der Menschen mit wesentlichen Behinderungen ergänzt. Mit der Regelung, dass auf ihren Wunsch eine Person ihres Vertrauens hinzuzuziehen ist, soll insbesondere erreicht werden, dass ihnen durch die Anwesenheit und Expertise einer Vertrauensperson ein Sicherheitsgefühl vermittelt wird oder/und sie ggf. eine Hilfe zur besseren Verständigung und Kommunikation erhalten. Die Regelung, dass Beratung in einer für den Leistungsberechtigten wahrnehmbaren Form zu erfolgen hat, trägt Artikel 21 der UN-BRK Rechnung. Sie erfasst insbesondere auch die sog. Leichte Sprache.

Redaktioneller Hinweis:

Artikel 21 UN-BRK lautet wie folgt:

„Artikel 21 Recht der freien Meinungsäußerung, Meinungsfreiheit und Zugang zu Informationen

Die Vertragsstaaten treffen alle geeigneten Maßnahmen, um zu gewährleisten, dass Menschen mit Behinderungen das Recht auf freie Meinungsäußerung und Meinungsfreiheit, einschließlich der Freiheit, Informationen und Gedankengut sich zu beschaffen, zu empfangen und weiterzugeben, gleichberechtigt mit anderen und durch alle von ihnen gewählten Formen der Kommunikation im Sinne des Artikels 2 ausüben können, unter anderem indem sie

a) Menschen mit Behinderungen für die Allgemeinheit bestimmte Informationen rechtzeitig und ohne zusätzliche Kosten in zugänglichen Formaten und Technologien, die für unterschiedliche Arten der Behinderung geeignet sind, zur Verfügung stellen;

b) im Umgang mit Behörden die Verwendung von Gebärdensprachen, Brailleschrift, ergänzenden und alternativen Kommunikationsformen und allen sonstigen selbst gewählten zugänglichen Mitteln, Formen und Formaten der Kommunikation durch Menschen mit Behinderungen akzeptieren und erleichtern;

c) private Rechtsträger, die, einschließlich durch das Internet, Dienste für die Allgemeinheit anbieten, dringend dazu auffordern, Informationen und Dienstleistungen in Formaten zur Verfügung zu stellen, die für Menschen mit Behinderungen zugänglich und nutzbar sind;

d) die Massenmedien, einschließlich der Anbieter von Informationen über das Internet, dazu auffordern, ihre Dienstleistungen für Menschen mit Behinderungen zugänglich zu gestalten;

e) die Verwendung von Gebärdensprachen anerkennen und fördern."

Der Wortlaut von Art. 21 Ziffer b) zeigt bereits, dass die in der Gesetzesbegründung aufgeführte „Leichte Sprache" nur ein Werkzeug ist, um Informationen sowie Beratungs- und Unterstützungsleistungen anzubieten: dort erwähnt sind auch Gebärdensprache, Brailleschrift usw.

Zu Absatz 2

Absatz 2 konkretisiert in einem nicht abschließenden Aufgabenkatalog die Beratung durch den Träger der Eingliederungshilfe unter Berücksichtigung der Besonderheiten bei dem leistungsberechtigten Personenkreis. Zum einen wird das geltende Recht in § 11 Absatz 2 Satz 1 SGB XII, soweit es die Eingliederungshilfe betrifft, inhaltsgleich übernommen. Des Weiteren werden mögliche Beratungsgegenstände aufgegriffen, die der besonderen Situation der Menschen mit Behinderungen Rechnung tragen. Hierzu gehört zum einen eine Beratung über die Leistungen der Eingliederungshilfe einschließlich des Zugangs zum Leistungssystem. Da Menschen mit Behinderungen oftmals auch (vorrangige) Ansprüche nach anderen Sozialleistungsgesetzen haben, umfasst die

Beratung weiterhin die Leistungen der anderen Leistungsträger einschließlich der dazugehörigen Beratung. Die jeweiligen Verwaltungsabläufe gehören ebenfalls zur Beratung. Zur bestmöglichen Förderung einer gleichberechtigten Teilhabe am Leben in einer inklusiven Gesellschaft sind auch Hinweise zur Leistungserbringung und zu Angeboten im jeweiligen Sozialraum Gegenstand der Beratung.

Zu Absatz 3

In gleicher Weise konkretisiert Absatz 3 in einem nicht abschließenden Aufgabenkatalog die Unterstützung durch die Träger der Eingliederungshilfe. Diese Regelungen sollen dazu beitragen, dass die Leistungsberechtigten nicht nur informiert werden, sondern zügig und erfolgreich die notwendigen Leistungen zur Förderung einer gleichberechtigten Teilhabe am Leben in einer inklusiven Gesellschaft erhalten. Die Unterstützung hat zum einen während des gesamten Verwaltungsverfahrens zu erfolgen wie beispielsweise bei der Antragstellung oder der Erfüllung von Mitwirkungspflichten. Unterstützung durch den Träger der Eingliederungshilfe ist aber auch im Zusammenhang mit der Leistungserbringung zu leisten, beispielsweise bei der Vorbereitung zur Auswahl von sowie zur Kontaktaufnahme und Begleitung zu Leistungsanbietern oder bei der Entscheidung über Leistungserbringer.

Zu Absatz 4

Absatz 4 übernimmt zum einen inhaltsgleich die Regelung von § 11 Absatz 5 Satz 1 SGB XII. Die Hinweispflicht des Trägers der Eingliederungshilfe wird aber darüber hinaus auch auf die ergänzende unabhängige Teilhabeberatung nach § 32 SGB IX und die in der Praxis gängige Beratung von Menschen mit Behinderungen durch Menschen mit Behinderungen ausgedehnt.

Redaktioneller Hinweis:

Mit dem Bundesteilhabegesetz wurde zum 1. Januar 2018 die ergänzende unabhängige Teilhabeberatung (EUTB) eingeführt (§ 32 SGB IX). Diese ist unabhängig von Leistungserbringern oder Leistungsträgern und nur dem Ratsuchenden verpflichtet. Als niederschwelliges Beratungsangebot soll sie wohnortnah sein, zeitnah agieren und mit dem Betroffenen auf „Augenhöhe" sprechen. Um die Unabhängigkeit zu gewährleisten, sollen die Beratungsstellen aus Fördermitteln des BMAS finanziert werden. Bei der Förderung besonders berücksichtigt werden sollen Beratungsangebote von Betroffenen für Betroffene (Peer-to-Peer-Counseling).

Ziel der EUTB soll sein, „die Position von Menschen mit (drohenden) Behinderungen gegenüber den Leistungsträgern und Leistungserbringern im sozialrechtlichen Dreieck durch ein ergänzendes, allein dem Ratsuchenden gegenüber verpflichtetes Beratungsangebot zu stärken und insbesondere im Vorfeld der Beantragung konkreter Leistungen die notwendige Orientierungs-, Planungs- und Entscheidungshilfe zu geben. Das Angebot soll ganzheitlich die individuelle Persönlichkeit und Situation der Ratsuchenden aufgreifen und deren gesamtes soziales Umfeld mit dem Ziel einbeziehen, die Eigenverantwortung und Selbstbestimmung von Menschen mit Behinderungen zu stärken. Ratsuchenden soll dafür ein unabhängiges, d. h. insbesondere von ökonomischen Interessen und der Kostenverantwortung der Leistungsträger und Leistungserbringer weitgehend freies Beratungsangebot zur Verfügung stehen" (so die Förderrichtlinie zur Durchführung der „Ergänzenden unabhängigen Teilhabeberatung" für Menschen mit Behinderungen vom 17.05.2017).

Mit dem Bundesteilhabegesetz wurden die „gemeinsamen Servicestellen" als Beratungsstruktur aufgegeben. Anders als die Servicestellen müssen die Teilhabeberatungsstellen unabhängig sein und dürfen sich weder in Trägerschaft der Reha-Träger noch in der von Leistungserbringern befinden.

Einen individuellen Rechtsanspruch auf eine EUTB gibt es aber nicht. Sollte es an der Umsetzung der ergänzenden unabhängigen Teilhabeberatung mangeln, kann dagegen nur auf politischem Weg angegangen werden. Auch sind die Landkreise und Städte nicht verpflichtet solche Angebote einzurichten, die laut Gesetzesbegründung flächendeckend entstehen sollen.

EUTB werden im „neuen" SGB IX an verschiedenen Stellen als Ansprechpartner genannt, etwa

- in § 12 Absatz 1 Nr. 4 im Rahmen der allgemeinen Bereitstellung und Vermittlung geeigneter barrierefreier Informationsangebote,
- in § 20 Absatz 3 vor der Durchführung einer Teilhabekonferenz,
- in § 33 im Rahmen der Beratungsstrukturen und der Beratungspflicht der SGB IX – Träger und
- in § 106 Absatz 4 speziell der Träger der Eingliederungshilfe.

Ca. 800 EUTB werden derzeit mit Bundesmitteln gefördert. Auf www.teilhabeberatung.de kann man selektieren, welche Organisationen eine Bewilligung erhalten haben und welche in der Nähe zu finden sind.

SGB XII bis 31.12.2019	SGB IX ab 1.1.2020
§ 17 ~~Anspruch~~	**§ 107 Übertragung, Verpfändung oder Pfändung, Auswahlermessen**
(1) $_1$~~Auf Sozialhilfe besteht ein Anspruch, soweit bestimmt wird, dass die Leistung zu erbringen ist.~~	
$_2$Der Anspruch kann nicht übertragen, verpfändet oder gepfändet werden.	(1) Der Anspruch **auf Leistungen der Eingliederungshilfe** kann nicht übertragen, verpfändet oder gepfändet werden.
(2) $_1$Über Art und Maß der Leistungserbringung ist nach pflichtgemäßem Ermessen zu entscheiden, soweit das Ermessen nicht ausgeschlossen wird.	(2) Über Art und Maß der Leistungserbringung ist nach pflichtgemäßem Ermessen zu entscheiden, soweit das Ermessen nicht ausgeschlossen **ist**.
$_2$~~Werden Leistungen auf Grund von Ermessensentscheidungen erbracht, sind die Entscheidungen im Hinblick auf die sie tragenden Gründe und Ziele zu überprüfen und im Einzelfall gegebenenfalls abzuändern.~~	

Gesetzesbegründung zu § 107 (Drs. 18/9522, S. 282)

Die Regelung übernimmt inhaltsgleich § 17 Absatz 1 Satz 2, Absatz 2 Satz 1 SGB XII.

Redaktioneller Hinweis:

Nicht übernommen wurde der bisherige Satz 1 von § 17 SGB XII, der einen Rechtsanspruch auf Sozialhilfe – bei Vorliegen der sonstigen Voraussetzungen und bei sog. „Ist"-Leistungen – formuliert. Ebenfalls nicht übernommen wurde die bisherige Überschrift „Anspruch". Gibt es deshalb künftig keinen Rechtsanspruch auf Eingliederungshilfe?

Der Rehabilitationswissenschaftler Dr. Harry Fuchs schreibt in seinem Skript zum Blockseminar „Bundesteilhabegesetz" am 16.2.2018: „Im Gegensatz zum bisherigen Recht (§ 17 Absatz 1 SGB XII) besteht kein einklagbarer Rechtsanspruch auf Eingliederungshilfe. Stattdessen wird den Trägern ein noch weiter ausgedehnter Ermessensspielraum bei der Entscheidung eingeräumt, der zudem durch eine Zumutbarkeitsregelung geprägt ist, über die ebenfalls der Träger entscheidet (§ 104 SGB IX)." Er befürchtet, „dass einheitliche Lebensverhältnisse behinderter Menschen kaum noch zu gewährleisten sind", weil es im BTHG keine Maßstäbe zur Bemessung der Höhe der Leistungen gebe. Daher sei abzusehen, dass es in Verbindung mit dem weitgehendem Trägerermessen bundesweit zu sehr unterschiedlichen Entscheidungen kommen werde (siehe http://harry-fuchs.de/wp-content/uploads/2017/12/HS-Du%CC%88sseldorf-Block-BTHG-16.02.2018.pdf, abgerufen am 15.03.2019).

Prof. Dr. Arne von Boetticher dagegen schreibt in seinem Buch: „Das neue Teilhaberecht" (Seite 287–288), auf Leistungen der Eingliederungshilfe bestehe weiterhin ein Rechtsanspruch, wenn die Voraussetzungen des § 99 SGB IX erfüllt seien. Die Ausübung des pflichtgemäßen Ermessens sei beschränkt auf das „Wie" der Leistungserbringung, nicht auf das „Ob". „Nur dann, wenn eine Behinderung im Sinne des § 1 SGB IX vorliegt, die jedoch die Schwelle der wesentlichen Teilhabeeinschränkung nach § 53 SGB XII nicht erreicht, steht es im Ermessen des Eingliederungshilfeträgers, ob Leistungen zu erbringen sind." Die ab 2023 gültige Fassung des § 99 SGB IX sehe eine Fortsetzung dieser Differenzierung nach Anspruchs- und Ermessensregelung vor.

SGB IX ab 1.1.2020

§ 108 Antragserfordernis

(1) [1]Die Leistungen der Eingliederungshilfe nach diesem Teil werden auf Antrag erbracht. [2]Die Leistungen werden frühestens ab dem Ersten des Monats der Antragstellung erbracht, wenn zu diesem Zeitpunkt die Voraussetzungen bereits vorlagen.

(2) Eines Antrages bedarf es nicht für Leistungen, deren Bedarf in dem Verfahren nach Kapitel 7 ermittelt worden ist.

Gesetzesbegründung zu § 108 (Drs. 18/9522, S. 282)

Zu Absatz 1

Satz 1: Für Leistungen der Eingliederungshilfe wird in Abweichung zu den bisherigen Regelungen im Recht der Sozialhilfe ein grundsätzliches Antragserfordernis geregelt.

Im Zwölften Buch gilt bisher mit Ausnahme der Grundsicherung im Alter und bei Erwerbsminderung die Offizialmaxime, d. h. der Träger hat von Amts wegen tätig zu werden (§ 18 SGB XII). Diese Vorschrift übernahm inhaltsgleich den früheren § 5 BSHG (Bundesratsdrucksache 559/03, Seite 185), der wiederum dem bis zum Inkrafttreten des Bundessozialhilfegesetzes geltenden § 2 Absatz 1 der Reichsgrundsätze über Voraussetzung, Art und Maß der öffentliche Fürsorge entsprach (Bundestagsdrucksache 3/1799, Seite 38). Im Sozialhilferecht ist die Regelung mit der Notwendigkeit begründet, die Leistungen zur Behebung einer gegenwärtigen Notlage unverzüglich erbringen zu können, ohne dass ein förmlicher Antrag vorliegen muss.

Bei der Eingliederungshilfe tritt keine „gegenwärtige Notlage" ein, die mit Notsituationen im Rahmen der Hilfe zum Lebensunterhalt nach den Vorschriften des Zwölften Buches vergleichbar ist und ein Festhalten an der Offizialmaxime rechtfertigen könnte. Zwischen der Hilfe zum Lebensunterhalt und den Leistungen der Eingliederungshilfe besteht vielmehr bereits insoweit ein Unterschied, als ein bestehender Bedarf an Leistungen der Eingliederungshilfe erst im Rahmen eines umfassenden Gesamtplanverfahrens ermittelt werden kann. Es reicht nicht aus, dass die Leistungsberechtigung noch ungewiss ist, sondern die Notlage bzw. der Bedarf an Eingliederungshilfe muss dem Leistungsträger so bekannt sein, dass tatsächlich Hilfe erwartet werden kann. Zugleich wird damit auch ein vorzeitiges Bekanntwerden im Sinne von § 18 Absatz 1 SGB XII, dass die Notwendigkeit der Hilfe dargetan oder sonst wie erkennbar ist, in vielen Fällen nicht vorliegen.

Antragsabhängige Sozialleistungen werden regelmäßig rückwirkend ab Antragstellung gewährt, während die Sozialhilfe frühestens mit Kenntnis des Trägers der Sozialhilfe (Vorliegen der Leistungsvoraussetzungen, dass tatsächlich Hilfe erwartet werden kann) einsetzt. Im Bereich der Eingliederungshilfe fallen beide Zeitpunkte regelmäßig zusammen. Die Einführung des Antragsprinzips korrespondiert darüber hinaus mit dem Anliegen, die Eingliederungshilfe aus dem System der Sozialhilfe herauszulösen. In Konsequenz hat dies auch eine Abkehr der Regelung des § 18 SGB XII zur Folge, der allein in der Besonderheit des Fürsorgerechts begründet ist.

Mit der Einführung des Antragserfordernisses wird zudem Kompatibilität mit den Vorschriften der §§ 14 und 15 in Teil 1 hergestellt (red. Anm.: §§ 14, 15 SGB IX = Zuständigkeitsverfahren, Leistender Reha-Träger).

Satz 2: Durch die Regelung des Satzes 2 wird sichergestellt, dass für zurückliegende Zeiten keine Leistungen erbracht werden dürfen. Die begrenzte Rückwirkung auf den Ersten des Monats räumt jedoch einen begrenzten Spielraum bis zur Antragstellung ein. Außerdem dient die Regelung der Verwaltungsvereinfachung.

Zu Absatz 2

Das uneingeschränkte Erfordernis eines Antrags für alle Leistungen der Eingliederungshilfe könnte für die Menschen mit Behinderungen erhebliche Nachteile sowohl für die leistungsberechtigten Personen als auch für den Leistungsträger mit sich bringen. So könnten in Unkenntnis der Ansprüche einzelne Leistungen nicht beantragt werden. Würde nach Ablauf des Bewilligungszeitraumes vergessen, einen neuen Antrag zu stellen, könnten keine Leistungen bewilligt werden; die Menschen mit Behinderungen würden – zumindest vorübergehend bis zur Antragstellung – von einer gleichberechtigten Teilhabe am Leben in der Gesellschaft ausgeschlossen. Zudem wäre das uneingeschränkte Antragserfordernis mit einem erheblichen Aufwand sowohl für die leistungsberechtigten Personen als auch für die Leistungsträger verbunden. Dabei ist auch zu berücksichtigen, dass Menschen mit Behinderungen in der Regel dauerhaft und nicht nur vorübergehend auf Leistungen der Eingliederungshilfe angewiesen sind.

Diesen Besonderheiten wird durch die Regelung in Absatz 2 Rechnung getragen. Soweit in dem Gesamtplanverfahren ein Bedarf für Leistungen der Eingliederungshilfe ermittelt worden ist, ist ein Antrag für diese Leistungen nicht notwendig. Dies gilt nicht nur für das anfängliche Gesamtplanverfahren, sondern auch für das Verfahren zur Überprüfung und Fortschreibung des Gesamtplanes.

Redaktioneller Hinweis:

In Zusammenhang mit der künftig für Leistungen notwendigen Beantragung – insbesondere bei Betroffenen, die derzeit bereits stationär wohnen –, stellt sich die Frage, wie in der Übergangszeit (Systemumstellung zum 1. Januar 2020) mit bereits bewilligten Leistungen umzugehen ist.

Dazu hat die Bundesauftragskonferenz zur Umsetzung des BTHG (Vertreter von Bund, Ländern, kommunalen Spitzenverbänden und der Bundesarbeitsgemeinschaft der überörtlichen Sozialhilfeträger) ein „Verfahrenspapier – Bewilligung von Leistungen der Grundsicherung im Alter und bei Erwerbsminderung für Leistungsberechtigte in der besonderen Wohnform" entwickelt; es datiert vom 9. April 2019.

Diese „Checkliste" der Bundesaufsichtskonferenz ist im Folgenden im Auszug zitiert:

Verfahrenspapier der Bundesauftragskonferenz – Bewilligung von Leistungen der Grundsicherung im Alter und bei Erwerbsminderung für Leistungsberechtigte in der besonderen Wohnform

(Auszug)

II. Anpassung von Bewilligungsbescheiden (ohne Zuständigkeitswechsel)

Sofern der Leistungsbezug von Leistungsberechtigten in stationären Einrichtungen zum 1. Januar 2020 nicht mit einem Zuständigkeitswechsel verbunden ist und GAE-Leistungen (red. Anm.: = Leistungen der Grundsicherung im Alter und bei Erwerbsminderung) aufgrund des Regelbewilligungszeitraums von einem Jahr über den 31. Dezember 2019 hinaus bewilligt sind, sind diese Bewilligungsbescheide lediglich an die zum 1. Januar 2020 eintretenden gesetzlichen Änderungen anzupassen[1].

1. Kein Antragserfordernis

Während einer laufenden Bewilligung bedarf es zur notwendigen Bescheidanpassung keines Antrags der leistungsberechtigten Personen. Die Träger haben während einer laufenden Bewilligung vielmehr von Amts wegen zu prüfen, ob aufgrund (einer ihnen bekannten Änderung in den tatsächlichen oder) geänderter Rechtslage weiterhin ein unveränderter Leistungsanspruch besteht.

Regelmäßig wird sich die Prüfung auf diejenigen Tatsachen beschränken, die aufgrund der neuen Gesetzeslage neu zu bewerten sind – etwa Prüfung und Nachweis der Bedarfe für Unterkunft und Heizung, geänderte Regelbedarfsstufe, Einkommenszufluss oder beispielsweise der Mehrbedarf für Mittagessen in Werkstätten für behinderte Menschen nach § 42b SGB XII.

2. Mitwirkung

Bedarf es keines Antrags zur Änderung der Bewilligungsbescheide, so sind die Leistungsberechtigten jedoch nach Aufforderung des Trägers zur Mitwirkung an der Feststellung des zutreffenden, bereits über den 31. Dezember 2019 hinaus bewilligten Leistungsanspruchs verpflichtet (§§ 60 ff. SGB I). Entsprechende Aufforderungen haben die konkret zu ermittelnde Tatsache zu benennen und darauf bezogen die konkret gebotene Mitwirkungspflicht zu präzisieren; auf die Möglichkeit, andere geeignete Beweismittel zu bezeichnen, wird hingewiesen.

Hierbei sind die Grenzen der Mitwirkung (§ 65 Absatz 1 SGB I) zu beachten, insbesondere sind bei bestehendem Unterstützungsbedarf der Leistungsberechtigten unter Wahrung ihrer Interessen Möglichkeiten zur Beteiligung Dritter aufzuzeigen (§ 60 Absatz 1 Satz 1 Nummer 1 SGB I). Beispielsweise ist zu erwägen, ob leistungserhebliche Tatsachen mit Einverständnis der Leistungsberechtigten bei einem Leistungserbringer erfragt werden können (z. B. Vertrag zur Überlassung der Unterkunft zum Nachweis der Aufwendungen für Unterkunft und Heizung).

In jedem Fall sind rechtzeitig vor Dezember 2019 Tatsachen zu ermitteln, mit denen der aktuelle GAE-Leistungsanspruch zum 1. Januar 2020 festgestellt werden kann. Stehen die persönlichen Leistungsvoraussetzungen bereits fest, steht einer Beschränkung auf die Prüfung der wirtschaftlichen Voraussetzungen (vollständige Erfassung der künftigen Bedarfe nach § 42 SGB XII sowie einzusetzendem Einkommen und Vermögen nach § 43 SGB XII i.V.m. §§ 80 ff. und 92 ff. SGB XII) nichts entgegen.

---

[1] Welche Rechtsgrundlage zur künftigen Anpassung der Bewilligungsbescheide einschlägig ist, hängt von den Umständen des Einzelfalls ab. Regelmäßig werden §§ 44 und / oder 48 SGB X in Betracht kommen, je nachdem ob bei Erlass des in das Jahr 2020 reichenden Bewilligungsbescheids das zum 1. Januar 2020 geltende Recht für diesen Zeitraum zutreffend angewandt wurde oder eine bei Bescheiderlass noch nicht erkennbare wesentliche Änderung eingetreten ist. BMAS hält eine wesentliche Änderung gegenüber einem zuvor erlassenen Bewilligungsbescheid für gegeben, wenn nach Bescheiderlass ein neuer Vertrag über die Bereitstellung einer Unterkunft in einer besonderen Wohnform abgeschlossen wird.

3. Nachweis der Anspruchsvoraussetzungen

Soweit sich Tatsachen ändern oder die ab 1. Januar 2020 geltende Rechtslage eine andere Sachverhaltsermittlung erfordert, sind diese und das Vorliegen hierzu angeforderter Nachweise auf geeignete Weise aktenkundig zu machen.

Art und Umfang der erforderlichen Nachweise bestimmen die Träger – soweit die aufsichtführenden Länder hierzu keine einheitlichen Vorgaben gemacht haben – nach eigenem Ermessen. Dabei ist dem besonderen Unterstützungsbedarf der betroffenen Leistungsberechtigten angemessen Rechnung zu tragen.

4. Amtsermittlung

Soweit rechtliche Änderungen zum 1. Januar 2020 lediglich einer neuen rechtlichen Bewertung bedürfen, z. B. Zuordnung zur Regelbedarfsstufe 2 für künftig in einer besonderen Wohnform lebende Leistungsberechtigte, bedarf es keiner Mitwirkung der Leistungsberechtigten.

Das gleiche gilt, wenn dem Träger bekannt ist, dass eine bislang in einer stationären Einrichtung untergebrachte Person, über den 31. Dezember 2019 hinaus in derselben Wohnstätte lebt und diese künftig als besondere Wohnform anzusehen ist. In diesen Fällen ist die gebotene Mitwirkungspflicht ggf. allein auf die Ermittlung der Höhe der anzuerkennenden Bedarfe für Unterkunft und Heizung zu beschränken.

5. Tatsachen- und Rechtsänderungen vor / zum 1. Januar 2020

Unabhängig von der ab 1. Januar 2020 geltenden neuen Rechtslage können und werden in 2019 Änderungen eintreten, die noch zu verbescheiden sind: Neben der Rentenerhöhung zum 1. Juli 2019 können sich leistungserhebliche Tatsachen ändern (z. B. Umzug mit / ohne Trägerwechsel, Änderungen weiteren Einkommens, Hinzutreten besonderer Bedarfslagen, etc.).

Diesen Änderungen ist losgelöst von den anstehenden Änderungen zum 1. Januar 2020 umfassend Rechnung zu tragen.

Nur in Fällen, in denen – etwa aufgrund einer eingetretenen wesentlichen Änderung – der Leistungsanspruch (auch) für die Zukunft vollständig wegfällt (vollständige Aufhebung des Anspruchs), ist nach Auffassung des BMAS das Erfordernis einer erneuten Antragstellung zu sehen. Aufgrund des besonderen Unterstützungsbedarfs des betroffenen Personenkreises sollte auf die Möglichkeit und Notwendigkeit einer erneuten Antragstellung hingewiesen werden.

6. Zeitpunkt der Bescheidanpassung

Sobald der ab 1. Januar 2020 bestehende Leistungsanspruch der Höhe nach feststeht, ist der Bewilligungsbescheid entsprechend für die Zeit ab 1. Januar 2020 bis zum Ende des ursprünglichen Bewilligungszeitraums anzupassen.

Aus verwaltungsökonomischen Gründen sollten die Bewilligungsbescheide erst dann angepasst werden, wenn auch die Höhe der Regelbedarfe (sowie der davon abhängenden Mehrbedarfe) sicher feststeht. Die Regelbedarfsstufen-Fortschreibungsverordnung 2020 ist nach § 40 Satz 3

SGB XII bis 31. Oktober 2019 zu erlassen. Die Höhe der Regelbedarfsstufen ist aufgrund des vorherigen Kabinettsbeschlusses sowie der notwendigen Zustimmung des Bundesrates in der Regel bereits einen Monat vorher bekannt.

7. Zahlbarmachung des Anspruchs

GAE-Leistungen zur Deckung von wiederkehrenden Bedarfen sind von den Trägern monatlich im Voraus zu erbringen (§ 44 Absatz 4 Satz 1 SGB XII). Die Überweisungen auf die Konten der Leistungsberechtigen sind so frühzeitig anzuweisen, sodass die Leistungsberechtigten unter Berücksichtigung der Bankarbeitstage spätestens am 1. Januar 2020 über die an sie ausgezahlte Geldleistung vollständig verfügen können.

III. Besonderheiten bei sachlichem Zuständigkeitswechsel

Zum 1. Januar 2020 kann sich aufgrund der Ausführungsgesetze der Länder zum SGB XII ein Wechsel in der sachlichen Zuständigkeit der Träger ergeben. Ein solcher Zuständigkeitswechsel kann wegen des ausdrücklich geänderten Landesrechts eintreten; er kann sich implizit auch daraus ergeben, dass das die „besondere" Zuständigkeit eines Trägers auslösende Tatbestandsmerkmal „stationäre Einrichtung" ab 1. Januar 2020 entfällt und dadurch die Zuständigkeit des „allgemein" zuständigen Trägers eintritt. Ob bei gesetzlich unveränderter Zuständigkeit ein impliziter Zuständigkeitswechsel anzunehmen ist, ist durch Auslegung des maßgebenden Landesrechts zu ermitteln.

Im Falle des sachlichen Zuständigkeitswechsels sind die nachfolgend dargestellten Besonderheiten zu beachten; sie gelten nicht für Fälle, in denen durch landesrechtliche Regelungen die Rechtsnachfolge eines anderen Trägers begründet wird.

1. Änderung der sachlichen Zuständigkeit

Mangels anderer Anhaltspunkte in den maßgeblichen Vorschriften führen beispielsweise in Hessen[2] und Nordrhein-Westfalen[3] die zum 1. Januar 2020 in Kraft tretenden Änderungen des SGB XII zu einer Veränderung der sachlichen Zuständigkeit der Träger für die Erbringung von GAE-Leistungen: Soweit die überörtlichen Träger bis 31. Dezember 2019 für die Erbringung der GAE-Leistungen für Leistungsberechtigte in stationären Einrichtungen sachlich zuständig sind, verlagert sich die Zuständigkeit für Leistungsberechtigte nach dem Vierten Kapitel SGB XII in einer besonderen Wohnform ab 1. Januar 2020 auf die örtlichen Träger.

2. Aufgaben des bis 31. Dezember 2019 zuständigen Trägers

a. Befristung der Bewilligungszeiträume

Entfällt die sachliche Zuständigkeit eines Trägers ab 1. Januar 2020 und hat er deshalb ab diesem Zeitpunkt keine GAE-Leistungen mehr zu erbringen, so hat er die entsprechenden Bewilligungsbescheide mit Wirkung zum 31. Dezember 2019 zu befristen.

---

2 §§ 2, 14 HAG SGB XII: sachliche Zuständigkeit wegen stationärer Unterbringung entfällt

3 § 1 Absatz 3 Satz 2 AG SGB XII NRW: Übergang der sachlichen Zuständigkeit auf den örtlichen Träger für Leistungsberechtigte in der besonderen Wohnform

Steht zum Zeitpunkt der Bewilligung der Zuständigkeitswechsel zum 1. Januar 2020 bereits fest und wurde dennoch über den 31. Dezember 2019 hinaus bewilligt oder ändert sich die Zuständigkeit nach Erlass des Bewilligungsbescheides, führt die fehlende sachliche Zuständigkeit zur Rechtswidrigkeit des Bescheides. Da der ab 1. Januar 2020 sachlich und örtlich zuständige Träger in eigener Zuständigkeit über die Bewilligung von GAE-Leistungen zu entscheiden hat und nicht an eine (rechtswidrige) Bewilligung des bislang zuständigen Trägers über den 31. Dezember 2019 gebunden ist beziehungsweise sich nicht auf diese berufen kann, ist die über den 31. Dezember 2019 hinausgehende Bewilligung nach Maßgabe des SGB X vollständig aufzuheben. Anderenfalls stünden dem Leistungsberechtigten zwei wirksame Bewilligungen von GAE-Leistungen gegen zwei verschiedene Träger zur Seite.

Daraus ergeben sich folgende Handlungsbedarfe:

- Befristung aller noch im Jahr 2019 vorzunehmenden GAE-Bewilligungen bis zum 31. Dezember 2019
- Aufhebung der über den 31. Dezember 2019 hinausgehenden GAE-Bewilligungen nach Maßgabe des SGB X

b. Information der leistungsberechtigten Personen über den Zuständigkeitswechsel

Die Aufhebungsentscheidung oder auch die Abweichung von der bislang gewohnten einjährigen Bewilligung können bei den betroffenen Personen zur Verunsicherung über den Fortbestand eines Leistungsanspruchs führen. Die betroffenen Leistungsberechtigten in stationären Einrichtungen sollten daher mit der Befristung einer Bewilligung oder Korrektur einer länger befristeten Entscheidung über den Zuständigkeitswechsel und dessen Folgen informiert und beraten werden (§ 14 SGB I).

Das BMAS hält hierfür eine enge Abstimmung zwischen dem bislang zuständigen (überörtlichen) Träger und dem ab 1. Januar 2020 neu zuständigen (örtlichen) Träger über die Information und Beratung der vom Zuständigkeitswechsel betroffenen Personen für erforderlich und bittet die Länder, diesen Prozess zu unterstützen.

c. Zulässigkeit der Datenübermittlung an den neu zuständigen Träger

Das BMAS hat keine Bedenken, die zur nahtlosen Weiterbewilligung erforderlichen Sozialdaten frühzeitig und ohne Einverständnis der Betroffenen an den künftig zuständigen Sozialhilfeträger weiterzuleiten, sofern datenschutzrechtliche Belange berücksichtigt werden.

Sozialdaten sind personenbezogene Daten im Sinne des Art. 4 Nummer 2 der Europäischen Datenschutz-Grundverordnung (Verordnung (EU) 2016/679 – DSGVO), die von einer in § 35 SGB I genannten Stelle im Hinblick auf ihre Aufgaben nach dem Sozialgesetzbuch verarbeitet werden. Nach § 69 Absatz 1 Nummer 1 SGB X ist eine Übermittlung von Sozialdaten zulässig, sofern die Kenntnis der übermittelten Sozialdaten notwendig ist, um eine gesetzliche Aufgabe einer in § 35 SGB I genannten Stelle erfüllen zu können.

Erforderlich können hierfür Einzelangaben über persönliche oder sachliche Verhältnisse der jeweiligen betroffenen Person sein.

Nicht erforderlich im Sinne von § 69 Absatz 1 Nummer 1 SGB X ist aus Sicht des BMAS die Weiterleitung aller in einer „Gesamtakte" enthaltenen Daten. Soweit diese nicht für die Bewilligung der GAE-Leistungen notwendig sind, dürfte eine Übermittlung unzulässig sein. Dazu gehören unter anderem:

- Anträge und Kostenübernahmen im Rahmen der Eingliederungshilfe
- amtsärztliche bzw. fachärztliche Gutachten und Stellungnahmen im Rahmen der Eingliederungshilfe
- Behandlungs- und Rehabilitationspläne, Gesamtpläne nach dem SGB IX, SGB XII
- Unterlagen hinsichtlich Leistungen zur Teilhabe am Arbeitsleben nach SGB IX, XII
- Dokumentationen und Unterlagen über die Beteiligung von weiteren Rehabilitationsträgern im Rahmen der Gesamtplanung
- Angaben hinsichtlich einer vorliegenden körperlichen, geistigen oder seelischen Behinderung, die für die GAE nicht relevant sind.
- Behandlungsmaßnahmen (z. B. stationäre Aufenthalte, medizinische Rehabilitation, ambulante Therapien, Medikation)

Dürfen im Zuge der Übermittlung der Sozialdaten nur die anspruchsbegründenden Unterlagen an den neu zuständigen Sozialhilfeträger weitergeleitet werden, zählen hierzu auch Nachweise über die Feststellung der dauerhaften vollen Erwerbsminderung.

Die Übermittlungsgrundsätze nach § 67d SGB X sind zu beachten.

Die Betroffenen sind unter anderem über die Erhebung, Speicherung und sonstige Verarbeitung der personenbezogenen Daten sowie hinsichtlich der Neuzuständigkeit nach Art. 13 und Art. 14 DSGVO in Verbindung mit § 82 und § 82a SGB X in Kenntnis zu setzen.

d. Antragstellung auf Leistungen ab 1. Januar 2020 beim neu zuständigen Träger

Sofern beim bislang zuständigen (überörtlichen) Träger Anträge auf Leistungen ab 1. Januar 2020 eingehen, sind diese (aufgrund seiner sachlichen Unzuständigkeit ab diesem Zeitpunkt) unverzüglich an den dann zuständigen (örtlichen) Träger weiterzuleiten (§ 16 Absatz 2 Satz 1 SGB I).

3. Aufgaben des ab 1. Januar 2020 zuständigen Trägers

a. Antragstellung

Die nahtlose Leistungserbringung ab 1. Januar 2020 erfordert beim neuen Träger eine Antragstellung (§ 44 Absatz 1 Satz 1 SGB XII). Die Länder werden gebeten, bei den Trägern darauf hinzuwirken, dass diese auf das Erfordernis einer rechtzeitigen Antragstellung hinweisen (§ 14 SGB I). Die Antragstellung ist jedoch an keine Form gebunden und auch niedrigschwellig möglich.

Sofern bei dem bislang zuständigen (überörtlichen) Träger Anträge oder Antragsunterlagen für GAE-Leistungen ab 1. Januar 2020 eingegangen sind und diese an den dann neu zuständigen (örtlichen) Träger weitergeleitet wurden, sind diese Unterlagen der Prüfung des Anspruchs zugrunde zu legen.

b. Prüfung der Anspruchsvoraussetzungen durch den neu zuständigen Träger

Der für die Leistungen ab Januar 2020 künftig zuständige (örtliche) Träger prüft die Voraussetzungen für die Leistungserbringung in eigener Zuständigkeit vollständig. Dies gilt auch dann, wenn der bislang zuständige (überörtliche) Träger leistungserhebliche Daten an den neu zuständigen (örtlichen) Träger übermittelt.

Neben den wirtschaftlichen Voraussetzungen prüft der neu zuständige (örtliche) Träger, ob die persönlichen Voraussetzungen für den Anspruch nach § 41 SGB XII vorliegen. Sofern beispielsweise die Voraussetzungen nach § 41 Absatz 3 SGB XII nicht vorliegen oder nicht mit zulässigen Beweismitteln nachgewiesen sind, kommt eine Erbringung von GAE-Leistungen nicht in Betracht.

c. Mitwirkung und Nachweise

Soweit die Prüfung des Vorliegens der Anspruchsvoraussetzungen nicht im Wege der Amtsermittlung möglich ist, ist die leistungsnachsuchende Person nach Maßgabe des SGB I zur Mitwirkung aufzufordern, was auch die Vorlage leistungserheblicher Unterlagen beinhalten kann (siehe II. 2).

d. Frühzeitige Entscheidung

Sobald der Anspruch auf GAE-Leistungen entscheidungsreif ist, obliegt es dem Träger, das Verfahren durch den Erlass eines Bescheides abzuschließen. Dies ist für den Zeitraum ab Januar 2020 bereits im Laufe des Jahres 2019 nicht nur zulässig, sondern auch für eine frühzeitige Kenntnis der Betroffenen zum künftigen Leistungsanspruch sinnvoll.

Auf diesem Wege ließen sich Nachfragen und gegebenenfalls erforderliche Korrekturen des Bewilligungsbescheides noch vor dessen Vollzug in 2020 erledigen.

Das komplette Verfahrenspapier kann hier downgeloadet werden:

https://umsetzungsbegleitung-bthg.de/service/aktuelles/bundesaufsichtskonferenz-papiere-zur-leistungstrennung-und-zum-verwaltungsverfahren/

Kapitel 3
Medizinische Rehabilitation

Gesetzestext mit BTHG-Gesetzesbegründung und redaktionellen Hinweisen

SGB XII bis 31.12.2019	SGB IX ab 1.1.2020
~~§ 54 Absatz 1 Satz 2~~ ~~(1)~~ $_{2}$Die Leistungen zur medizinischen Rehabilitation ~~und zur Teilhabe am Arbeitsleben~~ entsprechen ~~jeweils~~ den Rehabilitationsleistungen der gesetzlichen Krankenversicherung ~~oder der Bundesagentur für Arbeit.~~	**§ 109 Leistungen zur medizinischen Rehabilitation** (1) Leistungen zur medizinischen Rehabilitation sind insbesondere die in § 42 Absatz 2 und 3 und § 64 Absatz 1 Nummer 3 bis 6 genannten Leistungen. (2) Die Leistungen zur medizinischen Rehabilitation entsprechen den Rehabilitationsleistungen der gesetzlichen Krankenversicherung.

Gesetzesbegründung zu § 109 (Drs. 18/9522, S. 283)

Zu Absatz 1

Die Vorschrift bestimmt in nicht abschließender Weise die Leistungen zur medizinischen Rehabilitation unter Verweis auf entsprechende Regelungen in Teil 1 dieses Buches (§§ 42 und 64).

Redaktioneller Hinweis:

Absatz 1 formuliert einen offenen Leistungskatalog und verweist dabei auf

- § 42 Absatz 2 (= medizinische Kernleistungen) und
- § 42 Absatz 3 (= psychosoziale Begleitleistungen),

die beide ebenfalls offen formuliert sind.

Eine Grenze bei den Leistungen zieht also lediglich § 109 Absatz 2: was die gesetzliche Krankenversicherung nicht anbietet, kann auch die Eingliederungshilfe nicht anbieten.

Der Leistungskatalog aus § 42 Absatz 2:

„(2)… insbesondere

1. Behandlung durch Ärzte, Zahnärzte und Angehörige anderer Heilberufe, soweit deren Leistungen unter ärztlicher Aufsicht oder auf ärztliche Anordnung ausgeführt werden, einschließlich der Anleitung, eigene Heilungskräfte zu entwickeln,
2. Früherkennung und Frühförderung für Kinder mit Behinderungen und von Behinderung bedrohte Kinder,
3. Arznei- und Verbandsmittel,
4. Heilmittel einschließlich physikalischer, Sprach- und Beschäftigungstherapie,
5. Psychotherapie als ärztliche und psychotherapeutische Behandlung,
6. Hilfsmittel sowie
7. Belastungserprobung und Arbeitstherapie."

Der Leistungskatalog aus § 42 Absatz 3:

„(3) ... insbesondere

1. Hilfen zur Unterstützung bei der Krankheits- und Behinderungsverarbeitung,
2. Hilfen zur Aktivierung von Selbsthilfepotentialen,
3. die Information und Beratung von Partnern und Angehörigen sowie von Vorgesetzten und Kollegen, wenn die Leistungsberechtigten dem zustimmen,
4. die Vermittlung von Kontakten zu örtlichen Selbsthilfe- und Beratungsmöglichkeiten,
5. Hilfen zur seelischen Stabilisierung und zur Förderung der sozialen Kompetenz, unter anderem durch Training sozialer und kommunikativer Fähigkeiten und im Umgang mit Krisensituationen,
6. das Training lebenspraktischer Fähigkeiten sowie
7. die Anleitung und Motivation zur Inanspruchnahme von Leistungen der medizinischen Rehabilitation."

Als zusätzliche Leistungsgruppe werden in der Medizinischen Rehabilitation der Eingliederungshilfe Leistungen aufgenommen, die aus Kapitel 11 „Unterhaltssichernde und andere ergänzende Leistungen" stammen (§ 64 Absatz 1 Nummer 3 bis 6 SGB IX). Normalerweise sind unterhaltssichernde und -ergänzende Leistungen nicht Bestandteil des Leistungssets der Eingliederungshilfe – weder nach altem noch nach neuem Recht. Um diese Leistungen im Bereich der Eingliederungshilfe ermöglichen zu können, wurden diese – systemwidrig – „umetikettiert" (so von Boetticher, Das neue Teilhaberecht, Seite 290).

Es handelt sich um:

- ärztlich verordneten Rehabilitationssport in Gruppen unter ärztlicher Betreuung und Überwachung, einschließlich Übungen für behinderte oder von Behinderung bedrohte Frauen und Mädchen, die der Stärkung des Selbstbewusstseins dienen,
- ärztlich verordnetes Funktionstraining in Gruppen unter fachkundiger Anleitung und Überwachung,
- Reisekosten sowie
- Betriebs- oder Haushaltshilfe und Kinderbetreuungskosten.

Rehabilitationssport umfasst ganzheitliche sportliche Übungen in einer festen Gruppe innerhalb regelmäßig abgehaltener Übungsveranstaltungen. Bisher war der Rehabilitationssport über Anwendung von § 6 Eingliederungshilfe-Verordnung bereits der medizinischen Rehabilitation der Eingliederungshilfe zugeordnet.

Funktionstraining zielt in erster Linie auf die Verbesserung der Funktionen von Körperorganen mit Mitteln der Krankengymnastik oder Ergotherapie. Funktionstraining wird ebenfalls in Gruppen angeboten.

Reisekosten werden im Zusammenhang mit einer Leistung der medizinischen Rehabilitation dann übernommen, wenn sie Leistungsberechtigten wegen Art und Schwere der Behinderung entstehen und keine kostengünstige Möglichkeit zumutbar ist, dazu gehören etwa Krankentransporte, Begleitpersonen, Gepäcktransport (§ 73 SGB IX).

Die Kosten einer Haushaltshilfe oder einer Betriebshilfe, inklusive Kinderbetreuungskosten werden übernommen, wenn der Haushalt oder der Betrieb während der Reha-Maßnahmen nicht weitergeführt werden kann, wenn keine andere im Haushalt lebende Person die Aufgaben übernehmen kann und wenn im Haushalt ein Kind unter 12 Jahren lebt. Diese Regelung soll insbesondere alleinerziehenden Müttern oder Vätern mit Behinderung helfen (§ 74 SGB IX).

Zu Absatz 2

Die Vorschrift übernimmt die bisherige Regelung in § 54 Absatz 1 Satz 2 des Zwölften Buches Sozialgesetzbuch. Unverändert gilt, dass die medizinischen Rehabilitationsleistungen der Eingliederungshilfe nach Art und Umfang den Rehabilitationsleistungen entsprechen, die die gesetzlichen Krankenkassen ihren Versicherten erbringen. Medizinische Rehabilitationsleistungen der Eingliederungshilfe können unverändert keine Ausfallbürgschaft für nicht oder nicht bedarfsdeckend erbrachte Krankenkassenleistungen übernehmen.

Redaktioneller Hinweis zur Beitragspflicht:

Leistungen der medizinischen Rehabilitation sind nach § 138 Absatz 1 Ziffer 2 beitragsfrei; das gilt auch für Leistungen nach § 64 Absatz 1 Ziffer 3–6, also

- Reha-Sport,
- Funktionstraining,
- Reisekostenübernahme,
- Haushaltshilfe,
- Kinderbetreuungskosten.

SGB XII bis 31.12.2019	SGB IX ab 1.1.2020
§ 52 Leistungserbringung, Vergütung (2) $_{1}$Leistungsberechtigte haben die freie Wahl unter den Ärzten und Zahnärzten sowie den Krankenhäusern entsprechend den Bestimmungen der gesetzlichen Krankenversicherung. $_{2}$~~Hilfen werden nur in dem durch Anwendung des § 65a des Fünften Buches erzielbaren geringsten Umfang geleistet.~~ (3) $_{1}$Bei Erbringung von Leistungen nach den §§ 47 bis 51 sind die für die gesetzlichen Krankenkassen nach dem Vierten Kapitel des Fünften Buches geltenden Regelungen mit Ausnahme des Dritten Titels des Zweiten Abschnitts anzuwenden. $_{2}$Ärzte, Psychotherapeuten im Sinne des § 28 Absatz 3 Satz 1 des Fünften Buches und Zahnärzte haben für ihre Leistungen Anspruch auf die Vergütung, welche die Ortskrankenkasse, in deren Bereich der Arzt, Psychotherapeut oder der Zahnarzt niedergelassen ist, für ihre Mitglieder zahlt. $_{3}$Die sich aus den §§ 294, 295, 300 bis 302 des Fünften Buches für die Leistungserbringer ergebenden Verpflichtungen gelten auch für die Abrechnung von Leistungen nach diesem Kapitel mit dem Träger der Sozialhilfe. $_{4}$Die Vereinbarungen nach § 303 Absatz 1 sowie § 304 des Fünften Buches gelten für den Träger der Sozialhilfe entsprechend.	**§ 110 Leistungserbringung** (1) Leistungsberechtigte haben entsprechend den Bestimmungen der gesetzlichen Krankenversicherung die freie Wahl unter den Ärzten und Zahnärzten sowie unter den Krankenhäusern und Vorsorge- und Rehabilitationseinrichtungen. (2) $_{1}$Bei der Erbringung von Leistungen zur medizinischen Rehabilitation sind die Regelungen, die für die gesetzlichen Krankenkassen nach dem Vierten Kapitel des Fünften Buches gelten, mit Ausnahme des Dritten Titels des Zweiten Abschnitts anzuwenden. $_{2}$Ärzte, Psychotherapeuten im Sinne des § 28 Absatz 3 Satz 1 des Fünften Buches und Zahnärzte haben für ihre Leistungen Anspruch auf die Vergütung, welche die Ortskrankenkasse, in deren Bereich der Arzt, Psychotherapeut oder der Zahnarzt niedergelassen ist, für ihre Mitglieder zahlt. (3) $_{1}$Die Verpflichtungen, die sich für die Leistungserbringer aus den §§ 294, 294a, 295, 300 bis 302 des Fünften Buches ergeben, gelten auch für die Abrechnung von Leistungen zur medizinischen Rehabilitation mit dem Träger der Eingliederungshilfe. $_{2}$Die Vereinbarungen nach § 303 Absatz 1 sowie § 304 des Fünften Buches gelten für den Träger der Eingliederungshilfe entsprechend.

Gesetzesbegründung zu § 110 (Drs. 18/9522, S. 283)

Die Vorschrift übernimmt die bisherigen Regelungen in § 52 Absatz 2, 3 und 5 SGB XII.

Zu Absatz 1

Absatz 1 garantiert die freie Wahl unter den Ärzten, Zahnärzten, Krankenhäusern und Vorsorge- und Rehabilitationseinrichtungen entsprechend den Bestimmungen der gesetzlichen Krankenversicherung.

Redaktioneller Hinweis:

Die Wahlfreiheit des Leistungsberechtigten bezieht sich hier auch auf sonstige medizinische Leistungserbringer wie etwa Physiotherapeuten, Logopäden, Ergotherapeuten, Podologen, Masseure. Voraussetzung ist aber, dass diese Leistungserbringer von den gesetzlichen Krankenkassen zugelassen worden sind (z. B. Vertragsärzte).

Bisher regelte Absatz 2 Satz 2 von § 52 SGB XII, dass Hilfen nur in dem durch Anwendung von § 65a SGB V erzielbaren geringstem Umfang geleistet werden. § 65a SGB V eröffnet den gesetzlichen Krankenkassen die Möglichkeit zu „Reduktion" der Beiträge, z. B. durch Bonuspunkte, wenn regelmäßig an Präventionsmaßnahmen teilgenommen wird oder durch die Teilnahme an einer hausarztzentrierten Versorgung (Rücker in Linhart/Apolph, SGB XII, § 52 Rz. 20). Mit dieser Regelung sollen Kosteneinsparungen und Effizienzsteigerungen erzielt werden. Durch die Bezugnahme auf § 65a SGB V war bisher auch der Sozialhilfeträger dazu verpflichtet. Aufgrund des personenzentrierten Ansatzes bei der Bedarfsermittlung entfällt diese Regelung künftig ersatzlos.

Zu Absatz 2 und Absatz 3

Absätze 2 und 3 enthalten Regelungen zu Leistungserbringung, Leistungsvergütung und Abrechnungspflichten der Leistungserbringer unter Verweis auf entsprechende Regelungen in der gesetzlichen Krankenversicherung.

Redaktioneller Hinweis:

Wie schon bei Absatz 1 so werden auch hinsichtlich der Modalitäten und Vergütung der Leistungserbringung auch im Gesetzeswortlaut nicht genannte medizinische Hilfsberufe erfasst. Bei Ärzten/Zahnärzten schließen die Eingliederungshilfeträger auf dieser Grundlage mit den kassen(zahn)ärztlichen Vereinigungen Vergütungsverträge ab. Die sich aus den §§ 294–295, 300–302, 303–304 SGB V ergebenden Verpflichtungen für die Leistungserbringer (Verfahrensvorschriften zur Übermittlung von Daten und Datenaufbewahrung) gelten auch für die Abrechnung gegenüber dem Eingliederungshilfeträger.

Kapitel 4
Teilhabe am Arbeitsleben

Gesetzestext mit BTHG-Gesetzesbegründung und redaktionellen Hinweisen

SGB XII bis 31.12.2019	SGB IX ab 1.1.2020	
§ 140 Teilhabe am Arbeitsleben	**§ 111 Leistungen zur Beschäftigung**	
~~(1) Leistungen zur Beschäftigung erhalten Personen nach § 53, die die Voraussetzungen nach § 58 Absatz 1 Satz 1 des Neunten Buches erfüllen.~~		
(2) Leistungen zur Beschäftigung umfassen 1. Leistungen im Arbeitsbereich anerkannter Werkstätten für behinderte Menschen nach den §§ 58 und 62 ~~des Neunten Buches~~, 2. Leistungen bei anderen Leistungsanbietern nach den §§ 60 und 62 ~~des Neunten Buches~~ sowie 3. Leistungen bei privaten und öffentlichen Arbeitgebern nach § 61 ~~des Neunten Buches~~.	(1) Leistungen zur Beschäftigung umfassen 1. Leistungen im Arbeitsbereich anerkannter Werkstätten für behinderte Menschen nach den §§ 58 und 62, 2. Leistungen bei anderen Leistungsanbietern nach den §§ 60 und 62 sowie 3. Leistungen bei privaten und öffentlichen Arbeitgebern nach § 61.	Angegebene Vorschriften § 58 Leistungen im Arbeitsbereich § 62 Wahlrecht des Menschen mit Behinderungen § 60 Andere Leistungsanbieter § 61 Budget für Arbeit
(3) [1]Leistungen nach Absatz ~~2~~ umfassen auch Gegenstände und Hilfsmittel, die wegen der gesundheitlichen Beeinträchtigung zur Aufnahme oder Fortsetzung der Beschäftigung erforderlich sind. [2]Voraussetzung für eine Hilfsmittelversorgung ist, dass der Leistungsberechtigte das Hilfsmittel bedienen kann. [3]Die Versorgung mit Hilfsmitteln schließt eine notwendige Unterweisung im Gebrauch und eine notwendige Instandhaltung oder Änderung ein. [4]Die Ersatzbeschaffung des Hilfsmittels erfolgt, wenn sie infolge der körperlichen Entwicklung der Leistungsberechtigten notwendig ist oder das Hilfsmittel aus anderen Gründen ungeeignet oder unbrauchbar geworden ist.	(2) [1]Leistungen nach Absatz 1 umfassen auch Gegenstände und Hilfsmittel, die wegen der gesundheitlichen Beeinträchtigung zur Aufnahme oder Fortsetzung der Beschäftigung erforderlich sind. [2]Voraussetzung für eine Hilfsmittelversorgung ist, dass der Leistungsberechtigte das Hilfsmittel bedienen kann. [3]Die Versorgung mit Hilfsmitteln schließt eine notwendige Unterweisung im Gebrauch und eine notwendige Instandhaltung oder Änderung ein. [4]Die Ersatzbeschaffung des Hilfsmittels erfolgt, wenn sie infolge der körperlichen Entwicklung der Leistungsberechtigten notwendig ist oder wenn das Hilfsmittel aus anderen Gründen ungeeignet oder unbrauchbar geworden ist.	
(4) Zu den Leistungen nach Absatz ~~2~~ Nummer 1 und 2 gehört auch das Arbeitsförderungsgeld nach § 59 ~~des Neunten Buches~~.	(3) Zu den Leistungen nach Absatz 1 Nummer 1 und 2 gehört auch das Arbeitsförderungsgeld nach § 59.	

Gesetzesbegründung zu § 111 (Drs. 18/9522, S. 283)

Redaktioneller Hinweis:

Bereits mit Geltung ab 1. Janur 2018 wurde im SGB XII als Übergangsregelung § 140 eingefügt; diese Regelung ist befristet bis 31. Dezember 2019 und der Wortlaut von dessen Absatz 2 bis 4 wird dann in § 111 Absatz 1 bis 3 SGB IX übernommen.

Zu Absatz 1 von § 140 SGB XII / Absatz 2 von § 111 SGB IX

In Nummern 1 bis 3 werden die Leistungen abschließend benannt, die Leistungsberechtigten zur Förderung ihrer Teilhabe am Arbeitsleben im Rahmen der Eingliederungshilfe erbracht werden können.

Redaktioneller Hinweis:

Hinweise zu diesen Leistungen siehe im Anschluss an die Kommentierung zu § 111.

Abweichend vom bisherigen Recht (§ 54 Absatz 1 Satz 1 SGB XII) wird nicht mehr auf Vorschriften über Leistungen zur Teilhabe am Arbeitsleben in Teil 1 (§ 49, vormals § 33) verwiesen, da sich diese Leistungen – außerhalb des Zuständigkeitsbereichs der Eingliederungshilfe – an erwerbsfähige Personen richten, für die in Bedarfsfällen in der Regel (wenn kein anderer vorrangig zuständiger Leistungsträger wie die gesetzliche Rentenversicherung in der Leistungspflicht steht) die Bundesagentur für Arbeit zuständiger Leistungsträger ist. Deren Leistungen konnten bereits nach bisherigem Recht (§ 54 Absatz 1 Satz 2 SGB XII) von der Eingliederungshilfe weder ersetzt noch ergänzt werden. Eine Ausfallbürgschaft der Eingliederungshilfe für von der Bundesagentur für Arbeit nach eigenem Recht nicht oder nicht bedarfsdeckend erbrachte Leistungen an erwerbsfähige Menschen mit Behinderungen verbietet sich insoweit auch nach neuem Recht. Da bereits der Wortlaut von Absatz 1 diesem Ansinnen Rechnung trägt, erübrigt sich der zusätzliche Hinweis darauf, dass die Leistungen zur Beschäftigung nach § 111 den Teilhabeleistungen der Bundesagentur für Arbeit entsprechen. Vor dem Hintergrund vorstehender Ausführungen erklärt sich im Übrigen, warum auch die bisherige Regelung in § 54 Absatz 1 Satz 1 Nummer 3 „Hilfen zur Ausbildung für eine sonstige angemessene Tätigkeit" nicht in das neue Recht der Eingliederungshilfe überführt wurde.

Zu Absatz 3 von § 140 SGB XII / Absatz 2 von § 111 SGB IX

Die für Beschäftigungen im Arbeitsbereich anerkannter Werkstätten für behinderte Menschen geltende Regelung, wonach die Leistungen zur Beschäftigung in Bedarfsfällen Gegenstände und Hilfsmittel einschließen, die zur Aufnahme oder Fortsetzung der Beschäftigung erforderlich sind, wird auf Beschäftigungen bei anderen Leistungsanbietern und bei privaten und öffentlichen Arbeitgebern ausgedehnt.

Zu Absatz 4 von § 140 SGB XII / Absatz 3 von § 111 SGB IX

Die Vorschrift bestimmt, dass bei Vorliegen der Voraussetzungen neben Werkstattbeschäftigten auch Beschäftigte anderer Leistungsanbieter zusätzlich zu ihrem Arbeitslohn ein Arbeitsförderungsgeld beanspruchen können.

Redaktionelle Hinweise zu den möglichen Leistungen zur Teilhabe am Arbeitsleben (§§ 58, 60, 61, 62 SGB IX)

Seit 1. Januar 2018 gibt es drei Möglichkeiten, wie Leistungen zur Teilhabe am Arbeitsleben erbracht werden können:

- über Leistungen einer Werkstatt für behinderte Menschen (WfbM)
- über Leistungen eines „anderen Leistungsanbieters"
- über das Budget für Arbeit

Leistungen im Arbeitsbereich einer Werkstatt für behinderte Menschen

Leistungen im Arbeitsbereich einer anerkannten Werkstatt für behinderte Menschen nach § 58 SGB IX oder bei anderen Anbietern nach § 60 SGB IX erhalten behinderte Menschen, bei denen eine Beschäftigung auf dem allgemeinen Arbeitsmarkt, in einem Inklusionsbetrieb (§ 215 SGB IX) oder eine Berufsvorbereitung, individuelle betriebliche Qualifizierung im Rahmen Unterstützter Beschäftigung, berufliche Anpassung und Weiterbildung oder berufliche Ausbildung im Rahmen wegen Art oder Schwere der Behinderung nicht, noch nicht oder noch nicht wieder in Betracht kommen und die in der Lage sind, wenigstens ein Mindestmaß an wirtschaftlich verwertbarer Arbeitsleistung zu erbringen.

Leistungen zur beruflichen Bildung (Leistungen im Berufsbildungsbereich oder bei anderen Leistungsanbietern) müssen den Leistungen zur Beschäftigung vorausgehen.

Leistungen zur Beschäftigung werden längstens bis zum Ablauf des Monats erbracht, in dem das für die Regelaltersrente (§§ 35 und 235 SGB VI) erforderliche Lebensalter vollendet wird, denn mit Erreichen der Ruhestandsgrenze entfällt der Zweck der Teilhabe am Arbeitsleben.

Leistungen in anerkannten Werkstätten für behinderte Menschen (§ 219 SGB IX) werden erbracht, um die Leistungs- oder Erwerbsfähigkeit der behinderten Menschen zu erhalten, zu entwickeln, zu verbessern oder wiederherzustellen, die Persönlichkeit dieser Menschen weiterzuentwickeln und ihre Beschäftigung zu ermöglichen oder zu sichern.

Anspruch auf Aufnahme in eine Werkstatt haben Menschen mit Behinderungen, die wegen Art oder Schwere der Behinderung nicht, noch nicht oder noch nicht wieder auf dem allgemeinen Arbeitsmarkt tätig sein können, die aber – so die Prognose – nach Teilnahme an Maßnahmen der beruflichen Bildung in der Lage sind, wenigstens ein Mindestmaß wirtschaftlich verwertbarer Arbeitsleistung zu erbringen.

Die Werkstatt für behinderte Menschen ist eine Einrichtung zur Teilhabe behinderter Menschen am Arbeitsleben und zur Eingliederung in das Arbeitsleben.

Eine Werkstatt für behinderte Menschen soll behinderten Menschen

- eine angemessene berufliche Bildung und eine Beschäftigung zu einem ihrer Leistung angemessenen Arbeitsentgelt aus dem Arbeitsergebnis anbieten und
- ihnen ermöglichen, ihre Leistungs- oder Erwerbsfähigkeit zu erhalten, zu entwickeln, zu erhöhen oder wiederzugewinnen und dabei ihre Persönlichkeit weiterzuentwickeln.

Übergang in den allgemeinen Arbeitsmarkt

Die Werkstatt für behinderte Menschen fördert den Übergang geeigneter Personen auf den allgemeinen Arbeitsmarkt durch geeignete Maßnahmen. Sie verfügt über ein möglichst breites Angebot an Berufsbildungs- und Arbeitsplätzen sowie über qualifiziertes Personal und einen begleitenden Dienst.

Personenkreis

Die Werkstatt steht allen behinderten Menschen unabhängig von Art oder Schwere der Behinderung offen, sofern erwartet werden kann, dass sie spätestens nach Teilnahme an Maßnahmen im Berufsbildungsbereich wenigstens ein Mindestmaß wirtschaftlich verwertbarer Arbeitsleistung erbringen werden. Dies ist nicht der Fall bei behinderten Menschen, bei denen trotz einer der Behinderung angemessenen Betreuung eine erhebliche Selbst- oder Fremdgefährdung zu erwarten ist oder das Ausmaß der erforderlichen Betreuung und Pflege die Teilnahme an Maßnahmen im Berufsbildungsbereich oder sonstige Umstände ein Mindestmaß wirtschaftlich verwertbarer Arbeitsleistung im Arbeitsbereich dauerhaft nicht zulassen.

Angegliederte Gruppen

Behinderte Menschen, die die Voraussetzungen für eine Beschäftigung in einer Werkstatt nicht erfüllen, sollen in Einrichtungen oder Gruppen betreut und gefördert werden, die der Werkstatt angegliedert sind.

Aufnahme in die Werkstatt

Anerkannte Werkstätten für behinderte Menschen haben die Voraussetzung dafür zu schaffen, dass sie die behinderten Menschen aus ihrem Einzugsgebiet aufnehmen können (§ 220 Absatz 1 SGB IX). Die Möglichkeit zur Aufnahme in eine andere anerkannte Werkstatt nach der Besonderheit des Einzelfalles (§ 9 SGB XII) bleibt unberührt. Die Aufnahme erfolgt unabhängig von der Ursache, der Art der Behinderung, wenn in dem Einzugsgebiet keine besondere Werkstatt für behinderte Menschen für diese Behinderungsart vorhanden ist, und der Schwere der Behinderung, der Minderung der Leistungsfähigkeit und einem besonderen Bedarf an Förderung, begleitender Betreuung oder Pflege. Gemäß § 220 Absatz 3 SGB IX besteht jederzeit das Recht auf Aufnahme oder zur Rückkehr in eine WfbM.

Kosten und Kostenbeitrag

Die Kosten dieser Einrichtung werden während des im Eingangsverfahren und im Berufsbildungsbereich von den dafür zuständigen Rehabilitationsträgern (i. d. R. der Bundesagentur für Arbeit) und im Arbeitsbereich von den Trägern der Eingliederungshilfe übernommen.

Rechtsstellung und Arbeitsentgelt

Behinderte Menschen im Arbeitsbereich anerkannter Werkstätten stehen, wenn sie nicht Arbeitnehmer sind, zu den Werkstätten in einem arbeitnehmerähnlichen Rechtsverhältnis, soweit sich aus dem zu Grunde liegenden Sozialleistungsverhältnis nichts anderes ergibt (§ 221 SGB IX).

Die Werkstätten zahlen aus ihrem Arbeitsergebnis an die im Arbeitsbereich beschäftigten behinderten Menschen ein Arbeitsentgelt, das sich aus einem Grundbetrag in Höhe des Ausbildungsgeldes, das die Bundesagentur für Arbeit nach den für sie geltenden Vorschriften behinderten Menschen im Berufsbildungsbereich zuletzt leistet, und einem leistungsangemessenen Steigerungsbetrag zusammensetzt. Der Steigerungsbetrag bemisst sich nach der individuellen Arbeitsleistung der behinderten Menschen, insbesondere unter Berücksichtigung von Arbeitsmenge und Arbeitsgüte.

Der Inhalt des arbeitnehmerähnlichen Rechtsverhältnisses wird unter Berücksichtigung des zwischen den behinderten Menschen und dem Rehabilitationsträger bestehenden Sozialleistungsverhältnisses durch Werkstattverträge zwischen den behinderten Menschen und dem Träger der Werkstatt näher geregelt.

Arbeitsförderungsgeld

Behinderte Beschäftigte im Arbeitsbereich einer Werkstatt erhalten ein Arbeitsförderungsgeld (§ 59 SGB IX) von bis zu 52 Euro monatlich, wenn ihr Arbeitsentgelt 351 Euro im Monat nicht übersteigt. Bei einem Arbeitsentgelt zwischen 300 Euro und 351 Euro wird der Differenzbetrag gezahlt.

Das Arbeitsförderungsgeld wird nicht auf andere Sozialleistungen angerechnet (z. B. auf Leistungen der Grundsicherung).

Leistungen über einen anderen Anbieter

Neu mit dem Bundesteilhabegesetz eingeführt wurden „andere Anbieter" (§ 60 SGB IX). Menschen mit Behinderungen, die Anspruch auf Aufnahme in eine Werkstatt für behinderte Menschen haben, können seit 1. Januar 2018 alternativ die ihnen zustehenden Leistungen auch außerhalb bei anderen Leistungsanbietern in Anspruch nehmen (Wahlrecht nach § 62 SGB IX, siehe dazu auch nachfolgend den Gesetzeswortlaut und die Gesetzesbegründung).

In § 60 Absatz 2 SGB IX ist geregelt, welche Voraussetzungen andere Leistungsanbieter mitbringen müssen. Im Prinzip sind dies dieselben Vorgaben, wie sie auch für Werkstätten für behinderte Menschen gelten – mit Ausnahme, dass keine Mindestgröße und auch keine Aufnahmepflicht vorgegeben sind.

Budget für Arbeit

(Gesetzeswortlaut und Gesetzesbegründung auf Seite 112 ff.).

Eine wesentliche Änderung im Bereich der Teilhabe am Arbeitsleben durch das Bundesteilhabegesetz ist die bundesweite Einführung eines „Budgets für Arbeit". Das seit Januar 2018 neu eingeführte „Budget für Arbeit" soll die bestehenden Beschäftigungsangebote, vor allem die in Werkstätten für behinderte Menschen, ergänzen. Diesem Personenkreis soll durch das Budget für Arbeit ein Weg in Richtung allgemeiner Arbeitsmarkt eröffnet werden, ohne dass zuvor der Nachweis der individuellen Erwerbsfähigkeit geführt werden muss.

Mit der Vorschrift wird für Menschen mit Behinderungen, die Anspruch auf Leistungen im Arbeitsbereich einer Werkstatt für behinderte Menschen haben, eine weitere Alternative zur Beschäftigung in dieser Werkstatt geboten.

Die Alternative besteht darin, dass ein dauerhafter Lohnkostenzuschuss nebst Anleitung und Begleitung (Arbeitsassistenz) ermöglicht wird, der einen Arbeitgeber dazu bewegt, mit dem Menschen mit Behinderungen trotz dessen voller Erwerbsminderung einen regulären Arbeitsvertrag zu schließen. Diese Art der Teilhabeförderung wurde bereits in Modellprojekten in einigen Bundesländern erfolgreich erprobt.

Voraussetzungen sind (§ 61 Absatz 1 SGB IX):

- Teilnehmen können die Menschen mit Behinderung, die Anspruch auf eine Beschäftigung im Arbeitsbereich einer WfbM oder bei einem anderen Leistungsanbieter haben. Anspruch heißt, dass man nicht zuvor in einer WfbM oder bei einem anderen Leistungsanbieter i. S. v. § 60 SGB IX beschäftigt gewesen sein muss. Zum Zeitpunkt der Aufnahme der Beschäftigung mit Hilfe eines Budgets für Arbeit muss allerdings eine dauerhafte volle Erwerbsminderung bestehen.
- Es muss sich um eine sozialversicherungspflichtige Beschäftigung handeln.
- Die Beschäftigung wird tariflich oder ortsüblich entlohnt, so dass der Mensch mit Behinderungen seinen Lebensunterhalt oder zumindest einen Großteil davon durch sein Einkommen bestreiten kann. Die Beschäftigung kann in Vollzeit oder Teilzeit ausgeübt werden.

Sozialversicherungspflicht besteht in der gesetzlichen Rentenversicherung, der gesetzlichen Krankenversicherung und in der Sozialen Pflegeversicherung. Versicherungsfreiheit dagegen besteht in der Arbeitslosenversicherung nach § 28 Absatz 1 Nr. 2 SGB III. Danach sind Personen versicherungsfrei, die wegen einer Minderung ihrer Leistungsfähigkeit dauernd nicht mehr verfügbar sind, von dem Zeitpunkt an, an dem der zuständige Träger der gesetzlichen Rentenversicherung volle Erwerbsminderung im Sinne der gesetzlichen Rentenversicherung festgestellt hat. Da das Budget für Arbeit einen Personenkreis umfasst, der dem Grunde nach dem allgemeinen Arbeitsmarkt wegen voller Erwerbsminderung nicht zur Verfügung steht, liegen die Voraussetzungen für eine Befreiung in der Arbeitslosenversicherung vor. Da im Übrigen geregelt ist, dass beim Scheitern des Arbeitsverhältnisses ein Aufnahmeanspruch in die Werkstatt für behinderte Menschen besteht, ist der Mensch mit Behinderungen auch nicht auf Leistungen der Arbeitslosenversicherung angewiesen.

Das Budget für Arbeit umfasst (§ 61 Absatz 2 SGB IX)

- einen dauerhaften Lohnkostenzuschuss an den Arbeitgeber zum Ausgleich der Leistungsminderung des Beschäftigten und
- die Aufwendungen für die eventuell wegen der Behinderung erforderliche Anleitung und Begleitung am Arbeitsplatz.

Der Lohnkostenzuschuss beträgt bis zu 75 % des regelmäßig gezahlten Arbeitsentgelts, höchstens jedoch 40 % der monatlichen Bezugsgröße nach § 18 Absatz 1 SGB IV (entspricht 1.246 Euro im Jahr 2019). Die Höchstgrenze (75 %) kann somit nur bis zu einem Bruttoverdienst von monatlich 1.661 Euro (im Jahr 2019) ausgeschöpft werden. Diese Begrenzung schließt Menschen mit Behinderung aus, die eine Beschäftigung in einem qualifizierten Arbeitsverhältnis anstreben.

Durch die Begrenzung auf einen Betrag in Höhe von 40 % der monatlichen Bezugsgröße ist gewährleistet, dass der Lohnkostenzuschuss in der Regel nicht höher ist als die dem Leistungsträger bei Beschäftigung in einer Werkstatt entstandenen Aufwendungen. Der Lohnkostenzuschuss ist von dem für die Leistung zuständigen Leistungsträger unmittelbar an den Arbeitgeber auszuzahlen.

Durch Landesrecht kann von dem Prozentsatz der Bezugsgröße nach oben abgewichen werden, so dass dabei insgesamt eine höhere Vergütung erzielt werden kann.

Den Bundesländern steht hier also ein Gestaltungsspielraum zu, der teilweise aktuell (Stand: 01.06.2019) auch genutzt wird:

- Baden-Württemberg: 70 % (unbefristete Arbeitsverhältnisse), 60 % (befristete Arbeitsverhältnisse, Mindestvertragszeit 12 Monate) der Bruttoaufwendungen des Arbeitgebers
- Bayern: 48 % der monatlichen Bezugsgröße nach § 18 Absatz 1 SGB IV (vgl. Art. 66b Absatz 2 AGSG)
- Berlin: 75 % des Bruttolohns, max. 40 % der monatlichen Bezugsgröße nach § 18 Absatz 1 SGB IV
- Bremen: 60 % der monatlichen Bezugsgröße nach § 18 Absatz 1 SGB IV (§ 4 AGSGB IX)
- Hamburg: 75 % des Bruttolohns, max. 40 % der monatlichen Bezugsgröße nach § 18 Absatz 1 SGB IV
- Hessen: 75 % des Bruttolohns, max. 40 % der monatlichen Bezugsgröße nach § 18 Absatz 1 SGB IV
- Niedersachsen: 40 % der monatlichen Bezugsgröße nach § 18 Absatz 1 SGB IV
- Nordrhein-Westfalen: 75 % des Bruttolohns, max. 40 % der monatlichen Bezugsgröße nach § 18 Absatz 1 SGB IV
- Rheinland-Pfalz: 75 % des Bruttolohns, max. 60 % der monatlichen Bezugsgröße nach § 18 Absatz 1 SGB IV, jedenfalls nicht höher als die im Einzelfall im Arbeitsbereich der Werkstatt tatsächlich entstehenden Kosten
- Sachsen: 75 % des Bruttolohns, max. 40 % der monatlichen Bezugsgröße nach § 18 Absatz 1 SGB IV
- Sachsen-Anhalt: 75 % des Bruttolohns, max. 40 % der monatlichen Bezugsgröße nach § 18 Absatz 1 SGB IV
- Thüringen: 40 % der monatlichen Bezugsgröße nach § 18 Absatz 1 SGB IV

Ein Lohnkostenzuschuss ist ausgeschlossen, wenn die Beschäftigung des Menschen mit Behinderungen ursächlich für die Entlassung eines anderen Mitarbeiters ist (§ 61 Absatz 3 SGB IX).

Aufwendungen für erforderliche Anleitung und Begleitung am Arbeitsplatz werden ebenfalls übernommen. So gehören beispielsweise die finanziellen Aufwendungen für eine Arbeitsassistenz oder einen Job-Coach zu den Leistungen im Rahmen des Budgets für Arbeit. Dauer und Umfang der Leistungen bestimmen sich nach den Umständen des Einzelfalls. Danach können Leistungen auch zeitlich begrenzt und degressiv ausgestaltet werden, sie können aber auch, falls notwendig, dauerhaft sein.

Die am Arbeitsplatz wegen der Behinderung erforderliche Anleitung und Begleitung kann von mehreren Leistungsberechtigten gemeinsam in Anspruch genommen werden (§ 61 Absatz 4 SGB IX).

Damit wird ermöglicht, dass mehrere Leistungsberechtigte gemeinsam etwa die Fachdienste zur begleitenden Hilfe im Arbeitsleben in Anspruch nehmen können.

Achtung: Diese mögliche Inanspruchnahme darf nicht mit dem Poolen analog § 116 Absatz 2 SGB IX für Leistungen der Sozialen Teilhabe verwechselt werden. Zumindest nicht das „Zwangspoolen", wenn dies zumutbar ist. Denn: davon steht im Gesetzeswortlaut von § 61 Absatz 4 SGB IX nichts. Es wird nur darauf abgestellt, dass die Anleitung und Begleitung durch eine Person für mehrere Leistungsberechtigte **gemeinsam** „in Anspruch genommen werden kann". Damit ist die Zustimmung aller betroffenen Leistungsberechtigten notwendig (so auch von Boetticher, S. 156).

Der für die Leistungen zuständige Rehabilitationsträger ist nicht verpflichtet, dem leistungsberechtigten Menschen mit Behinderungen einen öffentlichen oder privaten Arbeitgeber nachzuweisen und damit dem Menschen mit Behinderungen eine Alternative zur Teilhabe am Arbeitsleben in einer Werkstatt für behinderte Menschen zur Verfügung zu stellen („Kann-Leistung", § 61 Absatz 5 SGB IX).

Wichtig: Kein Arbeitsförderungsgeld beim Budget für Arbeit

Durch § 111 Absatz 3 SGB IX (bis 31.12.2019 § 140 Absatz 4 SGB IX) wird das Arbeitsförderungsgeld bei gleichzeitiger Gewährung von Leistungen zum Budget für Arbeit ausgeschlossen.

Hinweis zur Beitragspflicht:

Im Befreiungskatalog von § 138 Absatz 2 SGB IX erwähnt sind in Ziffer 3 „Leistungen zur Teilhabe am Arbeitsleben nach § 111 Absatz 1". Danach sind beitragsfrei Leistungen zur Teilhabe am Arbeitsleben, soweit es sich um die Beschäftigung

- im Arbeitsbereich einer Werkstätte für Menschen mit Behinderungen oder bei einen anderen Leistungsanbieter,
- bei einem privaten oder öffentlichen Arbeitgeber im Rahmen des Budgets für Arbeit

handelt.

Nicht beitragsfrei sind hingegen notwendige Hilfsmittel nach § 111 Absatz 2 SGB IX.

Fassung ab 1.1.2018

§ 61 Budget für Arbeit

(1) Menschen mit Behinderungen, die Anspruch auf Leistungen nach § 58 haben und denen von einem privaten oder öffentlichen Arbeitgeber ein sozialversicherungspflichtiges Arbeitsverhältnis mit einer tarifvertraglichen oder ortsüblichen Entlohnung angeboten wird, erhalten mit Abschluss dieses Arbeitsvertrages als Leistungen zur Teilhabe am Arbeitsleben ein Budget für Arbeit.

(2) Das Budget für Arbeit umfasst einen Lohnkostenzuschuss an den Arbeitgeber zum Ausgleich der Leistungsminderung des Beschäftigten und die Aufwendungen für die wegen der Behinderung erforderliche Anleitung und Begleitung am Arbeitsplatz. Der Lohnkostenzuschuss beträgt bis zu 75 Prozent des vom Arbeitgeber regelmäßig gezahlten Arbeitsentgelts, höchstens jedoch 40 Prozent der monatlichen Bezugsgröße nach § 18 Absatz 1 des Vierten Buches. Dauer und Umfang der Leistungen bestimmen sich nach den Umständen des Einzelfalles. Durch Landesrecht kann von dem Prozentsatz der Bezugsgröße nach Satz 2 zweiter Halbsatz nach oben abgewichen werden.

(3) Ein Lohnkostenzuschuss ist ausgeschlossen, wenn zu vermuten ist, dass der Arbeitgeber die Beendigung eines anderen Beschäftigungsverhältnisses veranlasst hat, um durch die ersatzweise Einstellung eines Menschen mit Behinderungen den Lohnkostenzuschuss zu erhalten.

(4) Die am Arbeitsplatz wegen der Behinderung erforderliche Anleitung und Begleitung kann von mehreren Leistungsberechtigten gemeinsam in Anspruch genommen werden.

(5) Eine Verpflichtung des Leistungsträgers, Leistungen zur Beschäftigung bei privaten oder öffentlichen Arbeitgebern zu ermöglichen, besteht nicht.

Gesetzesbegründung zu § 61 (Drs. 18/9522, S. 255–256)

Mit der Vorschrift wird für Menschen mit Behinderungen, die Anspruch auf Leistungen im Arbeitsbereich einer Werkstatt für behinderte Menschen haben, eine weitere Alternative zur Beschäftigung in dieser Werkstatt geschaffen.

Anspruch auf Leistungen im Arbeitsbereich einer Werkstatt haben Menschen mit Behinderungen, die wegen Art oder Schwere der Behinderung nicht, noch nicht oder noch nicht wieder auf dem allgemeinen Arbeitsmarkt tätig sein können, die aber in der Lage sind, wenigstens ein Mindestmaß an wirtschaftlich verwertbarer Arbeitsleistung zu erbringen. Die Alternative besteht darin, dass ein Lohnkostenzuschuss nebst Anleitung und Begleitung ermöglicht wird, der einen Arbeitgeber dazu bewegt, mit dem Menschen mit Behinderungen trotz dessen voller Erwerbsminderung einen regulären Arbeitsvertrag zu schließen. Diese Art der Teilhabeförderung ist bereits in einigen Bundesländern unter der Bezeichnung „Budget für Arbeit" erfolgreich erprobt worden. Deswegen wird diese eingeführte Bezeichnung beibehalten.

Von einem Budget für Arbeit können nicht nur Werkstattbeschäftigte profitieren, die die Werkstatt verlassen wollen. Es profitieren auch Jugendliche mit Behinderungen, die im Rahmen ihrer beruflichen Orientierung für die Zeit nach ihrer beruflichen Bildung ein Budget für Arbeit in Aussicht nehmen. Nicht zuletzt profitieren Menschen mit einer seelischen Behinderung, die bereits heute dem Grunde nach anspruchsberechtigt sind, aber nicht in der Werkstatt für behinderte Menschen arbeiten wollen und deswegen gar keine Leistungen in Anspruch nehmen.

Somit greift die neue Alternative die in den Abschließenden Bemerkungen zur Staatenprüfung nach der UN-Behindertenrechtskonvention seitens der Vereinten Nationen geäußerten Anregungen auf, mehr Beschäftigung auf dem allgemeinen Arbeitsmarkt zu ermöglichen, ohne die Werkstätten grundsätzlich in Frage zu stellen. Denn Maßstab gesetzgeberischen Handelns müssen die Interessen der Menschen mit Behinderungen sein. Und viele Werkstattbeschäftigte fühlen sich in ihrer Werkstatt wohl. Für diejenigen aber, die lieber einen anderen Weg gehen, darf ein solcher Weg nicht gesetzlich verbaut sein, sondern muss ermöglicht werden. Das erfordert schon der Respekt vor den Menschen mit Behinderungen.

Ein Budget für Arbeit ist eine Alternative zum Arbeitsbereich der Werkstatt für behinderte Menschen, also nachdem der Mensch mit Behinderungen eine berufliche Bildung erhalten hat. Diese kann bei einer Werkstatt für behinderte Menschen oder bei einem anderen Leistungsanbieter stattfinden. Will ein Leistungsberechtigter Leistungen zur beruflichen Bildung dort nicht in Anspruch nehmen, wird die Erbringung der Leistung in der Leistungsform des Persönlichen Budgets in Betracht kommen. Nach der Entscheidung des Bundessozialgerichts vom 30.11.2011 (B 11 AL 7/10R) ist die Förderung einer Leistung der beruflichen Bildung, wie sie in anerkannten Werkstätten für behinderte Menschen erbracht werden, auch außerhalb einer anerkannten Werkstatt möglich, sofern die sonstigen Vorgaben des § 57 SGB IX beachtet werden und im konkreten Fall das Ziel der gesetzlich vorgesehenen Förderung in gleicher Weise erreicht werden kann. Das Persönliche Budget wird in diesem Fall von den im Eingangsverfahren und im Berufsbildungsbereich einer Werkstatt für behinderte Menschen zuständigen Rehabilitationsträgern erbracht.

Absatz 1 bestimmt als Voraussetzung, dass es sich um eine sozialversicherungspflichtige Beschäftigung mit einer tariflichen oder ortsüblichen Entlohnung handeln muss. Damit wird sichergestellt, dass der Mensch mit Behinderungen seinen Lebensunterhalt oder zumindest einen Großteil davon durch Einkommen bestreiten kann. Sozialversicherungspflicht besteht in der gesetzlichen Rentenversicherung, der gesetzlichen Krankenversicherung und in der Sozialen Pflegeversicherung. Versicherungsfreiheit dagegen besteht in der Arbeitslosenversicherung nach § 28 Absatz 1 Nummer 2 des Dritten Buches. Danach sind Personen versicherungsfrei, die wegen einer Minderung ihrer Leistungsfähigkeit dauernd nicht mehr verfügbar sind, von dem Zeitpunkt an, an dem der zuständige Träger der gesetzlichen Rentenversicherung volle Erwerbsminderung im Sinne der gesetzlichen Rentenversicherung festgestellt hat. Da das Budget für Arbeit einen Personenkreis umfasst, der dem Grunde nach dem allgemeinen Arbeitsmarkt wegen voller Erwerbsminderung nicht zur Verfügung steht, liegen die Voraussetzungen für eine Befreiung in der Arbeitslosenversicherung vor. Da im Übrigen geregelt ist, dass beim Scheitern des Arbeitsverhältnisses ein Aufnahmeanspruch in die Werkstatt für behinderte Menschen besteht, ist der Mensch mit Behinderungen auch nicht auf Leistungen der Arbeitslosenversicherung angewiesen.

Absatz 2 regelt den Umfang des Budgets für Arbeit im Einzelnen. Zum Budget für Arbeit gehört in erster Linie ein Lohnkostenzuschuss an den Arbeitgeber zum Ausgleich der Minderleistung. Dabei wird es sich in der Regel um einen dauerhaften Lohnkostenzuschuss handeln, der den Unterschiedsbetrag zwischen dem tariflich oder ortsüblich gezahlten Arbeitsentgelt und dem der tatsächlichen Leistungsfähigkeit des voll erwerbsgeminderten Menschen mit Behinderungen entsprechenden Arbeitsentgelt ausgleichen soll. Der Lohnkostenzuschuss ist auf eine Höhe von bis zu 75 Prozent des vom Arbeitgeber regelmäßig gezahlten Arbeitsentgeltes, im Übrigen auf einen Beitrag in Höhe von 40 Prozent der monatlichen Bezugsgröße nach § 18 Absatz 1 des Vierten Buches (1.162 Euro im Jahr 2016) begrenzt. Die Höhe des Lohnkostenzuschusses ist grundsätzlich abhängig von der Höhe des gezahlten Arbeitsentgeltes und damit für den Arbeitgeber überschaubar. Durch die Begrenzung auf einen Betrag in Höhe von 40 Prozent der monatlichen Bezugsgröße ist gewährleistet, dass der Lohnkostenzuschuss in der Regel nicht höher ist als die dem Leistungsträger bei Beschäftigung in einer Werkstatt entstandenen Aufwendungen.

Der Lohnkostenzuschuss ist von dem für die Leistung zuständigen Leistungsträger unmittelbar an den Arbeitgeber auszuzahlen. Darüber hinaus wird der Mensch mit Behinderungen eine möglicherweise dauerhafte persönliche Unterstützung benötigen, um die Tätigkeit ausüben zu können. Auch die hierfür erforderlichen finanziellen Aufwendungen, etwa für eine Arbeitsassistenz oder einen Job-Coach, gehören zu den Leistungen im Rahmen des Budgets für Arbeit. Dauer und Umfang der Leistungen bestimmen sich nach den Umständen des Einzelfalls.

Danach können Leistungen auch zeitlich begrenzt und degressiv ausgestaltet werden. Satz 4 ermöglicht es den Ländern, durch Landesrecht auch einen von dem Prozentsatz der Bezugsgröße nach Satz 2 nach oben abweichenden Betrag für den Lohnkostenzuschuss festzulegen.

Entsprechend dem im Beihilferecht der Europäischen Union (Artikel 33 der Verordnung (EG) Nr. 651/2014 der Kommission vom 1. Juli 2014 zur Erklärung der Vereinbarkeit bestimmter Gruppen von Beihilfen mit dem Gemeinsamen Markt in Anwendung der Artikel 87 und 88 EG-Vertrag) festgelegten Grundsatz eines generellen Förderausschlusses in bestimmten Fällen bestimmt **Absatz 3** auch für das Budget für Arbeit, dass ein Lohnkostenzuschuss ausgeschlossen ist, wenn die Beschäftigung des Menschen mit Behinderungen ursächlich ist für die Entlassung eines anderen Mitarbeiters.

Mit **Absatz 4** wird eine rechtliche Grundlage geschaffen, Unterstützungsleistungen, so die wegen der Behinderung erforderliche Anleitung und Begleitung am Arbeitsplatz, gemeinsam in Anspruch zu nehmen. Damit wird ermöglicht, dass mehrere Leistungsberechtigte gemeinsam etwa die Fachdienste zur begleitenden Hilfe im Arbeitsleben in Anspruch nehmen können. Damit werden auch die Arbeitgeber entlastet, die mehrere Menschen mit Behinderungen beschäftigen, weil ansonsten gegebenenfalls mehrere Unterstützer im Betrieb anwesend wären.

Absatz 5 bestimmt, dass der für die Leistungen zuständige Rehabilitationsträger nicht verpflichtet ist, dem leistungsberechtigten Menschen mit Behinderungen einen öffentlichen oder privaten Arbeitgeber nachzuweisen und damit dem Menschen mit Behinderungen eine Alternative zur Teilhabe am Arbeitsleben in einer Werkstatt für behinderte Menschen zur Verfügung zu stellen.

Geplant: § 61a Budget für Ausbildung

Mit dem „Gesetz zur Entlastung unterhaltsverpflichteter Angehöriger in der Sozialhilfe und in der Eingliederungshilfe (Angehörigen-Entlastungsgesetz)" soll ein neuer § 61a „Budget für Ausbildung" in das SGB IX eingefügt werden. Zur Drucklegung dieses Buches lag das Angehörigen-Entlastungsgesetz als Referentenentwurf vor. Der Gesetzesentwurf soll am 14.08.2019 vom Bundeskabinett beschlossen und gleich nach der Sommerpause in Berlin in das parlamentarische Verfahren eingebracht werden. Inkrafttreten soll der neue § 61a SGB IX am 01.01.2020.

Hintergrund dieser Einfügung: Menschen mit Behinderungen, die zu ihrer Teilhabe am Arbeitsleben auf eine Werkstatt für behinderte Menschen angewiesen sind, können Leistungen zur beruflichen Bildung nur in diesen Einrichtungen oder seit dem 01.01.2018 auch bei einem anderen Leistungsanbieter erhalten. Mit diesen beruflichen Bildungsmaßnahmen wird jedoch kein anerkannter Berufsabschluss erworben.

Durch die Einführung eines Budgets für Ausbildung sollen die Chancen für Menschen mit Behinderungen, die heute eine berufliche Bildung nur in einer Werkstatt für behinderte Menschen (Berufsbildungsbereich) oder bei einem anderen Leistungsanbieter erhalten können, dahingehend verbessert werden, dass sie eine berufliche Ausbildung künftig auch auf dem allgemeinen Arbeitsmarkt absolvieren können. Gemeint ist hier die Absolvierung einer nach dem Berufsbildungsgesetz oder nach der Handwerksordnung anerkannte Berufsausbildung oder einer Fachpraktikerausbildung.

Als Alternative zur Werkstatt ermöglicht das Budget für Ausbildung eine Erstattung der Ausbildungsvergütung nebst Anleitung und Begleitung am Ausbildungsplatz und in der Berufsschule. Dies soll Arbeitgeber dazu zu bewegen, mit einem behinderten Menschen trotz dessen voller Erwerbsminderung einen regulären Ausbildungsvertrag abzuschließen.

Hier der geplante Wortlaut:

Fassung ab 1.1.2020
§ 61a Budget für Ausbildung (1) Menschen mit Behinderungen, die Anspruch auf Leistungen nach § 57 haben und denen von einem privaten oder öffentlichen Arbeitgeber ein sozialversicherungspflichtiges Ausbildungsverhältnis in einem anerkannten Ausbildungsberuf oder in einem Ausbildungsgang nach § 66 des Berufsbildungsgesetzes oder § 42m der Handwerksordnung angeboten wird, erhalten mit Abschluss dieses Ausbildungsvertrages als Leistungen zur Teilhabe am Arbeitsleben ein Budget für Ausbildung. (2) Das Budget für Ausbildung umfasst die Erstattung der Ausbildungsvergütung und die Aufwendungen für die wegen der Behinderung erforderliche Anleitung und Begleitung an dem Ausbildungsplatz und in der Berufsschule. Ist wegen Art oder Schwere der Behinderung der Besuch einer Berufsschule am Ort des Ausbildungsplatzes nicht möglich, so kann der schulische Teil der Ausbildung in Einrichtungen der beruflichen Rehabilitation erfolgen; die entstehenden Kosten werden ebenfalls vom Budget für Ausbildung umfasst. (3) Die wegen der Behinderung erforderliche Anleitung und Begleitung kann von mehreren Leistungsberechtigten gemeinsam in Anspruch genommen werden. (4) Der Leistungsträger soll den Menschen mit Behinderungen bei der Suche nach einem geeigneten Ausbildungsplatz im Sinne von Absatz 1 unterstützen."

Fassung ab 1.1.2018

§ 62 Wahlrecht des Menschen mit Behinderungen

(1) Auf Wunsch des Menschen mit Behinderungen werden die Leistungen nach den §§ 57 und 58 von einer nach § 225 anerkannten Werkstatt für behinderte Menschen, von dieser zusammen mit einem oder mehreren anderen Leistungsanbietern oder von einem oder mehreren anderen Leistungsanbietern erbracht.

(2) Werden Teile einer Leistung im Verantwortungsbereich einer Werkstatt für behinderte Menschen oder eines anderen Leistungsanbieters erbracht, so bedarf die Leistungserbringung der Zustimmung des unmittelbar verantwortlichen Leistungsanbieters.

Gesetzesbegründung zu § 62 (Drs. 18/9522, S. 256–266)

Der Mensch mit Behinderungen hat nach **Absatz 1** ein Wahlrecht, bei welchem Anbieter er die Leistungen zur Teilhabe am Arbeitsleben in Anspruch nehmen möchte. In Betracht kommt wie bisher die Werkstatt für behinderte Menschen, in deren Einzugsgebiet der Mensch mit Behinderungen seinen Wohnsitz hat. Der Mensch mit Behinderungen kann auch einzelne Module bei unterschiedlichen Anbietern wählen, etwa Leistungen der beruflichen Bildung in der Werkstatt und Leistungen zur Beschäftigung bei einem anderen Leistungsanbieter und umgekehrt.

Ein Wahlrecht, neben Leistungen nach den §§ 57, 58 zur gleichen Zeit Leistungen oder Teilleistungen in der Form des Budgets für Arbeit in Anspruch zu nehmen, besteht nicht. Mit der Aufnahme einer Beschäftigung bei einem öffentlichen oder privaten Arbeitgeber endet das andere Rechtsverhältnis.

Aus dem Wunschrecht des Menschen mit Behinderungen ergibt sich die Verpflichtung der Werkstatt, mit anderen Leistungsanbietern zusammenzuarbeiten und Leistungen anzubieten. Der unmittelbar verantwortliche Leistungsanbieter bleibt in dieser Zeit auch Verantwortlicher für die Entrichtung der Sozialversicherungsbeiträge, soweit diese nicht durch den Leistungsträger zu entrichten sind.

Kapitel 5
Teilhabe an Bildung

Gesetzestext mit BTHG-Gesetzesbegründung und redaktionellen Hinweisen

SGB XII bis 31.12.2019	SGB IX ab 1.1.2020
~~**§ 54 Absatz 1 Satz 1**~~	**§ 112 Leistungen zur Teilhabe an Bildung**
(1) $_{1}$Leistungen ~~der Eingliederungshilfe sind neben den Leistungen nach § 140 und neben den Leistungen nach den §§ 26 und 55 des Neunten Buches in der am 31. Dezember 2017 geltenden Fassung insbesondere~~	(1) $_{1}$Leistungen zur Teilhabe an Bildung umfassen
1. Hilfen zu einer ~~angemessenen~~ Schulbildung, insbesondere im Rahmen der allgemeinen Schulpflicht und zum Besuch weiterführender Schulen einschließlich der Vorbereitung hierzu; die Bestimmungen über die Ermöglichung der Schulbildung im Rahmen der allgemeinen Schulpflicht bleiben unberührt,	1. Hilfen zu einer Schulbildung, insbesondere im Rahmen der allgemeinen Schulpflicht und zum Besuch weiterführender Schulen einschließlich der Vorbereitung hierzu; die Bestimmungen über die Ermöglichung der Schulbildung im Rahmen der allgemeinen Schulpflicht bleiben unberührt, und
2. Hilfe zur schulischen ~~Ausbildung für einen angemessenen Beruf einschließlich des Besuchs einer Hochschule,~~	2. Hilfen zur schulischen oder hochschulischen Ausbildung oder Weiterbildung für einen Beruf.
3. ~~Hilfe zur Ausbildung für eine sonstige angemessene Tätigkeit,~~ … ~~**§ 12 Nummer 3 Eingliederungshilfe-Verordnung**~~ ~~Die Hilfe zu einer angemessenen Schulbildung im Sinne des § 54 Absatz 1 Satz 1 Nr. 1 des Zwölften Buches Sozialgesetzbuch umfasst auch …~~ ~~3. Hilfe zum Besuch einer Realschule, eines Gymnasiums, einer Fach-Oberschule oder einer Ausbildungsstätte, deren Ausbildungsabschluss dem einer der oben genannten Schulen gleichgestellt ist, oder, soweit im Einzelfalle der Besuch einer solchen Schule oder Ausbildungsstätte nicht zumutbar ist, sonstige Hilfe zur Vermittlung einer entsprechenden Schulbildung; die Hilfe wird nur gewährt, wenn nach den Fähigkeiten und den Leistungen des behinderten Menschen zu erwarten ist, dass er das Bildungsziel erreichen wird.~~ ~~**§ 13 Absatz 2 Nummer 1 Eingliederungshilfe-Verordnung**~~ ~~…~~ ~~(2) Die Hilfe nach Absatz 1 wird gewährt, wenn~~ ~~1. zu erwarten ist, dass das Ziel der Ausbildung oder der Vorbereitungsmaßnahmen erreicht wird, …~~	$_{2}$Die Hilfen nach Satz 1 Nummer 1 schließen Leistungen zur Unterstützung schulischer Ganztagsangebote in der offenen Form ein, die im Einklang mit dem Bildungs- und Erziehungsauftrag der Schule stehen und unter deren Aufsicht und Verantwortung ausgeführt werden, an den stundenplanmäßigen Unterricht anknüpfen und in der Regel in den Räumlichkeiten der Schule oder in deren Umfeld durchgeführt werden. $_{3}$Hilfen nach Satz 1 Nummer 1 umfassen auch heilpädagogische und sonstige Maßnahmen, wenn die Maßnahmen erforderlich und geeignet sind, der leistungsberechtigten Person den Schulbesuch zu ermöglichen oder zu erleichtern. $_{4}$Hilfen zu einer schulischen oder hochschulischen Ausbildung nach Satz 1 Nummer 2 können erneut erbracht werden, wenn dies aus behinderungsbedingten Gründen erforderlich ist. $_{5}$Hilfen nach Satz 1 umfassen auch Gegenstände und Hilfsmittel, die wegen der gesundheitlichen Beeinträchtigung zur Teilhabe an Bildung erforderlich sind. $_{6}$Voraussetzung für eine Hilfsmittelversorgung ist, dass die leistungsberechtigte Person das Hilfsmittel bedienen kann. $_{7}$Die Versorgung mit Hilfsmitteln schließt eine notwendige Unterweisung im Gebrauch und eine notwendige Instandhaltung oder Änderung ein. $_{8}$Die Ersatzbeschaffung des Hilfsmittels erfolgt, wenn sie infolge der körperlichen Entwicklung der leistungsberechtigten Person notwendig ist oder wenn das Hilfsmittel aus anderen Gründen ungeeignet oder unbrauchbar geworden ist. (2) $_{1}$Hilfen nach Absatz 1 Satz 1 Nummer 2 werden erbracht für eine schulische oder hochschulische berufliche Weiterbildung, die

SGB XII bis 31.12.2019	SGB IX ab 1.1.2020
	1. in einem zeitlichen Zusammenhang an eine duale, schulische oder hochschulische Berufsausbildung anschließt, 2. in dieselbe fachliche Richtung weiterführt und 3. es dem Leistungsberechtigten ermöglicht, das von ihm angestrebte Berufsziel zu erreichen. $_2$Hilfen für ein Masterstudium werden abweichend von Satz 1 Nummer 2 auch erbracht, wenn das Masterstudium auf ein zuvor abgeschlossenes Bachelorstudium aufbaut und dieses interdisziplinär ergänzt, ohne in dieselbe Fachrichtung weiterzuführen. $_3$Aus behinderungsbedingten oder aus anderen, nicht von der leistungsberechtigten Person beeinflussbaren gewichtigen Gründen kann von Satz 1 Nummer 1 abgewichen werden. (3) Hilfen nach Absatz 1 Satz 1 Nummer 2 schließen folgende Hilfen ein: 1. Hilfen zur Teilnahme an Fernunterricht, 2. Hilfen zur Ableistung eines Praktikums, das für den Schul- oder Hochschulbesuch oder für die Berufszulassung erforderlich ist, und 3. Hilfen zur Teilnahme an Maßnahmen zur Vorbereitung auf die schulische oder hochschulische Ausbildung oder Weiterbildung für einen Beruf. (4) $_1$Die in der Schule oder Hochschule wegen der Behinderung erforderliche Anleitung und Begleitung können an mehrere Leistungsberechtigte gemeinsam erbracht werden, soweit dies nach § 104 für die Leistungsberechtigten zumutbar ist und mit Leistungserbringern entsprechende Vereinbarungen bestehen. $_2$Die Leistungen nach Satz 1 sind auf Wunsch der Leistungsberechtigten gemeinsam zu erbringen.

Die Leistungen zur Teilhabe an Bildung im Bereich der Eingliederungshilfe entsprechen inhaltlich den Leistungen zur Teilhabe an Bildung aus dem Teil 1 (§ 75) des SGB IX, der für andere Rehabilitationsträger gilt (die für Kindergartenkinder, Schüler und Studenten zuständigen Träger der gesetzlichen Unfallversicherung, Träger der Kriegsopferversorgung im Rahmen des Rechts der sozialen Entschädigung bei Gesundheitsschäden, Träger der öffentlichen Jugendhilfe).

Für den Eingliederungshilfeträger anwendbar ist also ausschließlich § 112 SGB IX, der konkret die Leistungspflichten nennt und den Umfang der Leistungen näher beschreibt. Dabei geht es (wie auch in § 75 SGB IX) nicht um die Bildungsleistungen als solche, sondern um unterstützende Maßnahmen, um die Bildungsangebote wahrnehmen zu können.

Der Leistungskatalog ist offen gestaltet, daher kommen alle Leistungen in Betracht, die geeignet und wirtschaftlich sind, die Teilhabe an Bildung zu verwirklichen. Eingeschlossen sind die Bildung sowohl an allgemeinbildenden Schulen, ein Studium an einer Hochschule und sonstige Weiterbildungen.

Gesetzesbegründung zu § 112 (Drs. 18/9522, S. 283–285, Drs. 18/10523)

Zu Absatz 1 Satz 1 Nummer 1

Die Vorschrift übernimmt im Kern die bisherige Regelung in § 54 Absatz 1 Satz 1 Nummer 1 SGB XII. Jeder junge Mensch mit einer Behinderung soll – im Bedarfsfall mit (nachrangigen) unterstützenden Leistungen der Eingliederungshilfe – einen allgemeinen Bildungsabschluss zur Erreichung seiner Teilhabeziele entsprechend der Gesamtplanung erwerben können.

Bei Eignung des behinderten Schülers/der behinderten Schülerin unterstützt die Eingliederungshilfe den Besuch einer allgemeinbildenden Schule bis zur Erlangung der Hochschulreife; und zwar unabhängig davon, ob (noch) Schulpflicht besteht oder nicht.

Die Hilfen umfassen entsprechend der bisherigen Regelung in § 12 Nummer 1 Eingliederungshilfe-Verordnung auch heilpädagogische sowie sonstige Maßnahmen zugunsten körperlich und geistig behinderter Kinder und Jugendlicher, wenn die Maßnahmen erforderlich und geeignet sind, den Schulbesuch im Rahmen der allgemeinen Schulpflicht zu ermöglichen oder zu erleichtern.

Die Leistungen nach Absatz 1 Satz 1 Nummer 1 schließen künftig unter den in Absatz 1 Satz 2 genannten Voraussetzungen Leistungen zur Unterstützung schulischer Ganztagsangebote in der offenen Form ein. Damit wird unter anderem einem besonderen Anliegen der Länder Rechnung getragen; Entschließung des Bundesrates: Rahmenbedingungen für eine gelingende schulische Inklusion weiter verbessern – Poolen von Integrationshilfen rechtssicher ermöglichen – Bundesratsdrucksache 309/15 (Beschluss) vom 16.10.2015.

Redaktioneller Hinweis:

Den Wortlaut der Entschließung finden Sie am Ende der Begründung zu Absatz 4.

Zu Absatz 1 Satz 1 Nummer 2

Die Vorschrift erweitert den Anwendungsbereich der Eingliederungshilfe auf den Bereich der schulischen und hochschulischen beruflichen Weiterbildung.

Zu Absatz 1 Satz 3

Die Vorschrift benennt als Voraussetzung für Leistungen zur Teilhabe an Bildung die Fähigkeit des Leistungsberechtigten, das Teilhabeziel zu erreichen, wie es in der Gesamtplanung festgestellt wurde.

Die Einschätzung der Fähigkeit zum Besuch einer weiterführenden allgemeinbildenden Schule einerseits sowie zur Absolvierung einer schulischen/hochschulischen Weiterbildung für einen Beruf andererseits orientiert sich dabei an den zuvor gezeigten Leistungen.

In Fällen, in denen es um Leistungen der Eingliederungshilfe zur Unterstützung des Besuchs einer weiterführenden allgemeinbildenden Schule (z. B. zum Besuch eines Gymnasiums) geht, kommt der Empfehlung der bisher besuchten Schule eine entscheidungserhebliche Bedeutung zu. Die Regelung orientiert sich am bisherigen Recht (§§ 12 Nummer 3 und 13 Absatz 2 Nummer 1 Eingliederungshilfe-Verordnung).

Zu Absatz 2

Die Vorschrift konkretisiert in Satz 1, unter welchen Voraussetzungen und mit welcher Zielrichtung behinderungsspezifische Hilfen nach Absatz 1 Satz 1 Nummer 2 zur schulischen oder hochschulischen beruflichen Weiterbildung erbracht werden.

Die neuen Leistungen sollen die Hilfen zu einer schulischen oder hochschulischen Ausbildung für einen Beruf in Bedarfsfällen sinnvoll ergänzen, um Leistungsberechtigten das Erreichen des von ihnen angestrebten Berufsziels zu ermöglichen. Der ergänzende, die Hilfen für eine Ausbildung für einen Beruf in Bedarfsfällen abrundende Charakter der Weiterbildungshilfen wird dadurch deutlich, dass der zeitliche und inhaltliche Anschluss der beruflichen Weiterbildung an die berufliche Erstausbildung Leistungsvoraussetzung ist.

Orientierung bezüglich des zeitlichen Anschlusses gibt das Bundesausbildungsförderungsgesetz in § 10 Absatz 3 Satz 1. Danach kommt die Förderung einer weiteren Ausbildung im Anschluss an eine Erstausbildung grundsätzlich in Betracht, wenn der Leistungsberechtigte zu deren Beginn das 30. Lebensjahr, bei Aufnahme eines Masterstudiums, das auf ein zuvor abgeschlossenes Bachelorstudium aufbaut, das 35. Lebensjahr noch nicht vollendet hat.

Möglich ist sowohl die Unterstützung einer schulischen oder hochschulischen beruflichen Weiterbildung im Anschluss an eine duale oder schulische Berufsausbildung (Meisterfortbildung, Bachelor- und Masterstudium) als auch die Unterstützung einer rein akademischen Aus- und Weiterbildung (Masterstudium im Anschluss an ein Bachelorstudium).

Satz 2 stellt klar, dass ein Masterstudium, das zu einer interdisziplinären Ergänzung und Vertiefung eines Bachelorstudiums führt, auch dann mit Leistungen der Eingliederungshilfe unterstützt werden kann, wenn es nicht in dieselbe fachliche Richtung weiterführt.

Falls in begründeten Einzelfällen zum Erreichen des angestrebten Berufsziels erforderlich, können die Hilfen zu einer hochschulischen Weiterbildung für einen Beruf Hilfen für eine Promotion einschließen.

Unterstützung kann auch geleistet werden für Auslandsstudien, wenn diese verpflichtende Bestandteile einer hochschulischen Aus- oder Weiterbildung für einen Beruf sind.

Die Unterstützung einer schulischen oder hochschulischen beruflichen Weiterbildung setzt nicht voraus, dass die zuvor absolvierte Berufsausbildung bereits durch Leistungen der Eingliederungshilfe unterstützt wurde.

Zu Absatz 3

Es wird klargestellt, dass Hilfen nach Absatz 1 Satz 1 Nummer 2 auch eine Teilnahme an Fernunterricht unterstützen können und auch für Maßnahmen, die auf eine schulische berufliche Aus- oder Weiterbildung vorbereiten sowie für erforderliche Praktika geleistet werden können.

Zu Absatz 4

Die Regelung ermöglicht die gemeinsame Inanspruchnahme von Leistungen der Eingliederungshilfe im Bildungsbereich, wenn eine gemeinsame Inanspruchnahme für die Leistungsberechtigten zumutbar ist und angemessene Wünsche des Leistungsberechtigten nicht entgegenstehen.

Redaktioneller Hinweis:

Das Poolen der Leistungen bezieht sich nur auf die Leistungen der Anleitung und Begleitung. Lassen sich Unterstützungsleistungen nicht diesen Aspekten zuordnen, ist kein Poolen erlaubt; die Leistung ist individuell zu erbringen.

Zur Prüfung der Zumutbarkeit einer gemeinsamen Inanspruchnahme sind die in § 104 genannten Kriterien heranzuziehen.

Eine gemeinsame Inanspruchnahme ist vorzusehen, wenn die Leistungsberechtigten dies wünschen.

Auf die Möglichkeit der Einbeziehung der Schule in das Teilhabeplanverfahren wird verwiesen.

Redaktioneller Hinweis:

Mit der Möglichkeit des Poolens wurde insbesondere auch dem Wunsch des Bundesrates entsprochen, wie in der bereits vorne bei der Begründung zu Absatz 1 zitierten Entschließung des Bundesrates „Rahmenbedingungen für eine gelingende schulische Inklusion weiter verbessern – Poolen von Integrationshilfen rechtssicher ermöglichen" – Bundesratsdrucksache 309/15 (Beschluss) vom 16.10.2015 nachgelesen werden kann.

Die in der Gesetzesbegründung angesprochene Entschließung (Drs. 309/15) lautet:

„Die Bundesregierung wird gebeten, im Rahmen des Gesetzesvorhabens zum Bundesteilhabegesetz die derzeitigen Vorschriften für Hilfen zur angemessenen Schulbildung, insbesondere für den Bereich der Integrationshilfen/Schulbegleitungen, im Sinne einer inklusiven Beschulung von Schülerinnen und Schülern mit Behinderungen weiterzuentwickeln; dies gilt auch für die Förderschulen.

Begründung:

Mit Unterzeichnung der UN-Behindertenrechtskonvention haben sich alle Vertragsstaaten verpflichtet, ein inklusives Bildungssystem auf allen Ebenen zu gewährleisten, um das Recht von Menschen mit Behinderungen ohne Diskriminierung und auf der Grundlage der Chancengleichheit zu verwirklichen.

Artikel 24 der UN-Behindertenrechtskonvention führt aus: „Menschen mit Behinderungen dürfen nicht aufgrund ihrer Behinderung vom allgemeinen Bildungssystem ausgeschlossen werden".

Dieser Rechtsanspruch von Kindern und Jugendlichen ist als Gemeinsames Lernen von Schülerinnen und Schülern mit und ohne Behinderung auszugestalten. Sie sollen wohnortnah Zugang zu inklusivem Unterricht in Grundschulen und weiterführenden Schulen erhalten (vergleiche Stellungnahme der Monitoring-Stelle beim Deutschen Institut für Menschenrechte vom 31. März 2011).

Schülerinnen und Schüler, die wegen einer bestehenden oder einer drohenden Behinderung auf Unterstützung angewiesen sind, werden durch individuell angepasste Maßnahmen unterstützt. Zum einen sind dies stets pädagogische, gegebenenfalls auch sonderpädagogische Maßnahmen, umgesetzt in der Verantwortung der Schulen, zum anderen gegebenenfalls Eingliederungshilfe-leistungen durch die zuständigen Träger der Sozial – oder Jugendhilfe.

An zunehmender Bedeutung gewinnende Maßnahmen im Rahmen der Umsetzung inklusiver Beschulung sind in diesem Zusammenhang die Integrationshilfen nach § 54 Absatz 1 Nummer 1 SGB XII oder § 35a SGB VIII als Leistungen der Eingliederungshilfe. Die wesentlichen Zielsetzungen dieser Maßnahmen sind die individuelle Unterstützung in lebenspraktischen Bereichen und bei der Bewältigung der schulischen Anforderungen.

Aus Sicht des Bundesrates kann sowohl der Besuch von Förderschulen als auch das Gemeinsame Lernen in allgemeinen Schulen auch weiterhin eine Unterstützung durch nicht-pädagogisches Personal in Form von Integrationshilfen erfordern. Daraus folgt aber auch, dass die zunehmende Zahl von Integrationshelferinnen und Integrationshelfern und damit die Anwesenheit von zu vielen Erwachsenen im Schulalltag in den einzelnen Klassen zu Problemen im Unterrichtsablauf führen kann.

Um die Teilhabe aller am allgemeinen Bildungswesen sicherzustellen, Inklusion zu ermöglichen und Benachteiligungen abzubauen, ist eine ständige Weiterentwicklung des Systems Schule und der Eingliederungshilfe sowie die Anpassung der vorhandenen Instrumente und Ansätze erforderlich. Zu diesem Zweck ist es auch notwendig, die Aufgaben der Jugend- und Sozialhilfe bei Hilfen zur angemessenen Schulbildung in Abgrenzung zur Verantwortung der Schule im Kernbereich ihrer pädagogischen Aufgaben klarzustellen und die systemübergreifende Verantwortung für Schülerinnen und Schüler mit Behinderungen besser zu verankern.

Ein Instrument, das zum einen den individuellen Unterstützungsbedarf von Schülerinnen und Schülern mit einer bestehenden oder drohenden Behinderung berücksichtigt und zum anderen gleichzeitig Störungen im Unterrichtsablauf durch eine zu hohe Zahl von Erwachsenen entgegenwirken kann, ist das Poolen von Integrationshilfen. Damit kann die Möglichkeit gegeben sein, dass eine Integrationshelferin oder ein Integrationshelfer für zwei oder mehrere Schülerinnen und Schüler die notwendige Unterstützung leistet. Dieses Instrument wird allerdings bundesweit sehr unterschiedlich angewandt und in seinen Potentialen noch nicht ausreichend ausgeschöpft. Hier ist es aus Sicht des Bundesrates notwendig, die rechtlichen Voraussetzungen klarstellend zu regeln.

Der Bundesrat geht hierbei davon aus, dass auch ein zukünftiges Bundesteilhabegesetz sich am individuellen Bedarf der Schülerinnen und Schüler mit Behinderungen orientiert und deren Bedarfe deckt.

Um ein möglichst hohes Maß an Kontinuität in der Betreuung und einen zielführenden Einsatz der Integrationshilfen in Schulen zu unterstützen, sieht der Bundesrat neben der eigenen Verantwortung der Länder, die Ressourcen von Schulen für den gemeinsamen Unterricht von Kindern und Jugendlichen mit und ohne Behinderung zu stärken, außerdem einen Lösungsweg darin, die gesetzlichen Voraussetzungen so zu schaffen, dass im Interesse einer flexibleren Leistungsinanspruchnahme die Ansprüche mehrerer Leistungsberechtigter in einen Pool eingebracht werden können, um hieraus individuelle Leistungen der Eingliederungshilfe bedarfsgerecht zu erbringen. Die Integrationshilfe kann so flexibler agieren und klassenübergreifend tätig sein, ohne den Blick auf den individuellen Bedarf einzelner Schülerinnen und Schüler zu verlieren.

Der Bundesrat verkennt dabei nicht, dass es im Einzelfall Bedarfslagen bei Schülerinnen und Schülern mit Behinderungen gibt, die durch ein Poolen nicht gedeckt werden können. Daher bedarf es auch in einem Bundesteilhabegesetz weiterhin des Grundsatzes, dass die individuellen Bedarfe und deren Deckung in einem individuellen Hilfeplanverfahren ermittelt und regelmäßig fortgeschrieben werden müssen und für den Fall, das seine Einzelbetreuung erforderlich ist, diese auch zu gewähren ist.

Der Bundesrat sieht das Erfordernis, dass der Bundestag die einschlägigen Vorschriften der Eingliederungshilfe im Bundesteilhabegesetz so anpasst, dass der Weg zu einem rechtssicheren und bundesweit einheitlichen Poolen von Integrationshilfen ermöglicht wird.

Aus Sicht des Bundesrates ist es zudem erforderlich, den Einsatz von Integrationshelfern für alle schulischen Angebote, das heißt neben den unterrichtlichen auch für außerunterrichtliche Angebote, wie die im Nachmittagsbereich öffentlich geförderten Bildungs- und Betreuungsangebote (zum Beispiel Offener Ganztag), als Hilfe zur angemessenen Schulbildung zu definieren und hier für Rechtssicherheit zu sorgen. Dies wird in der Bewilligungspraxis derzeit noch sehr uneinheitlich gehandhabt."

Redaktioneller Hinweis zur Beitragspflicht:

Leistungen zur Teilhabe an Bildung sind im Befreiungskatalog von § 138 Absatz 2 in Ziffer 4 und 5 erwähnt. Bei Vorliegen der finanziellen Leistungsfähigkeit sind damit beitragsfrei:

- Leistungen zur Teilhabe an Bildung, wenn es sich um eine Schulbildung im Rahmen der allgemeinen Schulpflicht und/oder zum Besuch weiterführender Schulen handelt – einschließlich der Vorbereitung hierzu (= § 112 Absatz 1 Ziffer 1)
- Leistungen zur schulischen Ausbildung für einen Beruf nach § 112 Absatz 1 Ziffer 2 SGB IX, wenn diese Leistungen in besonderen Ausbildungsstätten mit Internatsanschluss („über Tag und Nacht") für Menschen mit Behinderung erbracht werden.

Alle anderen Leistungen sind beitragspflichtig.

Kapitel 6
Soziale Teilhabe

Redaktioneller Hinweis zur Systematik der Leistungen der Sozialen Teilhabe

Der vom Umfang her größte Teil der Eingliederungshilfeleistungen sind die Leistungen zur Sozialen Teilhabe, auch wenn die Soziale Teilhabe gegenüber den anderen Leistungen der Eingliederungshilfe nachrangig ist.

Die Leistungsgruppe der Sozialen Teilhabe ist bereits im 1. Teil des SGB IX in den §§ 77 bis 84 sehr ausführlich beschrieben. Deswegen beschränkt sich Kapitel 6 des 2. Teils (Soziale Teilhabe in der Eingliederungshilfe) darauf, Abweichungen bzw. Ergänzungen für die Träger der Eingliederungshilfe zu regeln. So gibt es etwa bei den Leistungen zur Mobilität (§ 114 SGB IX) Einschränkungen und die Besuchsbeihilfen (§ 115 SGB IX) sind eine Leistungsform, die es nur im Rahmen der Eingliederungshilfe gibt.

Ansonsten gilt der Leistungskatalog aus Kapitel 13 (§§ 77 ff. SGB IX) vollumfänglich. Deshalb werden im Zusammenhang der Kommentierung dieses Kapitels 6 der Gesetzeswortlaut sowie die Gesetzesbegründung dieser Paragrafen abgedruckt.

Leistungen zur Sozialen Teilhabe im Rahmen der Eingliederungshilfe sind damit insbesondere:

1. Leistungen für Wohnraum,
2. Assistenzleistungen,
3. Heilpädagogische Leistungen,
4. Leistungen zur Betreuung in einer Pflegefamilie,
5. Leistungen zum Erwerb und Erhalt praktischer Kenntnisse und Fähigkeiten,
6. Leistungen zur Förderung der Verständigung,
7. Leistungen zur Mobilität,
8. Hilfsmittel,
9. Besuchsbeihilfen.

Das Wörtchen „insbesondere" signalisiert, dass es unter Umständen weitere Leistungen geben könnte, wenn zusätzliche Bedarfe im Gesamtplanverfahren festgestellt werden. Darunter dürften auch die Leistungen fallen, die bis Ende 2019 durch die bis dahin gültige Eingliederungshilfe-Verordnung (EGH-VO) aufgelistet waren. Dazu gehören zum Beispiel

- der Hilfsmittelkatalog aus § 9 EGH-VO,
- die allgemeine Ausbildung aus § 16 EGH-VO und
- die Anleitung von Betreuungspersonen aus § 20 EGH-VO.

Wichtig: Auch pauschale Geldleistungen (§ 116 Absatz 1 SGB IX) sowie das Poolen von Leistungen (§ 116 Absatz 2 SGB IX) kommen ausschließlich in der Eingliederungshilfe vor.

SGB IX ab 1.1.2020

§ 113 Leistungen zur Sozialen Teilhabe

(1) $_1$Leistungen zur Sozialen Teilhabe werden erbracht, um eine gleichberechtigte Teilhabe am Leben in der Gemeinschaft zu ermöglichen oder zu erleichtern, soweit sie nicht nach den Kapiteln 3 bis 5 erbracht werden. $_2$Hierzu gehört, Leistungsberechtigte zu einer möglichst selbstbestimmten und eigenverantwortlichen Lebensführung im eigenen Wohnraum sowie in ihrem Sozialraum zu befähigen oder sie hierbei zu unterstützen. $_3$Maßgeblich sind die Ermittlungen und Feststellungen nach Kapitel 7.

(2) Leistungen zur Sozialen Teilhabe sind insbesondere

1. Leistungen für Wohnraum,
2. Assistenzleistungen,
3. heilpädagogische Leistungen,
4. Leistungen zur Betreuung in einer Pflegefamilie,
5. Leistungen zum Erwerb und Erhalt praktischer Kenntnisse und Fähigkeiten,
6. Leistungen zur Förderung der Verständigung,
7. Leistungen zur Mobilität,
8. Hilfsmittel,
9. Besuchsbeihilfen.

§ 77 Leistungen für Wohnraum

§ 78 Assistenzleistungen

§ 79 Heilpädagogische Leistungen

§ 80 Leistungen zur Betreuung in einer Pflegefamilie

§ 81 Leistungen zum Erwerb und Erhalt praktischer Kenntnisse und Fähigkeiten

§ 82 Leistungen zur Förderung der Verständigung

§ 83 Leistungen zur Mobilität

§ 84 Hilfsmittel

(3) Die Leistungen nach Absatz 2 Nummer 1 bis 8 bestimmen sich nach den §§ 77 bis 84, soweit sich aus diesem Teil nichts Abweichendes ergibt.

(4) Zur Ermöglichung der gemeinschaftlichen Mittagsverpflegung in der Verantwortung einer Werkstatt für behinderte Menschen, einem anderen Leistungsanbieter oder dem Leistungserbringer vergleichbarer anderer tagesstrukturierender Maßnahmen werden die erforderliche sächliche Ausstattung, die personelle Ausstattung und die erforderlichen betriebsnotwendigen Anlagen des Leistungserbringers übernommen.

(5) In besonderen Wohnformen des § 42a Absatz 2 Satz 1 Nummer 2 und Satz 3 des Zwölften Buches werden Aufwendungen für Wohnraum oberhalb der Angemessenheitsgrenze nach § 42a Absatz 6 des Zwölften Buches übernommen, sofern dies wegen der besonderen Bedürfnisse des Menschen mit Behinderungen erforderlich ist. Kapitel 8 ist anzuwenden.

Gesetzesbegründung zu § 113 (Drs. 18/9522, S. 285)

Zu Absatz 1

Die Regelung des Absatzes 1 nimmt für die Eingliederungshilfe eine eindeutige Begriffsdefinition in Anlehnung an die Regelung von § 76 [SGB IX] vor. Auch hier gilt der Nachrang der Leistungen der Sozialen Teilhabe gegenüber den Leistungen zur medizinischen Rehabilitation, zur Teilhabe am Arbeitsleben und zur Teilhabe an Bildung. Die Leistungen basieren auf den Ermittlungen und Feststellungen im Rahmen der Gesamtplanung.

Zu Absatz 2

In Absatz 2 werden die bisherigen Leistungen zur Sozialen Teilhabe in einem weiterhin offenen Leistungskatalog neu strukturiert und gelistet. Der Leistungskatalog enthält zum einen alle Leistungstatbestände des § 76 [SGB IX].

Als spezifischer Leistungstatbestand der Eingliederungshilfe enthält er **zusätzlich** die Besuchsbeihilfen.

Redaktioneller Hinweis:

Wenige der Leistungen aus der Leistungsgruppe Soziale Teilhabe sind beitragsfrei, der Leistungsberechtigte muss dazu also bei Vorliegen der entsprechenden finanziellen Leistungsfähigkeit keinen Eigenanteil leisten. Beitragsfrei sind nach § 138 Absatz 1 SGB IX folgende Leistungen:

- Heilpädagogische Leistungen (§ 79)
- Leistungen zum Erwerb und Erhalt praktischer Kenntnisse und Fähigkeiten, soweit diese der Vorbereitung auf die Teilhabe am Arbeitsleben nach § 111 Absatz 1 SGB IX dienen

Für noch nicht eingeschulte Kinder sind Leistungen zur Sozialen Teilhabe, die die Teilnahme am Leben in der Gemeinschaft ermöglichen sollen, generell beitragsfrei (siehe § 138 Absatz 1 Ziffer 7).

Zu Absatz 3

Nach Absatz 3 bestimmen sich die Leistungen grundsätzlich nach den entsprechenden Regelungen in Teil 1 [SGB IX]. Dies gilt nicht, soweit aufgrund der Besonderheiten der Eingliederungshilfe etwas Abweichendes zu regeln ist.

Redaktioneller Hinweis:

Gemeint sind die §§ 77 bis 84, deren Wortlaut inklusive Gesetzesbegründung im Folgenden abgedruckt ist.

Zu Absatz 4

Der im Rahmen der Leistungen zum Lebensunterhalt in § 42b Absatz 2 SGB XII geregelte Mehrbedarf für die Mehraufwendungen bei gemeinschaftlicher Mittagsverpflegung legt in Orientierung an die Sozialversicherungsentgeltverordnung den Wert des Sachbezuges für das Mittagessen zugrunde.

Die Kosten im Zusammenhang mit der Zubereitung und Bereitstellung des Mittagessens sind den Fachleistungen der Eingliederungshilfe zuzuordnen. Hierzu zählen zum einen die erforderliche sächliche Ausstattung und die erforderlichen betriebsnotwendigen Anlagen des Leistungserbringers wie insbesondere räumliche Ausstattung der Küche, Geräte, Geschirr, Speiseausgabe und Büro.

Bei den Personalkosten ist zu berücksichtigen, dass auch Menschen mit Behinderungen bei der Essenszubereitung beteiligt werden.

Redaktioneller Hinweis:

§ 42b Absatz 2 SGB XII – durch das „Gesetz zur zielgenauen Stärkung von Familien und ihren Kindern durch die Neugestaltung des Kinderzuschlags und die Verbesserung der Leistungen für Bildung und Teilhabe (sog. Starke-Familien-Gesetz) vom 29. April 2019 (BGBl. I S. 530) mit Geltung ab 1. Januar 2020 gegenüber der ursprünglichen BTHG-Fassung neu gefasst – lautet wie folgt:

§ 42b Absatz 2 SGB XII ab 1. Januar 2020:

„(2) [1]Für die Mehraufwendungen bei gemeinschaftlicher Mittagsverpflegung wird ein Mehrbedarf anerkannt

1. *in einer Werkstatt für behinderte Menschen nach § 56 des Neunten Buches,*
2. *bei einem anderen Leistungsanbieter nach § 60 des Neunten Buches oder*
3. *im Rahmen vergleichbarer anderer tagesstrukturierender Angebote.*

[2]Dies gilt unter der Voraussetzung, dass die Mittagsverpflegung in Verantwortung eines Leistungsanbieters nach Satz 1 Nummer 1 bis 3 angeboten wird oder durch einen Kooperationsvertrag zwischen diesem und dem für die gemeinschaftliche Mittagsverpflegung an einem anderen Ort Verantwortlichen vereinbart ist. [3]Die Mehraufwendungen je Arbeitstag sind ein Dreißigstel des Betrags, der sich nach § 2 Absatz 1 Satz 2 der Sozialversicherungsentgeltverordnung in der jeweiligen Fassung ergibt."

In § 113 Absatz 4 wird dem Umstand Rechnung getragen, dass im notwendigen Lebensunterhalt in den existenzsichernden Leistungen nur der Warenwert eines Mittagessens eingepreist ist, nicht aber die Kosten, die bei der außerhäuslichen Zubereitung anfallen (Personal, Räumlichkeiten, Geräte usw.). Daher haben die Leistungsberechtigten nach dem zum 1. Januar 2020 in Kraft tretenden § 42b Absatz 2 SGB XII einen Anspruch auf den entsprechenden Mehrbedarf.

Der Mehrbedarf wird allerdings pauschaliert. Der Betrag ergibt sich aus dem Sachbezugswert für ein Mittagessen nach der Sozialversicherungsentgeltverordnung (Stand 2019: 3,30 Euro). In der ursprünglichen BTHG-Fassung von § 42b Absatz 2 SGB XII war noch der Abzug eines Eigenanteils für gesparte häusliche Aufwendungen nach § 9 Absatz 3 des Regelbedarfermittlungsgesetzes in Höhe von 1,00 Euro vorgesehen. Diese Vorschrift wurde aber durch das „Starke-Familien-Gesetz" vom März 2019 gestrichen.

Diese Pauschalleistung, die die Leistungsnehmer vom Träger als Mehrbedarf erhalten und die sie für das Mittagessen an den Leistungserbringer zahlen müssen, decken die Kosten der Zubereitung und Bereitstellung des Mittagsessens aber nicht vollständig. Die nicht gedeckten Kosten werden als Fachleistung im Rahmen der Sozialen Teilhabe der Eingliederungshilfe zugeordnet, was letztlich der Grund ist, warum diese Regelung genau hier zu finden ist.

Wichtig: Voraussetzung für den Mehrbedarf ist stets, dass Anspruch auf Leistungen der Grundsicherung im Alter und bei dauerhafter Erwerbsminderung nach SGB XII besteht. Sofern der das Mittagessen einen Betrag in Höhe von 3,30 Euro nicht übersteigt, ist das Mittagessen für den Betroffenen sozusagen kostenlos. Fallen höhere Kosten an, muss der übersteigende Betrag vom Betroffenen selbst gezahlt werden bzw. muss hier die Eingliederungshilfe einspringen. Um den Mehrbedarf zu erhalten muss ein Antrag gestellt werden!

Erhält der Betroffenen keine Leistungen der Grundsicherung nach SGB XII muss er die vollen Kosten tragen bzw. ist auch hier zu prüfen, ob die Eingliederungshilfe einspringen muss.

Zu Absatz 5

(geplante Änderung durch das „Gesetz zur Änderung des Neunten und des Zwölften Buches Sozialgesetzbuch und anderer Rechtsvorschriften" = sog. Reparaturgesetz)

Redaktioneller Hinweis:

Mit dem sog. Reparaturgesetz, das am 27. Juni 2019 in 1. Lesung im Bundesrat behandelt wurde, soll Absatz 5 an § 113 angefügt werden. Die Gesetzesbegründung (Drs. 19/11006) dazu ist im Folgenden abgedruckt.

Beachten Sie bitte auch Kapitel 12, in dem der durch das Reparaturgesetz aktualisierte § 42a SGB XII samt Erläuterungen abgedruckt ist.

Aufwendungen für Wohnraum werden für in der Wohnform nach § 42a Absatz 2 Satz 1 Nummer 2 SGB XII lebende Leistungsberechtigte des Zwölften Buches als Fachleistung der Eingliederungshilfe geleistet, wenn die tatsächlichen Aufwendungen die in § 42a Absatz 5 Satz 6 SGB XII beschriebene 125-Prozent-Angemessenheitsgrenze übersteigen und hierüber eine schriftliche Vereinbarung nach Kapitel 8 (red. Anm.: §§ 123 ff.) besteht. In diesem Fall, „umfassen die Leistungen nach Teil 2 des Neunten Buches" auch diese Aufwendungen (§ 42a Absatz 6 Satz 2 SGB XII). Ein Ermessensspielraum der Eingliederungshilfeträger besteht dann nicht. Diese Regelung richtet sich an Personen, die sowohl nach dem Zwölften Buch als auch nach dem 2. Teil des Neunten Buches leistungsberechtigt sind.

Dies setzt allerdings – wie bei allen Leistungen der Eingliederungshilfe – voraus, dass der nach dem Zwölften Buch leistungsberechtigten Person eine entsprechende Leistung nach den im Eingliederungshilferecht dargelegten Regelungen des 2. Teils des Neunten Buches bewilligt wurde und in der Regel eine schriftliche Vereinbarung des Trägers der Eingliederungshilfe mit dem Leistungserbringer über die entsprechenden Leistungen geschlossen wurde. Die Entscheidung über die Bewilligung im Einzelfall obliegt dem Eingliederungshilfeträger, dem über das Vertragsrecht eine Steuerungsmöglichkeit eingeräumt wird.

Die Bewilligung setzt voraus, dass der Leistungsberechtigte einen Anspruch auf diese Leistung hat. Bisher gibt es im SGB IX keine ausdrückliche Anspruchsnorm für die tatsächlichen Aufwendungen nach § 42a Absatz 6 Satz 2 SGB XII, welche die 125-Prozent-Angemessenheitsgrenze nach § 42a Absatz 5 SGB XII übersteigen. Mit § 113 Absatz 5 wird eine solche Anspruchsnorm im Rahmen der Leistungen zur Sozialen Teilhabe geschaffen.

Leistungen zur Sozialen Teilhabe werden erbracht, um eine gleichberechtigte Teilhabe am Leben in der Gemeinschaft zu ermöglichen oder zu erleichtern. Hierzu gehört, Leistungsberechtigte zu einer möglichst selbstbestimmten und eigenverantwortlichen Lebensführung im eigenen Wohnraum sowie in ihrem Sozialraum zu befähigen (§ 113 Absatz 1 SGB IX). Ob die tatsächlichen Aufwendungen nach § 42a Absatz 6 Satz 2 SGB XII über 125 Prozent als eine nun in § 113 Absatz 5 SGB IX benannte Leistung zur Sozialen Teilhabe vom Eingliederungshilfeträger gewährt werden, bestimmt sich nach der Besonderheit des Einzelfalles, insbesondere nach der Art des Bedarfes, den persönlichen Verhältnissen, dem Sozialraum und den eigenen Kräften und Mitteln; dabei ist auch die vom Leistungsberechtigten gewünschte Wohnform zu würdigen (§ 104 SGB IX). Mit den in § 113 Absatz 5 SGB IX erwähnten „besonderen Bedürfnissen des Menschen mit Behinderungen" wird Bezug darauf genommen, dass neben dem Erfordernis eines im Einzelfall festgestellten objektiven Bedarfs auch die subjektiven Wünsche entsprechend § 104 Absatz 2 bis 4 SGB IX bei der Entscheidung über die Bewilligung der Leistung zu berücksichtigen sind.

Im Zusammenhang mit der Entscheidung des Eingliederungshilfeträgers kommt der für die Eingliederungshilfe vorgesehenen Gesamtplanung eine Schlüsselfunktion zu. Im Rahmen des Gesamtplanverfahrens ist unter Beteiligung des Leistungsberechtigten und möglicher Hinzuziehung des Leistungserbringers als Beteiligter nach § 12 SGB X zu klären, ob und wenn ja, in welchem Umfang und für welche Dauer der Träger der Eingliederungshilfe den 125 Prozent überschreitenden Anteil an den tatsächlichen Aufwendungen nach § 42a Absatz 6 Satz 2 SGB XII übernimmt. Dabei ist auch das Wunsch- und Wahlrecht des Leistungsberechtigten im Rahmen des § 104 Absatz 2 bis 4 SGB IX zu berücksichtigen. Der Träger der Lebensunterhaltsleistungen ist am Gesamtplanverfahren unter der Maßgabe des § 117 Absatz 4 SGB IX zu beteiligen.

Das Vertragsrecht nach Kapitel 8 SGB IX wird nur aus Klarstellungsgründen ausdrücklich erwähnt. Die Anwendbarkeit des Vertragsrechts ergibt sich schon aus § 123 SGB IX.

Fassung ab 1.1.2018
§ 77 Leistungen für Wohnraum (1) Leistungen für Wohnraum werden erbracht, um Leistungsberechtigten zu Wohnraum zu verhelfen, der zur Führung eines möglichst selbstbestimmten, eigenverantwortlichen Lebens geeignet ist. Die Leistungen umfassen Leistungen für die Beschaffung, den Umbau, die Ausstattung und die Erhaltung von Wohnraum, der den besonderen Bedürfnissen von Menschen mit Behinderungen entspricht. (2) Aufwendungen für Wohnraum oberhalb der Angemessenheitsgrenze nach § 42a des Zwölften Buches sind zu erstatten, soweit wegen des Umfangs von Assistenzleistungen ein gesteigerter Wohnraumbedarf besteht.

Gesetzesbegründung zu § 77 (Drs. 18/9522, S. 261)

Absatz 1 entspricht dem bisherigen § 55 Absatz 2 Nummer 5 SGB IX.

Redaktioneller Hinweis:

Unter Absatz 1 Satz 2 fallen etwa Unterstützung bei der Suche nach einer geeigneten Wohnung, der behinderungsgerechte Umbau, technische Hilfen zum Zugang. Auch Umzugskosten können erstattet werden, wenn nur durch einen Umzug der wohnspezifische Bedarf des behinderten Menschen hinreichend abgebildet werden kann. Dies gilt auch für die Übernahme von behinderungsbedingten Kosten beim Kauf einer Immobilie.

Leistungen können gewährt werden für Wohnraum, der den „besonderen Bedürfnissen" von Menschen mit Behinderungen entspricht. Dieser subjektive Bedürftigkeitsbegriff geht über den „Bedarf" hinaus, da hier auch die persönlichen Vorstellungen und Wünsche des behinderten Menschen verstärkt Berücksichtigung finden müssen (LSG NRW, Urteil v. 30.08.2012, L 9 SO 452/11). Natürlich steht auch diese Leistungen unter dem Vorbehalt der Erforderlichkeit und Notwendigkeit (§ 104 SGB IX).

Die Leistungen sind nachrangig. Vorrangig leisten müssen die sonstig möglichen Rehabilitationsträger, also die gesetzliche Krankenkasse, die Bundesagentur für

Arbeit, der Träger der gesetzlichen Unfallversicherung, der Träger gesetzlichen Rentenversicherung, der Träger der Kriegsopferfürsorge, der Träger der öffentlichen Jugendhilfe.

Gleichrangig kommen Leistungen der Pflegeversicherung in Betracht – insbesondere Leistungen für wohnumfeldverbessernde Maßnahmen (§ 40 Absatz 4 SGB XI).

Absatz 2 berücksichtigt, dass Menschen mit Behinderungen oftmals einen gesteigerten Wohnraumbedarf haben, beispielsweise für Assistenten, deren Anwesenheit rund um die Uhr notwendig ist. Hierbei handelt es sich nicht um einen Bedarf an Wohnraum im Rahmen des Lebensunterhalts, sondern um eine Fachleistung.

Fassung ab 1.1.2018

§ 78 Assistenzleistungen

(1) [1]Zur selbstbestimmten und eigenständigen Bewältigung des Alltages einschließlich der Tagesstrukturierung werden Leistungen für Assistenz erbracht. [2]Sie umfassen insbesondere Leistungen für die allgemeinen Erledigungen des Alltags wie die Haushaltsführung, die Gestaltung sozialer Beziehungen, die persönliche Lebensplanung, die Teilhabe am gemeinschaftlichen und kulturellen Leben, die Freizeitgestaltung einschließlich sportlicher Aktivitäten sowie die Sicherstellung der Wirksamkeit der ärztlichen und ärztlich verordneten Leistungen. [3]Sie beinhalten die Verständigung mit der Umwelt in diesen Bereichen.

(2) [1]Die Leistungsberechtigten entscheiden auf der Grundlage des Teilhabeplans nach § 19 über die konkrete Gestaltung der Leistungen hinsichtlich Ablauf, Ort und Zeitpunkt der Inanspruchnahme. [2]Die Leistungen umfassen

1. die vollständige und teilweise Übernahme von Handlungen zur Alltagsbewältigung sowie die Begleitung der Leistungsberechtigten und
2. die Befähigung der Leistungsberechtigten zu einer eigenständigen Alltagsbewältigung.

[3]Die Leistungen nach Nummer 2 werden von Fachkräften als qualifizierte Assistenz erbracht. [4]Sie umfassen insbesondere die Anleitungen und Übungen in den Bereichen nach Absatz 1 Satz 2.

(3) Die Leistungen für Assistenz nach Absatz 1 umfassen auch Leistungen an Mütter und Väter mit Behinderungen bei der Versorgung und Betreuung ihrer Kinder.

(4) Sind mit der Assistenz nach Absatz 1 notwendige Fahrkosten oder weitere Aufwendungen des Assistenzgebers, die nach den Besonderheiten des Einzelfalles notwendig sind, verbunden, werden diese als ergänzende Leistungen erbracht.

(5) [1]Leistungsberechtigten Personen, die ein Ehrenamt ausüben, sind angemessene Aufwendungen für eine notwendige Unterstützung zu erstatten, soweit die Unterstützung nicht zumutbar unentgeltlich erbracht werden kann. [2]Die notwendige Unterstützung soll hierbei vorrangig im Rahmen familiärer, freundschaftlicher, nachbarschaftlicher oder ähnlich persönlicher Beziehungen erbracht werden.

(6) Leistungen zur Erreichbarkeit einer Ansprechperson unabhängig von einer konkreten Inanspruchnahme werden erbracht, soweit dies nach den Besonderheiten des Einzelfalles erforderlich ist.

Gesetzesbegründung zu § 78 (Drs. 18/9522, S. 261–264)

Mit dem neuen Leistungstatbestand wird zur Rechtssicherheit und Rechtsklarheit in der Sozialen Teilhabe der Begriff der Assistenzleistungen eingeführt. Die Assistenzleistungen dienen dem Ziel der selbstbestimmten Alltagsbewältigung und Tagesstrukturierung. Dabei reicht es aus, dass dieses Ziel längerfristig erreicht werden kann. Hierzu gehören insbesondere die Bereiche einer eigenständigen Lebensführung im eigenen Wohnraum bis hin zu den Bereichen Freizeitgestaltung wie beispielsweise Sport, kulturelles Leben und Gestaltung von Beziehungen zu Mitmenschen. In die Leistungen fließen auch die bisherigen Leistungen der nachgehenden Hilfe zur Sicherung der Wirksamkeit der ärztlichen und ärztlich verordneten Leistungen und zur Sicherung der Teilhabe behinderter Menschen am Arbeitsleben nach § 54 Absatz 1 Satz 1 Nummer 5 SGB XII ein. Assistenzleistungen können auch als Assistenz im Rahmen des Persönlichen Budgets nach § 29 erbracht werden.

Nicht damit verbunden sind neue Leistungen. Die entsprechenden Leistungen werden derzeit über andere Leistungstatbestände wie insbesondere den bisherigen § 55 Absatz 2

- Nummer 6 (Hilfe zum selbstbestimmten Leben in betreuten Wohnmöglichkeiten, siehe z. B. LSG Baden-Württemberg vom 30.08.2012, AZ L7 SO 1525/10)) und

- Nummer 7 (Hilfen zur Teilhabe am gemeinschaftlichen und kulturellen Leben, siehe z. B. BSG vom 25. August 2011, AZ B8 SO 7/10 R) oder
- im Rahmen des offenen Leistungskataloges

gewährt.

Der Begriff der Assistenz bringt in Abgrenzung zu förderzentrierten Ansätzen der Betreuung, die ein Über-/Unterordnungsverhältnis zwischen Leistungserbringern und Leistungsberechtigten bergen, auch ein verändertes Verständnis von professioneller Hilfe zum Ausdruck. Die Leistungsberechtigten sollen dabei unterstützt werden, ihren Alltag selbstbestimmt zu gestalten. Vor diesem Hintergrund wird konsequenterweise auch die Beziehungsgestaltung zwischen Leistungsberechtigten und Leistungserbringern neu bestimmt.

Zu Absatz 1

Die Leistungen für Assistenz werden zur selbstbestimmten und eigenständigen Bewältigung des Alltags einschließlich der Tagesstrukturierung erbracht. Satz 2 konkretisiert die Leistungen für Assistenz. Es geht um die allgemeinen Erledigungen des Alltags wie die Haushaltsführung, die Gestaltung sozialer Beziehungen, die persönliche Lebensplanung, die Teilhabe am gesellschaftlichen und kulturellen Leben, die Freizeitgestaltung einschließlich sportlicher Aktivitäten sowie die Sicherstellung der Wirksamkeit der ärztlichen und ärztlich verordneten Leistungen. Dazu gehört auch die Verständigung mit der Umwelt in diesen Bereichen.

Zu Absatz 2

Bei der Gestaltung der Leistungen sind die Wünsche der Leistungsberechtigten zu berücksichtigen, soweit sie angemessen sind. In diesem Rahmen kann die leistungsberechtigte Person entscheiden über den Leistungsanbieter sowie in Absprache mit ihm über die Person des Assistenten oder der Assistentin, über Art, Zeiten, Ort und Ablauf der Assistenzleistungen. Soweit für Assistenzleistungen nach der Nummer 1 eine pauschale Geldleistung (red. Anm.: siehe § 116 Absatz 1 SGB IX) in Anspruch genommen wird, können die Leistungsberechtigten auch Personen mit der Assistenz beauftragen, mit denen keine Vereinbarung besteht.

Satz 2 trägt dem Umstand Rechnung, dass Assistenzleistungen eine große Spannbreite mit unterschiedlichen individuellen Zielsetzungen aufweisen können. Damit einher gehen auch Unterschiede in der konkreten Ausführung der Leistungen. Grundsätzlich kann jede Aufgabe bzw. Handlung als Assistenzleistung von einer Assistenzkraft vollständig oder teilweise übernommen werden. Entsprechende Assistenzleistungen können beispielsweise die Erledigung des Haushalts sowie die Hilfe bei der Überwindung von Barrieren beim Einstieg in Bus oder Bahn oder bei der Bedienung von Ticketschaltern sein. Denkbar ist aber auch, dass vor, während oder nach der Übernahme von Aufgaben und Handlungen neben einer Motivation auch eine Anleitung und Begleitung durch die Assistenzkraft erforderlich ist. Dies berücksichtigt der neue Leistungstatbestand, indem pädagogische und psychosoziale Leistungen mit einbezogen werden.

Diese Assistenzleistungen sollen insbesondere die Selbstbestimmung, Selbstverantwortlichkeit, Selbständigkeit und soziale Verantwortung des Menschen mit Behinderungen stärken. Entsprechende **qualifizierte Assistenzleistungen** können beispielsweise die Beratung und Anleitung zur Lebensgestaltung und Planung bei der Herstellung und Aufrechterhaltung sozialer Beziehungen sowie der Gestaltung der Partnerschaft sein. Die Regelung trägt dieser Bandbreite Rechnung, indem sie in Absatz 1 eine entsprechende Differenzierung in qualitativer Hinsicht bei den Assistenzleistungen vornimmt. Dabei reicht es aus, dass die angestrebten Ziele in weiter Ferne erreichbar sind.

Hinsichtlich der Erledigung des Haushalts ergibt sich eine Schnittstelle zwischen Fachleistung und Hilfe zum Lebensunterhalt. Leistungen zum Lebensunterhalt beinhalten ausschließlich die Verbrauchsausgaben wie zum Beispiel Nahrungsmittel; die Verbrauchsausgaben werden statistisch ermittelt. Wird im Rahmen der Gesamtplanung festgestellt, dass Leistungsberechtigte erforderliche Tätigkeiten wie insbesondere die Zubereitung von Mahlzeiten nicht oder nicht vollständig selbst ausüben können und deshalb eine Unterstützung benötigen, sind hierfür Assistenzleistungen zu gewähren. Diese sind Gegenstand der Fachleistungen und nicht Gegenstand des Lebensunterhaltes. Unerheblich ist dabei, ob die leistungsberechtigte Person in einer Wohnung im Sinne von § 42b Absatz 2 Nummer 1 SGB XII oder in einer Wohnform nach § 42b Absatz 2 Nummer 2 SGB XII lebt.

Redaktioneller Hinweis:

Nicht vom Gesetzgeber angesprochen ist die Schnittstellenproblematik zu Leistungen der Pflegeversicherung bzw. zu Hilfe zur Pflege im ambulanten Bereich. Da diese Leistungen gleichrangig zu den Eingliederungshilfeleistungen sind, kann es bei Hilfen zur Haushaltsführung, aber auch bei sonstigen Betreuungs- und Unterstützungsleistungen zu Abgrenzungsproblemen kommen. Siehe dazu auch die Ausführungen bei § 103 SGB IX.

Die Anforderungen an die Assistenzkräfte sind im Leistungserbringungsrecht geregelt. Sie müssen unter anderem über die Fähigkeit zur Kommunikation mit dem Leistungsberechtigten in einer für die Leistungsberechtigten wahrnehmbaren Form verfügen und nach ihrer Persönlichkeit geeignet sein. Hierdurch wird sichergestellt, dass die spezifischen Bedarfe aller Leistungsberechtigten unabhängig von der Behinderung gedeckt werden können und beispielsweise auch blinde, taube oder taubblinde Menschen eine für sie geeignete Assistenzkraft erhalten.

Die Leistungen zur Assistenz können auch im Zusammenhang mit anderen Leistungen zur Sozialen Teilhabe erbracht werden. Dies ist beispielsweise der Fall, wenn bei einer Beförderung mit dem Beförderungsdienst nach § 83 Absatz 1 Nummer 1 eine Begleitung erforderlich ist oder der Leistungsberechtigte am Ankunftsort auf eine Assistenz angewiesen ist.

Für die **qualifizierte Assistenz** wird geregelt, dass diese von einer Fachkraft zu erbringen ist. Damit wird der Tatsache Rechnung getragen, dass es sich bei der qualifizierten Assistenz insbesondere um pädagogische und psychosoziale Fachleistungen handelt. Diese qualifizierte Assistenz erfordert, dass mit dem Menschen alltägliche Situationen und Handlungen gemeinsam geplant, besprochen, geübt und reflektiert werden. Es werden Gelegenheiten geschaffen, etwas zu lernen, die Menschen sollen angeregt werden, Handlungen selbständig zu übernehmen. Zur qualifizierten Assistenz gehören beispielsweise die psychosoziale Beratung und Anleitung bei der Herstellung und Aufrechterhaltung sozialer Beziehungen, bei der Gestaltung einer Partnerschaft, bei der Planung der Freizeitgestaltung oder bei der Ernährung. Es geht beispielsweise um die Frage, wie man sich gegenüber Freunden oder Fremden verhält, wie man eine Beziehung gestaltet oder mit Konflikten umgeht, wie man sich gesund ernähren und sich alleine versorgen kann oder wie die Freizeit gestaltet werden kann.

Bei der Gestaltung der Leistungen sind nach § 102 die Wünsche der Leistungsberechtigten zu berücksichtigen, soweit sie angemessen sind. In diesem Rahmen kann die leistungsberechtigte Person entscheiden über den Leistungsanbieter sowie in Absprache mit ihm über die Person des Assistenten oder der Assistentin, über Art, Zeiten, Ort und Ablauf der Assistenzleistungen. Soweit für Assistenzleistungen nach § 78 Absatz 1 Satz 2 Nummer 1 eine pauschale Geldleistung in Anspruch genommen wird, können die Leistungsberechtigten auch Personen mit der Assistenz beauftragen, mit denen keine Vereinbarung besteht.

Pflegebedürftige mit hohem Pflegebedarf, die ihre Pflege durch von ihnen beschäftigte besondere Pflegekräfte sicherstellen, erhalten diese Leistungen der Hilfe zur Pflege auch während eines vorübergehenden Aufenthalts im Krankenhaus. Gleiches gilt auch bei einem Aufenthalt in Vorsorge- oder Rehabilitationseinrichtungen.

Zu Absatz 3

Absatz 3 stellt klar, dass zu den Assistenzleistungen auch entsprechende Leistungen gehören, die Mütter und Väter mit Behinderungen bei der Versorgung und Betreuung ihrer Kinder benötigen, oftmals als „Elternassistenz" oder „begleitete Elternschaft" bezeichnet. Bei der „Elternassistenz" geht es um „einfache" Assistenzleistungen für Eltern mit körperlichen oder Sinnesbehinderungen nach Absatz 1 Nummer 1, bei der „begleiteten Elternschaft" um pädagogische Anleitung, Beratung und Begleitung zur Wahrnehmung der Elternrolle, d. h. qualifizierte Assistenz. Im Übrigen werden über die Assistenzleistungen des § 78 hinaus von verschiedenen Leistungsträgern weitere Leistungen gewährt, die der Stärkung der Eltern mit Behinderungen zur Erfüllung ihrer Aufgaben als Eltern dienen.

Damit eine Person, die Assistenzleistungen erbringt, gegebenenfalls beurteilen kann, ob und wann der Träger der öffentlichen Jugendhilfe wegen einer Kindeswohlgefährdung informiert werden muss, kann das Angebot zur Beratung durch den Träger der öffentlichen Jugendhilfe angenommen werden. Dieses Angebot ist Inhalt der Verträge mit Leistungserbringern nach § 38 Absatz 1 Nummer 1.

Zu Absatz 4

Absatz 4 übernimmt die für die Eingliederungshilfe in § 22 der Eingliederungshilfe-Verordnung in der Fassung der Bekanntmachung vom 1. Februar 1975 (BGBl. I S. 433), die zuletzt durch Artikel 13 des Gesetzes vom 27. Dezember 2003 (BGBl. I S. 3022) geändert worden ist, enthaltene Regelung, die aber auch jetzt schon für die anderen Rehabilitationsträger gilt.

Zu Absatz 5

Mit der neuen Regelung des Absatzes 5 werden auch Menschen mit Behinderungen dabei unterstützt, ein Ehrenamt auszuüben. Satz 1 regelt, dass Aufwendungen für eine notwendige Unterstützung grundsätzlich zu erstatten sind. Dies soll jedoch vorrangig durch Personen aus dem familiären, freundschaftlichen und nachbarschaftlichen Umfeld oder durch Personen, die in einer ähnlichen persönlichen Beziehung zu dem Leistungsberechtigten stehen. Hierunter fallen beispielsweise Personen im gleichen Sportverein, die den Leistungsberechtigten mit zum Sport nehmen oder Chormitglieder, die ihn mit zur Chorprobe nehmen. Ist eine Unterstützung durch diese Personen nicht leistbar, kann die notwendige Unterstützung auch durch eine Assistenzkraft erbracht werden.

Dem Ehrenamt, bei dem Bürgerinnen und Bürger freiwillig einen solidarischen Beitrag für die Gemeinschaft leisten, kommt zur Förderung und Stärkung der Zivilgesellschaft eine besondere Bedeutung zu. Unter Verweis auf knappe öffentliche Kassen hat der Gesetzgeber daher beispielsweise mit dem Ehrenamtsstärkungsgesetz vom 21. März 2013 Anreize zur Stärkung der Bereitschaft für ehrenamtliches Engagement geschaffen. Die Vorschrift stellt die Unterstützung von ehrenamtlicher Betätigung als Leistung zur Förderung der Sozialen Teilhabe von Menschen mit einer Behinderung in den Mittelpunkt, wobei sich die Unterstützung auf die Erstattung der durch niederschwellige Assistenzleistungen entstehenden Aufwendungen fokussiert.

Dabei hat sich der Gesetzgeber von der Absicht leiten lassen, das ehrenamtliche Engagement von Menschen mit einer Behinderung dadurch in besonderer Weise zu würdigen, dass in Bedarfsfällen Sozialleistungen in angemessenem Umfang zu dessen Unterstützung bereitgestellt werden, ohne dabei die Ausübung eines Ehrenamts mit einer selbstbestimmten und eigenverantwortlichen Bewältigung des Alltags gleichzusetzen.

Zu Absatz 6

Menschen mit insbesondere seelischen Behinderungen benötigen oftmals Sicherheit und Halt, ständig jemanden erreichen zu können, ohne dass ein konkreter Anlass besteht. Dem trägt die Regelung des **Absatzes 6** Rechnung.

Diese sogenannten Hintergrundleistungen umfassen insbesondere Rufbereitschaft, in deren Rahmen sichergestellt ist, dass Menschen mit Behinderungen in krisenhaft erlebten Situationen die Möglichkeit haben, sich telefonisch Rat zu holen. Die Hintergrundbereitschaft kann aber auch so weit gehen, dass bei entsprechendem Bedarf über einen Anruf signalisiert wird, dass die leistungsberechtigte Person einen persönlichen Ansprechpartner zur Krisenbewältigung benötigt.

Redaktioneller Hinweis zur Beitragspflicht:

Assistenzleistungen sind im Befreiungskatalog von § 138 Absatz 2 nicht erwähnt; sie sind daher beitragspflichtig, sofern die finanzielle Leistungsfähigkeit des Betroffenen gegeben ist.

Fassung ab 01.01.2018

§ 79 Heilpädagogische Leistungen

(1) 1Heilpädagogische Leistungen werden an noch nicht eingeschulte Kinder erbracht, wenn nach fachlicher Erkenntnis zu erwarten ist, dass hierdurch

1. eine drohende Behinderung abgewendet oder der fortschreitende Verlauf einer Behinderung verlangsamt wird oder
2. die Folgen einer Behinderung beseitigt oder gemildert werden können.

2Heilpädagogische Leistungen werden immer an schwerstbehinderte und schwerstmehrfachbehinderte Kinder, die noch nicht eingeschult sind, erbracht.

(2) Heilpädagogische Leistungen umfassen alle Maßnahmen, die zur Entwicklung des Kindes und zur Entfaltung seiner Persönlichkeit beitragen, einschließlich der jeweils erforderlichen nichtärztlichen therapeutischen, psychologischen, sonderpädagogischen, psychosozialen Leistungen und der Beratung der Erziehungsberechtigten, soweit die Leistungen nicht von § 46 Absatz 1 erfasst sind.

(3) 1In Verbindung mit Leistungen zur Früherkennung und Frühförderung nach § 46 Absatz 3 werden heilpädagogische Leistungen als Komplexleistung erbracht. 2Die Vorschriften der Verordnung zur Früherkennung und Frühförderung behinderter und von Behinderung bedrohter Kinder finden Anwendung. 3In Verbindung mit schulvorbereitenden Maßnahmen der Schulträger werden die Leistungen ebenfalls als Komplexleistung erbracht.

Gesetzesbegründung zu § 79 (Drs. 18/9522, S. 264)

Absatz 1 entspricht dem bisherigen § 55 Absatz 2 Nummer 2 in Verbindung mit § 56 SGB IX.

Absatz 2 greift die seit langem bestehende Forderung insbesondere der Länder (Bundesratsdrucksache 205/03) und Leistungsträger nach einer klaren Abgrenzung von Leistungen der medizinischen Rehabilitation und heilpädagogischen Leistungen auf. Dem wird mit einer Konkretisierung der heilpädagogischen Leistungen Rechnung getragen. Heilpädagogische Leistungen umfassen alle Maßnahmen, die zur Entwicklung des Kindes und Entfaltung seiner Persönlichkeit beitragen einschließlich der jeweils nichtärztlichen therapeutischen, psychologischen, sonderpädagogischen psychosozialen Leistungen und der Beratung der Erziehungsberechtigten, soweit sie nicht unter ärztlicher Verantwortung erbracht werden. Werden die entsprechenden Leistungen in sozialpädiatrischen Zentren und in interdisziplinären Förderstellen neben den medizinischen Leistungen erbracht, sind sie den Leistungen der medizinischen Rehabilitation zuzuordnen. Die Leistungen können auch von Heilpädagogen erbracht werden.

Absatz 3 entspricht dem geltenden Recht. Heilpädagogische Leistungen können als Einzelleistungen erbracht werden, sie können aber auch Bestandteil der übergreifenden Komplexleistung nach § 46 SGB IX sein. Satz 2 stellt klar, dass die Frühförderungsverordnung Anwendung findet. Satz 3 übernimmt inhaltsgleich § 56 Absatz 2 letzter Halbsatz SGB IX.

Fassung ab 1.1.2018

§ 80 Leistungen zur Betreuung in einer Pflegefamilie

$_1$Leistungen zur Betreuung in einer Pflegefamilie werden erbracht, um Leistungsberechtigten die Betreuung in einer anderen Familie als der Herkunftsfamilie durch eine geeignete Pflegeperson zu ermöglichen. $_2$Bei minderjährigen Leistungsberechtigten bedarf die Pflegeperson der Erlaubnis nach § 44 des Achten Buches. $_3$Bei volljährigen Leistungsberechtigten gilt § 44 des Achten Buches entsprechend. $_4$Die Regelungen über Verträge mit Leistungserbringern bleiben unberührt.

Gesetzesbegründung zu § 80 (Drs. 18/9522, S. 264)

Die Regelung entspricht im Wesentlichen dem § 54 Absatz 3 SGB XII. Unter Verzicht auf die bisherige örtliche Anbindung an den Haushalt wird aber auf die Familie als Anknüpfung abgestellt.

Da die Leistungen im Rahmen des offenen Leistungskataloges bisher auch schon an erwachsene Leistungsberechtigte gewährt werden können und auch gewährt werden, wird die Regelung zur Rechtssicherheit und Rechtsklarheit entsprechend ausgedehnt. Eine Leistungsausweitung ist damit nicht verbunden.

Da die Erlaubnis nach § 44 SGB VIII nur in Bezug auf Kinder und Jugendliche erteilt werden kann, gilt die Regelung zur Sicherstellung der Qualität der Pflegeperson bei Erwachsenen entsprechend.

Redaktioneller Hinweis zur Beitragspflicht:

Die Leistung ist im Befreiungskatalog von § 138 Absatz 2 nicht erwähnt; sie ist daher beitragspflichtig, sofern die finanzielle Leistungsfähigkeit des Betroffenen gegeben ist.

Fassung ab 1.1.2018

§ 81 Leistungen zum Erwerb und Erhalt praktischer Kenntnisse und Fähigkeiten

$_1$Leistungen zum Erwerb und Erhalt praktischer Kenntnisse und Fähigkeiten werden erbracht, um Leistungsberechtigten die für sie erreichbare Teilhabe am Leben in der Gemeinschaft zu ermöglichen. $_2$Die Leistungen sind insbesondere darauf gerichtet, die Leistungsberechtigten in Fördergruppen und Schulungen oder ähnlichen Maßnahmen zur Vornahme lebenspraktischer Handlungen einschließlich hauswirtschaftlicher Tätigkeiten zu befähigen, sie auf die Teilhabe am Arbeitsleben vorzubereiten, ihre Sprache und Kommunikation zu verbessern und sie zu befähigen, sich ohne fremde Hilfe sicher im Verkehr zu bewegen. $_3$Die Leistungen umfassen auch die blindentechnische Grundausbildung.

Gesetzesbegründung zu § 81 (Drs. 18/9522, S. 264)

Die Regelung überträgt inhaltsgleich die Regelung des bisherigen § 55 Absatz 2 Nummer 3 SGB IX. Sie wird konkretisiert durch Übernahme von Regelungen des § 16 der Eingliederungshilfe-Verordnung sowie unter Berücksichtigung der Rechtsprechung. Zu den Leistungen gehören insbesondere auch Leistungen in Tagesförderstätten, um für nicht werkstattfähige Leistungsberechtigte eine erreichbare Teilhabe am Arbeitsleben zu ermöglichen (siehe z. B. LSG Berlin-Brandenburg vom 15.04.2010, AZ L 23 SO 277/08).

Es wird ausdrücklich klargestellt, dass die Leistungen auch zum Erhalt dieser Kenntnisse und Fähigkeiten gewährt werden.

Redaktioneller Hinweis zur Beitragspflicht:

Die Leistung ist im Befreiungskatalog von § 138 Absatz 2 unter Ziffer 6 erwähnt; sie ist beitragspflichtig, soweit diese Leistung der Vorbereitung auf die Teilhabe am Arbeitsleben nach § 111 Absatz 1 dient und sofern die finanzielle Leistungsfähigkeit des Betroffenen gegeben ist.

Fassung ab 1.1.2018

§ 82 Leistungen zur Förderung der Verständigung

1 Leistungen zur Förderung der Verständigung werden erbracht, um Leistungsberechtigten mit Hör- und Sprachbehinderungen die Verständigung mit der Umwelt aus besonderem Anlass zu ermöglichen oder zu erleichtern. 2 Die Leistungen umfassen insbesondere Hilfen durch Gebärdensprachdolmetscher und andere geeignete Kommunikationshilfen. 3 § 17 Absatz 2 des Ersten Buches bleibt unberührt.

Gesetzesbegründung zu § 82 (Drs. 18/9522, S. 264)

Die Regelung überträgt inhaltsgleich den bisherigen § 57 SGB IX zur Förderung der Verständigung aus besonderem Anlass.

Soweit es um die Bewältigung des Alltags geht, kommen Leistungen zur Assistenz nach § 78 in Betracht. Neben einer sprachlichen Anpassung wird die bisherige Regelung auch konkretisiert, indem wesentliche Hilfen benannt werden. Dies sind Gebärdensprachdolmetscher, die mit Gebärdensprache und lautsprachbegleitenden Gebärden unterstützen können, und andere geeignete Kommunikationshilfen. Was andere Kommunikationshilfen sind, ergibt sich aus der Kommunikationshilfen-Verordnung. Hierzu gehören insbesondere auch Lormen und taktil wahrnehmbares Gebärden. Die Hilfe kann aber auch anderweitig erfolgen wie beispielsweise durch sonstige geeignete Personen.

Redaktioneller Hinweis zur Beitragspflicht:

Leistungen zur Förderung der Verständigung sind im Befreiungskatalog von § 138 Absatz 2 nicht erwähnt; sie sind daher beitragspflichtig, sofern die finanzielle Leistungsfähigkeit des Betroffenen gegeben ist.

Fassung ab 1.1.2018

§ 84 Hilfsmittel

(1) ₁Die Leistungen umfassen Hilfsmittel, die erforderlich sind, um eine durch die Behinderung bestehende Einschränkung einer gleichberechtigten Teilhabe am Leben in der Gemeinschaft auszugleichen. ₂Hierzu gehören insbesondere barrierefreie Computer.

(2) Die Leistungen umfassen auch eine notwendige Unterweisung im Gebrauch der Hilfsmittel sowie deren notwendige Instandhaltung oder Änderung.

(3) Soweit es im Einzelfall erforderlich ist, werden Leistungen für eine Doppelausstattung erbracht.

Gesetzesbegründung zu § 84 (Drs. 18/9522, S. 265)

Die Regelung übernimmt inhaltlich den bisherigen § 55 Absatz 2 Nummer 1 SGB IX. Der neue Wortlaut stellt jedoch ausdrücklich klar, dass ausschließlich Hilfsmittel erfasst sind, die zur Teilhabe am Leben in der Gemeinschaft erforderlich sind; Hilfsmittel zur medizinischen Rehabilitation bzw. zur Teilhabe am Arbeitsleben sind damit ausgeschlossen. Dies wird auch nochmals an Hand des genannten Beispielsfalls verdeutlicht.

Zu Absatz 2 und 3: Es handelt sich um Konkretisierungen des geltenden Rechts im SGB IX. Für die Eingliederungshilfe für behinderte Menschen ist diese Klarstellung bereits in § 10 Absatz 2 und 3 der Eingliederungshilfe-Verordnung in der geltenden Fassung erfolgt.

Redaktioneller Hinweis zur Beitragspflicht:

Hilfsmittel sind im Befreiungskatalog von § 138 Absatz 2 nicht erwähnt; sie sind daher beitragspflichtig, sofern die finanzielle Leistungsfähigkeit des Betroffenen gegeben ist.

SGB IX ab 1.1.2020	
§ 83 Leistungen zur Mobilität	**§ 114 Leistungen zur Mobilität** Bei den Leistungen zur Mobilität nach § 113 Absatz 2 Nummer 7 gilt § 83 mit der Maßgabe, dass
(1) Leistungen zur Mobilität umfassen 1. Leistungen zur Beförderung, insbesondere durch einen Beförderungsdienst, und 2. Leistungen für ein Kraftfahrzeug.	
(2) 1Leistungen nach Absatz 1 erhalten Leistungsberechtigte nach § 2, denen die Nutzung öffentlicher Verkehrsmittel auf Grund der Art und Schwere ihrer Behinderung nicht zumutbar ist. 2Leistungen nach Absatz 1 Nummer 2 werden nur erbracht, wenn die Leistungsberechtigten das Kraftfahrzeug führen können oder gewährleistet ist, dass ein Dritter das Kraftfahrzeug für sie führt und Leistungen nach Absatz 1 Nummer 1 nicht zumutbar oder wirtschaftlich sind.	1. die Leistungsberechtigten zusätzlich zu den in § 83 Absatz 2 genannten Voraussetzungen zur Teilhabe am Leben in der Gemeinschaft ständig auf die Nutzung eines Kraftfahrzeugs angewiesen sind und
(3) 1Die Leistungen nach Absatz 1 Nummer 2 umfassen Leistungen 1. zur Beschaffung eines Kraftfahrzeugs, 2. für die erforderliche Zusatzausstattung, 3. zur Erlangung der Fahrerlaubnis, 4. zur Instandhaltung und 5. für die mit dem Betrieb des Kraftfahrzeugs verbundenen Kosten.	
2Die Bemessung der Leistungen orientiert sich an der Kraftfahrzeughilfe-Verordnung.	2. abweichend von § 83 Absatz 3 Satz 2 die Vorschriften der §§ 6 und 8 der Kraftfahrzeughilfe-Verordnung nicht maßgeblich sind.
(4) Sind die Leistungsberechtigten minderjährig, umfassen die Leistungen nach Absatz 1 Nummer 2 den wegen der Behinderung erforderlichen Mehraufwand bei der Beschaffung des Kraftfahrzeugs sowie Leistungen nach Absatz 3 Nummer 2.	

Gesetzesbegründung zu § 83 (Drs. 18/9522, S. 265)
Gesetzesbegründung zu § 114 (Drs. 18/9522, S. 285, 286)

Der neue explizite Leistungstatbestand „Leistungen zur Mobilität" entspricht dem geltenden Recht und der Praxis.

Zu Absatz 1 (§ 83)

Absatz 1 benennt als Leistungen zur Mobilität die Leistungen zur Beförderung sowie Leistungen für ein Kraftfahrzeug.

Zu Absatz 2 (§ 83)

Absatz 2 regelt die jeweiligen Voraussetzungen der einzelnen Leistungen. Voraussetzung für beide Leistungen ist, dass die Nutzung öffentlicher Verkehrsmittel nicht zumutbar ist. Dabei muss die Art und Schwere der Behinderung kausal sein für die Unzumutbarkeit; infrastrukturelle Nachteile sind nicht zu berücksichtigen.

An die Leistungen für ein Kraftfahrzeug sind zusätzliche Anforderungen zu stellen. Mit der Voraussetzung, dass der Leistungsberechtigte das Kraftfahrzeug selber führen kann oder gewährleistet ist, dass ein Dritter es für ihn führt, wird ein Gleichklang zu den entsprechenden Leistungen zur Teilhabe am Arbeitsleben nach der Kraftfahrzeughilfe-Verordnung geschaffen. Die weiteren Voraussetzungen tragen Wirtschaftlichkeitsaspekten Rechnung.

Abweichung für die Eingliederungshilfe (§ 114 Ziffer 1)
Gesetzesbegründung zu § 114 (Drs. 18/9522, S. 285, 286)

Zur Vermeidung einer Leistungsausweitung wird für die Eingliederungshilfe an dem Kriterium festgehalten, dass die leistungsberechtigte Person zur Teilhabe am Leben in der Gemeinschaft ständig, d. h. nicht nur vereinzelt oder gelegentlich, auf die Nutzung des Kraftfahrzeugs angewiesen ist. Diese Voraussetzung ist zwar nicht ausdrücklich im geltenden Recht geregelt, wird aber durch das Tatbestandsmerkmal „insbesondere zur Teilhabe am Arbeitsleben" in § 8 der Eingliederungshilfe-Verordnung zum Ausdruck gebracht.

Dadurch wird deutlich, dass der Schwerpunkt der Versorgung mit einem Kraftfahrzeug im Bereich der Teilhabe am Arbeitsleben liegt. Damit sind andere Gründe nicht von vornherein ausgeschlossen, müssen aber mindestens vergleichbar gewichtig sein. Dazu gehört, wie aus der Bezeichnung des Hauptzwecks geschlossen werden darf auch, dass die Notwendigkeit der Benutzung ständig und nicht nur vereinzelt oder gelegentlich besteht. Dies wird auch durch die Rechtsprechung bestätigt, siehe z. B. BSG vom 12.12.2014, AZ B 9 SO 18/12 R.

Zu Absatz 3 (§ 83)

Absatz 3 regelt die Leistungen für ein Kraftfahrzeug einschließlich Bemessung und Umfang. Aus systematischen Gründen und zur Rechtsklarheit werden alle entsprechenden Leistungen abschließend in einem Leistungstatbestand zusammengefasst. Bemessung und Umfang der Leistungen bestimmen sich nach der Verordnung über die Kraftfahrzeughilfe. Hierdurch wird nicht nur aktuell, sondern auf Dauer eine Parallelität zu den entsprechenden Leistungen zur Teilhabe am Arbeitsleben erreicht.

Abweichung für die Eingliederungshilfe (§ 114 Ziffer 2)
Gesetzesbegründung zu § 114 (Drs. 18/9522, S. 285, 286)

Wegen der auf die Eingliederungshilfe konzipierten Regelung zu Einkommen und Vermögen in Kapitel 9 sollen die entsprechenden Regelungen in der Kraftfahrzeughilfe-Verordnung zur Berechnung der Leistungen nicht anwendbar sein. [red. Anm.: Gemeint sind die im Gesetzeswortlaut genannten Zuschussregelungen in §§ 6 und 8 der Kraftfahrzeughilfe-Verordnung]

Zu Absatz 4 (§ 83)

Absatz 4 enthält eine spezifische Regelung für Kinder und Jugendliche in Bezug auf die Leistungen für ein Kraftfahrzeug. Diese umfassen den Mehraufwand für einen höheren Anschaffungspreis sowie eine notwendige Zusatzausstattung. Ein Mehraufwand für einen höheren Anschaffungspreis kommt insbesondere in Betracht, wenn Eltern allein wegen der Behinderung ihres Kindes ein größeres und damit kostspieligeres Kraftfahrzeug benötigen.

Redaktioneller Hinweis zur Beitragspflicht:

Leistungen zur Mobilität sind im Befreiungskatalog von § 138 Absatz 2 nicht erwähnt; sie sind daher beitragspflichtig, sofern die finanzielle Leistungsfähigkeit des Betroffenen gegeben ist.

Prüfungsschema der Kfz-Empfehlungen der BAGüS (Stand: Mai 2019)

Bei volljährigen Menschen mit Behinderungen kommt die Leistungsgewährung in Betracht, wenn nach den Feststellungen im Gesamt- bzw. Teilhabeplanverfahren ein besonderer Bedarf im Bereich Mobilität besteht,

- weil es ihnen wegen Art und Schwere der Behinderung nicht zuzumuten ist, dass sie die notwendigen Wege zu Fuß oder auf eine andere Weise, z.B. mit einem Krankenfahrzeug für den Straßengebrauch zurücklegen
- oder weil ihnen nicht zuzumuten ist, für die notwendigen Wege öffentliche Verkehrsmittel zu benutzen. Hierbei sind infrastrukturelle Nachteile nicht zu berücksichtigen (vgl. BT-Drs. 18/9522, zu § 83 SGB IX, S. 265)
- oder weil ihnen zwar zugemutet werden kann, öffentliche Verkehrsmittel zu benutzen, es jedoch nicht zumutbar ist, den Weg zu den Haltestellen zu Fuß oder auf andere Weise zurückzulegen
- und die erforderlichen Fahrten nicht mit anderen Beförderungsmöglichkeiten, z.B. durch Taxifahrten oder Beförderungsdienste erfolgen können, weil dies nicht zumutbar oder nicht wirtschaftlich wäre (§ 83 Absatz 2 Satz 2 SGB IX)
- und sie das Kfz führen können oder gewährleistet ist, dass ein Dritter das Fahrzeug für sie führt (§ 83 Absatz 2 Satz 2 SGB IX)
- und sie ständig auf die Nutzung eines Kfz angewiesen sind (§ 114 Nr. 1 SGB IX).

Die vollständigen Empfehlungen zu Leistungen der Eingliederungshilfe für Menschen mit Behinderungen für ein Kraftfahrzeug im Rahmen der Sozialen Teilhabe nach dem SGB IX (Kfz-Empfehlungen) können auf der Internetsite der BAGüS downgeloadet werden: www.bagues.de (dort Rubrik „Empfehlungen).

SGB XII bis 31.12.2019	SGB IX ab 1.1.2020
~~§ 54 Absatz 2~~ ~~(2) Erhalten behinderte oder von einer Behinderung bedrohte Menschen in einer stationären Einrichtung Leistungen der Eingliederungshilfe,~~ können ~~ihnen~~ oder ihren Angehörigen zum gegenseitigen Besuch Beihilfen geleistet werden, soweit es im Einzelfall erforderlich ist.	**§ 115 Besuchsbeihilfen** Werden Leistungen *bei einem oder mehreren Anbietern* über Tag und Nacht erbracht, können den Leistungsberechtigten oder ihren Angehörigen zum gegenseitigen Besuch Beihilfen geleistet werden, soweit es im Einzelfall erforderlich ist.

Redaktioneller Hinweis:

Durch das „Gesetz zur Änderung des Neunten und des Zwölften Buches Sozialgesetzbuch und anderer Rechtsvorschriften" = sog. Reparaturgesetz (Drs. 19/11006) wird § 115 sprachlich korrigiert (anstelle: „Werden Leistungen für einen oder mehrere Anbieter über Tag und Nacht erbracht, ..." sprachlich richtig: „Werden Leistungen bei einem oder mehreren Anbietern über Tag und Nacht erbracht, ..."). Diese Korrektur wurde von uns bereits eingearbeitet und kursiv dargestellt.

Gesetzesbegründung zu § 115 (Drs. 18/9522, S. 286)

Der bisherige § 54 Absatz 2 SGB XII regelt die Besuchsbeihilfen für den Fall von Leistungen in einer stationären Einrichtung. Im Zusammenhang mit Aufhebung der Charakterisierung von Leistungen in stationäre, teilstationäre und ambulante Maßnahmen bedarf es einer neuen Anbindung dieser Leistungen. Dem wird Rechnung getragen, indem die Leistungen an das Leben außerhalb der Herkunftsfamilie geknüpft werden.

Redaktioneller Hinweis:

Bei den Besuchsbeihilfen geht es in erster Linie um Pflege des Kontaktes zu Angehörigen durch leistungsberechtigten Personen, die außerhäusig bei Leistungsanbietern, die Betreuungsformen über Tag und Nacht anbieten (früher: stationäres Wohnen), leben. Lebt die Person in einer eigenen Wohnung, kommen Besuchsbeihilfen nicht in Betracht.

Ob Besuchsbeihilfen gewährt werden, ist eine Ermessensfrage.

Üblich ist bisher (und wird es wohl auch weiterhin sein) die Übernahme der Kosten für eine Besuchsfahrt im Monat, bei Strecken über 200 km nur alle drei Monate, mit jeweils 0,30 Euro pro km.

Redaktioneller Hinweis zur Beitragspflicht:

Diese Leistungen sind im Befreiungskatalog von § 138 Absatz 2 nicht erwähnt; sie sind daher beitragspflichtig, sofern die finanzielle Leistungsfähigkeit des Betroffenen gegeben ist.

SGB IX ab 1.1.2020

§ 116 Pauschale Geldleistung, gemeinsame Inanspruchnahme

(1) ₁Die Leistungen

1. zur Assistenz zur Übernahme von Handlungen zur Alltagsbewältigung sowie Begleitung der Leistungsberechtigten (§ 113 Absatz 2 Nummer 2 in Verbindung mit § 78 Absatz 2 Nummer 1 und Absatz 5),
2. zur Förderung der Verständigung (§ 113 Absatz 2 Nummer 6) und
3. zur Beförderung im Rahmen der Leistungen zur Mobilität (§ 113 Absatz 2 Nummer 7 in Verbindung mit § 83 Absatz 1 Nummer 1)

können mit Zustimmung der Leistungsberechtigten als pauschale Geldleistungen nach § 105 Absatz 3 erbracht werden. ₂Die zuständigen Träger der Eingliederungshilfe regeln das Nähere zur Höhe und Ausgestaltung der pauschalen Geldleistungen sowie zur Leistungserbringung.

(2) ₁Die Leistungen

1. zur Assistenz (§ 113 Absatz 2 Nummer 2),
2. zur Heilpädagogik (§ 113 Absatz 2 Nummer 3),
3. zum Erwerb und Erhalt praktischer Fähigkeiten und Kenntnisse (§ 113 Absatz 2 Nummer 5),
4. zur Förderung der Verständigung (§ 113 Absatz 2 Nummer 6),
5. zur Beförderung im Rahmen der Leistungen zur Mobilität (§ 113 Absatz 2 Nummer 7 in Verbindung mit § 83 Absatz 1 Nummer 1) und
6. zur Erreichbarkeit einer Ansprechperson unabhängig von einer konkreten Inanspruchnahme (§ 113 Absatz 2 Nummer 2 in Verbindung mit § 78 Absatz 6)

können an mehrere Leistungsberechtigte gemeinsam erbracht werden, soweit dies nach § 104 für die Leistungsberechtigten zumutbar ist und mit Leistungserbringern entsprechende Vereinbarungen bestehen. ₂Maßgeblich sind die Ermittlungen und Feststellungen im Rahmen der Gesamtplanung nach Kapitel 7.

(3) Die Leistungen nach Absatz 2 sind auf Wunsch der Leistungsberechtigten gemeinsam zu erbringen, soweit die Teilhabeziele erreicht werden können.

Gesetzesbegründung zu § 116 (Drs. 18/9522, S. 286)

Zu Absatz 1

Absatz 1 benennt **abschließend** die Leistungen zur Sozialen Teilhabe, die in Form einer pauschalen Geldleistung nach § 105 Absatz 3 in Anspruch genommen werden können.

Es handelt sich hierbei um einfache wiederkehrende Leistungen.

Hierzu gehören zum einen Assistenzleistungen zur Übernahme von Handlungen zur Alltagsbewältigung und zur Begleitung des Menschen mit Behinderungen. Da diese keine besondere Qualifikation erfordern, soll die leistungsberechtigte Person damit beispielsweise auch Freunde oder Nachbarn betrauen und ihnen dafür einen kleinen Geldbetrag geben können. Dies gilt in gleicher Weise auch für die Unterstützung bei der Ausübung eines Ehrenamtes, die Verständigung mit der Umwelt sowie die Beförderung.

Die zuständigen Träger der Eingliederungshilfe werden ermächtigt, das Nähere zur Höhe und Ausgestaltung der Leistungen sowie zur Leistungserbringung zu regeln. Im Zusammenhang mit der

Leistungserbringung kann beispielsweise das Initiativrecht des Leistungsberechtigten geregelt werden, ebenso der Nachweis über die zweckentsprechende Verwendung der Leistung.

Redaktioneller Hinweis:

Pauschale Geldleistungen können nur mit Zustimmung des Leistungsberechtigten erbracht werden. Wenn die Zustimmung vorliegt, kann für bestimmte Leistungen ein pauschaler Geldbetrag zur eigenverantwortlichen Deckung des Bedarfs gezahlt werden. Unter Umständen kann diese Form vorteilhaft für den Betroffenen sein, wenn das Geld ausreichend ist und bürokratischer Aufwand vermieden werden kann. Einen Rechtsanspruch auf pauschale Leistungen gibt es allerdings nicht!

Abschließender Katalog! Pauschale Geldleistungen können gezahlt werden für:

- „Einfache" Assistenzleistungen, auch kompensatorische Assistenz genannt (Hilfen im Haushalt, Begleitung beim Einkauf, Hilfen bei der Alltagsbewältigung, Unterstützung bei einer ehrenamtlichen Tätigkeit).
  § 113 Absatz 2 Nr. 2 i.V.m. § 78 Absatz 2 Nr. 1 und Absatz 5 SGB IX
- Leistungen zur Förderung der Verständigung (Gebärdendolmetscher, andere Kommunikationshilfen bei besonderen Anlässen wie Elternversammlungen, Vertragsverhandlungen, Familienfeiern, Sitzungen des Heimbeirats, usw.).
  § 113 Absatz 2 Nr. 6 i.V.m. § 82 SGB IX
- Leistungen zur Beförderung durch Beförderungsdienste.
  § 113 Absatz 2 Nr. 7 i.V.m. § 83 Absatz 1 Nr. 1 SGB IX.

Zu Absatz 2

Absatz 2 regelt die gemeinsame Inanspruchnahme von bestimmten explizit genannten Fachleistungen der Eingliederungshilfe.

Nicht selten benötigen mehrere Leistungsberechtigte gleiche Leistungen zum gleichen Zeitpunkt und am gleichen Ort. Dies kann beispielsweise der Fall sein bei der Begleitung von Leistungsberechtigten bei der Erledigung von Einkäufen, bei der gemeinsamen Inanspruchnahme von Assistenten im Zusammenhang mit dem Erlernen von Tätigkeiten zur Haushaltsführung wie beispielsweise Kochen oder bei Beförderungen mit einem Fahrdienst. Hier soll die Möglichkeit geschaffen werden, dass die Leistung gleichzeitig an mehrere Leistungsberechtigte erbracht werden kann.

Das Recht zur gemeinsamen Inanspruchnahme kann nicht allein in das Ermessen des Leistungsträgers gestellt werden; vielmehr muss der Leistungsberechtigte auf Augenhöhe an der Entscheidung beteiligt werden. Daher muss die gemeinsame Inanspruchnahme von Fachleistungen für die Leistungsberechtigten zumutbar sein. Für die Prüfung der Zumutbarkeit ist die Regelung des § 104 zur Gestaltung der Leistungen der Eingliederungshilfe maßgeblich.

Eine gemeinsame Inanspruchnahme ist nur möglich, wenn entsprechend der Besonderheit des Einzelfalls unter Würdigung der Art des Bedarfs, der persönlichen Verhältnisse, des Sozialraums und der eigenen Kräfte und Mittel der Leistungsberechtigten der individuelle Bedarf gedeckt werden kann. Die gemeinsame Inanspruchnahme kommt zudem nur in Betracht, wenn eine entsprechende Vereinbarung mit einem Leistungserbringer besteht.

Redaktioneller Hinweis:

Leistungen, die gemeinsam an mehrere Leistungsberechtigte erbracht werden, bezeichnet man auch als Poolen von Leistungen. Das Poolen kann auf Wunsch des Leistungsnehmers geschehen (siehe Absatz 3), aber auch gegen seinen Willen, wenn das Poolen für ihn zumutbar ist. Das „Zwangspoolen“ ist allerdings rechtlich umstritten. Der Gesetzgeber argumentiert mit der Wirtschaftlichkeit, die Gegner sehen darin Unvereinbarkeiten mit der Behindertenrechtskonvention und dem Grundgesetz.

Eine gemeinsame Leistungserbringung ist in stationären Einrichtungen bis Ende 2019 die Regel. Daher ist davon auszugehen, dass sie auch bei Unterbringung in gemeinsamen Wohnformen relevant sein wird (siehe dazu auch den Wortlaut von § 42a SGB XII in Kapitel 12 dieser Arbeitshilfe).

An mehrere Leistungsberechtigte können folgende Leistungen gemeinsam erbracht werden **(abschließender Katalog!)**:

- Qualifizierte Assistenzleistungen (mit dem Ziel, die individuellen Kompetenzen der Leistungsberechtigten Person zu erweitern, etwa beim Einkaufen oder bei der Nutzung der öffentlichen Verkehrsmittel)
  (§ 113 Absatz 2 Nr. 2 i.V.m. § 78 Absatz 2 Nr. 2, sowie Satz 3 und 4 SGB IX)
- Heilpädagogische Leistungen an Kinder bis zur Einschulung.
  (§ 113 Absatz 2 Nr. 3 i.V.m. § 79 SGB IX)
- Leistungen zum Erwerb und Erhalt praktischer Kenntnisse und Fähigkeiten (Alltagskompetenzen).
  (§ 113 Absatz 2 Nr. 5 i.V.m. § 81 SGB IX)
- Leistungen zur Förderung der Verständigung (z.B. Gebärdensprachendolmetscher).
  § 113 Absatz 2 Nr. 6 i.V.m. § 82 SGB IX
- Leistungen zur Beförderung durch Beförderungsdienste.
  § 113 Absatz 2 Nr. 7 i.V.m. § 83 Absatz 1 Nr. 1 SGB IX.
- Hintergrundleistungen, bzw. Leistungen zur Erreichbarkeit einer Ansprechperson unabhängig von einer konkreten Inanspruchnahme (Rufbereitschaften).
  § 113 Absatz 2 Nr. 2 i.V.m. § 78 Absatz 6 SGB IX

Leistungen, die gemeinsam in Anspruch genommen werden, müssen dem Kriterium: „gleiche Leistung, gleicher Zeitpunkt, gleicher Ort“ genügen. Je individueller der Bedarf ist, desto schwieriger wird es, dafür zumutbare Lösungen zu finden. Das bedeutet aber auch, dass Leistungsberechtigten, die außerhalb einer besonderen Wohnform (den ehemaligen „Wohnheimen“) leben wollen und darauf ja auch nach § 104 Absatz 3 Satz 3 SGB IX einen Anspruch haben, nur noch in wenigen Fällen zugemutet werden kann, Leistungen zu „poolen“. Es sei denn, sie wünschen das!

Wie mehrfach angesprochen ist also künftig stets die Zumutbarkeit nach den Kriterien des § 104 SGB IX zu prüfen. Zu beachten ist bei Überlegungen zum Poolen insbesondere auch § 104 Absatz 3 Satz 4 SGB IX. Dort wird bestimmt, dass gemeinsam erbrachte Assistenzleistungen bei der Gestaltung sozialer Beziehungen und der persönlichen Lebensgestaltung nicht zumutbar gelten, wenn der Leistungsberechtigte dies nicht wünscht. Ohne Zustimmung des Leistungsberechtigten ist in diesen Fällen also ein Poolen ausgeschlossen!

Zudem müssen mit den Leistungserbringern entsprechende Vereinbarungen bestehen. Der Orientierungshilfe zur Sozialen Teilhabe (S. 21) ist zu entnehmen, dass die BAGüS davon ausgeht, dass es sich dabei nicht um eine Vereinbarung nach § 123 SGB IX handeln muss. Vielmehr sei auch die Leistungserbringung durch Anbieter möglich, mit denen eine „andere" Vereinbarung geschlossen wurde, z. B. durch einen Fahrdienst aufgrund eines zivilrechtlichen Vertrages nach Ausschreibung oder durch Heilpädagogen im Rahmen der Komplexleistung Frühförderung, bei der zwischen dem Eingliederungshilfeträger und der gesetzlichen Krankenkasse ein Vertrag geschlossen wurde.

Zu Absatz 3

Denkbar ist auch, dass Leistungsberechtigte eine gemeinsame Inanspruchnahme von Leistungen wünschen. Diesem Anliegen soll mit dem neuen Absatz 3 Rechnung getragen werden. Voraussetzung ist jedoch, dass die Teilhabeziele erreicht werden können.

Kapitel 7 Gesamtplanung

Gesetzestext mit BTHG-Gesetzesbegründung und redaktionellen Hinweisen

Redaktioneller Hinweis:

Das Gesamtplanverfahren wird vom **1. Januar 2018 bis 31. Dezember 2019** in den §§ 141 ff. SGB XII übergangsweise geregelt, damit bereits eine Anwendung stattfinden kann.

Ab 1. Januar 2020 finden sich die Regelungen zum Gesamtplanverfahren in den §§ 117 bis 122 SGB IX.

Im Folgenden finden Sie eine Gegenüberstellung der Vorschriften zum Gesamtplanverfahren

- links der Regelungsbereich des Übergangsrechts in SGB XII,
- rechts der Regelungsbereich im 2. Teil des SGB IX.

Die Abweichungen sind marginal, betreffen die Rolle des Trägers (Sozialhilfeträger bis 31. Dezember 2019, Eingliederungshilfeträger ab 1. Januar 2020), Verweise auf das SGB XII bzw. auf das SGB IX sowie Abweichungen aufgrund der Trennung von Fachleistungen und Leistungen zum Lebensunterhalt ab 1. Januar 2020.

Im Folgenden wird daher zur Orientierung und Erläuterung unter die jeweiligen Paragrafen die Gesetzesbegründung des Bundesteilhabegesetzes (Drs. 18/9522) zu den ab 1. Januar 2020 geltenden §§ 117 ff. SGB IX abgedruckt.

Dem jeweiligen Paragrafen zugeordnet wird auch die Orientierungshilfe der Bundesarbeitsgemeinschaft der überörtlichen Sozialhilfeträger (BAGÜS) zur Gesamtplanung (Stand: Februar 2018) abgedruckt. Diese Orientierungshilfe berücksichtigt ebenfalls bereits die Rechtslage ab 1. Januar 2020.

Übergangsregelung SGB XII 1.1.2018 bis 31.12.2019	SGB IX ab 1.1.2020
~~Achtzehntes Kapitel~~ ~~Regelungen für die Gesamtplanung für die Zeit vom 1. Januar 2018 bis zum 31. Dezember 2019~~	**Kapitel 7** **Gesamtplanung**
§ 141 Gesamtplanverfahren	**§ 117 Gesamtplanverfahren**
(1) Das Gesamtplanverfahren ist nach den folgenden Maßstäben durchzuführen:	(1) Das Gesamtplanverfahren ist nach folgenden Maßstäben durchzuführen:
1. Beteiligung der Leistungsberechtigten in allen Verfahrensschritten, beginnend mit der Beratung,	1. Beteiligung des Leistungsberechtigten in allen Verfahrensschritten, beginnend mit der Beratung,
2. Dokumentation der Wünsche der Leistungsberechtigten zu Ziel und Art der Leistungen,	2. Dokumentation der Wünsche des Leistungsberechtigten zu Ziel und Art der Leistungen,
3. Beachtung der Kriterien a) transparent, b) trägerübergreifend, c) interdisziplinär, d) konsensorientiert, e) individuell, f) lebensweltbezogen, g) sozialraumorientiert und zielorientiert,	3. Beachtung der Kriterien a) transparent, b) trägerübergreifend, c) interdisziplinär, d) konsensorientiert, e) individuell, f) lebensweltbezogen, g) sozialraumorientiert und h) zielorientiert,
4. Ermittlung des individuellen Bedarfes,	4. Ermittlung des individuellen Bedarfes,
5. Durchführung einer Gesamtplankonferenz,	5. Durchführung einer Gesamtplankonferenz,
6. Abstimmung der Leistungen nach Inhalt, Umfang und Dauer in einer Gesamtplankonferenz unter Beteiligung betroffener Leistungsträger.	6. Abstimmung der Leistungen nach Inhalt, Umfang und Dauer in einer Gesamtplankonferenz unter Beteiligung betroffener Leistungsträger.
(2) Am Gesamtplanverfahren wird auf Verlangen des Leistungsberechtigten eine Person seines Vertrauens beteiligt.	(2) Am Gesamtplanverfahren wird auf Verlangen des Leistungsberechtigten eine Person seines Vertrauens beteiligt.
(3) $_1$Bestehen im Einzelfall Anhaltspunkte für eine Pflegebedürftigkeit nach dem Elften Buch, wird die zuständige Pflegekasse mit Zustimmung des Leistungsberechtigten vom Träger der ~~Sozialhilfe~~ informiert und muss am Gesamtplanverfahren beratend teilnehmen, soweit dies zur Feststellung der Leistungen nach ~~§ 54~~ erforderlich ist. $_2$Bestehen im Einzelfall Anhaltspunkte, dass Leistungen der Hilfe zur Pflege nach dem Siebten Kapitel erforderlich sind, so soll der Träger dieser Leistungen mit Zustimmung der Leistungsberechtigten informiert und am Gesamtplanverfahren beteiligt werden, soweit dies zur Feststellung der Leistungen nach ~~§ 54~~ erforderlich ist.	(3) $_1$Bestehen im Einzelfall Anhaltspunkte für eine Pflegebedürftigkeit nach dem Elften Buch, wird die zuständige Pflegekasse mit Zustimmung des Leistungsberechtigten vom Träger der Eingliederungshilfe informiert und muss am Gesamtplanverfahren beratend teilnehmen, soweit dies für den Träger der Eingliederungshilfe zur Feststellung der Leistungen nach den Kapiteln 3 bis 6 erforderlich ist. $_2$Bestehen im Einzelfall Anhaltspunkte, dass Leistungen der Hilfe zur Pflege nach dem Siebten Kapitel des Zwölften Buches erforderlich sind, so soll der Träger dieser Leistungen mit Zustimmung der Leistungsberechtigten informiert und am Gesamtplanverfahren beteiligt werden, soweit dies zur Feststellung der Leistungen nach den Kapiteln 3 bis 6 erforderlich ist.

Übergangsregelung **SGB XII 1.1.2018 bis 31.12.2019**	**SGB IX ab 1.1.2020**
(4) Bestehen im Einzelfall Anhaltspunkte für einen Bedarf an notwendigem Lebensunterhalt, ~~soll~~ der Träger dieser Leistungen mit Zustimmung der Leistungsberechtigten informiert und am Gesamtplanverfahren beteiligt werden, soweit dies zur Feststellung der Leistungen nach ~~§ 54~~ erforderlich ist.	(4) Bestehen im Einzelfall Anhaltspunkte für einen Bedarf an notwendigem Lebensunterhalt, ist der Träger dieser Leistungen mit Zustimmung des Leistungsberechtigten zu informieren und am Gesamtplanverfahren zu beteiligen, soweit dies zur Feststellung der Leistungen nach den Kapiteln 3 bis 6 erforderlich ist. (5) § 22 Absatz 5 ist entsprechend anzuwenden, auch wenn ein Teilhabeplan nicht zu erstellen ist.

Gesetzesbegründung zu § 117 (Drs. 18/9522, S. 287; Drs. 18/10523)

Zu Absatz 1

Die Vorschrift knüpft an die Regelungen des bisherigen § 58 SGB XII an, erweitert und präzisiert diese. Die Ausgestaltung von Leistungen unter der Maßgabe der Personenzentrierung bedingt hinsichtlich der inhaltlichen Ausgestaltung sowie der verbindlichen Beteiligung der im Einzelfall einzubeziehenden Akteure weitreichendere Anforderungen an die Bedarfsermittlung und -feststellung, als sie der bisherige § 58 SGB XII regelt. Zur Vereinheitlichung des Verfahrens werden Maßstäbe und Kriterien in Ergänzung zu Teil 1 Kapitel 4 bestimmt. Insbesondere die Position des Leistungsberechtigten erfährt hierdurch eine Stärkung. Durch die Auflistung konkreter Kriterien für das Verfahren wird dieses auf eine fachlich fundiertere Basis gestellt. Die trägerübergreifende Zusammenarbeit wird insbesondere durch die Möglichkeit der Durchführung einer Gesamtplankonferenz optimiert.

Zu Absatz 2

Auf Verlangen des Leistungsberechtigten kann eine Person ihres Vertrauens am Gesamtplanverfahren beteiligt werden. Dies kann insbesondere auch ein ihn beratender anderer Mensch mit Behinderung oder eine von den Leistungsträgern so weit wie möglich unabhängige Beratungsinstanz sein.

Zu Absatz 3 – Begründung in der Beschlussfassung

Mit der Änderung wird die Zusammenarbeit zwischen den Trägern der Eingliederungshilfe und den Pflegekassen verbindlicher ausgestaltet. Künftig muss die zuständige Pflegekasse mit Zustimmung des Leistungsberechtigten informiert und am Gesamtplanverfahren beteiligt werden, soweit dies für die Feststellung der Leistungen der Eingliederungshilfe erforderlich ist. Zugleich wird mittels einer Klarstellung verdeutlicht, dass die Pflegekasse im Rahmen des Gesamtplanverfahrens nicht wie ein Rehabilitationsträger oder entsprechende andere Leistungsträger beteiligt, sondern beratend mit einbezogen wird.

Zu Absatz 4 – Begründung in der Beschlussfassung

Die Änderung steht im Zusammenhang mit den Änderungen zu den §§ 119 und 121 des Neunten Buches Sozialgesetzbuch, die sicherstellen, dass die Leistungsberechtigten mit über die Verwendung der Leistungen zum Lebensunterhalt bestimmt. Die Teilnahme des für die Leistungen zum Lebensunterhalt zuständigen Leistungsträger ist verpflichtend.

Zu Absatz 5

Bestehen im Einzelfall Anhaltspunkte für einen Betreuungsbedarf nach § 1896 Absatz 1 des Bürgerlichen Gesetzbuches, informiert der Träger der Eingliederungshilfe analog zu der Regelung für die Teilhabeplanung des § 22 Absatz 5 mit Zustimmung der Leistungsberechtigten die zuständige Betreuungsbehörde über die Erstellung des Gesamtplans, soweit dies zur Vermittlung anderer Hilfen, bei denen kein Betreuer bestellt wird, erforderlich ist.

BAGüS Orientierungshilfe zur Gesamtplanung (S. 8–10)

5. Inhaltliche Grundsätze des Gesamtplanverfahrens (§ 117 SGB IX)

Das Gesamtplanverfahren ist nach den in § 117 Absatz 1 SGB IX aufgeführten Maßstäben durchzuführen. Zentral ist dabei die Beteiligung des Leistungsberechtigten in allen Verfahrensschritten, beginnend mit der Beratung (Nr. 1). Die Wünsche des Leistungsberechtigten zu Ziel und Art der Leistungen sind zu dokumentieren (Nr. 2). Es bietet sich an, die Wünsche im Rahmen der Bedarfsermittlung zu erheben. Insofern ist das Instrument zur Bedarfsermittlung so zu gestalten, dass die Wünsche des Leistungsberechtigten dort dokumentiert werden können.

Bei der Durchführung des Gesamtplan Verfahrens müssen folgende Kriterien beachtet werden (Nr. 3)

a) transparent: Das Verfahren soll so gestaltet werden, dass alle Beteiligten – vor allem aber der Leistungsberechtigte unter Berücksichtigung seiner kommunikativen Fähigkeiten – Ziel, Ablauf und Hintergrund des Gesamtplanverfahrens nachvollziehen können. Es muss deutlich werden, wie und nach welchen Kriterien, mit welchen Methoden und mit welchen Instrumenten der individuelle Bedarf ermittelt und festgestellt wird. Nur ein transparentes Verfahren führt zu vergleichbaren und überprüfbaren Ergebnissen.

b) trägerübergreifend: Das Gesamtplanverfahren hat trägerübergreifend zu erfolgen. Die Bedarfsermittlung darf sich nicht nur auf die Teilhabeaspekte beschränken, die mithilfe von Eingliederungshilfeleistungen voraussichtlich überwunden werden können, sondern hat die Bedarfe einer Person ganzheitlich auf der Basis des bio-psycho-sozialen Modells der ICF zu erfassen. Eine leistungsrechtliche Zuordnung zu unterschiedlichen Leistungsträgern erfolgt erst in einem zweiten Schritt. Müssen die ermittelten Bedarfe von anderen Leistungsträgern gedeckt werden, sind diese zu beteiligen. Die Beteiligung erfolgt im Rahmen des Teilhabeplanverfahrens (wenn es sich um Träger der Rehabilitation handelt) oder über die Einbindung in das Gesamtplanverfahren (wenn es sich um Leistungen der Pflege nach dem SGB XI, der Hilfe zur Pflege nach dem SGB XII oder um Leistungen zum notwendigen Lebensunterhalt nach dem SGB XII handelt).

c) interdisziplinär: Am Gesamtplanverfahren sind die fachlichen Disziplinen zu beteiligen, die die für die Ermittlung und Feststellung des Bedarfs notwendige Fachkompetenz mitbringen.

d) konsensorientiert: Das Gesamtplanverfahren ist konsensorientiert durchzuführen. Bestehen unterschiedliche Auffassungen zum Bedarf oder über Ziel, Art und Umfang der Leistungen, so hat der Träger der Eingliederungshilfe darauf hinzuwirken, dass eine konsentierte Entscheidung unter Beteiligung der leistungsberechtigten Person erreicht wird. Hierzu eignet sich etwa die Gesamtplan-/Teilhabeplankonferenz. Sollte eine Einigung nicht möglich sein, so entscheidet der Träger der Eingliederungshilfe abschließend über den festgestellten Bedarf sowie über Ziel, Art und Umfang der Leistungen und erlässt den Verwaltungsakt über die Leistungen. Dem Leistungsberechtigten steht dann der Weg offen, Widerspruch gegen den Verwaltungsakt einzulegen.

e) individuell: Das Gesamtplanverfahren ist auf die individuellen Bedarfe des Menschen mit Behinderungen ausgerichtet. Es erfolgt personenzentriert.

f) lebensweltbezogen: Darunter ist der Bezug zu den aktuellen Lebensverhältnissen eines Menschen zu verstehen, also zum Beispiel familiäre und andere soziale Beziehungen, individuelle Lebensbedingungen, Alltagserfahrungen und Hintergründe. Insofern sind die konkreten und individuellen Alltagsbezüge zu berücksichtigen.

g) sozialraumorientiert: Der Sozialraum und seine Ressourcen sind bei der Bedarfsermittlung und -feststellung zu berücksichtigen, sowohl in der Form der Barrieren, die ein Sozialraum beinhalten kann (z. B. fehlender ÖPNV, fehlende Angebote), als auch in seinen Förderfaktoren (etwa funktionierendes Quartier, ausreichende Einkaufsmöglichkeiten, Gelegenheiten zur Freizeitgestaltung).

h) zielorientiert: Die Leistungen der Eingliederungshilfe sind – wie alle Rehabilitationsleistungen – mit Teilhabezielen und Zielerreichungskriterien zu verbinden, die mit Hilfe der Leistungen prognostisch zu erreichen sind. Dies können sowohl Förderziele als auch Erhaltungsziele sein. Diese Ziele können in einer Teilhabezielvereinbarung vereinbart werden. Es wird empfohlen, die Zielformulierungen an der SMART-Methode zu orientieren.

Redaktioneller Hinweis:

SMART ist ein Akronym und steht für:

Spezifisch: Möglichst konkrete Zielformulierung, trotzdem kurz und prägnant

Messbar: Konkrete Größen angeben, wann das Ziel erreicht ist

Akzeptiert (teilweise auch mit „**A**ttraktiv" übersetzt): Identifikation mit dem Ziel, an einem Strang ziehen

Realistisch: Realistische Ziele setzen

Terminierbar: Festlegung eines festen Zeitrahmens

Liegen Anhaltspunkte für eine Pflegebedürftigkeit nach dem SGB XI, für Leistungen der Hilfe zur Pflege nach dem SGB XII oder für einen Bedarf von Leistungen zum notwendigen Lebensunterhalt nach dem SGB XII vor, so sind die zuständigen Leistungsträger nach § 117 Absatz 3 und Absatz 4 SGB IX mit Zustimmung des Leistungsberechtigten zu informieren. Die zuständige Pflegekasse muss sich beratend beteiligen, der zuständige Träger für die Hilfe zur Pflege soll sich beteiligen und der Träger für notwendige Leistungen zum Lebensunterhalt ist am Gesamtplanverfahren zu beteiligen. (Der Träger der Hilfe zur Pflege soll informiert und beteiligt werden, soweit zur Feststellung der Leistungen erforderlich).

Anhaltspunkte liegen bereits dann vor, wenn sich im Laufe des Gesamtplanverfahrens begründete Hinweise ergeben, die einen Bedarf an Pflegeleistungen oder Leistungen zum notwendigen Lebensunterhalt möglich erscheinen lassen.

Wird die Zustimmung des Leistungsberechtigten verweigert, so dürfen die weiteren Leistungsträger nicht informiert werden. Dem Leistungsberechtigten sollte erläutert werden, dass es bei Nicht-Einbezug der genannten Träger im Einzelfall zu Lücken bei der Bedarfsermittlung oder in Bezug auf den Umfang der festzustellenden und zu bewilligenden Leistungen kommen kann.

Es erscheint sinnvoll, bereits zu Beginn des Gesamtplanverfahrens die Zustimmung des Leistungsberechtigten zur Information der genannten Leistungsträger einzuholen, um zeitliche Verzögerungen zu vermeiden.

Übergangsregelung SGB XII 1.1.2018 bis 31.12.2019	SGB IX ab 1.1.2020
§ 142 Instrumente der Bedarfsermittlung (1) $_1$Der Träger der Sozialhilfe hat die Leistungen nach ~~§ 54~~ unter Berücksichtigung der Wünsche des Leistungsberechtigten festzustellen. $_2$Die Ermittlung des individuellen Bedarfes erfolgt durch ein Instrument, das sich an der Internationalen Klassifikation der Funktionsfähigkeit, Behinderung und Gesundheit orientiert. $_3$Das Instrument hat die Beschreibung einer nicht nur vorübergehenden Beeinträchtigung der Aktivität und Teilhabe in den folgenden Lebensbereichen vorzusehen: 1. Lernen und Wissensanwendung, 2. allgemeine Aufgaben und Anforderungen, 3. Kommunikation, 4. Mobilität, 5. Selbstversorgung, 6. häusliches Leben, 7. interpersonelle Interaktionen und Beziehungen, 8. bedeutende Lebensbereiche und 9. Gemeinschafts-, soziales und staatsbürgerliches Leben. (2) Die Landesregierungen werden ermächtigt, durch Rechtsverordnung das Nähere über das Instrument zur Bedarfsermittlung zu bestimmen.	**§ 118 Instrumente der Bedarfsermittlung** (1) $_1$Der Träger der Eingliederungshilfe hat die Leistungen nach den Kapiteln 3 bis 6 unter Berücksichtigung der Wünsche des Leistungsberechtigten festzustellen. $_2$Die Ermittlung des individuellen Bedarfes des Leistungsberechtigten muss durch ein Instrument erfolgen, das sich an der Internationalen Klassifikation der Funktionsfähigkeit, Behinderung und Gesundheit orientiert. $_3$Das Instrument hat die Beschreibung einer nicht nur vorübergehenden Beeinträchtigung der Aktivität und Teilhabe in den folgenden Lebensbereichen vorzusehen: 1. Lernen und Wissensanwendung, 2. allgemeine Aufgaben und Anforderungen, 3. Kommunikation, 4. Mobilität, 5. Selbstversorgung, 6. häusliches Leben, 7. interpersonelle Interaktionen und Beziehungen, 8. bedeutende Lebensbereiche und 9. Gemeinschafts-, soziales und staatsbürgerliches Leben. (2) Die Landesregierungen werden ermächtigt, durch Rechtsverordnung das Nähere über das Instrument zur Bedarfsermittlung zu bestimmen.

Gesetzesbegründung zu § 118 (Drs. 18/9522, S. 287, 288)

Im Rahmen der Gesamtplanung ist zwischen Verfahren und Instrumenten zur Bedarfsermittlung zu unterscheiden.

Die Ermittlung des individuellen Bedarfs erfolgt in einem ersten Schritt mit Hilfe von Instrumenten. Ein Instrument ist ein konkretes Werkzeug (z. B. Fragebogen, Checkliste, Leitfaden), das auf einer wissenschaftlichen Grundlage beruht. Da die Länder die besonderen Leistungen zur selbstbestimmten Lebensführung für Menschen mit Behinderungen als eigene Angelegenheiten ausführen, kann Teil 2 des SGB IX kein konkretes Instrument für die Durchführung der Bedarfsermittlung festlegen, sondern lediglich grundsätzliche Orientierungen mit Blick auf die Instrumente beinhalten. Zentral steht dabei die Orientierung an der Internationalen Klassifikation der Funktionsfähigkeit, Behinderung und Gesundheit (ICF). Das Instrument hat die Beschreibung einer nicht nur vorübergehenden Beeinträchtigung der Aktivität und Teilhabe in neun Lebensbereichen, die sich an denen der ICF orientieren, vorzusehen. Der Auflösung der Grenzen zwischen ambulanter und stationärer Leistungserbringung wird Rechnung getragen.

Nach Absatz 2 werden die Landesregierungen ermächtigt, durch Rechtsverordnung das Nähere über das Bedarfsermittlungsinstrument zu bestimmen. Mit dem Verweis auf § 7 Absatz 2 wird klargestellt, dass durch die Rechtsverordnung nicht von den Kapiteln 2 bis 4 im Teil 1 – die in § 13 auch die Bedarfsermittlung umfasst – abgewichen werden kann.

Redaktioneller Hinweis:

In allen Bundesländern wird an einem Bedarfsermittlungsinstrument gearbeitet, teilweise ist dies bereits abgeschlossen. Hier eine Übersicht (Stand: 01.06.2019):

Bundesland	Tool	Projektstand
Baden-Württemberg	BEI_BaWü Erprobung	Bedarfsermittlungsinstrument Baden-Württemberg (BEI_BaWü), Version 1.1. seit April 2018; Erprobungsphase bis Mitte 2019
Bayern	in Arbeit	Einrichtung einer Arbeitsgruppe durch das Bayerische Teilhabegesetz I (BayTHG I) seit März 2018, an der alle sieben Bezirke beteiligt sind.
Berlin	TIP Erprobung	Teilhabeinstrument Berlin (TIB), das ab Mai 2019 erprobt und evaluiert wird
Brandenburg	ITP Festlegung	Mit Beschluss der Brandenburger Kommission (nach § 12 AG SGB IX) wurde am 07.07.2017 die Bildung einer Projektgruppe zum Bedarfsermittlungsinstrument beschlossen, die Empfehlung über Kriterien (Fachlichkeit, Wirksamkeit, Effektivität, Praktikabilität, Wirtschaftlichkeit), Rahmenbedingungen (Einbindung in Gesamtplan-/Teilhabeplanverfahren, Kommunikationsformen, Personalbedarf, Qualifikation) und Verfahren (Kooperationsformen, Wirkungskontrolle, Weiterentwicklung des Instruments) sowie über das Instrument selbst erarbeiten sollten. Dies ist im Jahr 2018 geschehen. Die Projektgruppe sprach sich für das Instrument ITP (Integrierter Teilhabeplan) aus.
Bremen	in Arbeit	Einrichtung einer Arbeitsgruppe mit wissenschaftlicher Begleitung (Prof. Hirschberg). Aktuell werden Empfehlungen der Arbeitsgruppe zum Instrument und zum Verfahren erarbeitet. Ziel ist der Einsatz des neuen Instruments zum 1. Januar 2020. In Bremen wurde eine Arbeitsgruppe zur Auswahl des Bedarfsermittlungsinstruments eingerichtet. Untersucht werden ITP und BEI_NRW.
Hamburg	Hamburger Gesamtplan	Überarbeitung des Hamburger Gesamtplans
Hessen	ITP Festlegung	Integrierter Teilhabeplan Hessen (ITP), wird seit Herbst 2018 in den hessischen Regionen sukzessive eingeführt
Mecklenburg-Vorpommern	ITP Festlegung	Integrierter Teilhabeplan Mecklenburg-Vorpommern (ITP M-V) seit 01.01.2018
Niedersachsen	B.E.N.I Festlegung	BedarfsErmittlung Niedersachsen (B.E.Ni), Version 2.0 seit 20.07.2018; bereits seit 01.01.2018 zur Bearbeitung von Neufällen in der Zuständigkeit der überörtlichen Trägers der Sozialhilfe anzuwenden; für Kommunen empfohlen

Bundesland	Tool	Projektstand
Nordrhein-Westfalen	BEI_BRW Festlegung	„BEI_NRW – Bedarfe ermitteln, Teilhabe gestalten"; gilt einheitlich für LVR und LWL und wird seit Anfang 2019 sukzessive eingeführt
Rheinland-Pfalz	THP Festlegung	Überarbeitung des Individuellen Teilhabeplans (THP) an die Anforderungen des BTHG
Saarland		keine Informationen vorhanden
Sachsen	ITP Festlegung	Aufgrund einer Studie der TU Dresden: Erprobung des „Integrierten Teilhabeplans" (ITP) und Anpassung in 2018; der ITP Sachsen wurde am 9.4.2019 im Amtsblatt Sachsen verkündet
Sachsen-Anhalt	Übergangs-instrument	Bis 31.12.2019 Verwendung des Bogen „ICF Erhebung Sachsen-Anhalt" um den Hilfebedarf eines Menschen in die Leistungsbereiche des aktuell gültigen Rahmenvertrages des Landes Sachsen-Anhalt zu übersetzen (mittels codierter Beschreibung von möglichen Beeinträchtigungen in den neun Kapiteln der Klassifikation der Aktivitäten und Partizipation [Teilhabe] und Zuordnung der einzelnen Items zu den sechs Leistungsbereichen des Rahmenvertrages für das Land Sachsen-Anhalt)
Schleswig-Holstein	in Arbeit	Erarbeitung eines landesweit einheitlichen Instruments durch die kommunalen Gebietskörperschaften zusammen mit dem Ministerium für Soziales, Gesundheit, Jugend, Familie und Senioren (MSGJFS); die Instrumente – eine ICF-orientierte Bedarfsfeststellung in Anlehnung an das Bio-Psycho-Soziale Modell ist derzeit in der Erprobungsphase.
Thüringen	ITP Festlegung	Einführung des Integrierten Teilhabeplans (ITP Thüringen) per Rechtsverordnung zum 01.01.2018 als einheitliches Bedarfsermittlungsinstrument für alle Landkreise und kreisfreien Städte

BAGüS Orientierungshilfe zur Gesamtplanung (S. 11–12)

6. Instrumente der Bedarfsermittlung (§ 118 SGB IX)

Die Bedarfsermittlung ist unverzichtbarer Baustein des Gesamtplanverfahrens und damit die grundlegende Voraussetzung für die Planung der Leistungen. Werden die Bedarfe des Leistungsberechtigten sorgfältig und konkret ermittelt, so ist zu erwarten, dass passgenau Teilhabeleistungen zur Unterstützung des Leistungsberechtigten festgestellt werden können. Insofern sind an die Bedarfsermittlung hohe fachliche Anforderungen zu stellen.

Der Bundesgesetzgeber hat bewusst auf die Vorgabe eines einheitlichen Instrumentes verzichtet. Damit ist es möglich, bestehende und erprobte Instrumente zur Bedarfsermittlung landesspezifisch (weiter) zu entwickeln.

Die Instrumente der Bedarfsermittlung, die im Rahmen der Eingliederungshilfe nach § 118 SGB IX einzusetzen sind, müssen zugleich den Anforderungen nach § 13 SGB IX entsprechen:

Instrumente gewährleisten eine individuelle und funktionsbezogene Bedarfsermittlung und sichern die Dokumentation und Nachprüfbarkeit der Bedarfsermittlung, indem sie insbesondere erfassen,

1. ob eine Behinderung vorliegt oder einzutreten droht,
2. welche Auswirkung die Behinderung auf die Teilhabe der Leistungsberechtigten hat,
3. welche Ziele mit Leistungen zur Teilhabe erreicht werden sollen und
4. welche Leistungen im Rahmen einer Prognose zur Erreichung der Ziele voraussichtlich erfolgreich sind.

Mit den in §§ 13 und 118 SGB IX normierten Anforderungen des Gesetzgebers zur ICF-Orientierung der Instrumente der Bedarfsermittlung steht insbesondere die Anwendung des bio-psycho-sozialen Modells der ICF im Vordergrund. Die Instrumente dienen dazu, die komplexen Zusammenhänge zwischen Person, Krankheit oder anderen Gesundheitsstörungen und den gegebenen Kontextbedingungen zu erfassen und Rehabilitationsstrategien und Interventionen zugänglich zu machen, den Bedarf nachprüfbar zu erfassen und nachprüfbar zu dokumentieren. Bei einer Nutzung der ICF muss beachtet werden, dass es sich um eine umfangreiche Klassifikation zur Beschreibung von Krankheitsfolgen, nicht aber um ein Assessmentinstrument handelt.

Insofern sind der Anwendung der ICF Grenzen gesetzt. Die Bedeutung des bio-psycho-sozialen Modells der ICF wird mit der in § 118 SGB IX vorgenommenen Bezugnahme auf die Lebensbereiche (life domains) der ICF betont.

Durch die Nutzung von sogenannten Core-sets entsteht hinsichtlich der Bedarfsermittlung eine Engführung, die dem gesetzlichen Anspruch einer umfassenden und individuellen Bedarfsermittlung entgegenstehen kann.

Core-sets sind diagnosebezogene Auswahllisten aus der ICF, die in einem aufwendigen wissenschaftlichen Verfahren (z. B. Delphi-Methode) entwickelt werden. Für die komplexen Anforderungen im Bereich der Eingliederungshilfe ist ihre Eignung zweifelhaft.

Soweit Instrumente der Bedarfsermittlung bzw. der Gesamtplanung aus arbeits- und verfahrensökonomischen Gründen mit einem reduzierten Umfang der ICF gestaltet werden müssen, kann auf die bereits vorliegende „ICF-Checkliste" der WHO für Erwachsene bzw. vergleichbare Vorschläge für Kinder und Jugendliche zurückgegriffen werden.

Erwachsene: ICF-Checkliste der WHO, Version 2.1 a; http://www.deutscherentenversicherung.de/Allgemein/de/Inhalt/3_Infos_fuer_Experten/01_sozialmedizin_forschung/downloads/sozmed/klassifikationen/dateianhaenge/icf_checkliste_2006.html

Altersgruppenspezifische Checklisten ICF-CY (Kinder und Jugendliche); http://bvkm.de/icfchecklisten

Auch bei bereits erprobten und eingesetzten Verfahren muss evaluiert werden, ob durch die Engführung relevante Lücken in der Bedarfsermittlung entstehen, die den gesetzlichen Vorgaben entgegenstehen.

Übergangsregelung SGB XII 01.01.2018 bis 31.12.2019	SGB IX ab 1.1.2020
§ 143 Gesamtplankonferenz	**§ 119 Gesamtplankonferenz**
(1) $_{1}$Mit Zustimmung der Leistungsberechtigten kann der Träger der Sozialhilfe eine Gesamtplankonferenz durchführen, um die Leistungen für Leistungsberechtigte nach ~~§ 54~~ sicherzustellen. $_{2}$Die Leistungsberechtigten und die beteiligten Rehabilitationsträger können dem nach § 15 ~~des Neunten Buches~~ verantwortlichen Träger der Sozialhilfe die Durchführung einer Gesamtplankonferenz vorschlagen. $_{3}$~~Von dem~~ Vorschlag auf Durchführung einer Gesamtplankonferenz kann ~~abgewichen werden~~, wenn ~~der Träger der Sozialhilfe den~~ maßgeblichen Sachverhalt schriftlich ermitteln kann oder der Aufwand zur Durchführung nicht in einem angemessenen Verhältnis zum Umfang der beantragten Leistung steht.	(1) $_{1}$Mit Zustimmung des Leistungsberechtigten kann der Träger der Eingliederungshilfe eine Gesamtplankonferenz durchführen, um die Leistungen für den Leistungsberechtigten nach den Kapiteln 3 bis 6 sicherzustellen. $_{2}$Die Leistungsberechtigten und die beteiligten Rehabilitationsträger können dem nach § 15 verantwortlichen Träger der Eingliederungshilfe die Durchführung einer Gesamtplankonferenz vorschlagen. $_{3}$Den Vorschlag auf Durchführung einer Gesamtplankonferenz kann der Träger der Eingliederungshilfe ablehnen, wenn der maßgebliche Sachverhalt schriftlich ermittelt werden kann oder der Aufwand zur Durchführung nicht in einem angemessenen Verhältnis zum Umfang der beantragten Leistung steht.
(2) In einer Gesamtplankonferenz beraten der Träger der ~~Sozialhilfe~~, der Leistungsberechtigte und beteiligte Leistungsträger gemeinsam auf der Grundlage des Ergebnisses der Bedarfsermittlung mit den Leistungsberechtigten insbesondere über 1. die Stellungnahmen der beteiligten Leistungsträger und der gutachterlichen Stellungnahme des Leistungserbringers bei Beendigung der Leistungen zur beruflichen Bildung nach § 57 ~~des Neunten Buches~~, 2. die Wünsche der Leistungsberechtigten nach ~~§ 9~~, 3. den Beratungs- und Unterstützungsbedarf nach ~~§ 11~~, 4. die Erbringung der Leistungen.	(2) $_{1}$In einer Gesamtplankonferenz beraten der Träger der Eingliederungshilfe, der Leistungsberechtigte und beteiligte Leistungsträger gemeinsam auf der Grundlage des Ergebnisses der Bedarfsermittlung nach § 118 insbesondere über 1. die Stellungnahmen der beteiligten Leistungsträger und die gutachterliche Stellungnahme des Leistungserbringers bei Beendigung der Leistungen zur beruflichen Bildung nach § 57, 2. die Wünsche der Leistungsberechtigten nach § 104 Absatz 2 bis 4, 3. den Beratungs- und Unterstützungsbedarf nach § 106, 4. die Erbringung der Leistungen. $_{2}$Soweit die Beratung über die Erbringung der Leistungen nach Nummer 4 den Lebensunterhalt betrifft, umfasst sie den Anteil des Regelsatzes nach § 27a Absatz 3 des Zwölften Buches, der den Leistungsberechtigten als Barmittel verbleibt.
(3) $_{1}$Ist der Träger der Sozialhilfe Leistungsverantwortlicher nach § 15 ~~des Neunten Buches~~, soll er die Gesamtplankonferenz mit einer Teilhabeplankonferenz nach § 20 ~~des Neunten Buches~~ verbinden. $_{2}$Ist der Träger der Eingliederungshilfe nicht Leistungsverantwortlicher nach § 15 ~~des Neunten Buches~~, soll er nach § 19 Absatz 5 ~~des Neunten Buches~~ den Leistungsberechtigten und den Rehabilitationsträgern anbieten, mit deren Einvernehmen das Verfahren anstelle des leistenden Rehabilitationsträgers durchzuführen.	(3) $_{1}$Ist der Träger der Eingliederungshilfe Leistungsverantwortlicher nach § 15, soll er die Gesamtplankonferenz mit einer Teilhabeplankonferenz nach § 20 verbinden. $_{2}$Ist der Träger der Eingliederungshilfe nicht Leistungsverantwortlicher nach § 15, soll er nach § 19 Absatz 5 den Leistungsberechtigten und den Rehabilitationsträgern anbieten, mit deren Einvernehmen das Verfahren anstelle des leistenden Rehabilitationsträgers durchzuführen.

Übergangsregelung SGB XII 01.01.2018 bis 31.12.2019	SGB IX ab 1.1.2020
(4) 1Beantragt eine leistungsberechtigte Mutter oder ein leistungsberechtigter Vater Leistungen zur Deckung von Bedarfen bei der Versorgung und Betreuung eines eigenen Kindes oder mehrerer eigener Kinder, so ist eine Gesamtplankonferenz mit Zustimmung des Leistungsberechtigten durchzuführen. 2Bestehen Anhaltspunkte dafür, dass diese Bedarfe durch Leistungen anderer Leistungsträger, durch das familiäre, freundschaftliche und nachbarschaftliche Umfeld oder ehrenamtlich gedeckt werden können, so informiert der Träger der ~~Sozialhilfe~~ mit Zustimmung der Leistungsberechtigten die als zuständig angesehenen Leistungsträger, die ehrenamtlich tätigen Stellen und Personen oder die jeweiligen Personen aus dem persönlichen Umfeld und beteiligt sie an der Gesamtplankonferenz.	(4) 1Beantragt eine leistungsberechtigte Mutter oder ein leistungsberechtigter Vater Leistungen zur Deckung von Bedarfen bei der Versorgung und Betreuung eines eigenen Kindes oder mehrerer eigener Kinder, so ist eine Gesamtplankonferenz mit Zustimmung des Leistungsberechtigten durchzuführen. 2Bestehen Anhaltspunkte dafür, dass diese Bedarfe durch Leistungen anderer Leistungsträger, durch das familiäre, freundschaftliche und nachbarschaftliche Umfeld oder ehrenamtlich gedeckt werden können, so informiert der Träger der Eingliederungshilfe mit Zustimmung der Leistungsberechtigten die als zuständig angesehenen Leistungsträger, die ehrenamtlich tätigen Stellen und Personen oder die jeweiligen Personen aus dem persönlichen Umfeld und beteiligt sie an der Gesamtplankonferenz.

Gesetzesbegründung zu § 119 (Drs. 18/9522, S. 288, Drs. 10/10523)

Zu Absatz 1

Zur Sicherstellung der Leistungen für die Leistungsberechtigten kann der Träger der Eingliederungshilfe mit Zustimmung der Leistungsberechtigten eine Gesamtplankonferenz als zweiten Schritt der Bedarfsermittlung zu deren Abschluss durchführen. Die Umsetzung des Rechts des betroffenen Menschen mit Behinderung, auf Augenhöhe mit den Leistungsträgern an der Feststellung seines individuellen Bedarfs und an der Gesamtplanung mitwirken zu können, wird dadurch gestärkt. Wenn der maßgebliche Sachverhalt schriftlich ermittelt werden kann oder der Aufwand für die Durchführung sowie Vor- und Nachbereitung einer Gesamtplankonferenz in keinem angemessenen Verhältnis zum Umfang der beantragten Leistung steht, kann von einer Gesamtplankonferenz abgesehen werden.

Zu Absatz 2

In einer Gesamtplankonferenz beraten der Träger der Eingliederungshilfe und andere beteiligte Leistungsträger gemeinsam mit dem Leistungsberechtigten in einer für ihn wahrnehmbaren Form umfassend über die Unterstützungsbedarfe und den zu deren Deckung notwendigen Leistungen. Die Beratung über die Leistungserbringung erstreckt sich auch auf die Möglichkeit der Inanspruchnahme einer pauschalen Geldleistung. Grundlage für die Beratung ist das Ergebnis der Bedarfsermittlung anhand von Instrumenten nach § 118. Die Gesamtplankonferenz kann im Rahmen einer Zusammenkunft aller Beteiligten an einem Ort stattfinden, aber auch als Telefonkonferenz oder virtuelle Konferenz unter Nutzung von neuen Medien („Web-Konferenz" bzw. „Video-Konferenz"). Die Form der Gesamtplankonferenz muss jedoch für eine adäquate Beteiligung der leistungsberechtigten Person geeignet sein.

Satz 2 *[red. Anm.: eingefügt während des Gesetzgebungsverfahrens, siehe Beschlussempfehlung 18/10523]* dient dem Ziel, Einvernehmen herzustellen über den Betrag, der den Leistungsberechtigten von seinem Regelsatz als Barmittel verbleibt. Bei Barmitteln handelt es sich um sofort verfügbares Bargeld einschließlich Bankguthaben. Mit der Regelung wird erreicht, dass die Leistungsberechtigen selber über die Verwendung der Leistungen zum Lebensunterhalt bestimmen können. Damit wird auch ihre Selbstbestimmung gestärkt.

Redaktioneller Hinweis:

Das Ergebnis über die Beratung des Barmittelanteils ist verpflichtender Bestandteil des Gesamtplanes (siehe § 121 Absatz 4 Nummer 6 SGB IX). Im Bereich der besonderen Wohnform ist dieser im Gesamtplan dokumentierte Barmittelanteil dann auch als verbindlich bei dem zwischen Leistungsberechtigten und Leistungserbringer abzuschließendem Vertrag anzusehen und entsprechend zu berücksichtigen.

Zu Absatz 3

Zur Optimierung der Umsetzung des ermittelten Bedarfes in Leistungen im Rahmen einer Konferenz soll der Träger der Eingliederungshilfe in Fällen, in denen eine Teilhabeplankonferenz nach Teil 1 [SGB IX] und eine Gesamtplankonferenz nach Teil 2 [SGB IX] durchzuführen ist, diese miteinander verbinden. In Fällen, in denen der Teilhabeplan nur aufgrund der Erforderlichkeit einer Leistungsfeststellung des Trägers der Eingliederungshilfe aus verschiedenen Leistungsgruppen ohne Beteiligung weiterer Rehabilitationsträger erfolgt, ist die Teilhabeplankonferenz regelmäßig durch eine Gesamtplankonferenz nach Teil 2 [SGB IX] zu ersetzen. Insbesondere werden Mehraufwand und Reibungsverluste für alle Beteiligten so vermieden. Zudem soll der Träger der Eingliederungshilfe in komplexen Leistungsfällen nach den Kapiteln 3 bis 6 [SGB IX] darauf hinwirken, anstelle des leistungsverantwortlichen Rehabilitationsträgers das Teilhabeplanverfahren nach Teil 1 [SGB IX] durchzuführen und in diesem Fall die Teilhabeplankonferenz ebenso mit der Gesamtplankonferenz zu verbinden.

Zu Absatz 4

Die Bedarfe von Müttern und Vätern mit Behinderungen im Kontext der Versorgung und Betreuung ihrer Kinder sind vielfältig und können hinsichtlich ihres Abstimmungsbedarfes komplex sein. Neben Leistungen von vorrangigen Leistungsträgern sind auch die mögliche Unterstützung aus dem familiären, freundschaftlichen oder nachbarschaftlichen Umfeld möglich oder die Unterstützung im Rahmen eines Ehrenamtes in den Blick zu nehmen. Vor diesem Hintergrund ist für diese Fälle mit Zustimmung der Leistungsberechtigten eine Gesamtplankonferenz unter Beteiligung der genannten Leistungsträger, Stellen bzw. Personen durchzuführen.

BAGüS Orientierungshilfe zur Gesamtplanung (S. 13–14)

7. Gesamtplankonferenz (§ 119 SGB IX)

Nach § 119 SGB IX kann der Träger der Eingliederungshilfe mit Zustimmung des Leistungsberechtigten eine Gesamtplankonferenz durchführen, um die Leistungen für Leistungsberechtigte sicherzustellen. Diese kann als zweiter Schritt eine unvollständige Bedarfsermittlung ergänzen. Eine Gesamtplankonferenz sollte angestrebt werden, wenn trotz sorgfältiger und umfassender Bedarfsermittlung über das Bedarfsermittlungsinstrument weiterhin unterschiedliche Auffassungen zum Bedarf bestehen. Bei komplexen Fallkonstellationen dient sie der schnelleren Klärung des Sachverhaltes.

Werden Leistungen durch leistungsberechtigte Mütter und/oder Väter zur Deckung von Bedarfen bei der Versorgung und Betreuung eines eigenen Kindes/eigener Kinder beantragt, so *ist* nach § 119 Absatz 4 eine Gesamtplankonferenz mit Zustimmung der Leistungsberechtigten durchzuführen. Dabei unterscheidet sich der Kreis der an der Gesamtplankonferenz beteiligten Stellen und Personen durch die Möglichkeit, ehrenamtlich tätige Stellen und Personen, oder Personen aus dem persönlichen Umfeld (familiäres, freundschaftliches oder nachbarschaftliches Umfeld) der Leistungsberechtigten mit deren Zustimmung zu beteiligen.

Die Durchführung der Gesamtplankonferenz kann auch durch den Leistungsberechtigten oder beteiligte Rehabilitationsträger vorgeschlagen werden.

Lehnt der Leistungsberechtigte die Durchführung der Gesamtplankonferenz ab, werden die notwendigen Leistungen soweit möglich ohne diesen Verfahrensschritt festgestellt und der Verwaltungsakt erlassen. Zu etwaigen Folgen siehe Nr. 5 (red. Anm.: abgedruckt bei § 117).

Der Leistungsträger kann die Gesamtplankonferenz ablehnen (§ 119 Absatz 1 Satz 3)

a) wenn der maßgebliche Sachverhalt auch schriftlich ermittelt werden kann. Darunter ist zu verstehen, dass aussagekräftige Unterlagen vorliegen oder diese angefordert werden können. Die Unterlagen müssen alle zur Entscheidungsfindung relevanten Angaben enthalten, so dass der Träger der Eingliederungshilfe diese zur abschließenden Entscheidung verwenden kann, oder

b) wenn der Aufwand zur Durchführung nicht in einem angemessenen Verhältnis zum Umfang der beantragten Leistung steht. Ein unangemessenes Verhältnis liegt insbesondere dann vor, wenn die voraussichtliche Höhe der Leistungen, die zur Bedarfsdeckung erforderlich sind, unter den Kosten liegen, die für die Organisation und Durchführung einer Gesamtplankonferenz liegen.

Es bleibt dem jeweiligen Träger der Eingliederungshilfe im Einzelfall unter Berücksichtigung der individuellen Lebenslage überlassen, in welchen Fällen er eine Gesamtplankonferenz durchführt. Bei der schriftlichen Ermittlung des Sachverhaltes ist der Leistungsberechtigte über den Sachstand auf Verlangen zu informieren und einzubinden. Auch wenn auf die Durchführung der Gesamtplankonferenz verzichtet wird, muss die Transparenz des Verfahrens gewährleistet sein.

Wird eine Gesamtplankonferenz durchgeführt, beraten der Träger der Eingliederungshilfe, der Leistungsberechtigte und sonstige beteiligte Leistungsträger gemeinsam auf Grundlage der Ergebnisse der Bedarfsermittlung nach § 118 SGB IX.

Inhalte sind insbesondere

1. die Stellungnahmen der beteiligten Leistungsträger und die gutachterliche Stellungnahme des Leistungserbringers bei Beendigung der Leistung zur beruflichen Bildung in einer anerkannten Werkstatt für behinderte Menschen nach § 57 SGB IX,
2. die Wünsche des Leistungsberechtigten,
3. den Beratungs- und Unterstützungsbedarf,
4. die Erbringung der Leistungen.

Ziel der Gesamtplankonferenz ist es, die Leistungsträger in die Lage zu versetzen ein tragfähiges Beratungsergebnis bezüglich der festzustellenden Leistung zu erzielen.

Führt die Gesamtplankonferenz zu keinem Konsens, wird dies unter Angabe von Gründen im Gesamtplan dokumentiert. Um einen Verwaltungsakt im Sinne des § 120 Absatz 2 SGB IX zu erlassen, muss kein Einvernehmen in der Gesamtplankonferenz erzielt werden; siehe dazu auch Nr. 8 (red. Anm.: abgedruckt bei § 120).

Übergangsregelung **SGB XII 1.1.2018 bis 31.12.2019**	**SGB IX ab 1.1.2020**
§ 143a Feststellung der Leistungen	**§ 120 Feststellung der Leistungen**
(1) Nach Abschluss der Gesamtplankonferenz stellen der Träger der ~~Sozialhilfe~~ und die beteiligten Leistungsträger ihre Leistungen nach den für sie geltenden Leistungsgesetzen innerhalb der Fristen nach den §§ 14 und 15 ~~des Neunten Buches~~ fest.	(1) Nach Abschluss der Gesamtplankonferenz stellen der Träger der Eingliederungshilfe und die beteiligten Leistungsträger ihre Leistungen nach den für sie geltenden Leistungsgesetzen innerhalb der Fristen nach den §§ 14 und 15 fest.
(2) $_{1}$Der Träger der ~~Sozialhilfe~~ erlässt auf Grundlage des Gesamtplans nach ~~§ 145~~ den Verwaltungsakt über die festgestellte Leistung nach ~~§ 54~~. $_{2}$Der Verwaltungsakt enthält mindestens die bewilligten Leistungen und die jeweiligen Leistungsvoraussetzungen. $_{3}$Die Feststellungen über die Leistungen sind für den Erlass des Verwaltungsaktes bindend. $_{4}$Ist eine Gesamtplankonferenz durchgeführt worden, sind deren Ergebnisse der Erstellung des Gesamtplans zugrunde zu legen. $_{5}$Ist der Träger der ~~Sozialhilfe~~ Leistungsverantwortlicher nach § 15 ~~des Neunten Buches~~, sind die Feststellungen über die Leistungen für die Entscheidung nach § 15 Absatz 3 ~~des Neunten Buches~~ bindend.	(2) $_{1}$Der Träger der Eingliederungshilfe erlässt auf Grundlage des Gesamtplanes nach § 121 den Verwaltungsakt über die festgestellte Leistung nach den Kapiteln 3 bis 6. $_{2}$Der Verwaltungsakt enthält mindestens die bewilligten Leistungen und die jeweiligen Leistungsvoraussetzungen. $_{3}$Die Feststellungen über die Leistungen sind für den Erlass des Verwaltungsaktes bindend. $_{4}$Ist eine Gesamtplankonferenz durchgeführt worden, sind deren Ergebnisse der Erstellung des Gesamtplanes zugrunde zu legen. $_{5}$Ist der Träger der Eingliederungshilfe Leistungsverantwortlicher nach § 15, sind die Feststellungen über die Leistungen für die Entscheidung nach § 15 Absatz 3 bindend.
(3) Wenn nach den Vorschriften zur Koordinierung der Leistungen nach Teil 1 Kapitel 4 ~~des Neunten Buches~~ ein anderer Rehabilitationsträger die Leistungsverantwortung trägt, bilden die ~~auf Grundlage~~ der Gesamtplanung festgestellten Leistungen nach ~~§ 54~~ die für den Teilhabeplan erforderlichen Feststellungen nach § 15 Absatz 2 ~~des Neunten Buches~~.	(3) Wenn nach den Vorschriften zur Koordinierung der Leistungen nach Teil 1 Kapitel 4 ein anderer Rehabilitationsträger die Leistungsverantwortung trägt, bilden die im Rahmen der Gesamtplanung festgestellten Leistungen nach den Kapiteln 3 bis 6 die für den Teilhabeplan erforderlichen Feststellungen nach § 15 Absatz 2.
(4) In einem Eilfall erbringt der Träger der ~~Sozialhilfe~~ Leistungen der Eingliederungshilfe nach ~~§ 54~~ vor Beginn der Gesamtplankonferenz vorläufig; der Umfang der vorläufigen Gesamtleistung bestimmt sich nach pflichtgemäßem Ermessen.	(4) In einem Eilfall erbringt der Träger der Eingliederungshilfe Leistungen der Eingliederungshilfe nach den Kapiteln 3 bis 6 vor Beginn der Gesamtplankonferenz vorläufig; der Umfang der vorläufigen Gesamtleistung bestimmt sich nach pflichtgemäßem Ermessen.

Gesetzesbegründung zu § 120 (Drs. 18/9522, S. 288, 289)

Zu Absatz 1 und 2

Auf Grundlage der Beratung in der Gesamtplankonferenz nach § 119 werden die Leistungen abgestimmt, ein Gesamtplan erstellt und auf dessen Grundlage der Verwaltungsakt erlassen. In transparenter und objektiver Art und Weise werden so der individuelle Bedarf von Menschen mit Behinderung zur Erzielung gleichberechtigter Teilhabe abschließend ermittelt und die Leistungen zur Bedarfsdeckung innerhalb der Fristen nach Teil 1 Kapitel 4 [SGB IX], d. h. innerhalb von zwei Monaten nach Antragseingang, nach den für die beteiligten Träger geltenden Leistungsgesetzen festgestellt.

Zu Absatz 3

Die im Rahmen der Gesamtplanung festgestellten Leistungen in Leistungsverantwortung anderer Rehabilitationsträger bilden die für den Teilhabeplan erforderlichen Feststellungen nach § 15 Absatz 2 [SGB IX].

Zu Absatz 4

In Einzelfällen, beispielsweise wenn ein Angehöriger, mit dem ein Leistungsberechtigter zusammen wohnt, plötzlich verstirbt, kann eine zeitnahe bzw. sofortige Leistungserbringung vor der Durchführung einer Gesamtplankonferenz erforderlich sein. In diesen Fällen erbringt der Träger der Eingliederungshilfe die Leistungen in seinem Zuständigkeitsbereich nach pflichtgemäßem Ermessen vorläufig.

BAGüS Orientierungshilfe zur Gesamtplanung (S. 15)

8. Feststellung der Leistungen (§ 120 SGB IX)

Mit „Feststellung der Leistung" i.S.d. Absatzes 1 ist noch nicht der Erlass des Verwaltungsaktes gemeint. Vielmehr bildet die Feststellung zunächst das Ergebnis des Prüfungs- und Abwägungsprozesses des Leistungsträgers über die erforderlichen Leistungen.

Diese Feststellungen fließen in den Gesamtplan nach § 121 SGB IX ein, der wiederum die Grundlage für den Verwaltungsakt nach § 120 Absatz 2 SGB IX darstellt.

Auf Grundlage des Gesamtplans wird der Verwaltungsakt über die festgestellten Leistungen nach § 120 Absatz 2 SGB IX erlassen. Die Feststellungen über die Leistungen sind für den Erlass des Verwaltungsaktes bindend. Erst der Verwaltungsakt entfaltet Außenwirkung und kann juristisch angegriffen werden. Die Feststellung der Leistung ist Aufgabe des Leistungsträgers. Er verantwortet diese Entscheidung auch in einem Konfliktfall.

Der Verwaltungsakt enthält mindestens Aussagen zu Art und Umfang der bewilligten Leistungen und zu den jeweiligen Leistungsvoraussetzungen. Daher ist es wichtig, im Gesamtplan in allen seinen Verfahrensschritten die konkreten Inhalte, Ziele sowie Art und Umfang der Leistungen darzustellen, die den individuellen Bedarf des Leistungsberechtigten decken. Die Fristen gemäß der §§ 14 und 15 SGB IX sind zu beachten.

Eine Ausnahme von der *vorherigen* gemeinsamen Planung bildet der Eilfall nach § 120 Absatz 4 SGB IX, in dem die Leistungen der Eingliederungshilfe in Höhe eines unter Ausübung pflichtgemäßen Ermessens erforderlichen Umfanges vorläufig erbracht werden. Das Gesamtplanverfahren ist nachzuholen. Ein Eilfall kann z. B. dann vorliegen, wenn ein betreuender Angehöriger plötzlich ausfällt.

Übergangsregelung SGB XII 1.1.2018 bis 31.12.2019	**SGB IX ab 1.1.2020**
§ 144 Gesamtplan	**§ 121 Gesamtplan**
(1) Der Träger der ~~Sozialhilfe~~ stellt unverzüglich nach der Feststellung der Leistungen einen Gesamtplan insbesondere zur Durchführung der einzelnen Leistungen oder einer Einzelleistung auf.	(1) Der Träger der Eingliederungshilfe stellt unverzüglich nach der Feststellung der Leistungen einen Gesamtplan insbesondere zur Durchführung der einzelnen Leistungen oder einer Einzelleistung auf.
(2) $_1$Der Gesamtplan dient der Steuerung, Wirkungskontrolle und Dokumentation des Teilhabeprozesses. $_2$~~Er geht der Leistungsabsprache nach § 12 vor.~~ $_3$Er bedarf der Schriftform und soll regelmäßig, spätestens nach zwei Jahren, überprüft und fortgeschrieben werden.	(2) $_1$Der Gesamtplan dient der Steuerung, Wirkungskontrolle und Dokumentation des Teilhabeprozesses. $_2$Er bedarf der Schriftform und soll regelmäßig, spätestens nach zwei Jahren, überprüft und fortgeschrieben werden.
(3) Bei der Aufstellung des Gesamtplanes wirkt der Träger der ~~Sozialhilfe~~ zusammen mit	(3) Bei der Aufstellung des Gesamtplanes wirkt der Träger der Eingliederungshilfe zusammen mit
1. dem Leistungsberechtigten,	1. dem Leistungsberechtigten,
2. einer Person ihres Vertrauens und	2. einer Person seines Vertrauens und
3. den im Einzelfall Beteiligten, insbesondere mit	3. dem im Einzelfall Beteiligten, insbesondere mit
a) dem behandelnden Arzt,	a) dem behandelnden Arzt,
b) dem Gesundheitsamt,	b) dem Gesundheitsamt,
c) dem Landesarzt,	c) dem Landesarzt,
d) dem Jugendamt und	d) dem Jugendamt und
e) den Dienststellen der Bundesagentur für Arbeit.	e) den Dienststellen der Bundesagentur für Arbeit.
(4) Der Gesamtplan enthält neben den Inhalten nach § 19 ~~des Neunten Buches~~ mindestens	(4) Der Gesamtplan enthält neben den Inhalten nach § 19 mindestens
1. die im Rahmen der Gesamtplanung eingesetzten Verfahren und Instrumente sowie die Maßstäbe und Kriterien der Wirkungskontrolle einschließlich des Überprüfungszeitpunkts,	1. die im Rahmen der Gesamtplanung eingesetzten Verfahren und Instrumente sowie die Maßstäbe und Kriterien der Wirkungskontrolle einschließlich des Überprüfungszeitpunkts,
2. die Aktivitäten der Leistungsberechtigten,	2. die Aktivitäten der Leistungsberechtigten,
3. die Feststellungen über die verfügbaren und aktivierbaren Selbsthilferessourcen des Leistungsberechtigten sowie über Art, Inhalt, Umfang und Dauer der zu erbringenden Leistungen,	3. die Feststellungen über die verfügbaren und aktivierbaren Selbsthilferessourcen des Leistungsberechtigten sowie über Art, Inhalt, Umfang und Dauer der zu erbringenden Leistungen,
4. die Berücksichtigung des Wunsch- und Wahlrechts nach ~~§ 9~~ im Hinblick auf eine pauschale Geldleistung ~~und~~	4. die Berücksichtigung des Wunsch- und Wahlrechts nach § 8 im Hinblick auf eine pauschale Geldleistung,
5. die Erkenntnisse aus vorliegenden sozialmedizinischen Gutachten~~.~~	5. die Erkenntnisse aus vorliegenden sozialmedizinischen Gutachten und
	6. das Ergebnis über die Beratung des Anteils des Regelsatzes nach § 27a Absatz 3 des Zwölften Buches, der den Leistungsberechtigten als Barmittel verbleibt.

Übergangsregelung SGB XII 1.1.2018 bis 31.12.2019	SGB IX ab 1.1.2020
(5) Der Träger ~~der Sozialhilfe hat der~~ leistungsberechtigten Person ~~Einsicht in den Gesamtplan zu gestatten.~~	(5) Der Träger der Eingliederungshilfe stellt der leistungsberechtigten Person den Gesamtplan zur Verfügung.

Gesetzesbegründung zu § 121 (Drs. 18/9522, S. 289; Drs. 18/10523)

Die Vorschrift normiert Funktion und inhaltliche Ausgestaltung des Gesamtplans, die der bisherige § 58 SGB XII offen lässt. Sie leistet somit einen Beitrag zur Rechts- und Verfahrensklarheit.

Zu Absatz 1 und 2

Die Regelungen normieren die Funktion des Gesamtplans. Er dient der Steuerung, Wirkungskontrolle und Dokumentation des Teilhabeprozesses. Er bedarf der Schriftform und soll regelmäßig, spätestens nach zwei Jahren überprüft und fortgeschrieben werden. Damit wird sichergestellt, dass auf veränderte Bedarfe, Wünsche und Teilhabeziele der Leistungsberechtigten zeitnah und flexibel reagiert werden kann.

Zu Absatz 3

Absatz 3 übernimmt die Regelung des § 58 SGB XII mit der Ergänzung, dass explizit ggf. eine Person des Vertrauens des Leistungsberechtigten mitwirken kann. Dies kann insbesondere auch ein ihn beratender anderer Mensch mit Behinderung oder eine von den Leistungsträgern so weit wie möglich unabhängige Beratungsinstanz sein.

Zu Absatz 4

Absatz 4 definiert die Mindestinhalte eines Gesamtplans und konkretisiert damit die bis dato offene Regelung des bisherigen § 58 SGB XII. Zentraler Stellenwert kommt dabei der Formulierung von individuellen, konkreten Teilhabezielen (vgl. § 19 Teilhabeplan) sowie in Orientierung an der ICF den mit diesen in einem engen Zusammenhang stehenden Aufgaben bzw. zu deren Erreichung notwendigen Handlungen („Aktivitäten") der Leistungsberechtigten zu, an denen ressourcenorientiert im Rahmen der Bedarfsermittlung und -feststellung angesetzt werden kann.

Absatz 4 Nummer 6 *[red. Anm.: eingefügt im Gesetzgebungsverfahren, siehe Beschlussempfehlung, Drs. 18/10523]* ist Teil eines abgestuften Verfahrens, das für alle Beteiligten zur Verbindlichkeit des Ergebnisses der Beratung über den Anteil des Regelsatzes, der den Leistungsberechtigten als Barmittel verbleibt, führt. In der Gesamtplankonferenz wird zunächst bei der Beratung über die Leistungserbringung unter Beteiligung der jeweiligen Leistungserbringer auch über den Anteil des Regelsatzes beraten, der den Leistungsberechtigten als Barmittel verbleibt. Das Ergebnis dieser Beratungen fließt in der weiteren Abfolge in den Gesamtplan ein. Die Ergänzung des § 121 trägt dazu bei, dass dieses Ergebnis zu den Mindestinhalten des Gesamtplans gehört. Mit dieser Dokumentation wird einerseits Transparenz geschaffen, andererseits dient sie dem Schutz des Leistungsberechtigten. Auf der Grundlage des Gesamtplans wird dann der Verwaltungsakt erlassen (§ 120).

Redaktioneller Hinweis:

Zum Schutz der Leistungsberechtigten wurde in § 119 Absatz 2 Satz 2 geregelt, dass im Rahmen der Gesamtplanung verpflichtend über den Anteil des Regelsatzes, der den Leistungsberechtigten als Barmittel zur eigenverantwortlichen Verwendung verbleibt, beraten werden muss.

Mit einer korrespondierenden Regelung im Vertragsrecht (§ 123 Absatz 5 Ziffer 4) wird eine Verbindlichkeit des im Gesamtplan dokumentierten Ergebnisses der Beratung für den Leistungserbringer geschaffen. Dort wird explizit geregelt, dass die Leistungen unter Beachtung der Inhalte des Gesamtplanes nach § 121 zu erbringen sind. Bei Nichtbeachtung der Verpflichtungen des Leistungserbringers greift das Recht zur Wirtschaftlichkeits- und Qualitätsprüfung nach § 128; auch die Sanktionsmöglichkeit nach § 129 besteht. In ihrer Gesamtheit stellen die Regelungen damit sicher, dass die Leistungsberechtigten auch künftig über einen Geldbetrag zur selbstbestimmten Verwendung verfügen können.

Zu Absatz 5

Die Änderung [des Wortlauts] trägt dazu bei, das Recht der Leistungsberechtigten auf Partizipation zu stärken.

BAGüS Orientierungshilfe zur Gesamtplanung (S. 16–17)

9. Gesamtplan (§ 121 SGB IX)

Nach § 121 SGB IX stellt der Träger der Eingliederungshilfe unverzüglich nach der Feststellung der Leistungen einen Gesamtplan insbesondere zur Durchführung der einzelnen Leistungen oder einer Einzelleistung auf. Er dient dem Träger der Eingliederungshilfe als wesentliches Steuerungsinstrument. Anhand der im Gesamtplan enthaltenen Angaben können die Planungen und Ziele von Prozessen dokumentiert und ggfs. überprüft und weiterentwickelt werden.

Der Gesamtplan bedarf der Schriftform, ist aber ansonsten an keine formellen Anforderungen gebunden. Die Erstellung erfolgt unter Einbindung des Leistungsberechtigten, einer Person seines Vertrauens und den im Einzelfall Beteiligten (z. B. behandelnder Arzt, Gesundheitsamt, Landesarzt, Jugendamt, Bundesagentur für Arbeit).

Inhaltlich besteht der Gesamtplan nach § 121 SGB IX neben den Inhalten nach § 19 SGB IX insbesondere aus

1. den Ergebnissen der Bedarfsermittlung,
2. den hierfür eingesetzten Verfahren und Instrumenten sowie
3. den Maßstäben und Kriterien der Wirkungskontrolle einschließlich des Überprüfungszeitraums.

Der Gesamtplan enthält darüber hinaus konkrete Angaben über Bedarfe, geplante bzw. durchgeführte Maßnahmen und vereinbarte Ziele sowie die Aktivitäten des Leistungsberechtigten.

Zur Erstellung eines Gesamtplanes werden im Rahmen der Bedarfsermittlung die Ressourcen der Leistungsberechtigten ermittelt und im Gesamtplan schriftlich festgehalten.

Vorliegende Gutachten werden ausgewertet, Angaben und Empfehlungen daraus für die Erstellung des Gesamtplanes verwertet.

Der Gesamtplan bzw. seine Fortschreibung dienen als Grundlage für die Bewilligung sowie die Weiterbewilligung von Leistungen. Mit anderen Leistungsträgern getroffene Vereinbarungen werden im Gesamtplan dokumentiert. Erhält der Leistungsberechtigte eine pauschale Geldleistung nach § 116 Absatz 1 SGB IX, so wird dies im Gesamtplan festgehalten. Dies gilt ab 2020 auch für das Ergebnis über die Beratungen des Anteils des Regelsatzes nach § 27a Absatz 3 SGB XII, der dem Leistungsberechtigten als Barmittel verbleibt.

Redaktioneller Hinweis:

Die BAGüS hat eine Orientierungshilfe für die Beratung über den Anteil des Regelsatzes, der Leistungsberechtigten in besonderen Wohnformen als Barmittel verbleibt (Orientierungshilfe Barmittel, Stand: Mai 2019) veröffentlicht. Diese kann auf der Website der BAGüS abgerufen werden: www.bagues.de (dort Rubrik „Empfehlungen").

Der Gesamtplan ist dem Leistungsberechtigten zur Verfügung zu stellen (§ 121 Absatz 5 SGB IX).

Eine Überprüfung und ggf. Anpassung und Fortschreibung soll spätestens nach 2 Jahren erfolgen. Es obliegt dem Träger der Eingliederungshilfe diesen Zeitraum variabel, auf den Einzelfall abgestimmt zu gestalten. So kann sich ein kürzerer Überprüfungszeitraum anbieten, wenn mit den bewilligten Leistungen kurzfristige Teilhabeziele erreicht werden sollen. Ein längerer Überprüfungszeitraum kann sich ausnahmsweise anbieten, wenn zu erwarten ist, dass der zu deckende Bedarf langfristig besteht und aufgrund fachlicher Erkenntnisse nur geringe Schwankungen aufweisen wird.

Bei Veränderungen bezüglich der Lebenssituation der Leistungsberechtigten kann der Gesamtplan jederzeit angepasst werden. Bei Bedarf kann ein Gesamtplan unabhängig von der enthaltenen Laufzeit modifiziert werden. Dies kann durch alle Verfahrensbeteiligte angeregt werden.

Übergangsregelung SGB XII 1.1.2018 bis 31.12.2019	SGB IX ab 1.1.2020
§ 145 Teilhabezielvereinbarung Der Träger der ~~Sozialhilfe~~ kann mit dem Leistungsberechtigten eine Teilhabezielvereinbarung zur Umsetzung der Mindestinhalte des Gesamtplanes oder von Teilen der Mindestinhalte des Gesamtplanes abschließen. Die ~~Teilhabeziel~~vereinbarung wird für die Dauer des Bewilligungszeitraumes der Leistungen der Eingliederungshilfe abgeschlossen, soweit sich aus ihr nichts Abweichendes ergibt. Bestehen Anhaltspunkte dafür, dass die Vereinbarungsziele nicht oder nicht mehr erreicht werden, hat der Träger der ~~Sozialhilfe~~ die Teilhabezielvereinbarung anzupassen. Die Kriterien nach ~~§ 141 Absatz 1 Nummer 3~~ gelten entsprechend.	**§ 122 Teilhabezielvereinbarung** Der Träger der Eingliederungshilfe kann mit dem Leistungsberechtigten eine Teilhabezielvereinbarung zur Umsetzung der Mindestinhalte des Gesamtplanes oder von Teilen der Mindestinhalte des Gesamtplanes abschließen. Die Vereinbarung wird für die Dauer des Bewilligungszeitraumes der Leistungen der Eingliederungshilfe abgeschlossen, soweit sich aus ihr nichts Abweichendes ergibt. Bestehen Anhaltspunkte dafür, dass die Vereinbarungsziele nicht oder nicht mehr erreicht werden, hat der Träger der Eingliederungshilfe die Teilhabezielvereinbarung anzupassen. Die Kriterien nach § 117 Absatz 1 Nummer 3 gelten entsprechend.

Gesetzesbegründung zu § 122 (Drs. 18/9522, S. 289)

Das Verfahren der Gesamtplanung soll die Überprüfung bewilligter Leistungen nach Zeitabläufen ermöglichen. Hierzu gibt die Vorschrift dem Träger der Eingliederungshilfe die Möglichkeit, mit den Leistungsberechtigten eine Teilhabezielvereinbarung abzuschließen. Eine solche Teilhabezielvereinbarung muss nicht zwingend ein eigenständiges Dokument sein. Auch die Unterzeichnung bzw. Vereinbarung von im Rahmen der Bedarfsermittlung und -feststellung formulierten Zielen kann eine Zielvereinbarung in diesem Sinne darstellen.

Auf veränderte Teilhabeziele aufgrund veränderter Bedarfe und Wünsche ist flexibel zu reagieren. Vor diesem Hintergrund hat der Träger der Eingliederungshilfe die Vereinbarung anzupassen, wenn Anhaltspunkte dafür bestehen, dass die Vereinbarungsziele nicht oder nicht mehr erreicht werden.

BAGüS Orientierungshilfe zur Gesamtplanung (S. 18)

10. Teilhabezielvereinbarung (§ 122 SGB IX)

Die Teilhabezielvereinbarung ist ein partizipatives Element, mit dem der Träger der Eingliederungshilfe die Möglichkeit nutzen kann, eine konkrete Umsetzung von Mindestinhalten (oder -teilen) mit dem Leistungsberechtigten abzuschließen. Die Vereinbarung von Teilhabezielen und Zielerreichungskriterien dient dazu, die Überprüfung und Wirkungskontrolle von bewilligten Leistungen zu ermöglichen. Die Teilhabezielvereinbarung wird daher in der Regel mit der Dauer des Bewilligungszeitraums verknüpft.

Bei Anhaltspunkten für die Nichterreichung oder Veränderung von Vereinbarungszielen sind diese auch während des Bewilligungszeitraums anzupassen. Auch beim Abschluss der Teilhabezielvereinbarung sind die Kriterien des § 117 Absatz 1 Nr. 3 SGB IX zu beachten, wie z. B. die trägerübergreifende Umsetzung von Mindestinhalten des Gesamtplans. Die Teilhabezielvereinbarung muss nicht zwingend ein eigenständiges Dokument sein, denn die Zielplanung kann bereits auch im Rahmen der Bedarfsermittlung erfolgen.

Kapitel 8
Vertragsrecht

Gesetzestext mit BTHG-Gesetzesbegründung und redaktionellen Hinweisen

SGB XII-Regelung (Fassung bis 31.12.2019)	SGB IX ab 1.1.2018 für Verträge ab 1.1.2020
§ 75 Absatz 3 Satz 1 Einrichtungen und Dienste	**§ 123 Allgemeine Grundsätze**
(3) ₁Wird die Leistung von einer Einrichtung erbracht, ist der Träger der Sozialhilfe zur Übernahme der Vergütung für die Leistung nur verpflichtet, wenn mit dem Träger der Einrichtung oder seinem Verband eine Vereinbarung über 1. Inhalt, Umfang und Qualität der Leistungen (Leistungsvereinbarung), 2. die Vergütung, die sich aus Pauschalen und Beträgen für einzelne Leistungsbereiche zusammensetzt (Vergütungsvereinbarung) und 3. die Prüfung der Wirtschaftlichkeit und Qualität der Leistungen (Prüfungsvereinbarung) besteht.	(1) ₁Der Träger der Eingliederungshilfe darf Leistungen der Eingliederungshilfe mit Ausnahme der Leistungen nach § 113 Absatz 2 Nummer 2 in Verbindung mit § 78 Absatz 5 und § 116 Absatz 1 durch Dritte (Leistungserbringer) nur bewilligen, soweit eine schriftliche Vereinbarung zwischen dem Träger des Leistungserbringers und dem für den Ort der Leistungserbringung zuständigen Träger der Eingliederungshilfe besteht. ₂Die Vereinbarung kann auch zwischen dem Träger der Eingliederungshilfe und dem Verband, dem der Leistungserbringer angehört, geschlossen werden, soweit der Verband eine entsprechende Vollmacht nachweist.
§ 77 Absatz 1 Satz 2 2. Halbsatz Abschluss von Vereinbarungen	
...; die Vereinbarungen sind für alle übrigen Träger der Sozialhilfe bindend.	(2) ₁Die Vereinbarungen sind für alle übrigen Träger der Eingliederungshilfe bindend.
§ 75 Absatz 3 Satz 2 Einrichtungen und Dienste	
₂Die Vereinbarungen müssen den Grundsätzen der Wirtschaftlichkeit, Sparsamkeit und Leistungsfähigkeit entsprechen.	₂Die Vereinbarungen müssen den Grundsätzen der Wirtschaftlichkeit, Sparsamkeit und Leistungsfähigkeit entsprechen und dürfen das Maß des Notwendigen nicht überschreiten. ₃Sie sind vor Beginn der jeweiligen Wirtschaftsperiode für einen zukünftigen Zeitraum abzuschließen (Vereinbarungszeitraum); nachträgliche Ausgleiche sind nicht zulässig. ₄Die Ergebnisse der Vereinbarungen sind den Leistungsberechtigten in einer wahrnehmbaren Form zugänglich zu machen. (3) Private und öffentliche Arbeitgeber gemäß § 61 sind keine Leistungserbringer im Sinne dieses Kapitels.
§ 76 Absatz 1 Satz 2 Inhalt der Vereinbarungen	
₂In die Vereinbarung ist die Verpflichtung der Einrichtung aufzunehmen, im Rahmen des vereinbarten Leistungsangebotes Leistungsberechtigte aufzunehmen und zu betreuen.	(4) ₁Besteht eine schriftliche Vereinbarung, so ist der Leistungserbringer, soweit er kein anderer Leistungsanbieter im Sinne des § 60 ist, im Rahmen des vereinbarten Leistungsangebotes verpflichtet, Leistungsberechtigte aufzunehmen und Leistungen der Eingliederungshilfe unter Beachtung der Inhalte des Gesamtplanes nach § 121 zu erbringen. ₂Die Verpflichtung zur Leistungserbringung besteht auch in den Fällen des § 116 Absatz 2.

SGB XII-Regelung (Fassung bis 31.12.2019)	SGB IX ab 1.1.2018 für Verträge ab 1.1.2020
§ 75 Absatz 4 Einrichtungen und Dienste (4) ₁Ist eine der in Absatz 3 genannten Vereinbarungen nicht abgeschlossen, darf der Träger der Sozialhilfe Leistungen durch diese Einrichtung nur erbringen, wenn dies nach der Besonderheit des Einzelfalls geboten ist. ₂Hierzu hat der Träger der Einrichtung ein Leistungsangebot vorzulegen, das die Voraussetzung des § 76 erfüllt, und sich schriftlich zu verpflichten, Leistungen entsprechend diesem Angebot zu erbringen. ₄Für die Prüfung der Wirtschaftlichkeit und Qualität der Leistungen gelten die Vereinbarungsinhalte des Trägers der Sozialhilfe mit vergleichbaren Einrichtungen entsprechend. ₅Der Träger der Sozialhilfe hat die Einrichtung über Inhalt und Umfang dieser Prüfung zu unterrichten. Absatz 5 gilt entsprechend. ₃Vergütungen dürfen nur bis zu der Höhe übernommen werden, wie sie der Träger der Sozialhilfe am Ort der Unterbringung oder in seiner nächsten Umgebung für vergleichbare Leistungen nach den nach Absatz 3 abgeschlossenen Vereinbarungen mit anderen Einrichtungen trägt.	(5) ₁Der Träger der Eingliederungshilfe darf die Leistungen durch Leistungserbringer, mit denen keine schriftliche Vereinbarung besteht, nur erbringen, soweit 1. dies nach der Besonderheit des Einzelfalles geboten ist, 2. der Leistungserbringer ein schriftliches Leistungsangebot vorlegt, das für den Inhalt einer Vereinbarung nach § 125 gilt, 3. der Leistungserbringer sich schriftlich verpflichtet, die Grundsätze der Wirtschaftlichkeit und Qualität der Leistungserbringung zu beachten, 4. der Leistungserbringer sich schriftlich verpflichtet, bei der Erbringung von Leistungen die Inhalte des Gesamtplanes nach § 121 zu beachten, 5. die Vergütung für die Erbringung der Leistungen nicht höher ist als die Vergütung, die der Träger der Eingliederungshilfe mit anderen Leistungserbringern für vergleichbare Leistungen vereinbart hat. ₂Die allgemeinen Grundsätze der Absätze 1 bis 3 und 5 sowie die Vorschriften zur Geeignetheit der Leistungserbringer (§ 124), zum Inhalt der Vergütung (§ 125), zur Verbindlichkeit der vereinbarten Vergütung (§ 127), zur Wirtschaftlichkeits- und Qualitätsprüfung (§ 128), zur Kürzung der Vergütung (§ 129) und zur außerordentlichen Kündigung der Vereinbarung (§ 130) gelten entsprechend. (6) Der Leistungserbringer hat gegen den Träger der Eingliederungshilfe einen Anspruch auf Vergütung der gegenüber dem Leistungsberechtigten erbrachten Leistungen der Eingliederungshilfe.

Gesetzesbegründung zu § 123 (Drs. 18/9522, S. 292–294)

Diese Regelung fasst die bisher an verschiedenen Stellen des Zehnten Kapitels des Zwölften Buches festgelegten allgemeinen Grundsätze für die Erbringung von Leistungen durch externe Leistungserbringer in einer Vorschrift zusammen, soweit sie für das Recht der Eingliederungshilfe von Bedeutung sind. Darüber hinausgehende Ergänzungen betreffen insbesondere die nähere Bestimmung des Begriffs der Geeignetheit eines Leistungserbringers sowie die Klarstellung zur Wirtschaftlichkeit tariflich vereinbarter Vergütungen. Weiterhin sind Begrifflichkeiten an das neue Recht angepasst worden: Der Begriff des Leistungserbringers ersetzt die bisherige Unterscheidung zwischen (teilstationären und stationären) Einrichtungen und (ambulanten) Diensten, welche nicht mehr dem personenzentrierten Ansatz entspricht.

Zu Absatz 1

Satz 1 überträgt im Wesentlichen inhaltsgleich die bisherige Regelung des § 75 Absatz 3 Satz 1, 1. Halbsatz SGB XII auf das Recht der Eingliederungshilfe. Eine Leistung darf auch künftig im Recht der Eingliederungshilfe unabhängig vom Ort der Leistungserbringung grundsätzlich nur dann erbracht werden, wenn eine Vereinbarung mit einen Träger der Eingliederungshilfe besteht.

Redaktioneller Hinweis:

In der Beschlussempfehlung (Drs. 18/10523) wurde mit Einfügung des Wortes „bewilligen" anstelle von „erbringen" klargestellt, dass der Träger der Eingliederungshilfe die Leistungen nach Teil 2 des Neunten Buches bewilligt. Die Leistungen „erbringen" nach wie vor – wie der Name schon sagt – die Leistungserbringer.

Eine Vereinbarung ist nicht erforderlich, soweit die Leistung zur Ausübung eines Ehrenamtes gemäß § 113 Absatz 2 Nummer 2 in Verbindung mit § 78 Absatz 5 oder als pauschale Geldleistung gemäß § 116 Absatz 1 erbracht wird.

Mit dem Abschluss individueller Vereinbarungen und der damit zum Ausdruck kommenden Wettbewerbsorientierung sollen Anreize für eine möglichst kostengünstige Leistungserbringung geschaffen werden.

Die Vereinbarung besteht aus einer Leistungs- und einer Vergütungsvereinbarung. Hierbei handelt es sich um jeweils selbständige Teile, die unabhängig voneinander geschlossen werden können. Die nach bisherigem Recht der Sozialhilfe zusätzlich abzuschließende Prüfungsvereinbarung wird zugunsten eines gesetzlichen Prüfungsrechts des Trägers der Eingliederungshilfe gemäß § 75 Absatz 3 Satz 1 Nummer 3 SGB XII gestrichen. Für die Vereinbarungen nach Kapitel 8 ist das Schriftformerfordernis ausdrücklich vorgeschrieben.

Satz 2 übernimmt inhaltsgleich die bisherige Regelung des § 75 Absatz 3 Satz 1 2. Halbsatz SGB XII, d. h. die Vereinbarung kann auch zwischen dem Träger der Eingliederungshilfe und dem Verband, dem der Leistungserbringer angehört, geschlossen werden. Soweit nach Satz 2 die schriftliche Vereinbarung auch zwischen dem Träger der Eingliederungshilfe und dem Verband, dem der Leistungserbringer angehört, geschlossen werden kann, hat der Verband zusätzlich seine Legitimation durch eine entsprechende Vollmacht nachzuweisen.

Zu Absatz 2

Die mit einem Träger der Eingliederungshilfe geschlossene Vereinbarung ist gemäß Satz 1 für alle übrigen Träger der Eingliederungshilfe entsprechend der bisherigen Regelung im Sozialhilferecht (§ 77 Absatz 1 Satz 2 2. Halbsatz SGB XII) bindend.

Satz 2 übernimmt inhaltsgleich die bisherige Regelung des § 75 Absatz 3 Satz 2 SGB XII, wonach die Vereinbarung die Grundsätze der Wirtschaftlichkeit, Sparsamkeit und Leistungsfähigkeit beachten muss. Dem Träger der Eingliederungshilfe wird damit die Möglichkeit eingeräumt, auf die Höhe und Ausgestaltung der zu übernehmenden Kosten Einfluss zu nehmen. In diesem Zusammenhang ist zu prüfen, ob der Leistungserbringer geeignet ist (§ 124) und die wirtschaftliche Verwendung öffentlicher Gelder gewährleistet ist.

Mit Satz 3 wird klargestellt, dass die Vereinbarung entsprechend dem bisher geltenden Recht der Sozialhilfe nur für künftige Zeiträume abgeschlossen werden darf. Bereits 1993 wurde mit dem Zweiten Gesetz zur Umsetzung des Spar-, Konsolidierungs- und Wachstumsprogramms das bis dahin geltende Selbstkostendeckungsprinzip durch ein prospektives Entgeltsystem ersetzt. Ausgangspunkt war die Erkenntnis, dass das Selbstkostendeckungsprinzip mit seinem nachträglichen Ausgleich von Über- oder Unterdeckungen nicht mehr modernen betriebswirtschaftlichen Erfordernissen entsprach. Vielmehr bietet das Selbstkostendeckungsprinzip keinen Anreiz für eine wirtschaftliche Leistungserbringung. Das seitdem geltende System prospektiver Entgelte hat sich bewährt und findet künftig auch im Vertragsrecht der Eingliederungshilfe Anwendung. Die Vergütung wird zwischen dem Leistungsträger und dem Leistungserbringer oder seinem Verband vereinbart. Ziel ist eine angemessene (leistungsgerechte) Vergütung, die die Eigenverantwortung der Leistungserbringer stärkt und deren wirtschaftliche Betriebsführung honoriert. Die Laufzeit der Vergütungsvereinbarung ist nicht an das Kalenderjahr gekoppelt, sondern durch die Vereinbarungspartner festzulegen. Die Vereinbarungspartner werden so in die Lage versetzt, die Laufzeit der Verträge je nach Bedarf zu bestimmen. Im Falle der Nichteinigung über die Höhe der Vergütung entscheidet gemäß § 126 auf Antrag einer Partei eine unabhängige Schiedsstelle. Aufgabe der Schiedsstelle ist die Herstellung eines weitgehenden Interessenausgleichs zwischen Leistungserbringer und Leistungsträger.

Mit der in Satz 4 normierten Pflicht, die Ergebnisse der Vereinbarungen den Leistungsberechtigten zugänglich zu machen, wird die Position der Leistungsberechtigten, ausdrücklich hervorgehoben und gestärkt. Der Abschluss einer Vereinbarung zwischen Leistungsträger und Leistungserbringer liegt in vielfacher Hinsicht auch im besonderen Interesse der Leistungsberechtigten:

- Die Vereinbarung dient der Umsetzung des individuellen Leistungsanspruchs des Leitungsberechtigten.
- Im Interesse des Leistungsberechtigten wird eine ausreichende (bedarfsgerechte) und leistungsgerechte Vergütung ausgehandelt.
- Die individuellen Bedarfe und Wünsche der Leistungsberechtigten können durch eine größere Leistungsvielfalt und Trägerpluralität besser berücksichtigt werden.
- Die Vereinbarung stellt ein vergleichbares Leistungsniveau und eine vergleichbare Qualität durch die Festlegung von Leistungsinhalten sicher.
- Die Vereinbarung ermöglicht eine weitgehend transparente Leistungserbringung.

Damit alle Leistungsberechtigten unabhängig von der Art ihrer Behinderung die Ergebnisse der Vereinbarungen zur Kenntnis nehmen können, ist sicherzustellen, dass die Zugänglichmachung in einer für die Leistungsberechtigten wahrnehmbaren Form erfolgt. Eine allgemeinverbindliche Vorgabe, welche Form wahrnehmbar ist, ist im Hinblick auf die verschiedenen Lebenslagen nicht möglich; entscheidend für die Entscheidung ist vielmehr der jeweilige Einzelfall.

Zu Absatz 3

Absatz 3 stellt klar, dass private und öffentliche Arbeitgeber im Sinne von § 61 keine Leistungserbringer im Sinne dieses Kapitels sind; auf diese finden die Vorschriften des Kapitels 8 keine Anwendung. Ein privater oder öffentlicher Arbeitgeber, der einem Menschen mit Behinderung als Alternative zu einer Beschäftigung in einer Werkstatt für behinderte Menschen ein sozialversicherungspflichtiges Arbeitsverhältnis anbietet, ist lediglich Nutznießer einer dem Leistungsberechtigten zugedachten Teilhabeleistung (Lohnkostenzuschuss aus Mitteln der Eingliederungshilfe). Anders als eine Werkstatt für behinderte Menschen erbringt er selbst aber keine Teilhabeleistung, die vom Träger der Eingliederungshilfe nach Abschluss einer Vereinbarung nach § 125 SGB IX vergütet wird. Insoweit kann der Träger der Eingliederungshilfe keinen Einfluss auf die nähere Ausgestaltung des zwischen dem Arbeitgeber und dem Menschen mit Behinderung nach Abschluss des Arbeitsvertrages bestehenden Rechtsverhältnisses nehmen. Auch kann er den Abschluss des aus Mitteln der Eingliederungshilfe zu fördernden Arbeitsvertrages nicht von einer Leistungs- und Entgeltvereinbarung zwischen dem Arbeitgeber und dem Träger der Eingliederungshilfe abhängig machen.

Zu Absatz 4

Satz 1 greift die bisherige Regelung des § 76 Absatz 1 Satz 2 SGB XII auf, nach der in die Vereinbarung die Verpflichtung aufzunehmen ist, im Rahmen des vereinbarten Leistungsangebots den Leistungsberechtigten aufzunehmen und zu betreuen. Durch die Aufnahme in die allgemeinen Grundsätze des Vertragsrechts wird die bisher in jedem Einzelfall zu vereinbarende Verpflichtung überflüssig. Die Aufnahme- und Betreuungspflicht greift insoweit in die Berufsausübungsfreiheit des Leistungserbringers ein. Der Eingriff ist durch den Zweck der Regelung – die Sicherstellung der Versorgung des Leistungsberechtigten – gerechtfertigt. Neu ist die Verpflichtung der Leistungserbringer, dass die Inhalte des Gesamtplanes nach § 121 zu beachten sind.

Mit Satz 2 wird klargestellt, dass die Verpflichtung zur Leistungserbringung auch in den Fällen des § 116 Absatz 2 gilt, in denen Leistungen der Eingliederungshilfe von mehreren Leistungsberechtigten gemeinsam in Anspruch genommen werden.

Zu Absatz 5

In besonderen Einzelfällen darf in Abweichung des in Absatz 1 Satz 1 normierten Grundsatzes eine Leistung auch durch einen Leistungserbringer, mit dem keine schriftliche Vereinbarung geschlossen wurde, erbracht werden. Wie bisher schon im Leistungserbringungsrecht der Sozialhilfe darf der Leistungserbringer nicht bessergestellt werden als ein Leistungserbringer, der eine Vereinbarung mit dem Träger der Eingliederungshilfe geschlossen hat. Der Leistungserbringer hat daher in diesen Fällen ein schriftliches Leistungsangebot vorzulegen, dass den Vorgaben des § 125 entspricht.

Darüber hinaus hat sich der Leistungserbringer zu verpflichten, die Grundsätze des Absatz 1 Satz 4 bzgl. der Wirtschaftlichkeit und Qualität der Leistungserbringung zu erfüllen. Ebenso wie die Leistungserbringer, mit denen eine Vereinbarung geschlossen wurde, hat der Leistungserbringer anlässlich der Erbringung der Leistungen der Eingliederungshilfe die Inhalte des Gesamtplanes nach § 121 zu beachten.

Redaktioneller Hinweis:

Mit der Regelung von § 123 Absatz 5 Ziffer 4 korrespondiert die Regelung von § 121 Absatz 4, die hier stets im Zusammenhang gelesen werden sollte. Geschaffen wird eine Verbindlichkeit für den Leistungserbringer, die im Gesamtplan dokumentierten Ergebnisse strikt zu beachten. Tut er dies nicht, greift das Recht zur Wirtschaftlichkeits- und Qualitätsprüfung nach § 128 SGB IX; auch Sanktionen nach § 129 SGB IX sind dann möglich.

Die Vergütung darf darüber hinaus nicht höher sein als die Vergütung, die der Träger der Eingliederungshilfe mit anderen Leistungserbringern für vergleichbare Leistungen vereinbart hat. Die Vorschrift greift damit die entsprechende Regelung aus dem Vertragsrecht der Sozialhilfe auf (vgl. § 75 Absatz 4 SGB XII). Im Übrigen finden die Vorschriften der §§ 123 bis 125 und 127 bis 130 auf die Fälle des Absatzes 5 entsprechende Anwendung.

Zu Absatz 6

Aufgrund des sozialhilferechtlichen Dreiecksverhältnisses mit den dabei bestehenden Rechtsbeziehungen zwischen Leistungsberechtigten, Leistungserbringern und Leistungsträgern hat der Leistungserbringer nach bisher geltender Rechtslage keinen unmittelbaren Zahlungsanspruch gegen den Leistungsträger. Vielmehr haben die Leistungserbringer aufgrund der privatrechtlichen Verträge mit den Leistungsberechtigten einen Anspruch auf eine Vergütung der erbrachten Leistung.

Auch die Rechtsprechung hat bisher einen unmittelbaren Zahlungsanspruch des Leistungserbringers gegenüber dem Leistungsträger verneint. Im Unterschied zum Recht der Gesetzlichen Krankenversicherung bzw. Sozialen Pflegeversicherung bestehe weder ein gesetzlicher noch ein aus den Normverträgen resultierender Zahlungsanspruch des Leistungserbringers gegen den Träger der Sozialhilfe. Im Vertragsrecht beschränke sich die Verpflichtung des Trägers der Sozialhilfe auf die Schaffung und Gestaltung des im Gesetz umschriebenen vertraglichen Rahmens. Den Anspruch der Leistungsberechtigten gegen die Träger der Sozialhilfe auf Übernahme der Kosten könne der Leistungserbringer nicht einklagen. Erst mit der Leistungsbewilligung erkläre der Träger der Sozialhilfe jedoch im Einzelfall einen Schuldbeitritt zur zivilrechtlichen Verpflichtung des Leistungsberechtigten gegenüber dem Leistungserbringer. Dieser Schuldbeitritt führe zu einem unmittelbaren Zahlungsanspruch des Leistungserbringers gegen den Träger der Sozialhilfe (BSG, Urteil vom 28. Oktober 2008, B 8 SO 22/07 R).

In der Praxis leistete dagegen schon vor der Entscheidung des Bundessozialgerichts dagegen der Träger der Sozialhilfe regelmäßig aus Praktikabilitätsgründen unmittelbar an den Leistungserbringer. Es ist daher sachgerecht, dass sich künftig im Leistungserbringungsrecht der Eingliederungshilfe die bestehende Praxis widerspiegelt und dem Leistungserbringer ein unmittelbarer Zahlungsanspruch gegen den Träger der Eingliederungshilfe eingeräumt wird. Dieser Zahlungsanspruch ist öffentlich-rechtlicher Natur, so dass im Fall von Rechtsstreitigkeiten der Rechtsweg zu den Sozialgerichten eröffnet ist, während bei Klagen aus dem zivilrechtlichen Rechtsverhältnis zwischen Leistungsberechtigten und Leistungserbringer der Zivilrechtsweg eröffnet ist. Der Zahlungsanspruch umfasst nur die vom Träger der Eingliederungshilfe zu erbringenden Leistungen.

SGB XII-Regelung (Fassung bis 31.12.2019)	**SGB IX ab 1.1.2018 für Verträge ab 1.1.2020**
§ 75 Absatz 2 Einrichtungen und Dienste	**§ 124 Geeignete Leistungserbringer**
(2) ₁Zur Erfüllung der Aufgaben der Sozialhilfe sollen die Träger der Sozialhilfe eigene Einrichtungen nicht neu schaffen, soweit geeignete Einrichtungen anderer Träger vorhanden sind, ausgebaut oder geschaffen werden können. ₂Vereinbarungen nach Absatz 3 sind nur mit Trägern von Einrichtungen abzuschließen, die insbesondere unter Berücksichtigung ihrer Leistungsfähigkeit und der Sicherstellung der Grundsätze des § 9 Absatz 1 zur Erbringung der Leistungen geeignet sind.	(1) ₁Sind geeignete Leistungserbringer vorhanden, soll der Träger der Eingliederungshilfe zur Erfüllung seiner Aufgaben eigene Angebote nicht neu schaffen. ₂Geeignet ist ein externer Leistungserbringer, der unter Sicherstellung der Grundsätze des § 104 die Leistungen wirtschaftlich und sparsam erbringen kann.
	₃Die durch den Leistungserbringer geforderte Vergütung ist wirtschaftlich angemessen, wenn sie im Vergleich mit der Vergütung vergleichbarer Leistungserbringer im unteren Drittel liegt (externer Vergleich). ₄Liegt die geforderte Vergütung oberhalb des unteren Drittels, kann sie wirtschaftlich angemessen sein, sofern sie nachvollziehbar auf einem höheren Aufwand des Leistungserbringers beruht und wirtschaftlicher Betriebsführung entspricht. ₅In den externen Vergleich sind die im Einzugsbereich tätigen Leistungserbringer einzubeziehen. ₆Die Bezahlung tariflich vereinbarter Vergütungen sowie entsprechender Vergütungen nach kirchlichen Arbeitsrechtsregelungen kann dabei nicht als unwirtschaftlich abgelehnt werden, soweit die Vergütung aus diesem Grunde oberhalb des unteren Drittels liegt.
	(2) ₁Geeignete Leistungserbringer haben zur Erbringung der Leistungen der Eingliederungshilfe eine dem Leistungsangebot entsprechende Anzahl an Fach- und anderem Betreuungspersonal zu beschäftigen. ₂Sie müssen über die Fähigkeit zur Kommunikation mit den Leistungsberechtigten in einer für die Leistungsberechtigten wahrnehmbaren Form verfügen und nach ihrer Persönlichkeit geeignet sein.
₃Geeignete Träger von Einrichtungen dürfen nur solche Personen beschäftigen oder ehrenamtliche Personen, die in Wahrnehmung ihrer Aufgaben Kontakt mit Leistungsberechtigten haben, mit Aufgaben betrauen, die nicht rechtskräftig wegen einer Straftat nach den §§ 171, 174 bis 174c, 176 bis 180a, 181a, 182 bis 184g, 184i, 184j, 201a Absatz 3, §§ 225, 232 bis 233a, 234, 235 oder 236 des Strafgesetzbuchs verurteilt worden sind. ₄Die Träger von Einrichtungen sollen sich von Fach- und anderem Betreuungspersonal, die in Wahrnehmung ihrer Aufgaben Kontakt mit Leistungsberechtigten haben, vor deren Einstellung oder Aufnahme einer dauerhaften ehrenamtlichen Tätig-	₃Geeignete Leistungserbringer dürfen nur solche Personen beschäftigen oder ehrenamtliche Personen, die in Wahrnehmung ihrer Aufgaben Kontakt mit Leistungsberechtigten haben, mit Aufgaben betrauen, die nicht rechtskräftig wegen einer Straftat nach den §§ 171, 174 bis 174c, 176 bis 180a, 181a, 182 bis 184g, 184i, 184j, 201a Absatz 3, §§ 225, 232 bis 233a, 234, 235 oder 236 des Strafgesetzbuchs verurteilt worden sind. ₄Die Leistungserbringer sollen sich von Fach- und anderem Betreuungspersonal, die in Wahrnehmung ihrer Aufgaben Kontakt mit Leistungsberechtigten haben, vor deren Einstellung oder Aufnahme einer dauerhaften ehrenamtlichen Tätigkeit und in regel-

SGB XII-Regelung (Fassung bis 31.12.2019)	**SGB IX ab 1.1.2018 für Verträge ab 1.1.2020**
keit und während der Beschäftigungsdauer in regelmäßigen Abständen ein Führungszeugnis nach § 30a Absatz 1 des Bundeszentralregistergesetzes vorlegen lassen. $_5$Nimmt der Träger der Einrichtung Einsicht in ein Führungszeugnis nach § 30a Absatz 1 des Bundeszentralregistergesetzes, so speichert er nur den Umstand der Einsichtnahme, das Datum des Führungszeugnisses und die Information, ob die das Führungszeugnis betreffende Person wegen einer in Satz 3 genannten Straftat rechtskräftig verurteilt worden ist. $_6$Der Träger der Einrichtung darf diese Daten nur verändern und nutzen, soweit dies zur Prüfung der Eignung einer Person erforderlich ist. $_7$Die Daten sind vor dem Zugriff Unbefugter zu schützen. $_8$Sie sind im Anschluss an die Einsichtnahme unverzüglich zu löschen, wenn keine Tätigkeit für den Träger der Einrichtung aufgenommen wird. $_9$Im Falle der Ausübung einer Tätigkeit für den Träger der Einrichtung sind sie spätestens drei Monate nach der letztmaligen Ausübung der Tätigkeit zu löschen.	mäßigen Abständen ein Führungszeugnis nach § 30a Absatz 1 des Bundeszentralregistergesetzes vorlegen lassen. $_5$Nimmt der Leistungserbringer Einsicht in ein Führungszeugnis nach § 30a Absatz 1 des Bundeszentralregistergesetzes, so speichert er nur den Umstand der Einsichtnahme, das Datum des Führungszeugnisses und die Information, ob die das Führungszeugnis betreffende Person wegen einer in Satz 3 genannten Straftat rechtskräftig verurteilt worden ist. $_6$Der Leistungserbringer darf diese Daten nur verändern und nutzen, soweit dies zur Prüfung der Eignung einer Person erforderlich ist. $_7$Die Daten sind vor dem Zugriff Unbefugter zu schützen. $_8$Sie sind unverzüglich zu löschen, wenn im Anschluss an die Einsichtnahme keine Tätigkeit für den Leistungserbringer wahrgenommen wird. $_9$Sie sind spätestens drei Monate nach der letztmaligen Ausübung einer Tätigkeit für den Leistungserbringer zu löschen.
	$_{10}$Das Fachpersonal muss zusätzlich über eine abgeschlossene berufsspezifische Ausbildung und dem Leistungsangebot entsprechende Zusatzqualifikationen verfügen.
$_{10}$Sind Einrichtungen vorhanden, die in gleichem Maße geeignet sind, hat der Träger der Sozialhilfe Vereinbarungen vorrangig mit Trägern abzuschließen, deren Vergütung bei vergleichbarem Inhalt, Umfang und Qualität der Leistung nicht höher ist als die anderer Träger.	(3) Sind mehrere Leistungserbringer im gleichen Maße geeignet, so hat der Träger der Eingliederungshilfe Vereinbarungen vorrangig mit Leistungserbringern abzuschließen, deren Vergütung bei vergleichbarem Inhalt, Umfang und Qualität der Leistung nicht höher ist als die anderer Leistungserbringer.

Gesetzesbegründung zu § 124 (Drs. 18/9522, S. 294–297; Drs. 18/10523)

Zu Absatz 1

Satz 1 überträgt inhaltsgleich die Regelung des § 75 Absatz 2 Satz 1 SGB XII auf das Vertragsrecht der Eingliederungshilfe. Soweit geeignete gemeinnützige und/oder gewerbliche Leistungserbringer vorhanden sind, sollen wie bisher schon die Träger der Sozialhilfe auch die Träger der Eingliederungshilfe keine eigenen Angebote neu schaffen.

Satz 2 regelt in Erweiterung der bisherigen Regelung für das Leistungserbringungsrecht des Zwölften Buches, wann ein Leistungserbringer im Sinne von Satz 1 geeignet ist. Danach kann ein Leistungserbringer nur dann als geeignet eingestuft werden, wenn er unter Beachtung der Besonderheiten des Einzelfalls (§ 104) in der Lage ist, die Leistungen der Eingliederungshilfe wirtschaftlich und sparsam zu erbringen. Zur Beurteilung der wirtschaftlichen Angemessenheit ist im Rahmen des sog. „externen Vergleichs" die geforderte Vergütung mit den Vergütungen vergleichbarer Leistungserbringer im Einzugsbereich zu vergleichen. Liegt die geforderte Vergütung im unteren Drittel dieses Vergleichs, ist von der wirtschaftlichen Angemessenheit auszugehen. Mit der Heranziehung des externen Vergleichs wird die vom BSG zum SGB XI ergangene Rechtsprechung aufgegriffen. Es sollen diejenigen Leistungserbringer identifiziert werden, die die im Einzelfall erforderlichen Leistungen für die Leistungsberechtigten auch in wirtschaftlicher Sicht am effektivsten erbringen können, ohne dass damit eine Leistungsverschlechterung zu Lasten der Leistungsberechtigten verbunden ist. Auch eine Vergütungsforderung, die oberhalb des unteren Drittels liegt, kann leistungsgerecht sein, wenn sie nachvollziehbar auf einem höheren Aufwand des Leistungserbringers beruht und dieser wirtschaftlich angemessen ist. Ein solch gerechtfertigter höherer Aufwand kann sich insbesondere aus besonderen Leistungsangeboten ergeben, die einen höheren Personalschlüssel erfordern. Auch die Lage und Größe einer Einrichtung kann eine höhere Vergütungsforderung rechtfertigen, wenn sich wirtschaftliche Nachteile aus der Lage oder dem Zuschnitt der Einrichtung ergeben und die Leistung nicht ohne den im Vergleich teureren Leistungserbringer erbracht werden kann. Die Einhaltung einer Tarifbindung und ein daraus entstehender höherer Personalkostenaufwand genügen stets den Grundsätzen wirtschaftlicher Betriebsführung.

Mit Satz 6 wird daher klargestellt, dass die Bezahlung tariflich vereinbarter Vergütungen sowie entsprechender Vergütungen nach kirchlichen Arbeitsrechtsregelungen auch dann als wirtschaftlich angemessen anzusehen sind, wenn die geforderte Vergütung aus diesem Grunde nicht im unteren Drittel liegt. Höhere Personalkosten der Leistungserbringer, die den überwiegenden Anteil an den Kosten ausmachen, werden damit im Rahmen des externen Vergleichs insoweit nicht zu Lasten der Leistungserbringer berücksichtigt, als diese eine Folge der Tarifgebundenheit des Leistungserbringers sind.

Redaktioneller Hinweis:

Mit der Beschlussfassung (Drs. 18/10523) wurde in Satz 6 noch die Einschränkung „soweit die Vergütung aus diesem Grunde oberhalb des unteren Drittels liegt" eingefügt) Die Begründung in der Beschlussfassung führt dazu aus:

„Mit der Ergänzung der Regelung zum externen Vergleich wird klargestellt, dass tariflich vereinbarte Vergütungen und Vergütungen nach kirchlichen Arbeitsrechtsregelungen auch in den Fällen, in denen die Vergütung aus diesem Grunde oberhalb des unteren Drittels liegt, nicht als unwirtschaftlich abgelehnt werden dürfen. Im Rahmen der Beurteilung der wirtschaftlichen Angemessenheit der Vergütungsforderung muss daher der Träger der Eingliederungshilfe die Tarifbindung zugunsten des Leistungserbringers berücksichtigen.

Das Bundessozialgericht hat zum Recht des Elften Buches Sozialgesetzbuch (SGBXI) entschieden, dass von einer wirtschaftlichen Betriebsführung ohne weitere Prüfung ausgegangen werden kann, wenn der geforderte Pflegesatz im unteren Drittel der Vergütungen vergleichbarer Einrichtungen liegt.

Die Vertragsrechte des Zwölften Buches Sozialgesetzbuch (SGB XII) und SGB XI sind kompatibel und haben eine vergleichbare Interessenlage, die jeweiligen Leistungen wirtschaftlich und leistungsrecht zu erbringen. Dementsprechend bestimmt zum Beispiel § 75 Absatz 5 Satz 1 SGB XII, dass bei zugelassenen Pflegeeinrichtungen im Sinne des § 72 SGB XI sich u. a. Inhalt, Umfang und Vergütung der Pflegeleistungen auch in der Sozialhilfe nach den Vorschriften des SGB XI zur Pflegevergütung richten, soweit das SGB XII nicht weitergehende Leistungen erbringt.

Aufgrund dieser vergleichbaren Interessenlage sind die vom Bundessozialgericht zum SGB XI aufgestellten Grundsätze zum externen Vergleich auch im Vertragsrecht des SGB XII anzuwenden (so auch Landessozialgericht München, Urteil vom 24. November 2011, Az. L8SO 135/10KL).

Im Hinblick auf die Bedeutung werden gesetzliche Vorgaben zum externen Vergleich nicht nur in das Vertragsrecht des SGB XII, sondern auch in das künftige Vertragsrecht der Eingliederungshilfe aufgenommen.

Die Vorschrift setzt zunächst vergleichbare Leistungserbringer voraus. Leistungserbringer sind vergleichbar, soweit diese für einen gleichen Personenkreis von Leistungsberechtigten ein weitgehend inhaltsgleiches Leistungsangebot vorhalten. Leistungserbringer, die andere Leistungen für die gleiche Personengruppe erbringen beziehungsweise Leistungserbringer, deren Angebot sich an Personengruppen richtet, die andere Leistungen benötigen, sind nicht vergleichbar. Liegt die geforderte Vergütung im unteren Drittel dieses Vergleichs, ist von der wirtschaftlichen Angemessenheit auszugehen. Liegt die geforderte Vergütung oberhalb des unteren Drittels, ist darüber hinaus zu prüfen, ob die Forderung trotzdem wirtschaftlich angemessen ist.

Auch eine Vergütungsforderung, die oberhalb des unteren Drittels liegt, kann leistungsgerecht sein, wenn sie nachvollziehbar auf einem höheren Aufwand des Leistungserbringers beruht und dieser wirtschaftlich angemessen ist. Ein solch gerechtfertigter höherer Aufwand kann sich insbesondere aus besonderen Leistungsangeboten ergeben, die einen höheren Personalschlüssel oder besonders qualifiziertes Personal erfordern.

Auch die Lage und Größe einer Einrichtung kann eine höhere Vergütungsforderung rechtfertigen, wenn sich wirtschaftliche Nachteile aus der Lage oder dem Zuschnitt der Einrichtung ergeben und die Leistung nicht ohne den vergleichsweise teuren Leistungserbringer erbracht werden kann. Die maßgeblichen Kriterien für den externen Vergleich im SGB XI sind in § 84 Absatz 2 Satz 7 geregelt; danach sind nur die Einrichtungen zu vergleichen, die nach Art und Größe sowohl hinsichtlich der in § 84 Absatz 5 SGB XI geregelten Leistungs- und Qualitätsmerkmale (unter anderem Personenkreis sowie Art, Inhalt und Umfang der Leistungen, die zu erwarten sind) im Wesentlichen gleichartig sind.

Die Einhaltung einer Tarifbindung und ein daraus entstehender höherer Personalkostenaufwand genügen stets den Grundsätzen wirtschaftlicher Betriebsführung, das heißt auch in den Fällen, in denen die geforderte Vergütung allein aus diesem Grunde nicht im unteren Drittel liegt.

Für die Beurteilung der Frage, ob der höhere Personalkostenaufwand auf die Tarifbindung zurückgeht, hat der Leistungsanbieter dem Träger der Eingliederungshilfe im Rahmen des externen Vergleichs auch die Gründe nachvollziehbar und plausibel darzulegen, die die höhere Vergütung angemessen erscheinen lassen."

Zu Absatz 2

Geeignete Leistungserbringer müssen nicht nur gemäß Absatz 1 die Leistungen wirtschaftlich und sparsam erbringen können, sondern darüber hinaus eine dem Leistungsangebot entsprechende Anzahl an Fach- und Betreuungskräften beschäftigen. Ohne eine quantitativ und qualitativ angemessene Personalausstattung kann ein Leistungserbringer nicht als geeignet eingestuft werden. Die Regelung zur Anforderung an das Personal berücksichtigt, dass die Leistungen der Eingliederungshilfe von unterschiedlicher Zielrichtung und damit einhergehend auch unterschiedlich in der konkreten Ausführung sein können. Dies kommt insbesondere bei den Leistungen zur Assistenz zum Ausdruck, bei denen differenziert wird zwischen einer Assistenz, die sich auf die stellvertretende

Übernahme von Handlungen und die Begleitung des Leistungsberechtigten beschränkt und der qualifizierten Assistenz, die auf die Befähigung des Leistungsberechtigten zur eigenständigen Alltagsbewältigung gerichtet ist. Leistungen zur Übernahme von Handlungen und der Begleitung können von einem (angelernten) Mitarbeiter ohne berufsspezifische Ausbildung erbracht werden. Um das Ziel der Eingliederungshilfe zu erreichen, muss er jedoch auf Grund seiner Persönlichkeit zur Leistungserbringung geeignet sein und über die Fähigkeit zur Kommunikation mit dem Leistungsberechtigten verfügen. Die Fähigkeit zur Kommunikation spielt beispielsweise bei blinden, tauben oder taubblinden Menschen eine ganz zentrale Rolle, da sie spezifische Kommunikationsformen wie Gebärdensprache und taktiles Gebärden, Lormen oder schriftliche Kommunikation beispielsweise in Brailleschrift voraussetzt. Die Fachkräfte müssen zusätzlich eine berufsspezifische Ausbildung abgeschlossen und gegebenenfalls Zusatzqualifikationen haben. Im Hinblick auf die Heterogenität der Leistungsangebote der einzelnen Leistungserbringer wird jeweils im Einzelfall zu beurteilen sein, über welche berufsspezifische Ausbildung und Zusatzqualifikationen die Fachkraft verfügen muss. Für die Durchführung der qualifizierten Assistenz ist in der Regel eine einschlägige Ausbildung im pädagogischen, psychosozialen, psychiatrischen oder therapeutischen Bereich erforderlich.

Satz 3 konkretisiert die persönliche Eignung des Fach- und Betreuungspersonals. Zur Gewährleistung eines umfassenden Schutzes von Menschen mit Behinderung sind Personen, die wegen Straftaten gegen die sexuelle und persönliche Selbstbestimmung vorbestraft sind, als ungeeignet für die Erbringung von Leistungen der Eingliederungshilfe einzustufen.

Redaktioneller Hinweis:

Der ursprüngliche Satz 3 aus dem Gesetzentwurf wurde durch die Sätze 3 bis 9 aus der Beschlussfassung ersetzt. Die folgenden Ausführungen zu diesem Regelbereich entstammen der Beschlussempfehlung (18/10523).

Der Schutz der Bürgerinnen und Bürger vor Straftaten zählt zu den wichtigsten Aufgaben des Staates. Dies gilt insbesondere für den Schutz von Menschen mit Behinderungen. So verlangt die UN-Behindertenrechtskonvention geeignete Maßnahmen zum Schutz von Menschen mit Behinderungen jeden Alters sowohl innerhalb als auch außerhalb der Wohnung vor jeder Form von Ausbeutung, Gewalt oder Missbrauch. Diesem Auftrag kommt der Gesetzentwurf in Artikel 1 § 124 des Neunten Buches Sozialgesetzbuch (SGB IX), der das Vertragsrecht für die Erbringung von Leistungen der Eingliederungshilfe nach Teil 2 SGB IX regelt, und in den Artikeln 11 und 13 jeweils mit der Änderung § 75 SGB XII nach, der das Leistungserbringungsrecht auch für Leistungen der Träger der Sozialhilfe regelt. Nach § 124 SGB IX sind nur solche Personen zur Beschäftigung und zur Erbringung von Leistungen der Eingliederungshilfe geeignet, die nicht wegen Straftaten gegen die sexuelle und persönliche Selbstbestimmung vorbestraft sind. Die in Satz 3 genannten Straftaten berücksichtigen die Tatsache, dass auch erwachsene Menschen mit Behinderungen genauso wie Kinder und Jugendliche in einem besonderen Abhängigkeits- und Vertrauensverhältnis zur betreuenden Person stehen können. Die Leistungserbringer müssen in der Lage sein, die Geeignetheit des Personals zu prüfen und sich nicht nur auf eine Selbstauskunft der betroffenen Personen verlassen zu müssen. Ohne die Vorlage des erweiterten Führungszeugnisses wäre es dem Leistungserbringer nicht möglich, auf andere Weise die Geeignetheit des Personals zu überprüfen.

Mit der Ergänzung des Absatzes 2 *[red. Anm. durch die Einfügung der Sätze 3 bis 9 in der Beschlussempfehlung]* wird sichergestellt, dass Leistungserbringer sowohl vor der erstmaligen Aufnahme einer Tätigkeit als auch nach Aufnahme einer Tätigkeit in regelmäßigen Abständen die Eignung der Person durch die Vorlage eines erweiterten Führungszeugnisses zu überprüfen haben. Mit der Vorlage eines erweiterten Führungszeugnisses erfolgt zwar ein Eingriff in das Persönlichkeitsrecht der Mitarbeiter oder der ehrenamtlich tätigen Mitarbeiter. Dieser Eingriff ist aber zum Schutz der Menschen mit Behinderungen vor sexuellen Übergriffen gerechtfertigt.

Die Nutzung der Daten aus dem erweiterten Führungszeugnis muss aber restriktiv erfolgen. Soweit die Einsichtnahme erfolgt, darf der Leistungserbringer nur die relevanten Daten speichern, verändern und nutzen. Die Daten sind vor dem Zugriff unbefugter Dritter zu schützen. Die Sätze 8 und 9 regeln, wann die Daten spätestens durch den Leistungserbringer zu löschen sind.

Redaktioneller Hinweis:

Mit Einfügung von „184i, 184j, 201a Absatz 3, §§“ in Absatz 2 Satz 3 von § 124 SGB IX sowie von § § 75 Absatz 2 Satz 3 SGB XII durch das „Gesetz zur Durchführung von Verordnungen der Europäischen Union zur Bereitstellung von Produkten auf dem Markt und zur Änderung des Neunten und Zwölften Buches Sozialgesetzbuch“ vom 18. April 2019 (BGBl. I S. 473) wurde der Katalog der Straftatbestände erweitert. Schon nach bisherigem Recht dürfen Mitarbeitende und ehrenamtliche Personen nicht rechtskräftig wegen im Gesetz aufgeführter Straftaten verurteilt worden sein. Nun wurden zu diesem Katalog

- § 184i StGB (= Sexuelle Belästigung),
- § 184j StGB (= Straftaten gegen die sexuelle Selbstbestimmung aus Personengruppen heraus),
- § 201 Absatz 3 StGB (= Verletzung des höchstpersönlichen Lebensbereichs von Minderjährigen durch Bildaufnahmen)

hinzugefügt. Die Änderungen traten am 26. April 2019 in Kraft.

Zu Absatz 3

Sind mehrere Leistungserbringer geeignet im Sinne der Absätze 1 und 2, ist eine vergleichende Bewertung erforderlich (externer Vergleich). Die Erforderlichkeit eines externen Vergleichs, also des Vergleichs mit Entgelten, wie sie auch andere Leistungserbringer für vergleichbare Leistungen erheben, folgt bereits aus der Verpflichtung der Träger der Eingliederungshilfe, nur wirtschaftliche und sparsame Pflegesätze zu vereinbaren.

SGB XII-Regelung (Fassung bis 31.12.2019)	SGB IX ab 1.1.2018 für Verträge ab 1.1.2020
§ 76 Inhalt der Vereinbarungen	**§ 125 Inhalt der schriftlichen Vereinbarung**
	(1) In der schriftlichen Vereinbarung zwischen dem Träger der Eingliederungshilfe und dem Leistungserbringer sind zu regeln: 1. Inhalt, Umfang und Qualität einschließlich der Wirksamkeit der Leistungen der Eingliederungshilfe (Leistungsvereinbarung) und 2. die Vergütung der Leistungen der Eingliederungshilfe (Vergütungsvereinbarung).
(1) $_1$Die Vereinbarung über die Leistung muss die wesentlichen Leistungsmerkmale festlegen, mindestens jedoch die betriebsnotwendigen Anlagen der Einrichtung, den von ihr zu betreuenden Personenkreis, Art, Ziel und Qualität der Leistung, Qualifikation des Personals sowie die erforderliche sächliche und personelle Ausstattung.	(2) $_1$In die Leistungsvereinbarung sind als wesentliche Leistungsmerkmale mindestens aufzunehmen: 1. der zu betreuende Personenkreis, 2. die erforderliche sächliche Ausstattung, 3. Art, Umfang, Ziel und Qualität der Leistungen der Eingliederungshilfe, 4. die Festlegung der personellen Ausstattung, 5. die Qualifikation des Personals sowie 6. soweit erforderlich, die betriebsnotwendigen Anlagen des Leistungserbringers.
$_2$In die Vereinbarung ist die Verpflichtung der Einrichtung aufzunehmen, im Rahmen des vereinbarten Leistungsangebotes Leistungsberechtigte aufzunehmen und zu betreuen. $_3$Die Leistungen müssen ausreichend, zweckmäßig und wirtschaftlich sein und dürfen das Maß des Notwendigen nicht überschreiten.	$_2$Soweit die Erbringung von Leistungen nach § 116 Absatz 2 zu vereinbaren ist, sind darüber hinaus die für die Leistungserbringung erforderlichen Strukturen zu berücksichtigen.
(2) $_1$Vergütungen für die Leistungen nach Absatz 1 bestehen mindestens aus den ~~Pauschalen für Unterkunft und Verpflegung (Grundpauschale) und für die Maßnahmen (Maßnahmepauschale) sowie aus einem Betrag für betriebsnotwendige Anlagen einschließlich ihrer Ausstattung (Investitionsbetrag).~~ $_2$Förderungen aus öffentlichen Mitteln sind anzurechnen. $_3$Die Maßnahmepauschale ist nach Gruppen für Leistungsberechtigte mit vergleichbarem Bedarf sowie bei Leistungen der häuslichen Pflegehilfe für die gemeinsame Inanspruchnahme durch mehrere Leistungsberechtigte nach § 64b Absatz 1 Satz 3 zu kalkulieren. $_4$~~Einer verlangten Erhöhung der Vergütung auf Grund von Investitionsmaßnahmen braucht der Träger der Sozialhilfe nur zuzustimmen, wenn er der Maßnahme zuvor zugestimmt hat.~~	(3) $_1$Mit der Vergütungsvereinbarung werden unter Berücksichtigung der Leistungsmerkmale nach Absatz 2 Leistungspauschalen für die zu erbringenden Leistungen unter Beachtung der Grundsätze nach § 123 Absatz 2 festgelegt. $_2$Förderungen aus öffentlichen Mitteln sind anzurechnen. $_3$Die Leistungspauschalen sind nach Gruppen von Leistungsberechtigten mit vergleichbarem Bedarf oder Stundensätzen sowie für die gemeinsame Inanspruchnahme durch mehrere Leistungsberechtigte (§ 116 Absatz 2) zu kalkulieren.
	$_4$Abweichend von Satz 1 können andere geeignete Verfahren zur Vergütung und Abrechnung der Fachleistung unter Beteiligung der Interessenvertretungen der Menschen mit Behinderungen vereinbart werden.

SGB XII-Regelung (Fassung bis 31.12.2019)	SGB IX ab 1.1.2018 für Verträge ab 1.1.2020
§ 41 Absatz 3 Satz 3 Nummer 2 und Satz 4 SGB IX; § 41 Absatz 4 Satz 3 SGB IX, jeweils in der bis 31.12.2017 gültigen Fassung	
(3)… $_3$Die Vergütungen, in den Fällen des Satzes 2 die Pauschalen und Beträge nach § 76 Absatz 2 des Zwölften Buches, berücksichtigen … 2. die mit der wirtschaftlichen Betätigung der Werkstatt in Zusammenhang stehenden Kosten, soweit diese unter Berücksichtigung der besonderen Verhältnisse in der Werkstatt und der dort beschäftigten behinderten Menschen nach Art und Umfang über die in einem Wirtschaftsunternehmen üblicherweise entstehenden Kosten hinausgehen. $_4$Können die Kosten der Werkstatt nach Satz 3 Nr. 2 im Einzelfall nicht ermittelt werden, kann eine Vergütungspauschale für diese werkstattspezifischen Kosten der wirtschaftlichen Betätigung der Werkstatt vereinbart werden.	(4) $_1$Die Vergütungsvereinbarungen mit Werkstätten für behinderte Menschen und anderen Leistungsanbietern berücksichtigen zusätzlich die mit der wirtschaftlichen Betätigung in Zusammenhang stehenden Kosten, soweit diese Kosten unter Berücksichtigung der besonderen Verhältnisse beim Leistungserbringer und der dort beschäftigten Menschen mit Behinderungen nach Art und Umfang über die in einem Wirtschaftsunternehmen üblicherweise entstehenden Kosten hinausgehen. $_2$Können die Kosten im Einzelfall nicht ermittelt werden, kann hierfür eine Vergütungspauschale vereinbart werden.
(4) ….$_3$Das Arbeitsergebnis der Werkstatt darf nicht zur Minderung der Vergütungen nach Absatz 3 verwendet werden.	$_3$Das Arbeitsergebnis des Leistungserbringers darf nicht dazu verwendet werden, die Vergütung des Trägers der Eingliederungshilfe zu mindern.

Gesetzesbegründung zu § 125 (Drs. 18/9522, S. 296–297)

Zu Absatz 1

Die Vorschrift regelt den Inhalt der Vereinbarung mit Erbringern von Leistungen der Eingliederungshilfe für behinderte Menschen. Der Abschluss einer entsprechenden Vereinbarung zwischen Leistungsträger und Leistungserbringer ist mit Ausnahme der Fälle des § 123 Absatz 5 Voraussetzung für eine Übernahme der Kosten durch den Träger der Eingliederungshilfe. Die Neuausrichtung der Eingliederungshilfe für behinderte Menschen zu einer personenzentrierten Teilhabeleistung mit der Folge, dass insbesondere auch die derzeitige Charakterisierung von Leistungen der Eingliederungshilfe in ambulante, teilstationäre und stationäre Maßnahmen entfällt, erfordert eine Neuregelung der Vereinbarungsinhalte. Die darüber hinaus nach dem bisher geltenden Recht des Zwölften Buches zu treffende Prüfungsvereinbarung wird zu Gunsten eines ausdrücklichen Prüfrechts des Trägers der Eingliederungshilfe (§ 128) gestrichen.

Die Vereinbarung zwischen dem Träger der Eingliederungshilfe und dem Leistungserbringer besteht aus zwei Teilvereinbarungen, einer Leistungsvereinbarung (Nummer 1) und einer Vergütungsvereinbarung (Nummer 2), deren Mindestinhalte in den Absätzen 2 und 3 festgelegt sind. Regelungsgegenstände der Leistungsvereinbarung nach Nummer 1 sind Inhalt, Umfang und Qualität der Leistungen. Die Qualität der Leistungen umfasst auch die Wirksamkeit der Leistungen. Leistungsträger und Leistungserbringer haben einvernehmlich festzulegen, welche konkreten Leistungen zu erbringen sind. Die Leistungen müssen bedarfsgerecht sein und die Besonderheiten des Einzelfalls berücksichtigen. Im Rahmen der Vergütungsvereinbarung haben sich die Parteien über die Höhe der Vergütung zu verständigen. Grundlage sind die Inhalte der Leistungsvereinbarung. Die Bezahlung tariflich vereinbarter Vergütungen sowie entsprechender Vergütungen nach kirchlichen Arbeitsrechtsregelungen kann dabei entsprechend der Rechtsprechung des Bundessozialgerichts grundsätzlich nicht als unwirtschaftlich abgelehnt werden (vgl. § 124 Absatz 1).

Zu Absatz 2

In Absatz 2 sind die Mindestinhalte der Leistungsvereinbarungen gemäß Absatz 1 Nummer 1 festgelegt. Diese enthalten die grundlegenden Merkmale für eine qualitative Leistungserbringung. Die Reihenfolge der Mindestinhalte soll keine Wertung des Gesetzgebers über die Bedeutung der Mindestinhalte im Verhältnis zueinander haben. Die Mindestinhalte übertragen weitgehend das geltende Recht des § 76 Absatz 1 SGB XII in das Vertragsrecht der Eingliederungshilfe; zur besseren Übersichtlichkeit für den Rechtsanwender werden die einzelnen Mindestinhalte in Listenform übertragen. Die Inhalte der Leistungsvereinbarung sind nicht abschließend; den Vereinbarungspartnern steht es frei, darüber hinaus weitere Leistungsmerkmale in die Leistungsvereinbarung aufzunehmen.

Mit Nummer 4 (Festlegung der personellen Ausstattung) wird zugleich einem Anliegen der Länder, wie es mit der Gesetzesinitiative zur Änderung des Zwölften Buches Sozialgesetzbuch (Bundesratsdrucksache 379/10 (Beschluss)) zum Ausdruck gekommen ist, Rechnung getragen. Welche Methode hierbei zur Anwendung kommt, bleibt den Rahmenverträgen vorbehalten.

Soweit es sich um die unmittelbar gegenüber dem Leistungsberechtigten zu erbringende Leistung handelt, ist gemäß der Nummer 5 die Qualifikation des Personals in der Vereinbarung zu regeln. Zu den Kosten für betriebsnotwendige Anlagen gehören insbesondere der Investitionsaufwand für Erst- und Wiederbeschaffung von Anlagegütern sowie Miete bzw. Pacht und Darlehenszinsen. Welche Anlagen betriebsnotwendig sind, richtet sich nach der Aufgabenstellung des Leistungserbringers, insbesondere nach dem Leistungsangebot und dem vom Träger der Eingliederungshilfe zu finanzierenden Standard.

Zu Absatz 3

Die Anrechnung von öffentlichen Förderungen dient der Vermeidung von Wettbewerbsverzerrungen. Hierzu zählen auch verdeckte Subventionen in Form von haushaltsinternen Umschichtungen bei öffentlichen Einrichtungen (vgl. Bundestagsdrucksache 13/2440, S. 30).

Die nach Satz 3 zu bildenden Vergleichsgruppen dienen lediglich als Kalkulationsgrundlage für die Leistungspauschale; die Einstufung in eine Vergleichsgruppe stellt daher noch keinen Verwaltungsakt dar (BSG, Urteil vom 2. Februar 2010, Rdn 14).

Mit Satz 4 wird den Trägern der Eingliederungshilfe die Möglichkeit eröffnet, länderspezifische Abrechnungsverfahren anzuwenden. Die Regelung korrespondiert mit der Möglichkeit nach § 126 Absatz 1 Satz 3, dass die Leistungsträger einen unbestimmten Kreis von Leistungserbringern zu Verhandlungen auffordern. Das sozialhilferechtliche Dreiecksverhältnis bleibt unberührt; insbesondere ist der individuelle Leistungsanspruch der Leistungsberechtigten zu beachten.

Zu Absatz 4

Die besonderen Vorschriften über die Vergütungsvereinbarungen mit Werkstätten für behinderte Menschen werden in das Vertragsrecht des Teils 2 integriert, soweit der Träger der Eingliederungshilfe zuständiger Leistungsträger ist.

Die Sätze 1 und 2 übernehmen insoweit inhaltsgleich die bisherigen Vorschriften des § 41 Absatz 3 Satz 3 Nummer 2 und Satz 4.

Satz 3 übernimmt die bisherige Regelung des § 41 Absatz 4 Satz 3, nach der das Arbeitsergebnis des Leistungserbringers (sic! Wohl Versehen des Gesetzgebers: gemeint sein muss der Leistungsberechtigte) nicht zur Minderung der Vergütung verwendet werden darf.

SGB XII-Regelung (Fassung bis 31.12.2019)	SGB IX ab 1.1.2018 für Verträge ab 1.1.2020
§ 77 Abschluss von Vereinbarungen	**§ 126 Verfahren und Inkrafttreten der Vereinbarung**
(1) $_1$~~Die Vereinbarungen nach § 75 Absatz 3 sind vor Beginn der jeweiligen Wirtschaftsperiode für einen zukünftigen Zeitraum (Vereinbarungszeitraum) abzuschließen; nachträgliche Ausgleiche sind nicht zulässig.~~ $_2$~~Vertragspartei der Vereinbarungen sind der Träger der Einrichtung und der für den Sitz der Einrichtung zuständige Träger der Sozialhilfe; die Vereinbarungen sind für alle übrigen Träger der Sozialhilfe bindend.~~	(1) $_1$Der Leistungserbringer oder der Träger der Eingliederungshilfe hat die jeweils andere Partei schriftlich zu Verhandlungen über den Abschluss einer Vereinbarung gemäß § 125 aufzufordern. $_2$Bei einer Aufforderung zum Abschluss einer Folgevereinbarung sind die Verhandlungsgegenstände zu benennen. $_3$Die Aufforderung durch den Leistungsträger kann an einen unbestimmten Kreis von Leistungserbringern gerichtet werden. $_4$Auf Verlangen einer Partei sind geeignete Nachweise zu den Verhandlungsgegenständen vorzulegen.
$_3$Kommt eine Vereinbarung nach § 76 Absatz 2 innerhalb von sechs Wochen nicht zustande, nachdem eine Partei schriftlich zu Verhandlungen aufgefordert hat, entscheidet die Schiedsstelle nach § 80 auf Antrag einer Partei unverzüglich über die Gegenstände, über die keine Einigung erreicht werden konnte. $_4$Gegen die Entscheidung ist der Rechtsweg zu den Sozialgerichten gegeben. $_5$Die Klage richtet sich gegen eine der beiden Vertragsparteien, nicht gegen die Schiedsstelle. $_6$Einer Nachprüfung der Entscheidung in einem Vorverfahren bedarf es nicht.	(2) $_1$Kommt es nicht innerhalb von drei Monaten, nachdem eine Partei zu Verhandlungen aufgefordert wurde, zu einer schriftlichen Vereinbarung, so kann jede Partei hinsichtlich der strittigen Punkte die Schiedsstelle nach § 133 anrufen. $_2$Die Schiedsstelle hat unverzüglich über die strittigen Punkte zu entscheiden. $_3$Gegen die Entscheidung der Schiedsstelle ist der Rechtsweg zu den Sozialgerichten gegeben, ohne dass es eines Vorverfahrens bedarf. $_4$Die Klage ist gegen den Verhandlungspartner und nicht gegen die Schiedsstelle zu richten.
(2) $_1$Vereinbarungen und Schiedsstellenentscheidungen treten zu dem darin bestimmten Zeitpunkt in Kraft. $_2$Wird ein Zeitpunkt nicht bestimmt, werden Vereinbarungen mit dem Tag ihres Abschlusses, Festsetzungen der Schiedsstelle mit dem Tag wirksam, an dem der Antrag bei der Schiedsstelle eingegangen ist. $_3$Ein jeweils vor diesen Zeitpunkt zurückwirkendes Vereinbaren oder Festsetzen von Vergütungen ist nicht zulässig.	(3) $_1$Vereinbarungen und Schiedsstellenentscheidungen treten zu dem darin bestimmten Zeitpunkt in Kraft. $_2$Wird ein Zeitpunkt nicht bestimmt, wird die Vereinbarung mit dem Tag ihres Abschlusses wirksam. $_3$Festsetzungen der Schiedsstelle werden, soweit keine Festlegung erfolgt ist, rückwirkend mit dem Tag wirksam, an dem der Antrag bei der Schiedsstelle eingegangen ist. $_4$Soweit in den Fällen des Satzes 3 während des Schiedsstellenverfahrens der Antrag geändert wurde, ist auf den Tag abzustellen, an dem der geänderte Antrag bei der Schiedsstelle eingegangen ist. $_5$Ein jeweils vor diesem Zeitpunkt zurückwirkendes Vereinbaren oder Festsetzen von Vergütungen ist in den Fällen der Sätze 1 bis 4 nicht zulässig.

Gesetzesbegründung zu § 126 (Drs. 18/9522, S. 296–297)

Zu Absatz 1

Das Verfahren zum Abschluss einer Vereinbarung wird jeweils durch eine schriftliche Verhandlungsaufforderung eingeleitet. Sowohl Leistungserbringer als auch Leistungsträger können die Initiative zum Abschluss einer Vereinbarung ergreifen.

Satz 2 bestimmt, dass in der schriftlichen Aufforderung die Verhandlungsgegenstände konkret zu benennen sind, soweit der Abschluss einer Folgevereinbarung angestrebt wird.

Mit Satz 3 wird klargestellt, dass die Leistungsträger auch künftig einen unbestimmten Kreis von Leistungserbringern auffordern können, ihr Interesse am Abschluss einer Leistungsvereinbarung zu bekunden. Soweit Leistungserbringer ihr Interesse bekunden, richten sich Verfahren, Abschluss und Inkrafttreten der Vereinbarung nach den Vorschriften dieses Kapitels.

Mit Satz 4 wird klargestellt, dass die Parteien auf Verlangen jeweils geeignete Nachweise zu den Verhandlungsgegenständen vorzulegen haben, damit zeitnah nachvollzogen werden kann, ob die Voraussetzungen erfüllt sind.

Zu Absatz 2

Kommt eine Vereinbarung nicht zustande, entscheidet auf Antrag einer Partei eine unabhängige Schiedsstelle mit der Mehrheit ihrer Mitglieder über die strittigen Punkte. Im Unterschied zum bisher geltenden Recht nach den Vorschriften des Zehnten Kapitels des Zwölften Buches sind sowohl die Leistungs- als auch die Vergütungsvereinbarung schiedsstellenfähig. Im Rahmen des Gesetzes zur Einordnung des Sozialhilferechts in das Sozialgesetzbuch 2003 war bereits beabsichtigt gewesen, die Schiedsstellenfähigkeit auf die Leistungsvereinbarung allgemein zu erstrecken. Mit Beschluss des Vermittlungsausschusses wurde diese Regelung jedoch aus dem Gesetzentwurf gestrichen. Die Erweiterung der Schiedsstellenfähigkeit auch auf die Leistungsvereinbarung dient der gleichgewichtigen Ausgestaltung des Vereinbarungsverfahrens. Die bisherige Frist von sechs Wochen hat sich in der Praxis vielfach als zu kurz und daher nicht praxisgerecht erwiesen, da die Verhandlungen in dieser Zeitspanne angesichts der Komplexität der Materie nicht abgeschlossen werden können. Die Verlängerung auf drei Monate trägt diesem Umstand Rechnung, wahrt aber zugleich die Schutzfunktion der Vorschrift, in dem sie den beteiligten Verhandlungspartnern einen zügigen Abschluss des Verfahrens gewährleisten soll.

Durch die Vorschaltung eines Schiedsstellenverfahrens, welches erstmalig durch das Zweite Gesetz zur Umsetzung des Spar-, Konsolidierungs- und Wachstumsprogramms (2. SKWPG, BGBl. I 1993, 2374) eingeführt worden ist, soll zügig ein weitgehender Interessenausgleich zwischen den Verhandlungspartnern erzielt werden, ohne dass es eines zeitaufwendigen Gerichtsverfahrens bedarf. Die Schiedsstelle hat als neutrale Stelle sowohl dem Interesse der Träger der Eingliederungshilfe an einer ausreichenden und kostengünstigen Versorgung der Leistungsberechtigten als auch dem Interesse der Leistungserbringer an der angemessenen Vergütung ihrer Leistungen Rechnung zu tragen.

Wie das Bundesverfassungsgericht in einem Beschluss zum Vertragsrecht nach den Vorschriften des Zwölften Buches festgestellt hat, kommt der Übernahme der Kosten aus Mitteln der Sozialhilfe eine erhebliche wirtschaftliche Bedeutung für den Leistungserbringer zu. Entscheidungen der Schiedsstellen zur Vergütung der Leistungen sind daher aufgrund ihres in die Berufsfreiheit eingreifenden Charakters an Artikel 12 Absatz 1 GG zu messen (BVerfG, Beschluss vom 1. September 2008, Az.: 1 BvR 887/08). Entsprechendes gilt für die Übernahme der Kosten durch die Träger der Eingliederungshilfe.

Die Vorschriften des Teils 2 des Neunten Buches bilden die von Verfassung wegen erforderliche gesetzliche Grundlage zur Festsetzung der Vergütung durch die Schiedsstelle. Es besteht ein überragendes Interesse der Allgemeinheit daran, dass staatliche Mittel wirtschaftlich und sparsam eingesetzt werden. Hieraus folgt für die Festsetzung durch die Schiedsstelle auch nach Ansicht des Bundesverfassungsgerichts ein allgemeinverbindlicher Angemessenheitsmaßstab, der auf den entsprechenden Marktpreis abstellt und nicht an die unternehmerischen Entscheidungen des Leistungserbringers gebunden ist (BVerfG a. o. O.).

Gegen die Entscheidung der Schiedsstelle kann ohne ein weiteres Vorverfahren Klage erhoben werden. Damit ist die Schiedsstellenentscheidung vom Gesetzgeber als Verwaltungsakt ausgestaltet worden (Bundesverwaltungsgericht, Urteil vom 1. Dezember 1998, Az.: 5 C 17/97). Satz 4 hebt hervor, dass die Klage im Unterschied zu den Bestimmungen des Elften Buches Sozialgesetzbuch nicht gegen die Schiedsstelle, sondern gegen den jeweiligen Verhandlungspartner zu richten ist. Die Gerichte haben sich bei der Überprüfung der dem Schiedsspruch zugrunde liegenden Abwägung zwischen den betroffenen öffentlichen und privaten Belangen auf die Feststellung zu beschränken, ob die Schiedsstelle die widerstreitenden Interessen der Vertragsparteien ermittelt, alle für die Abwägung erforderlichen tatsächlichen Erkenntnisse gewonnen und die Abwägung in einem fairen Verfahren frei von Einseitigkeit vorgenommen hat (BVerwG, a. a. O.).

Zu Absatz 3

Ein für vergangene Zeiträume rückwirkendes Inkrafttreten von Vereinbarungen oder Festsetzen der Schiedsstelle ist in Anlehnung an die entsprechende Vorschrift des Zehnten Kapitels des SGB XII nicht zulässig. Soweit das Bundessozialgericht im Urteil vom 23. Juli 2014 (Az.: B 8 SO 2/13 R) entschieden hat, dass das Rückwirkungsverbot des § 77 Absatz 2 Satz 3 SGB XII nur für den Fall gilt, dass keine Festlegung des Zeitpunkts des Inkrafttretens erfolgt ist und die Vertragsautonomie der Beteiligten bzw. die Gestaltungsfreiheit der Schiedsstelle daher während der laufenden Verhandlungen bzw. während des Schiedsstellenverfahrens nicht eingeschränkt ist, entspricht dies nicht der Intention des Gesetzgebers.

Mit Satz 5 wird daher klargestellt, dass in keinem Fall ein rückwirkendes Inkrafttreten einer Vereinbarung oder Festsetzung der Schiedsstelle zulässig ist. Im Übrigen obliegt die Festlegung des Zeitpunkts des Inkrafttretens den Vertragspartnern bzw. der Schiedsstelle. Für den Fall, dass der Zeitpunkt nicht festgelegt worden ist, richtet sich das Inkrafttreten nach den Sätzen 2 bis 4.

SGB XII-Regelung (Fassung bis 31.12.2019)	SGB IX ab 1.1.2018 für Verträge ab 1.1.2020
§ 77 Abschluss von Vereinbarungen	**§ 127 Verbindlichkeit der vereinbarten Vergütung**
	(1) ₁Mit der Zahlung der vereinbarten Vergütung gelten alle während des Vereinbarungszeitraumes entstandenen Ansprüche des Leistungserbringers auf Vergütung der Leistung der Eingliederungshilfe als abgegolten. ₂Die im Einzelfall zu zahlende Vergütung bestimmt sich auf der Grundlage der jeweiligen Vereinbarung nach dem Betrag, der dem Leistungsberechtigten vom zuständigen Träger der Eingliederungshilfe bewilligt worden ist. ₃Sind Leistungspauschalen nach Gruppen von Leistungsberechtigten kalkuliert (§ 125 Absatz 3 Satz 3), richtet sich die zu zahlende Vergütung nach der Gruppe, die dem Leistungsberechtigten vom zuständigen Träger der Eingliederungshilfe bewilligt wurde.
	(2) Einer Erhöhung der Vergütung auf Grund von Investitionsmaßnahmen, die während des laufenden Vereinbarungszeitraumes getätigt werden, muss der Träger der Eingliederungshilfe zustimmen, soweit er der Maßnahme zuvor dem Grunde und der Höhe nach zugestimmt hat.
(3) ₁Bei unvorhersehbaren wesentlichen Veränderungen der Annahmen, die der Vereinbarung oder Entscheidung über die Vergütung zu Grunde lagen, sind die Vergütungen auf Verlangen einer Vertragspartei für den laufenden Vereinbarungszeitraum neu zu verhandeln. ₂Die Absätze 1 und 2 gelten entsprechend.	(3) ₁Bei unvorhergesehenen wesentlichen Änderungen der Annahmen, die der Vergütungsvereinbarung oder der Entscheidung der Schiedsstelle über die Vergütung zugrunde lagen, ist die Vergütung auf Verlangen einer Vertragspartei für den laufenden Vereinbarungszeitraum neu zu verhandeln. ₂Für eine Neuverhandlung gelten die Vorschriften zum Verfahren und Inkrafttreten (§ 126) entsprechend.
(2) ₄Nach Ablauf des Vereinbarungszeitraums gelten die vereinbarten oder festgesetzten Vergütungen bis zum Inkrafttreten neuer Vergütungen weiter.	(4) Nach Ablauf des Vereinbarungszeitraumes gilt die vereinbarte oder durch die Schiedsstelle festgesetzte Vergütung bis zum Inkrafttreten einer neuen Vergütungsvereinbarung weiter.

Gesetzesbegründung zu § 127 (Drs. 18/9522, S. 298; Drs. 18/10523)

Zu Absatz 1

Vergütungsvereinbarungen sind gemäß § 123 Absatz 2 Satz 3 im Voraus abzuschließen. Prospektive Entgelte haben nicht die Funktion, Kosten zu erstatten, sondern konkrete Leistungen angemessen zu vergüten. Der Leistungserbringer erhält damit einerseits die Chance, bei wirtschaftlicher Betriebsführung einen Gewinn zu erzielen. Andererseits verbleibt ihm auch das finanzielle Risiko eines Verlustes bei nicht wirtschaftlicher Betriebsführung. Dadurch wird Eigenverantwortung der Leistungserbringer gestärkt. Absatz 1 stellt daher klar, dass ein nachträglicher Ausgleich auch im Vertragsrecht der Eingliederungshilfe grundsätzlich ausgeschlossen ist.

Redaktioneller Hinweis:

In der Fassung des Gesetzentwurfes hieß es in Satz 1 noch anstelle „Zahlung der vereinbarten Vergütung", dass mit der „Vergütungsvereinbarung" alle Zahlungen abgegolten sein sollen. Die Korrektur in der Beschlussempfehlung (Drs. 18/10523) macht deutlich, dass nicht mit Abschluss der Vergütungsvereinbarung, sondern erst mit Zahlung der vereinbarten Vergütung die entstandenen Ansprüche abgegolten sind. Die zu zahlende Vergütung richtet sich dabei nach der bewilligten Leistung. Dies stellen die Sätze 2 und 3 klar, die erst mit der Beschlussempfehlung angefügt wurden.

Zu Absatz 2

Mit Absatz 2 wird sichergestellt, dass ohne Zustimmung des Trägers der Eingliederungshilfe vorgenommene Investitionsmaßnahmen nicht zu einer höheren Vergütung führen.

Zu Absatz 3

Die Vorschrift überträgt inhaltsgleich den bisherigen § 77 Absatz 3 SGB XII auf das Vertragsrecht der Eingliederungshilfe. Weiterhin ist ein nachträglicher Ausgleich ausnahmsweise in den Fällen möglich, wenn es zu unvorhergesehenen wesentlichen Änderungen der Annahmen gekommen ist, die der Vergütungsvereinbarung zugrunde lagen.

Zu Absatz 4

Absatz 4 überträgt inhaltsgleich die bisherige Regelung des § 77 Absatz 2 Satz 4 SGB XII, nachdem die vereinbarte oder durch die Schiedsstelle festgesetzte Vergütung bis zum Inkrafttreten einer neuen Vergütungsvereinbarung weiter gilt, auf das Vertragsrecht der Eingliederungshilfe.

SGB XII-Regelung (Fassung bis 31.12.2019)	**SGB IX ab 1.1.2018 („BTHG-Fassung")**	**SGB IX ab 1.1.2020 (korr. „BTHG-Fassung" durch G. v. 18.4.2019)**
§ 75 Absatz 3 Satz 3 bis 5 Einrichtungen und Dienste	**§ 128 Wirtschaftlichkeits- und Qualitätsprüfung**	**§ 128 Wirtschaftlichkeits- und Qualitätsprüfung**
(3) $_{3}$Der Träger der ~~Sozialhilfe~~ kann die Wirtschaftlichkeit und Qualität der Leistung prüfen.	(1) $_{1}$Soweit tatsächliche Anhaltspunkte dafür bestehen, dass ein Leistungserbringer seine vertraglichen oder gesetzlichen Pflichten nicht erfüllt, prüft der Träger der Eingliederungshilfe oder ein von diesem beauftragter Dritter die Wirtschaftlichkeit und Qualität einschließlich der Wirksamkeit der vereinbarten Leistungen des Leistungserbringers.	(1) $_{1}$Soweit tatsächliche Anhaltspunkte dafür bestehen, dass ein Leistungserbringer seine vertraglichen oder gesetzlichen Pflichten nicht erfüllt, prüft der Träger der Eingliederungshilfe oder ein von diesem beauftragter Dritter die Wirtschaftlichkeit und Qualität einschließlich der Wirksamkeit der vereinbarten Leistungen des Leistungserbringers. $_{2}$Die Leistungserbringer sind verpflichtet, dem Träger der Eingliederungshilfe auf Verlangen die für die Prüfung erforderlichen Unterlagen vorzulegen und Auskünfte zu erteilen.
	$_{2}$Zur Vermeidung von Doppelprüfungen arbeiten die Träger der Eingliederungshilfe mit den Trägern der Sozialhilfe, mit den für die Heimaufsicht zuständigen Behörden sowie mit dem Medizinischen Dienst der Krankenversicherung zusammen.	$_{3}$Zur Vermeidung von Doppelprüfungen arbeiten die Träger der Eingliederungshilfe mit den Trägern der Sozialhilfe, mit den für die Heimaufsicht zuständigen Behörden sowie mit dem Medizinischen Dienst der Krankenversicherung zusammen.
		$_{4}$Der Träger der Eingliederungshilfe ist berechtigt und auf Anforderung verpflichtet, den für die Heimaufsicht zuständigen Behörden die Daten über den Leistungserbringer sowie die Ergebnisse der Prüfungen mitzuteilen, soweit sie für die Zwecke der Prüfung durch den Empfänger erforderlich sind. $_{5}$Personenbezogene Daten sind vor der Datenübermittlung zu anonymisieren. $_{6}$Abweichend von Satz 5 dürfen personenbezogene Daten in nicht anonymisierter Form an die für die Heimaufsicht zuständigen Behörden übermittelt werden, soweit sie zu deren Aufgabenerfüllung erforderlich sind.
	$_{3}$Durch Landesrecht kann von der Einschränkung in Satz 1 erster Halbsatz abgewichen werden.	$_{7}$Durch Landesrecht kann von der Einschränkung in Satz 1 erster Halbsatz abgewichen werden.

SGB XII-Regelung (Fassung bis 31.12.2019)	SGB IX ab 1.1.2018 („BTHG-Fassung")	SGB IX ab 1.1.2020 (korr. „BTHG-Fassung" durch G. v. 18.4.2019)
4Für die Prüfung der Wirtschaftlichkeit und Qualität der Leistungen gelten die Vereinbarungsinhalte des Trägers der Sozialhilfe mit vergleichbaren Einrichtungen entsprechend.	(2) Die Prüfung nach Absatz 1 kann ohne vorherige Ankündigung erfolgen und erstreckt sich auf Inhalt, Umfang, Wirtschaftlichkeit und Qualität einschließlich der Wirksamkeit der erbrachten Leistungen.	(2) Die Prüfung nach Absatz 1 kann ohne vorherige Ankündigung erfolgen und erstreckt sich auf Inhalt, Umfang, Wirtschaftlichkeit und Qualität einschließlich der Wirksamkeit der erbrachten Leistungen.
5Der Träger der ~~Sozialhilfe~~ hat die Einrichtung über Inhalt und Umfang dieser Prüfung zu unterrichten.	(3) 1Der Träger der Eingliederungshilfe hat den Leistungserbringer über das Ergebnis der Prüfung schriftlich zu unterrichten. 2Das Ergebnis der Prüfung ist dem Leistungsberechtigten in einer wahrnehmbaren Form zugänglich zu machen.	(3) 1Der Träger der Eingliederungshilfe hat den Leistungserbringer über das Ergebnis der Prüfung schriftlich zu unterrichten. 2Das Ergebnis der Prüfung ist dem Leistungsberechtigten in einer wahrnehmbaren Form zugänglich zu machen.

Redaktioneller Hinweis:

§ 128 Absatz 1 wurde durch das „Gesetz zur Durchführung von Verordnungen der Europäischen Union zur Bereitstellung von Produkten auf dem Markt und zur Änderung des Neunten und Zwölften Buches Sozialgesetzbuch" vom 18. April 2019 (BGBl. I S. 473) mit Geltung zum 1. Januar 2020 geändert (neu: Satz 2, Satz 4 bis 6). Die dazugehörige Gesetzesbegründung (Drs. 19/5456) wurde in die Begründung zu Absatz 1 eingearbeitet.

Gesetzesbegründung zu § 128 (Drs. 18/9522, S. 298–299)

Mit dieser Regelung wird den Trägern der Eingliederungshilfe ein gesetzliches Prüfrecht aus besonderem Anlass hinsichtlich der Wirtschaftlichkeit und Qualität der vereinbarten Leistungen der Leistungserbringer eingeräumt. Die Vorschrift greift ein Anliegen der Länder aus dem Gesetzentwurf des Bundesrates zur Änderung des Zwölften Buches Sozialgesetzbuch (Bundesratsdrucksache 394/10 (Beschluss)), die bestehenden Instrumente der Wirtschaftlichkeits- und Qualitätsprüfung zu optimieren, auf. Eine effektive Wirtschaftlichkeits- und Qualitätsprüfung war bereits 2003 anlässlich der Überführung der Vorschriften des Bundessozialhilfegesetzes in das Zwölfte Buch durch den Bundesgesetzgeber mit der Einfügung des § 75 Absatz 3 Satz 3 SGB XII beabsichtigt worden. So haben im geltenden Recht die Träger der Sozialhilfe als Leistungsträger mit dem Leistungserbringer Grundsätze und Maßstäbe für die Wirtschaftlichkeit und die Qualitätssicherung der Leistungen sowie für den Inhalt und das Verfahren zur Durchführung von Wirtschaftlichkeits- und Qualitätsprüfungen zu vereinbaren. Leistungsberechtigte werden an dem Prüfverfahren beteiligt, als ihnen das Ergebnis der Wirtschaftlichkeits- und Qualitätsprüfungen in geeigneter Form zugänglich zu machen ist.

Die Praxis hat jedoch gezeigt, dass in der Umsetzung des damals neu eingefügten § 75 Absatz 3 Satz 3 SGB XII Probleme aufgetreten sind, die in vielen Fällen den Abschluss einer entsprechenden Prüfungsvereinbarung verhindert haben.

Zu Absatz 1

Mit Satz 1 wird den Leistungsträgern ein gesetzliches Prüfungsrecht aus besonderem Anlass eingeräumt. Der durch die Vorschrift gestattete Eingriff in die Berufsausübungsfreiheit dient zum einen der Gewährleistung einer qualitativ angemessenen Leistungserbringung und zum anderen einer wirtschaftlichen Verwendung der durch Steuergelder finanzierten Leistungen der Eingliederungshilfe. Es soll sichergestellt werden, dass die finanziellen Mittel nur für den vorgesehenen Zweck eingesetzt werden und der Leistungserbringer seine gesetzlichen und vertraglichen Pflichten erfüllt. Im Hinblick auf den damit verbundenen Eingriff in die Berufsausübungsfreiheit sind Wirtschaftlichkeits- und Qualitätsprüfungen nur dann zulässig, wenn tatsächliche Anhaltspunkte dafür bestehen, dass der Leistungserbringer seine gesetzlichen oder vertraglichen Pflichten nicht erfüllt.

Drs. 19/5456 zu Satz 2:

Mit der Ergänzung wird klargestellt, dass der Leistungserbringer zur Mitwirkung bei der Wirtschaftlichkeits- und Qualitätsprüfung verpflichtet ist und dabei auf Verlangen die erforderlichen Unterlagen vorzulegen sowie erforderliche Auskünfte zu erteilen hat.

Drs. 19/5456 zu Satz 4 bis Satz 6:

Grundlage für eine Zusammenarbeit zwischen den Trägern der Eingliederungshilfe und den für die Heimaufsicht zuständigen Behörden ist ein Austausch von erforderlichen Informationen. Mit den neuen Sätzen 4 bis 6 wird es dem Träger der Eingliederungshilfe künftig rechtlich ermöglicht, seine Erkenntnisse an die Heimaufsichtsbehörden zu übermitteln. Vor der Übermittlung sind die Daten grundsätzlich zu anonymisieren. Die Übermittlung von nicht anonymisierten personenbezogenen Daten ist ausnahmsweise nur in den Fällen zulässig, in denen dies zur Aufgabenerfüllung der Heimaufsichtsbehörden erforderlich ist und der Zweck sonst nicht erfüllt werden kann.

Satz 7 (red. Anm.: ursprünglich Satz 3) überträgt inhaltsgleich den bisherigen § 77 Absatz 3 Satz 3 SGB XII auf das Leistungserbringungsrecht der Eingliederungshilfe. Durch Landesrecht kann von dem Kriterium „soweit tatsächliche Anhaltspunkte bestehen" abgewichen werden.

Zu Absatz 2

Die Prüfung erstreckt sich auf Inhalt, Umfang, Wirtschaftlichkeit und Qualität der zwischen Träger der Eingliederungshilfe und Leistungserbringer vereinbarten Leistungen. Da eine unwirksame Leistung nicht wirtschaftlich sein kann, ist die Wirksamkeit der Leistung vom Prüfrecht erfasst. Zur Gewährleistung einer wirksamen Kontrolle können die Prüfungen in geeigneten Fällen gemäß Satz 1 unangemeldet erfolgen.

Zu Absatz 3

Das Prüfungsergebnis ist dem Leistungserbringer in schriftlicher Form mitzuteilen. Darüber hinaus ist das Prüfungsergebnis den Leistungsberechtigten in einer für die Leistungsberechtigten wahrnehmbaren Form zugänglich zu machen.

SGB IX ab 1.1.2018
für Verträge ab 1.1.2020

§ 129 Kürzung der Vergütung

(1) $_1$Hält ein Leistungserbringer seine gesetzlichen oder vertraglichen Verpflichtungen ganz oder teilweise nicht ein, ist die vereinbarte Vergütung für die Dauer der Pflichtverletzung entsprechend zu kürzen. $_2$Über die Höhe des Kürzungsbetrags ist zwischen den Vertragsparteien Einvernehmen herzustellen. $_3$Kommt eine Einigung nicht zustande, entscheidet auf Antrag einer Vertragspartei die Schiedsstelle. $_4$Für das Verfahren bei Entscheidungen durch die Schiedsstelle gilt § 126 Absatz 2 und 3 entsprechend.

(2) Der Kürzungsbetrag ist an den Träger der Eingliederungshilfe bis zu der Höhe zurückzuzahlen, in der die Leistung vom Träger der Eingliederungshilfe erbracht worden ist und im Übrigen an die Leistungsberechtigten zurückzuzahlen.

(3) $_1$Der Kürzungsbetrag kann nicht über die Vergütungen refinanziert werden. $_2$Darüber hinaus besteht hinsichtlich des Kürzungsbetrags kein Anspruch auf Nachverhandlung gemäß § 127 Absatz 3.

Gesetzesbegründung zu § 129 (Drs. 18/9522, S. 299)

In Ergänzung des neuen gesetzlichen Prüfungsrechts bestimmt diese Regelung, dass im Falle der teilweisen oder vollständigen Nichterfüllung der gesetzlichen oder vertraglichen Verpflichtungen des Leistungserbringers die vereinbarte Vergütung entsprechend zu kürzen ist. Diese gegenüber dem außerordentlichen Kündigungsrecht vorgeschaltete Möglichkeit der Vergütungsminderung durch den Träger der Eingliederungshilfe gibt diesem ein Sanktionsmittel insbesondere in Fällen, in denen aufgrund der Qualität der Pflichtverletzung eine (außerordentliche) Kündigung nicht in Betracht kommt. Sie dient nicht zuletzt auch den Interessen der Leistungsberechtigten, indem die Leistungserbringer zur Vermeidung der Vergütungskürzung zur Erfüllung der gesetzlichen oder vertraglichen Verpflichtungen angehalten werden.

Zu Absatz 1

Zur Vermeidung von rechtlichen Auseinandersetzungen bezüglich der Höhe des Kürzungsbetrags ist zwischen den Vertragsparteien Einvernehmen herzustellen. Nähere Vorgaben, nach welchen Kriterien die Vergütung zu kürzen ist, enthält die Vorschrift nicht. Im Falle der Nichterfüllung der Personalvorgaben wird der Kürzungsbetrag jedoch nach der Höhe der eingesparten Personalkosten zu bemessen sein.

Zu Absatz 2

Auch für das Schiedsstellenverfahren werden keine konkreten Vorgaben gemacht, nach welchen Kriterien die Höhe des Kürzungsbetrags festzulegen ist. Der Leistungsträger kann den Kürzungsbetrag nur bis zur Höhe seiner Leistung beanspruchen; im Übrigen steht der Kürzungsbetrag gemäß Absatz 2 dem Leistungsberechtigten zu.

Zu Absatz 3

Absatz 3 stellt klar, dass der Kürzungsbetrag nicht refinanzierbar ist und die Kürzung der Vergütung gemäß § 129 auch keine unvorhergesehene Änderung der Annahmen im Sinne von § 127 Absatz 3 ist, die einen Anspruch auf Nachverhandlung begründen könnte. Die Kürzung der Vergütung berechtigt den Leistungserbringer darüber hinaus nicht zur Einschränkung seiner Leistungsverpflichtungen gegenüber den Leistungsberechtigten.

SGB XII-Regelung (Fassung bis 31.12.2019)	SGB IX ab 1.1.2018 für Verträge ab 1.1.2020
§ 78 Außerordentliche Kündigung der Vereinbarungen	**§ 130 Außerordentliche Kündigung der Vereinbarungen**
$_1$Ist wegen einer groben Verletzung der gesetzlichen oder vertraglichen Verpflichtungen gegenüber den Leistungsberechtigten und deren Kostenträgern durch die Einrichtung ein Festhalten an den Vereinbarungen nicht zumutbar, kann der Träger der Sozialhilfe die Vereinbarungen nach § 75 Absatz 3 ohne Einhaltung einer Kündigungsfrist kündigen. $_2$Das gilt insbesondere dann, wenn in der Prüfung nach § 76 Absatz 3 oder auf andere Weise festgestellt wird, dass Leistungsberechtigte infolge der Pflichtverletzung zu Schaden kommen, gravierende Mängel bei der Leistungserbringung vorhanden sind, dem Träger der Einrichtung nach heimrechtlichen Vorschriften die Betriebserlaubnis entzogen oder der Betrieb der Einrichtung untersagt wird oder die Einrichtung nicht erbrachte Leistungen gegenüber den Kostenträgern abrechnet.	$_1$Der Träger der Eingliederungshilfe kann die Vereinbarungen mit einem Leistungserbringer fristlos kündigen, wenn ihm ein Festhalten an den Vereinbarungen auf Grund einer groben Verletzung einer gesetzlichen oder vertraglichen Verpflichtung durch den Leistungserbringer nicht mehr zumutbar ist. $_2$Eine grobe Pflichtverletzung liegt insbesondere dann vor, wenn 1. Leistungsberechtigte infolge der Pflichtverletzung zu Schaden kommen, 2. gravierende Mängel bei der Leistungserbringung vorhanden sind, 3. dem Leistungserbringer nach heimrechtlichen Vorschriften die Betriebserlaubnis entzogen ist, 4. dem Leistungserbringer der Betrieb untersagt wird oder 5. der Leistungserbringer gegenüber dem Leistungsträger nicht erbrachte Leistungen abrechnet.
$_3$Die Kündigung bedarf der Schriftform. $_4$§ 59 des Zehnten Buches bleibt unberührt.	$_3$Die Kündigung bedarf der Schriftform. $_4$§ 59 des Zehnten Buches gilt entsprechend.

Gesetzesbegründung zu § 130 (Drs. 18/9522, S. 299–300)

In Fällen einer groben Verletzung vertraglicher oder gesetzlicher Pflichten durch den Leistungserbringer ist der Träger der Eingliederungshilfe zur vorzeitigen Beendigung der Vereinbarung im Wege der außerordentlichen Kündigung berechtigt. Die Vorschrift dient insbesondere dem Schutz der Leistungsberechtigten, da in diesen Fällen regelmäßig davon ausgegangen werden muss, dass eine qualitativ angemessene Leistungserbringung nicht mehr gewährleistet ist.

In Satz 2 werden fünf Situationen beschrieben, in denen insbesondere eine grobe Pflichtverletzung im Sinne des Satz 1 vorliegt; sie übertragen inhaltsgleich den § 78 Satz 2 SGB XII auf das Vertragsrecht der Eingliederungshilfe. Die Aufzählung ist nicht abschließend, d. h. es können auch weitere Fallgestaltungen dazu führen, dass dem Träger der Eingliederungshilfe ein Festhalten an den Vereinbarungen nicht mehr zumutbar ist.

SGB XII-Regelung (Fassung bis 31.12.2019)	SGB IX ab 1.1.2018 für Verträge ab 1.1.2020
§ 79 Rahmenverträge	**§ 131 Rahmenverträge zur Erbringung von Leistungen**
(1) [1]Die überörtlichen Träger der Sozialhilfe und die kommunalen Spitzenverbände auf Landesebene schließen mit den Vereinigungen der Träger der Einrichtungen auf Landesebene gemeinsam und einheitlich Rahmenverträge zu den Vereinbarungen nach § 75 Absatz 3 und § 76 Absatz 2 über	(1) [1]Die Träger der Eingliederungshilfe schließen auf Landesebene mit den Vereinigungen der Leistungserbringer gemeinsam und einheitlich Rahmenverträge zu den schriftlichen Vereinbarungen nach § 125 ab. [2]Die Rahmenverträge bestimmen
1. die nähere Abgrenzung der den Vergütungspauschalen und -beträgen nach § 75 Absatz 3 zu Grunde zu legenden Kostenarten und -bestandteile sowie die Zusammensetzung der Investitionsbeträge nach § 76 Absatz 2,	1. die nähere Abgrenzung der den Vergütungspauschalen und -beträgen nach § 125 Absatz 1 zugrunde zu legenden Kostenarten und -bestandteile sowie die Zusammensetzung der Investitionsbeträge nach § 125 Absatz 2,
2. den Inhalt und die Kriterien für die Ermittlung und Zusammensetzung der Maßnahmepauschalen, die Merkmale für die Bildung von Gruppen mit vergleichbarem Bedarf nach § 76 Absatz 2 sowie die Zahl dieser zu bildenden Gruppen,	2. den Inhalt und die Kriterien für die Ermittlung und Zusammensetzung der Leistungspauschalen, die Merkmale für die Bildung von Gruppen mit vergleichbarem Bedarf nach § 125 Absatz 3 Satz 3 sowie die Zahl der zu bildenden Gruppen,
	3. die Höhe der Leistungspauschale nach § 125 Absatz 3 Satz 1,
3. die Zuordnung der Kostenarten und -bestandteile nach § 41 des Neunten Buches und	4. die Zuordnung der Kostenarten und -bestandteile nach § 125 Absatz 4 Satz 1,
	5. die Festlegung von Personalrichtwerten oder anderen Methoden zur Festlegung der personellen Ausstattung,
4. den Inhalt und das Verfahren zur Durchführung von Wirtschaftlichkeits- und Qualitätsprüfung nach § 75 Absatz 3	6. die Grundsätze und Maßstäbe für die Wirtschaftlichkeit und Qualität einschließlich der Wirksamkeit der Leistungen sowie Inhalt und Verfahren zur Durchführung von Wirtschaftlichkeits- und Qualitätsprüfungen und
ab.	7. das Verfahren zum Abschluss von Vereinbarungen.
[2]Für Einrichtungen, die einer Kirche oder Religionsgemeinschaft des öffentlichen Rechts oder einem sonstigen freigemeinnützigen Träger zuzuordnen sind, können die Rahmenverträge auch von der Kirche oder Religionsgemeinschaft oder von dem Wohlfahrtsverband abgeschlossen werden, dem die Einrichtung angehört. [3]In den Rahmenverträgen sollen die Merkmale und Besonderheiten der jeweiligen Leistungen nach dem Fünften bis Neunten Kapitel berücksichtigt werden.	[3]Für Leistungserbringer, die einer Kirche oder Religionsgemeinschaft des öffentlichen Rechts oder einem sonstigen freigemeinnützigen Träger zuzuordnen sind, können die Rahmenverträge auch von der Kirche oder Religionsgemeinschaft oder von dem Wohlfahrtsverband abgeschlossen werden, dem der Leistungserbringer angehört. [4]In den Rahmenverträgen sollen die Merkmale und Besonderheiten der jeweiligen Leistungen berücksichtigt werden.
	(2) Die durch Landesrecht bestimmten maßgeblichen Interessenvertretungen der Menschen mit Behinderungen wirken bei der Erarbeitung und Beschlussfassung der Rahmenverträge mit.

SGB XII-Regelung (Fassung bis 31.12.2019)	SGB IX ab 1.1.2018 für Verträge ab 1.1.2020
(2) Die Bundesarbeitsgemeinschaft der überörtlichen Träger der Sozialhilfe, die Bundesvereinigung der kommunalen Spitzenverbände und die Vereinigungen der Träger der Einrichtungen auf Bundesebene vereinbaren gemeinsam und einheitlich Empfehlungen zum Inhalt der Verträge nach Absatz 1.	(3) Die Vereinigungen der Träger der Eingliederungshilfe und die Vereinigungen der Leistungserbringer vereinbaren gemeinsam und einheitlich Empfehlungen auf Bundesebene zum Inhalt der Rahmenverträge.
§ 81 Absatz 1 Verordnungsermächtigungen (Fassung bis 31.12.2019)	
(1) Kommen die Verträge nach § 79 Absatz 1 innerhalb von sechs Monaten nicht zustande, nachdem die Landesregierung schriftlich dazu aufgefordert hat, können die Landesregierungen durch Rechtsverordnung Vorschriften stattdessen erlassen.	(4) Kommt es nicht innerhalb von sechs Monaten nach schriftlicher Aufforderung durch die Landesregierung zu einem Rahmenvertrag, so kann die Landesregierung die Inhalte durch Rechtsverordnung regeln.

Gesetzesbegründung zu § 131 (Drs. 18/9522, S. 299–300)

Zu Absatz 1

Die Inhalte der Rahmenverträge werden abschließend in Absatz 1 genannt; darüber hinausgehende Inhalte sind nicht vorgesehen. Zur Verwirklichung einer besseren Partizipation der Leistungsberechtigten sind die auf Landesebene maßgeblichen Interessenvertretungen von Menschen mit Behinderungen beratend in das Verfahren und die Beschlussfassung über die Rahmenverträge einzubeziehen.

Zu Absatz 2

Die Position der Leistungsberechtigten wird gestärkt, indem die durch Landesrecht bestimmten maßgeblichen Interessenvertretungen der Menschen mit Behinderungen bei der Erarbeitung und Beschlussfassung der Rahmenverträge mitwirken. Die bisherige § 79 Absatz 1 Nummer 4 SGB XII wird insoweit angepasst, als die Prüfungsvereinbarung künftig durch ein gesetzliches Prüfungsrecht des Leistungsträgers ersetzt wird (Nummer 6).

Zu Absatz 3

Im Unterschied zur Landesebene geben die Vereinigung der Leistungsträger und die der Leistungserbringer auf Bundesebene nur Empfehlungen ab und schließen keine für ihre Mitglieder verbindlichen Verträge. Absatz 3 überträgt insoweit inhaltsgleich den bisherigen § 79 Absatz 2 SGB XII auf das Vertragsrecht der Eingliederungshilfe. Darüber hinaus sind in den Rahmenverträgen künftig auch die Grundsätze des Verfahrens zum Abschluss von Vereinbarungen zu regeln.

Zu Absatz 4

Absatz 4 überträgt die für das Vertragsrecht der Sozialhilfe geltende Verordnungsermächtigung gemäß § 81 Absatz 1 SGB XII inhaltsgleich auf das Vertragsrecht der Eingliederungshilfe.

Redaktioneller Hinweis:

Zur Drucklegung dieser Arbeitshilfe (Juni 2019) hatten einige Bundesländer angekündigt, dass sie zum 1. Januar 2020 keinen Rahmenvertrag abgeschlossen bzw. Rahmenleistungsvereinbarungen formuliert haben werden. Sie regeln den Übergang zunächst in Übergangsvereinbarungen, so z. B. die sieben Bezirke in Bayern mit der „Übergangsvereinbarung für alle vollstationären Eingliederungshilfe-Leistungserbringer".

SGB IX ab 1.1.2018 für Verträge ab 1.1.2020
§ 132 Abweichende Zielvereinbarungen (1) Leistungsträger und Träger der Leistungserbringer können Zielvereinbarungen zur Erprobung neuer und zur Weiterentwicklung der bestehenden Leistungs- und Finanzierungsstrukturen abschließen. (2) Die individuellen Leistungsansprüche der Leistungsberechtigten bleiben unberührt. (3) Absatz 1 gilt nicht, soweit auch Leistungen nach dem Siebten Kapitel des Zwölften Buches gewährt werden.

Gesetzesbegründung zu § 132 (Drs. 18/9522, S. 300)

Zu Absatz 1

Absatz 1 ermöglicht den Leistungsträgern und den Trägern der Leistungserbringer zur Erprobung neuer und zur Weiterentwicklung der bestehenden Leistungs- und Finanzierungsstrukturen von den sonstigen Regelungen des Vertragsrechts nach Kapitel 8 abzuweichen. Dies muss im Wege der Vereinbarung erfolgen, d. h. die vom Vertragsrecht abweichenden Inhalte müssen einvernehmlich festgesetzt werden. Die Zielvereinbarung ergänzt insoweit die Inhalte der Vereinbarungen nach Kapitel 8. Die Abweichung setzt voraus, dass das sozialhilferechtliche Dreiecksverhältnis gewahrt bleibt. Insbesondere im Hinblick auf das Wunsch- und Wahlrecht der Leistungsberechtigten und die damit verbundene Auswahlmöglichkeit der Leistungsanbieter ist es erforderlich, dass das Vergaberecht nicht zur Anwendung kommt. In der Begründung des Gesetzes zur Modernisierung des Vergaberechts (Umsetzung der EU-Vergaberichtlinien) zu § 105 Absatz 1 (Bundesratsdrucksache 367/15) wird dementsprechend festgestellt, dass die Auswahl von Dienstleistungserbringern im sozialhilferechtlichen Dreiecksverhältnis nicht der RL 2014/23/EU unterfällt. Damit ist die freie Auswahlmöglichkeit für die Leistungsberechtigten weiterhin auch bei Abschluss von Zielvereinbarungen sichergestellt.

Zu Absatz 2

Absatz 2 stellt klar, dass der Abschluss von Zielvereinbarungen den individuellen Leistungsanspruch der Leistungsberechtigten nicht einschränken darf.

Zu Absatz 3

Der Abschluss von Zielvereinbarungen ist gemäß Absatz 3 nicht möglich, soweit über die Leistungen der Eingliederungshilfe hinaus auch Leistungen der Hilfe zur Pflege durch die Träger der Sozialhilfe geleistet werden.

SGB IX ab 1.1.2018
für Verträge ab 1.1.2020

§ 133 Schiedsstelle

(1) Für jedes Land oder für Teile eines Landes wird eine Schiedsstelle gebildet.

(2) Die Schiedsstelle besteht aus Vertretern der Leistungserbringer und Vertretern der Träger der Eingliederungshilfe in gleicher Zahl sowie einem unparteiischen Vorsitzenden.

(3) $_1$Die Vertreter der Leistungserbringer und deren Stellvertreter werden von den Vereinigungen der Leistungserbringer bestellt. Bei der Bestellung ist die Trägervielfalt zu beachten. $_2$Die Vertreter der Träger der Eingliederungshilfe und deren Stellvertreter werden von diesen bestellt. $_3$Der Vorsitzende und sein Stellvertreter werden von den beteiligten Organisationen gemeinsam bestellt. $_4$Kommt eine Einigung nicht zustande, werden sie durch Los bestimmt. $_5$Soweit die beteiligten Organisationen der Leistungserbringer oder die Träger der Eingliederungshilfe keinen Vertreter bestellen oder im Verfahren nach Satz 3 keine Kandidaten für das Amt des Vorsitzenden und des Stellvertreters benennen, bestellt die zuständige Landesbehörde auf Antrag eines der Beteiligten die Vertreter und benennt die Kandidaten für die Position des Vorsitzenden und seines Stellvertreters.

(4) $_1$Die Mitglieder der Schiedsstelle führen ihr Amt als Ehrenamt. $_2$Sie sind an Weisungen nicht gebunden. Jedes Mitglied hat eine Stimme. $_3$Die Entscheidungen werden mit der Mehrheit der Mitglieder getroffen. $_4$Ergibt sich keine Mehrheit, entscheidet die Stimme des Vorsitzenden.

(5) Die Landesregierungen werden ermächtigt, durch Rechtsverordnung das Nähere zu bestimmen über

1. die Zahl der Schiedsstellen,
2. die Zahl der Mitglieder und deren Bestellung,
3. die Amtsdauer und Amtsführung,
4. die Erstattung der baren Auslagen und die Entschädigung für den Zeitaufwand der Mitglieder der Schiedsstelle,
5. die Geschäftsführung,
6. das Verfahren,
7. die Erhebung und die Höhe der Gebühren,
8. die Verteilung der Kosten,
9. die Rechtsaufsicht sowie
10. die Beteiligung der Interessenvertretungen der Menschen mit Behinderungen.

Gesetzesbegründung zu § 133 (Drs. 18/9522, S. 300–301)

Zu Absatz 1

Absatz 1 überträgt weitgehend inhaltsgleich die für die Träger der Sozialhilfe geltende Regelung des § 80 Absatz 1 SGB XII auf das Vertragsrecht der Eingliederungshilfe. Zur Regelung von Streitigkeiten im Vertragsrecht der Eingliederungshilfe werden in jedem Land eine oder mehrere Schiedsstellen gebildet. Die Funktion der Schiedsstelle hat sich seit ihrer Einführung bewährt. Die Schiedsstelle hat als neutrale Stelle sowohl dem Interesse der Träger der Eingliederungshilfe an einer ausreichenden und kostengünstigen Versorgung der Leistungsberechtigten als auch dem Interesse der Leistungserbringer an der angemessenen Vergütung ihrer Leistungen Rechnung zu tragen und insoweit einen Interessenausgleich herbeizuführen.

Zu Absatz 2

Mit Absatz 2 wird inhaltsgleich die Vorschrift des § 80 Absatz 2 Satz 1 SGB XII auf das Vertragsrecht der Eingliederungshilfe übertragen. Durch die paritätische Besetzung von Vertretern der Leistungsträger und der Leistungserbringer ist beiden Parteien auch im Rahmen des Schiedsstellenverfahrens eine gleiche Einflussmöglichkeit auf die inhaltliche Ausgestaltung der Vereinbarung gegeben.

Zu Absatz 3

Absatz 3 überträgt inhaltsgleich die Vorschrift des § 80 Absatz 2 Satz 2 bis 5 SGB XII auf das Vertragsrecht der Eingliederungshilfe. Die Vorgaben über die Bestellung der Schiedsstellen beschränken sich auf die Grundzüge. Die nähere Ausgestaltung bleibt der durch die Landesregierung zu erlassenden Rechtsverordnung gemäß Absatz 5 vorbehalten.

Zu Absatz 4

Absatz 4 überträgt inhaltsgleich die Vorschrift des § 80 Absatz 3 SGB XII auf das Vertragsrecht der Eingliederungshilfe. Aufgrund der in gleicher Zahl bestellten Vertreter der Leistungsträger und Leistungserbringer kommt bei Stimmengleichheit der Stimme des unparteiischen Vorsitzenden die entscheidende Bedeutung zu.

Zu Absatz 5

Wie schon im Vertragsrecht der Sozialhilfe werden auch im Vertragsrecht der Besonderen Leistungen zur selbstbestimmten Lebensführung für Menschen mit Behinderungen die Landesregierungen ermächtigt, das Nähere durch Rechtsverordnung zu bestimmen. Die Vorschrift überträgt im Wesentlichen inhaltsgleich die Verordnungsermächtigung des § 81 Absatz 2 SGB XII. Die Landesregierungen werden ausdrücklich ermächtigt, die Zahl der Schiedsstellen durch Rechtsverordnung zu bestimmen.

SGB IX ab 1.1.2018
für Verträge ab 1.1.2020

§ 134 Sonderregelung zum Inhalt der Vereinbarungen zur Erbringung von Leistungen für minderjährige Leistungsberechtigte und in Sonderfällen

(1) In der schriftlichen Vereinbarung zur Erbringung von Leistungen für minderjährige Leistungsberechtigte zwischen dem Träger der Eingliederungshilfe und dem Leistungserbringer sind zu regeln:

1. Inhalt, Umfang und Qualität einschließlich der Wirksamkeit der Leistungen (Leistungsvereinbarung) sowie
2. die Vergütung der Leistung (Vergütungsvereinbarung).

(2) In die Leistungsvereinbarung sind als wesentliche Leistungsmerkmale insbesondere aufzunehmen:

1. die betriebsnotwendigen Anlagen des Leistungserbringers,
2. der zu betreuende Personenkreis,
3. Art, Ziel und Qualität der Leistung,
4. die Festlegung der personellen Ausstattung,
5. die Qualifikation des Personals sowie
6. die erforderliche sächliche Ausstattung.

(3) $_1$Die Vergütungsvereinbarung besteht mindestens aus

1. der Grundpauschale für Unterkunft und Verpflegung,
2. der Maßnahmepauschale sowie
3. einem Betrag für betriebsnotwendige Anlagen einschließlich ihrer Ausstattung (Investitionsbetrag).

$_2$Förderungen aus öffentlichen Mitteln sind anzurechnen. $_3$Die Maßnahmepauschale ist nach Gruppen für Leistungsberechtigte mit vergleichbarem Bedarf zu kalkulieren.

(4) Die Absätze 1 bis 3 finden auch Anwendung, wenn volljährige Leistungsberechtigte Leistungen zur Schulbildung nach § 112 Absatz 1 Nummer 1 sowie Leistungen zur schulischen Ausbildung für einen Beruf nach § 112 Absatz 1 Nummer 2 erhalten, soweit diese Leistungen in besonderen Ausbildungsstätten über Tag und Nacht für Menschen mit Behinderungen erbracht werden.

Gesetzesbegründung zu § 134 (Drs. 18/9522, S. 301)

Soweit die Leistungen der Eingliederungshilfe gegenüber minderjährigen Leistungsberechtigten zu erbringen sind, erfolgt mit der Sonderregelung des § 134 ausnahmsweise keine Trennung zwischen Fachleistung und Lebensunterhalt. Da der weit überwiegende Teil der Leistungsberechtigten der Eingliederungshilfe existenzsichernde Leistungen zum Lebensunterhalt nach dem Vierten Kapitel SGB XII erhält, werden die im Zusammenhang mit der Trennung von Fachleistung und Lebensunterhalt notwendigen Änderungen dort verortet. Diese Regelungen gelten jedoch nur für Volljährige und nicht für Kinder und Jugendliche. Die Diskussion zur Reform des SGB VIII bleibt davon unberührt.

Dementsprechend ist in der Vereinbarung zwischen Leistungsträger und Leistungserbringer nicht nur die Erbringung der Fachleistung, sondern auch die Erbringung der Hilfe zum Lebensunterhalt zu regeln. In Abweichung der Grundregel des § 125 werden in der Sonderregelung die notwendigen Bestandteile der Vereinbarung zwischen Leistungsträger und Leistungserbringer gelistet. Dementsprechend sind in die Vergütungsvereinbarungen auch die Grundpauschalen für Unterkunft und Verpflegung sowie ein Betrag für betriebsnotwendige Anlagen einschließlich ihrer Ausstattung aufzunehmen.

Während **Absatz 1** inhaltsgleich der Grundregel entspricht, sind die wesentlichen Inhalte sowohl der Leistungs- als auch der Vergütungsvereinbarung anzupassen, als in der Leistungsvereinbarung die betriebsnotwendigen Anlagen und in der Vergütungsvereinbarung eine Grundpauschale für Unterkunft und Verpflegung sowie ein Investitionsbetrag zu berücksichtigen ist.

Absatz 2 und 3 entsprechen insoweit inhaltsgleich dem neuen § 76 Absatz 2 und 3 SGB XII.

Unabhängig von dieser Sonderregelung und der damit im Zusammenhang stehenden Sonderregelung des § 142 gilt das neue Recht auch für Kinder und Jugendliche. Dies gilt insbesondere auch für das neue Leistungsrecht und die Verbesserungen bei Einkommen und Vermögen.

Zu Absatz 4

Die Sonderregelung für Kinder und Jugendliche ohne Trennung zwischen Fachleistung und Lebensunterhalt wird auf Volljährige ausgedehnt, die eine Internatsschule speziell für Menschen mit Behinderungen besuchen wie beispielsweise eine Internatsschule für blinde oder taubblinde Menschen. Hierdurch wird im Zusammenhang mit der Sonderregelung zur Anrechnung von Einkommen nach § 142 Absatz 3 erreicht, dass für Eltern volljähriger Kinder bei den existenzsichernden Leistungen zum Lebensunterhalt keine Schlechterstellung erfolgt.

Redaktioneller Hinweis:

In der ursprünglichen BTHG-Fassung fehlt ein Pendant zu § 134 Absatz 4 SGB IX in den Vorschriften zur Anrechnung von Einkommen und Vermögen. Dies wird nun durch das sog. Reparaturgesetz nachgeholt und in § 142 ein entsprechender Absatz 4 eingefügt; siehe die Begründung dort.

Kapitel 9
Einkommen und Vermögen

Gesetzestext mit BTHG-Gesetzesbegründung und redaktionellen Hinweisen

Gesetzesbegründung zu Kapitel 9 Einkommen und Vermögen (Drs. 18/9522, S. 301–302)

Die Regelungen zum Einsatz von Einkommen und Vermögen werden neu konzipiert. Es erfolgt ein grundlegender Systemwechsel mit einer ausgewogenen Berücksichtigung der Leistungsfähigkeit gerade von erwerbstätigen Menschen mit Behinderungen.

Die Neuregelung führt dazu, dass im Rahmen der finanziellen Möglichkeiten insbesondere diejenigen Menschen mit Behinderungen, die bisher trotz niedriger Einkommen einen Eigenanteil tragen mussten, stärker entlastet werden. Es wird nicht mehr ein Einsatz des Einkommens verlangt, das über einer individuell festzusetzenden Einkommensgrenze liegt, sondern es wird ab einem bestimmten Einkommen, das oberhalb der bisherigen Einkommensgrenze nach dem SGB XII liegt, ein Beitrag gefordert. Die Festsetzung dieser Beträge erfolgte unter Beachtung der bisherigen durchschnittlichen Einkommenssituation der Leistungsbezieher von Eingliederungshilfe, ihres bisherigen Einkommenseinsatzes und einer ausgewogenen Erhöhung der Einkommensgrenzen unter Berücksichtigung der Höhe der Mittel, die für eine Verbesserung der Situation von Menschen mit Behinderungen zur Verfügung stehen. Die Situation der steuerlichen und abgaberechtlichen Position des Leistungsbeziehers wurde ebenso berücksichtigt. Die für diese Einkommenssituation maßgeblichen Bruttoeinkünfte wurden aufgrund von Daten des Bundesministeriums für Finanzen ermittelt.

Die Einkommensgrenze, ab der eine Heranziehung mit Beiträgen erfolgt, wurde auf diese Weise bestimmt. Die Anknüpfung an den Begriff der „Summe der Einkünfte" berücksichtigt die individuellen Werbungskosten und Betriebsausgaben. Somit wird auch ein mit der Einkommenserzielung verbundener höherer Aufwand berücksichtigt. Zudem werden so die steuerlichen Vorteile für Menschen mit Behinderungen nicht wie bisher von der Einkommensregelung der Eingliederungshilfe aufgezehrt. Mit der Regelung, dass der Beitrag sich nach dem Einkommen im Sinne des Einkommensteuergesetzes (EStG) richtet, wird die Inanspruchnahme von Einkommen pauschaliert. Der geforderte Beitrag ist linear so gestaffelt, dass in durchschnittlichen Fällen im Vergleich zum bisherigen Recht eine deutliche Besserstellung erfolgt. Durch die Ableitung der für die Bemessung des Beitrags ausschlaggebenden Beträge von der Sozialversicherungsbezugsgröße unterliegen diese automatisch einer Dynamisierung (§ 136 Absatz 2 bis 4).

Redaktioneller Hinweis:

§ 92 SGB IX sieht vor, dass der Leistungsberechtigte zu den Leistungen der Eingliederungshilfe einen Beitrag zu erbringen hat, der sich nach den Vorgaben der §§ 135–142 SGB IX richtet. Zuvor ist allerdings zu prüfen, ob überhaupt eine Beitragspflicht besteht:

- Siehe Katalog der betragsfreien Eingliederungshilfeleistung in § 138 Absatz 1 SGB IX (bzw. § 140 Absatz 2 i.V.m. § 138 Absatz 1 SGB IX bezogen auf das Vermögen)
- Ausschluss der Beitragspflicht nach § 138 Absatz 1 Ziffer 8 SGB IX bei gleichzeitigem Bezug von Leistungen zur Sicherung des Lebensunterhalts nach SGB II, SGB XII oder § 27a BVG

Die bis Ende 2019 geltenden sozialhilferechtlichen Regelungen zum Einkommens- und Vermögenseinsatz werden – wie oben in der Gesetzesbegründung ausgeführt – durch eine neue Beitrags-Systematik ersetzt und damit die finanzielle Inanspruchnahme losgelöst von dem bisherigen fürsorgerechtlichen System geregelt. Anstelle des bisherigen Einsatzes des Einkommens über der Einkommensgrenze ist nun ein Beitrag aufzubringen, der direkt an den Leistungserbringer zu entrichten ist.

Dieser Beitrag richtet sich nur nach der finanziellen Situation des Leistungsberechtigten, die sich aus folgenden Komponenten ergibt:

- Einkommensbemessung basierend auf den steuerrechtlichen Einkünften des Vorjahres
- Gestaffelte Einkommensgrenzen bzw. Freibeträge je nach Einkommensquelle
- Dynamisierung der Einkommensgrenzen durch prozentuale Berücksichtigung basierend auf der Bezugsgröße nach § 18 SGB IV (jährlich neu festgesetzt)
- Bei Einkommen oberhalb der Einkommensgrenze pauschalierter Einsatz in Höhe von 2 % monatlich (= 24 % jährlich)

Das Partnereinkommen bleibt dabei weitgehend unberücksichtigt.

Es gilt also die Berechnungsregel: Ist das zu berücksichtigende Einkommen (§ 135 SGB IX) höher als die Einkommensgrenze (§ 136 SGB IX), ist vom Leistungsberechtigten ein finanzieller Beitrag zu leisten. Die Beitragshöhe ergibt sich aus § 137 SGB IX.

Vielfach wird es so sein, dass Leistungsberechtigte neben beitragspflichtigen (s.o.) Leistungen der Eingliederungshilfe auch existenzsichernde Leistungen beantragen müssen. Dabei werden sie mit zwei völlig verschiedenen Systemen der Einkommensanrechnung konfrontiert. So wird beispielsweise bei der Eingliederungshilfe das Partnereinkommen nicht berücksichtigt, bei Grundsicherung und Sozialhilfe aber sehr wohl. Auch bei gleichzeitiger Inanspruchnahme von Hilfe zur Pflege und Eingliederungshilfeleistungen ist zu prüfen, welche Regeln zur Einkommens- und Vermögensrechnung gelten. Im Anschluss an die Kommentierung der Paragrafen des Kapitels 9 finden Sie dazu eine Zusammenfassung.

Bezüglich der Definition von Vermögen und des Schonvermögens (Vermögensfreibetrag) werden die Regelungen aus § 90 SGB XII weitgehend angewendet. Eine eigenständige Regelung dagegen wird bezüglich des Barvermögens getroffen (§ 139 SGB IX = 150 % der jährlichen Bezugsgröße nach SGB IV).

Wichtig – Bestandsschutzregelung zum Einsatz des Einkommens (150 SGB IX)

Bei der als Übergangsregelung titulierten Vorschrift handelt sich hier um eine Bestandsschutzregelung für „Altfälle", also für Menschen, die bereits vor 2020 einen Anspruch auf Eingliederungshilfe hatten. Für diese Personengruppe gilt: Solange der Eigenbeitrag nach neuem Recht höher ist als der Eigenbeitrag nach der am 31.12.2019 geltenden Fassung des § 87 SGB XII, darf nur dieser geringere Eigenbeitrag eingefordert werden (sog. Günstigkeitsprinzip).

SGB XII bis 31.12.2019	SGB IX ab 1.1.2020
§ 82 Absatz 1 Begriff des Einkommens	**§ 135 Begriff des Einkommens**
~~(1) [1]Zum Einkommen gehören alle Einkünfte in Geld oder Geldeswert mit Ausnahme der Leistungen nach diesem Buch, der Grundrente nach dem Bundesversorgungsgesetz und nach den Gesetzen, die eine entsprechende Anwendung des Bundesversorgungsgesetzes vorsehen, und der Renten oder Beihilfen nach dem Bundesentschädigungsgesetz für Schaden an Leben sowie an Körper oder Gesundheit bis zur Höhe der vergleichbaren Grundrente nach dem Bundesversorgungsgesetz. [2]Einkünfte aus Rückerstattungen, die auf Vorauszahlungen beruhen, die Leistungsberechtigte aus dem Regelsatz erbracht haben, sind kein Einkommen. [3]Bei Minderjährigen ist das Kindergeld dem jeweiligen Kind als Einkommen zuzurechnen, soweit es bei diesem zur Deckung des notwendigen Lebensunterhaltes, mit Ausnahme der Bedarfe nach § 34, benötigt wird.~~	(1) Maßgeblich für die Ermittlung des Beitrages nach § 136 ist die Summe der Einkünfte des Vorvorjahres nach § 2 Absatz 2 des Einkommensteuergesetzes sowie bei Renteneinkünften die Bruttorente des Vorvorjahres.
	(2) Wenn zum Zeitpunkt der Leistungsgewährung eine erhebliche Abweichung zu den Einkünften des Vorvorjahres besteht, sind die voraussichtlichen Jahreseinkünfte des laufenden Jahres im Sinne des Absatzes 1 zu ermitteln und zugrunde zu legen.

Gesetzesbegründung zu § 135 (Drs. 18/9522, S. 302)

Zu Absatz 1

Absatz 1 regelt die Definition des Einkommens, das für den aufzubringenden Beitrag zu Grunde zu legen ist. Durch den Bezug zum EStG und die Zugrundelegung des Einkommens des Vorvorjahres wird die Nachweispflicht im Wesentlichen auf den Einkommensteuerbescheid konzentriert und somit vereinfacht. Gleichzeitig werden z. B. hohe Werbungskosten, die erhebliche Auswirkungen auf das Nettoeinkommen haben, dadurch erfasst, dass diese bei der „Summe der Einkünfte" bereits berücksichtigt sind, während bestehende Steuervorteile den Betroffenen zu Gute kommen.

Redaktioneller Hinweis zur Einkommensanrechnung:

Beim Einkommensbegriff wird also auf denjenigen im Einkommensteuergesetz zurückgegriffen; dabei werden alle sieben Einkunftsarten berücksichtigt:

Gewinneinkünfte

- aus Land- und Forstwirtschaft
- aus Gewerbebetrieb
- aus selbstständiger Arbeit

Überschusseinkünfte

- aus nichtselbstständiger Arbeit
- aus Kapitalvermögen
- aus Vermietung und Verpachtung
- sonstige Einkünfte nach § 22 EStG (z. B. Alterseinkünfte wie Leibrenten aus der gesetzlichen oder privaten Rentenversicherung, Unterhaltszahlungen, Zahlungen aufgrund Versorgungsausgleich, Leistungen aus Altersvorsorgeverträgen)

Bei den Gewinneinkünften werden Betriebsausgaben abgezogen, bei den Überschusseinkünften die Werbungskosten.

Bei der Einkommensermittlung wird bei Minderjährigen, die im Haushalt der Eltern oder des Elternteils leben, gemäß der Unterhaltspflicht nach § 1601 BGB das Einkommen der Eltern (des Elternteils) herangezogen (siehe § 136 Absatz 1 SGB IX). Dies ist genauso geregelt wie in der Sozialhilfe in § 85 Absatz 2 Satz 2 SGB XII.

Zu Absatz 2

Die Anknüpfung an das Vorvorjahr kann dazu führen, dass zwischenzeitlich durch eine erhebliche Einkommensveränderung ein unzutreffender Beitrag gefordert würde. Dies ist z. B. bei Arbeitslosigkeit, bei Rentenbeginn oder bei einem Wechsel des Arbeitsverhältnisses von Vollzeit- in Teilzeitbeschäftigung, aber auch bei der erstmaligen Aufnahme einer Beschäftigung denkbar.

In diesen Fällen ist eine Einkommensermittlung des aktuellen Jahres entsprechend der Regelung des § 135 Absatz 1 durchzuführen. Nicht erfasst werden sollen jedoch reine Veränderungen bzw. Schwankungen des Einkommens bei unveränderter Beschäftigungssituation.

Redaktioneller Hinweis:

Wie sich aus Absatz 1 ergibt, legt der Eingliederungshilfeträger im Regelfall die Einkünfte des Vorvorjahres zugrunde. Diese lassen sich im überwiegenden Fall durch den Einkommensteuerbescheid oder den Rentenbescheid nachweisen. Eine eigene Einkommensberechnung muss daher in den überwiegenden Fällen nicht durchgeführt werden.

Nur bei gravierenden Veränderungen nach „oben" (z. B. Wechsel des Arbeitsplatzes mit höherem Arbeitsentgelt) oder „nach" unten (z. B. Arbeitslosigkeit) muss vom Eingliederungshilfeträger das voraussichtliche Jahreseinkommen ermittelt werden. Unerhebliche Abweichungen müssen nicht „nachberechnet" werden; sie finden dann erst Berücksichtigung in der Beitragsfestsetzung des folgenden Jahres.

SGB XII bis 31.12.2019	SGB IX ab 1.1.2020
§ 85 Einkommensgrenze	**§ 136 Beitrag aus Einkommen zu den Aufwendungen**
~~(1) Bei der Hilfe nach dem Fünften bis Neunten Kapitel ist der nachfragenden Person und ihrem nicht getrennt lebenden Ehegatten oder Lebenspartner die Aufbringung der Mittel nicht zuzumuten, wenn während der Dauer des Bedarfs ihr monatliches Einkommen zusammen eine Einkommensgrenze nicht übersteigt, die sich ergibt aus~~ ~~(2) $_{1}$Ist die nachfragende Person minderjährig und unverheiratet, so ist ihr und ihren Eltern die Aufbringung der Mittel nicht zuzumuten, wenn während der Dauer des Bedarfs das monatliche Einkommen der nachfragenden Person und ihrer Eltern zusammen eine Einkommensgrenze nicht übersteigt, die sich ergibt aus~~	(1) Bei den Leistungen nach diesem Teil ist ein Beitrag zu den Aufwendungen aufzubringen, wenn das Einkommen im Sinne des § 135 der antragstellenden Person sowie bei minderjährigen Personen *der im Haushalt lebenden Eltern oder des im Haushalt lebenden Elternteils* die Beträge nach Absatz 2 übersteigt.
~~1. einem Grundbetrag in Höhe des Zweifachen der Regelbedarfsstufe 1 nach der Anlage zu § 28,~~ ~~2. den Aufwendungen für die Unterkunft, soweit diese den der Besonderheit des Einzelfalles angemessenen Umfang nicht übersteigen und~~ ~~3. einem Familienzuschlag in Höhe des auf volle Euro aufgerundeten Betrages von 70 vom Hundert der Regelbedarfsstufe 1 nach der Anlage zu § 28 für einen Elternteil, wenn die Eltern zusammenleben, sowie für die nachfragende Person und für jede Person, die von den Eltern oder der nachfragenden Person überwiegend unterhalten worden ist oder für die sie nach der Entscheidung über die Erbringung der Sozialhilfe unterhaltspflichtig werden.~~	(2) $_{1}$Ein Beitrag zu den Aufwendungen ist aufzubringen, wenn das Einkommen im Sinne des § 135 überwiegend 1. aus einer sozialversicherungspflichtigen Beschäftigung oder selbständigen Tätigkeit erzielt wird und 85 Prozent der jährlichen Bezugsgröße nach § 18 Absatz 1 des Vierten Buches übersteigt oder 2. aus einer nicht sozialversicherungspflichtigen Beschäftigung erzielt wird und 75 Prozent der jährlichen Bezugsgröße nach § 18 Absatz 1 des Vierten Buches übersteigt oder 3. aus Renteneinkünften erzielt wird und 60 Prozent der jährlichen Bezugsgröße nach § 18 Absatz 1 des Vierten Buches übersteigt.
~~$_{2}$Leben die Eltern nicht zusammen, richtet sich die Einkommensgrenze nach dem Elternteil, bei dem die nachfragende Person lebt. $_{3}$Lebt sie bei keinem Elternteil, bestimmt sich die Einkommensgrenze nach Absatz 1.~~	$_{2}$*Wird das Einkommen im Sinne des § 135 überwiegend aus anderen Einkunftsarten erzielt, ist Satz 1 Nummer 2 entsprechend anzuwenden.*
~~(3) $_{1}$Die Regelbedarfsstufe 1 nach der Anlage zu § 28 bestimmt sich nach dem Ort, an dem der Leistungsberechtigte die Leistung erhält. $_{2}$Bei der Leistung in einer Einrichtung sowie bei Unterbringung in einer anderen Familie oder bei den in § 107 genannten anderen Personen bestimmt er sich nach dem gewöhnlichen Aufenthalt des Leistungsberechtigten oder, wenn im Falle des Absatzes 2 auch das Einkommen seiner Eltern oder eines Elternteils maßgebend ist, nach deren gewöhnlichen Aufenthalt. $_{3}$Ist ein gewöhnlicher Aufenthalt im Inland nicht vorhanden oder nicht zu ermitteln, ist Satz 1 anzuwenden.~~	(3) Die Beträge nach Absatz 2 erhöhen sich für den nicht getrennt lebenden Ehegatten oder Lebenspartner, den Partner einer eheähnlichen oder lebenspartnerschaftsähnlichen Gemeinschaft um 15 Prozent sowie für jedes unterhaltsberechtigte Kind im Haushalt um 10 Prozent der jährlichen Bezugsgröße nach § 18 Absatz 1 des Vierten Buches.

SGB XII bis 31.12.2019	SGB IX ab 1.1.2020
	(4) 1Übersteigt das Einkommen im Sinne des § 135 einer in Absatz 3 erster Halbsatz genannten Person den Betrag, der sich nach Absatz 2 ergibt, findet Absatz 3 keine Anwendung. 2In diesem Fall erhöhen sich für jedes unterhaltsberechtigte Kind die Beträge nach Absatz 2 um 5 Prozent der jährlichen Bezugsgröße nach § 18 Absatz 1 des Vierten Buches. (5) 1Ist der Leistungsberechtigte minderjährig und lebt im Haushalt der Eltern, erhöht sich der Betrag nach Absatz 2 um 75 Prozent der jährlichen Bezugsgröße nach § 18 Absatz 1 des Vierten Buches für jeden Leistungsberechtigten. 2Die Absätze 3 und 4 sind nicht anzuwenden.

Gesetzesbegründung zu § 136 (Drs. 18/9522, S. 302–303; Drs. 18/10523; Drs. 19/11006)

Zu Absatz 1

Redaktioneller Hinweis:

Mit dem „Gesetz zur Änderung des Neunten und des Zwölften Buches Sozialgesetzbuch und anderer Rechtsvorschriften" (sog. Reparaturgesetz) wird Absatz 1 sprachlich korrigiert (die Wörter „der Eltern oder des Elternteils im Haushalt lebenden Eltern oder des Elternteils" werden durch die Wörter „der im Haushalt lebenden Eltern oder des im Haushalt lebenden Elternteils" ersetzt). Eine inhaltliche Änderung gegenüber der ursprünglichen BTHG-Fassung ist damit nicht verbunden. Dazu die Gesetzesbegründung (Drs. 19/11006, S. 20): „Es sollen nur im Haushalt lebende Eltern oder Elternteile zu einem Beitrag zu den Leistungen der Eingliederungshilfe herangezogen werden können. Dies wurde bereits im parlamentarischen Verfahren des Bundesteilhabegesetzes entschieden, aber redaktionell fehlerhaft umgesetzt."

Die Regelung des Absatzes 1 knüpft für die Einkommensheranziehung neben dem Leistungsbezieher auch an die Unterhaltspflicht nach § 1601 BGB an, wenn Leistungen für minderjährige Kinder erbracht werden.

Redaktioneller Hinweis:

Bei der Beitragsfestsetzung kommt es grundsätzlich nur auf die Einkünfte der volljährigen antragstellenden Person an – nicht auf die Einkünfte des Partners.

Bei minderjährigen antragstellenden Personen ist neben dem eigenen Einkommen auch das Einkommen der im Haushalt lebenden Eltern oder des im Haushalt lebenden Elternteils zu berücksichtigen. Dies war bisher schon so in § 85 Absatz 2 Satz 2 SGB XII geregelt. Um diese Regelung im SGB IX nachzubilden, war der Einschub „im Haushalt lebend" gegenüber dem ursprünglichen Gesetzentwurf erforderlich; er wurde in der Beschlussempfehlung (Drs. 18/10523) ergänzt.

Zu Absatz 2

Die Pflicht, einen Beitrag aufzubringen, beginnt bei einem Betrag, der oberhalb der bisherigen Einkommensgrenze nach dem SGB XII liegt. Je nach Situation der steuerlichen und abgaberechtlichen Position des Leistungsbeziehers werden unterschiedliche Ausgangsbeträge berücksichtigt.

Maßgebend ist das „überwiegend", damit die Zuordnung des Betrages nach der Haupteinkommensquelle erfolgt und nicht z. B. geringfügige Nebeneinkünfte zu einer unzutreffenden Zuordnung führt. Dabei erfolgt durch einen vergleichsweise höheren Grundfreibetrag nach Nummer 1 und 2 im Vergleich zu Nummer 3, eine Privilegierung des Erwerbseinkommens im Vergleich zu anderen Einkünften. So soll auch ein Anreiz geschaffen werden, trotz der bestehenden Behinderung eine Erwerbstätigkeit aufzunehmen. Durch die Bezugnahme auf die jährliche Bezugsgröße nach Absatz 1 des § 18 SGB IV ist sichergestellt, dass ein bundeseinheitlich gleicher Betrag als Maßstab gilt. Eine Zugrundelegung der jährlichen Bezugsgröße nach Absatz 2 des § 18 SGB IV (Sozialversicherungsbezugsgröße Ost) ist ausdrücklich nicht vorgesehen.

Die in Absatz 2 genannten Beträge stellen sicher, dass die Leistungsberechtigten nicht nur ihren Lebensunterhalt bestreiten können, sondern ihnen die Aufrechterhaltung einer angemessenen Lebensführung ermöglicht wird.

Redaktioneller Hinweis:

Maßstab ist also die jährliche Bezugsgröße für die alten Bundesländer (§ 18 Absatz 1 SGB IV), zurzeit 37.380 Euro (Wert 2019). Um einen Anreiz zu schaffen, trotz der bestehenden Behinderung eine Erwerbstätigkeit aufzunehmen, ist der Freibetrag bei Erwerbstätigkeit höher als etwa bei Rentenbezug. Die Bezugnahme auf § 18 Absatz 1 SGB IV gewährleistet, dass die Höhe der Einkommensgrenze bundeseinheitlich gleich ist.

Eine Eigenbeteiligung beginnt bei einem Jahreseinkommen

- von **85 %** der Bezugsgröße bei sozialversichert erwerbstätigen oder selbständigen Antragstellern:
  das wären im Jahr 2019 **31.773 Euro**
- von **75 %** der Bezugsgröße bei nicht sozialversicherungspflichtig Beschäftigten:
  das wären im Jahr 2019 **28.035 Euro**
- von **60 %** der Bezugsgröße bei Rentnern:
  das wären im Jahr 2019 **22.428 Euro**

Die Beträge erhöhen sich (siehe Absatz 3)

- um **15 %** der Bezugsgröße für den nicht getrennt lebenden Ehegatten oder Lebenspartner, den Partner einer eheähnlichen oder lebenspartnerschaftsähnlichen Gemeinschaft:
  das wären im Jahr 2019 **5.607 Euro**
- um **10 %** der Bezugsgröße für jedes unterhaltsberechtigte Kind im Haushalt:
  das wären im Jahr 2019 **3.738 Euro**

Falls der Partner/Ehegatte allerdings selber ein Einkommen hat, das den jeweiligen Grenzbetrag übersteigt, entfällt der Erhöhungsbetrag für Partner/Ehegatten; für gemeinsame Kinder gilt dann ein Erhöhungsbetrag von **5 %** der Bezugsgröße:
das wären im Jahr 2019 **1.869 Euro**.

Ist der Leistungsberechtigte ein Kind, das im Haushalt **beider** Eltern lebt, muss hier ein angemessener Ausgleich gefunden werden, um auch bei minderjährigen Kindern einen Beitrag ermitteln zu können, der dem eines erwachsenen Leistungsberechtigten gleich kommt. Dieser Ausgleich beträgt 75 % der Bezugsgröße und wird auf die oben genannten Freibeträge aufgeschlagen (Absatz 5). Also:

- 160 % der Bezugsgröße bei sozialversichert erwerbstätigen oder selbständigen Antragstellern:
  das wären im Jahr 2019 **59.808 Euro**
- 150 % der Bezugsgröße bei nicht sozialversicherungspflichtig Beschäftigten:
  das wären im Jahr 2019 **56.070 Euro**
- 135 % der Bezugsgröße bei Rentnern:
  das wären im Jahr 2019 **50.463 Euro**

Die Regelung beschränkt sich auf minderjährige Kinder im Haushalt beider Elternteile; bei Alleinerziehenden ist diese Korrektur nicht erforderlich.

Außerdem entfällt in diesen Fällen die Erhöhung um den Partner/Ehegatten-Zuschlag.

Hat eine leistungsberechtigte Person mehrere unterschiedliche Einkünfte, wird das Einkommen zugrunde gelegt, aus welchem der höchste Bruttobetrag zu verzeichnen ist.

Redaktioneller Hinweis:

Mit dem „Gesetz zur Änderung des Neunten und des Zwölften Buches Sozialgesetzbuch und anderer Rechtsvorschriften" (sog. Reparaturgesetz) wird Absatz 2 Satz 2 angefügt. Dem Gesetzentwurf (Drs. 19/11006) ist dazu die im Folgenden aufgeführte Begründung zu entnehmen:

Satz 2:

Für die Ermittlung des Beitrags zu den Leistungen der Eingliederungshilfe sind nach § 135 SGB IX alle Einkünfte relevant, die der Einkommensteuer unterliegen. Im Fall des Bezugs von Renten aus der gesetzlichen Rentenversicherung ist die Bruttorente maßgebend.

Mit der Regelung der Einkommensfreigrenzen des § 136 Absatz 2 wird den unterschiedlichen steuerlichen und abgaberechtlichen Situationen Rechnung getragen. § 136 Absatz 2 erwähnt ausdrücklich Einkünfte, die überwiegend aus sozialversicherungspflichtiger (§ 136 Absatz 2 Nummer 1) oder nicht sozialversicherungspflichtiger Beschäftigung (§ 136 Absatz 2 Nummer 2), selbständiger Tätigkeit (§ 136 Absatz 2 Nummer 1) oder aus Renteneinkünften (§ 136 Absatz 2 Nummer 3) erzielt werden.

Nicht ausdrücklich genannte Einkunftsarten, wie zum Beispiel Einkünfte aus Kapitalvermögen oder Einkünfte aus Vermietung und Verpachtung, sind entsprechend der steuerlichen und abgaberechtlichen Situation zuzuordnen. Mit Satz 2 wird geregelt, dass auf nicht ausdrücklich genannte Einkünfte § 136 Absatz 2 Nummer 2 entsprechend angewandt werden soll. Unter § 136 Absatz 2 Nummer 2 fallen ausdrücklich alle nicht sozialversicherungspflichtig Beschäftigte, zum Beispiel Beamte und Pensionäre.

Diese Regelung dient der Verwaltungspraxis. Denn mehrere Träger, welche die neuen Regelungen der Eingliederungshilfe bereits vor Inkrafttreten modellhaft erproben (Artikel 25 Absatz 3 BTHG), haben Probleme hinsichtlich der Zuordnung dieser Einkunftsarten unter die Freigrenzen mitgeteilt.

Zu Absatz 3

Je nach Familienkonstellation sind für weitere Personen Zuschläge erforderlich, um das o. g. Ziel zu erreichen. Die Beträge berücksichtigen auch die Unterhaltspflicht des Menschen mit Behinderungen gegenüber seinem Partner/Ehegatten sowie seinen Kindern nach §§ 1569 und 1601 BGB.

Zu Absatz 4

Durch Absatz 4 wird sichergestellt, dass die Zuschläge nach Absatz 3 nur so lange gelten, wie der Partner/Ehegatte eigenes anrechnungsfreies Einkommen bis zu der Höhe erzielt, die sich aus einer entsprechenden Anwendung des Absatz 2 zur überwiegenden Herkunft und Höhe des Einkommens ergeben würde. Erst wenn diese Höhe überschritten wird, erfolgt keine Berücksichtigung nach Absatz 3 mehr. Vom gleichen Zeitpunkt an wird der Zuschlag für gemeinsame minderjährige Kinder halbiert, weil dieser Zuschlag unter sozialrechtlichen Gesichtspunkten nun von beiden Elternteilen aufgebracht werden kann.

Zu Absatz 5

Bei minderjährigen Kindern im Haushalt der Eltern kommt die grundsätzliche Freistellung eines Partnereinkommens nach § 136 nicht zur Wirkung, weil hier das Einkommen beider Elternteile bei der Berechnung des Beitrages berücksichtigt wird. Gerade wenn beide Elternteile erwerbstätig sind, reicht der nach Absatz 3 vorgesehene Zuschlag von 15 Prozentpunkten für den Ehepartner bzw. den Elternteil nicht als Korrektiv: Diese Regelung dient dazu, hier einen angemessenen Ausgleich zu finden und auch bei minderjährigen Kindern einen Beitrag zu ermitteln, der dem eines erwachsenen Leistungsberechtigten gleich kommt. Insofern beschränkt sich die Regelung auf minderjährige Kinder im Haushalt beider Elternteile; bei Alleinerziehenden ist diese Korrektur nicht erforderlich.

SGB XII bis 31.12.2019	SGB IX ab 1.1.2020
§ 87 Absatz 1 Einsatz des Einkommens über der Einkommensgrenze ~~(1) $_1$Soweit das zu berücksichtigende Einkommen die Einkommensgrenze übersteigt, ist die Aufbringung der Mittel in angemessenem Umfang zuzumuten. $_2$Bei der Prüfung, welcher Umfang angemessen ist, sind insbesondere die Art des Bedarfs, die Art oder Schwere der Behinderung oder der Pflegebedürftigkeit, die Dauer und Höhe der erforderlichen Aufwendungen sowie besondere Belastungen der nachfragenden Person und ihrer unterhaltsberechtigten Angehörigen zu berücksichtigen. $_3$Bei Pflegebedürftigen der Pflegegrade 4 und 5 und blinden Menschen nach § 72 ist ein Einsatz des Einkommens über der Einkommensgrenze in Höhe von mindestens 60 vom Hundert nicht zuzumuten.~~	**§ 137 Höhe des Beitrages zu den Aufwendungen** (1) Die antragstellende Person im Sinne des § 136 Absatz 1 hat aus dem Einkommen im Sinne des § 135 einen Beitrag zu den Aufwendungen nach Maßgabe der Absätze 2 und 3 aufzubringen. (2) $_1$Wenn das Einkommen die Beträge nach § 136 Absatz 2 übersteigt, ist ein monatlicher Beitrag in Höhe von 2 Prozent des den Betrag nach § 136 Absatz 2 bis 4 übersteigenden Betrages als monatlicher Beitrag aufzubringen. $_2$Der nach Satz 1 als monatlicher Beitrag aufzubringende Betrag ist auf volle 10 Euro abzurunden. (3) Der Beitrag ist von der zu erbringenden Leistung abzuziehen. (4) $_1$Ist ein Beitrag von anderen Personen aufzubringen als dem Leistungsberechtigten und ist die Durchführung der Maßnahme der Eingliederungshilfeleistung ohne Entrichtung des Beitrages gefährdet, so kann im Einzelfall die erforderliche Leistung ohne Abzug nach Absatz 3 erbracht werden. $_2$*Die in Satz 1 genannten Personen haben dem Träger der Eingliederungshilfe die Aufwendungen im Umfang des Beitrages zu ersetzen; mehrere Verpflichtete haften als Gesamtschuldner.*

Gesetzesbegründung zu § 137 (Drs. 18/9522, S. 303; Drs. 19/11006)

Zu Absatz 1

Absatz 1 regelt den Grundsatz, dass Menschen mit Behinderungen entsprechend ihrer persönlichen finanziellen Leistungsfähigkeit zu den steuerfinanzierten Leistungen beizutragen haben.

Zu Absatz 2

Absatz 2 regelt, in welcher Höhe vom Einkommen ein Beitrag zu leisten ist. Dabei soll nicht nur eine angemessene Lebensführung gesichert werden, sondern Einkommenserhöhungen sollen auch den Leistungsberechtigten zu Gute kommen. Es erfolgt eine Abwägung zwischen dem Mehreinkommen und dem höheren Beitrag. So soll sich ein höheres Einkommen für den Betroffenen bemerkbar machen.

Redaktioneller Hinweis:

Die Höhe des monatlichen Beitrags beträgt jeweils 2 % aus der Differenz zwischen tatsächlichem Einkommen und den jeweiligen Freigrenzen nach dem vorigen Absatz.

Beispiel:

Eine alleinstehende Erwerbstätige mit einem Kind und mit einem Jahreseinkommen von	42.000,00 Euro
Freibetrag bei sv-pflichtiger Erwerbstätigkeit	31.773,00 Euro
Freibetrag für das Kind	3.738,00 Euro
Summe der Freibeträge	35.51,00 Euro
Differenz von Einkommen und Freibeträgen	6.489,00 Euro
davon 2 %	129,78,00 Euro
= monatlicher Beitrag (abgerundet auf volle 10 Euro)	= 120,00 Euro

Die Höhe des monatlichen Beitrags zu den Leistungen im Beispiel beträgt also 120 Euro. Das heißt, der Beitrag wird von der zu erbringenden Leistung abgezogen, wie in § 137 Absatz 3 SGB IX ausdrücklich klargestellt wird. Dies bedeutet, dass der Träger der Eingliederungshilfe nur den Anteil an der Vergütung leistet, der nicht durch den Einkommensbetrag der Leistungsberechtigten bzw. – bei Minderjährigen – ihrer Eltern gedeckt ist (sog. Nettoprinzip).

Die Regelung soll nicht nur dazu dienen, dass eine angemessene Lebensführung gesichert werden kann, sondern Einkommenserhöhungen sollen auch den Leistungsberechtigten zu Gute kommen. In unserem Beispiel blieben von einer Lohnerhöhung um 2.000 Euro, die zu einem 40 Euro höheren Beitrag führen würde, im Jahr von der Lohnerhöhung noch 1.520 Euro brutto übrig.

Zu Absatz 3

Absatz 3 stellt klar, dass der Beitrag von der zu erbringenden Leistung abzuziehen ist.

Redaktioneller Hinweis:

Der Leistungserbringer muss also für jede Fachleistungsstunde dem Leistungsnehmer eine Rechnung erstellen in Höhe des Eigenbetrags. Der Leistungsnehmer muss jede Fachleistungsstunde extra bezahlen.

Zu Absatz 4

Absatz 4 stellt sicher, dass insbesondere bei Leistungen an Minderjährige der Erfolg der Eingliederungshilfemaßnahme nicht gefährdet wird, weil z. B. ein Elternteil den von ihm zu entrichtenden Beitrag nicht oder nicht vollständig zahlt. Für diesen Fall ist eine Leistungsgewährung in vollem Umfang möglich; ein Kostenersatzanspruch entsteht als Folge aus der Nichtzahlung gegenüber dem zum Beitrag Verpflichteten. Die Regelung greift nicht, wenn der Leistungsberechtigte und der zur Aufbringung des Beitrages Verpflichtete identisch sind.

Redaktioneller Hinweis:

Durch das „Gesetz zur Änderung des Neunten und des Zwölften Buches Sozialgesetzbuch und anderer Rechtsvorschriften" = sog. Reparaturgesetz (Drs. 19/11006) wird Satz 2 zur Klarstellung neu gefasst (anstelle „Im Umfang des Beitrages sind die Aufwendungen zu ersetzen." diese Neufassung: „Die in Satz 1 genannten Personen haben dem Träger der Eingliederungshilfe die Aufwendungen im Umfang des Beitrages zu ersetzen; mehrere Verpflichtete haften als Gesamtschuldner."). Damit soll klarer werden, wer zum Ersatz der Kosten verpflichtet ist und gegenüber wem die Kosten zu ersetzen sind.

SGB XII bis 31.12.2019	SGB IX ab 1.1.2020
§ 92 Absatz 2 Anrechnung bei behinderten Menschen	**§ 138 Besondere Höhe des Beitrages zu den Aufwendungen**
(2) ₁Den in § 19 Absatz 3 genannten Personen ist die Aufbringung der Mittel nur für die Kosten des Lebensunterhalts zuzumuten	(1) Ein Beitrag ist nicht aufzubringen bei
1. bei heilpädagogischen Maßnahmen für Kinder, die noch nicht eingeschult sind,	1. heilpädagogischen Leistungen nach § 113 Absatz 2 Nummer 3,
5. bei Leistungen zur medizinischen Rehabilitation (§ 26 des Neunten Buches),	2. Leistungen zur medizinischen Rehabilitation nach § 109,
6. bei Leistungen zur Teilhabe am Arbeitsleben (§ 49 des Neunten Buches),	3. Leistungen zur Teilhabe am Arbeitsleben nach § 111 Absatz 1,
7. bei Leistungen in anerkannten Werkstätten für behinderte Menschen nach § 58 des Neunten Buches, bei anderen Leistungsanbietern nach § 60 des Neunten Buches und beim Budget für Arbeit nach § 61 des Neunten Buches,	
2. bei der Hilfe zu einer angemessenen Schulbildung einschließlich der Vorbereitung hierzu,	4. Leistungen zur Teilhabe an Bildung nach § 112 Absatz 1 Nummer 1,
4. bei der Hilfe zur schulischen Ausbildung für einen angemessenen Beruf oder zur Ausbildung für eine sonstige angemessene Tätigkeit, wenn die hierzu erforderlichen Leistungen in besonderen Einrichtungen für behinderte Menschen erbracht werden,	5. Leistungen zur schulischen oder hochschulischen Ausbildung oder Weiterbildung für einen Beruf nach § 112 Absatz 1 Nummer 2, soweit diese Leistungen in besonderen Ausbildungsstätten über Tag und Nacht für Menschen mit Behinderungen erbracht werden,
8. bei Hilfen zum Erwerb praktischer Kenntnisse und Fähigkeiten, die erforderlich und geeignet sind, behinderten Menschen die für sie erreichbare Teilhabe am Arbeitsleben zu ermöglichen, soweit diese Hilfen in besonderen teilstationären Einrichtungen für behinderte Menschen erbracht werden.	6. Leistungen zum Erwerb und Erhalt praktischer Kenntnisse und Fähigkeiten nach § 113 Absatz 2 Nummer 5, soweit diese der Vorbereitung auf die Teilhabe am Arbeitsleben nach § 111 Absatz 1 dienen,
3. bei der Hilfe, die dem behinderten noch nicht eingeschulten Menschen die für ihn erreichbare Teilnahme am Leben in der Gemeinschaft ermöglichen soll,	7. Leistungen nach § 113 Absatz 1, die noch nicht eingeschulten leistungsberechtigten Personen die für sie erreichbare Teilnahme am Leben in der Gemeinschaft ermöglichen sollen,
	8. gleichzeitiger Gewährung von Leistungen zum Lebensunterhalt nach dem Zweiten oder Zwölften Buch oder nach § 27a des Bundesversorgungsgesetzes.
	(2) Wenn ein Beitrag nach § 137 aufzubringen ist, ist für weitere Leistungen im gleichen Zeitraum oder weitere Leistungen an minderjährige Kinder im gleichen Haushalt nach diesem Teil kein weiterer Beitrag aufzubringen.

SGB XII bis 31.12.2019	SGB IX ab 1.1.2020
§ 87 Absatz 3 Einsatz des Einkommens über der Einkommensgrenze	
(3) Bei einmaligen Leistungen zur Beschaffung von Bedarfsgegenständen, deren Gebrauch für mindestens ein Jahr bestimmt ist, ~~kann die Aufbringung der Mittel nach Maßgabe des Absatzes 1 auch aus dem Einkommen verlangt werden, das die in § 19 Absatz 3 genannten Personen innerhalb eines Zeitraumes von bis zu drei Monaten nach Ablauf des Monats, in dem über die Leistung entschieden worden ist, erwerben.~~	(3) Bei einmaligen Leistungen zur Beschaffung von Bedarfsgegenständen, deren Gebrauch für mindestens ein Jahr bestimmt ist, ist höchstens das Vierfache des monatlichen Beitrages einmalig aufzubringen.
§ 94 Absatz 2 und Absatz 3 **Übergang von Ansprüchen gegen einen nach bürgerlichem Recht Unterhaltspflichtigen**	
(2) $_{1}$Der Anspruch einer volljährigen unterhaltsberechtigten Person, ~~die behindert im Sinne von § 53 oder pflegebedürftig im Sinne von § 61a ist, gegenüber ihren Eltern wegen Leistungen nach dem Sechsten und Siebten Kapitel geht nur in Höhe von bis zu 26 Euro, wegen Leistungen nach dem Dritten Kapitel nur in Höhe von bis zu 20 Euro monatlich über.~~	*(4) [1)]Wenn eine volljährige nachfragende Person Leistungen bedarf, ist von den unterhaltspflichtigen Eltern oder dem unterhaltspflichtigen Elternteil ein Beitrag in Höhe von monatlich 34,44 Euro aufzubringen.*
$_{2}$Es wird vermutet, dass der Anspruch in Höhe der genannten Beträge übergeht und mehrere Unterhaltspflichtige zu gleichen Teilen haften; die Vermutung kann widerlegt werden. ~~$_{3}$Die in Satz 1 genannten Beträge verändern sich zum gleichen Zeitpunkt und um denselben Vomhundertsatz, um den sich das Kindergeld verändert.~~ ~~(3) $_{1}$Ansprüche nach Absatz 1 und 2 gehen nicht über, soweit~~ ~~1. die unterhaltspflichtige Person Leistungsberechtigte nach dem Dritten und Vierten Kapitel ist oder bei Erfüllung des Anspruchs würde oder~~ ~~2. der Übergang des Anspruchs eine unbillige Härte bedeuten würde.~~ ~~$_{2}$Der Träger der Sozialhilfe hat die Einschränkung des Übergangs nach Satz 1 zu berücksichtigen, wenn er von ihren Voraussetzungen durch vorgelegte Nachweise oder auf andere Weise Kenntnis hat.~~	*$_{2}$§ 94 Absatz 2 Satz 3 und Absatz 3 des Zwölften Buches gilt entsprechend.*

[1)] Absatz 4 soll durch das Angehörigen-Entlastungsgesetz (Referentenentwurf vom 12.06.2019) aufgehoben werden.

Gesetzesbegründung zu § 138 (Drs. 18/9522, S. 303–304; Drs. 18/10523; Drs. 19/11006)

Zu Absatz 1

Absatz 1 überträgt im Wesentlichen inhaltsgleich die bisherigen Hilfen, die in § 92 Absatz 2 SGB XII genannt waren. Es erfolgt jedoch eine Anpassung an die neuen Leistungstatbestände der Eingliederungshilfe:

- Nummer 1 entspricht dem bisherigen § 92 Absatz 2 Nummer 1;
- Nummer 2 dem bisherigen § 92 Absatz 2 Nummer 5;
- Nummer 3 dem bisherigen § 92 Absatz 2 Nummer 6 und 7;

Redaktioneller Hinweis:

Der Personenkreis, der ein Budget für Arbeit nach § 111 Absatz 1 Nr. 3 i. V. m. § 61 in Anspruch nimmt, soll hinsichtlich des Einsatzes von Einkommen und Vermögen den Personen gleichgestellt werden, die Leistungen im Arbeitsbereich einer Werkstatt für behinderte Menschen beziehungsweise bei einem anderen Leistungsanbieter erhalten. Deshalb wurde mit der Beschlussempfehlung (Drs. 18/10523) die Einschränkung auf § 111 Absatz 1 Nr. 1 und Nr. 2 aufgelöst.

- Nummer 4 dem bisherigen § 92 Absatz 2 Nummer 2;
- Nummer 5 greift die bisherige Regelung des § 92 Absatz 2 Nummer 4 auf, wobei jedoch auf Grund der Personenzentrierung eine Anbindung an eine besondere Ausbildungsstätte für Menschen mit Behinderungen erfolgt;
- Nummer 6 entspricht dem bisherigen § 92 Absatz 2 Nummer 8;

Redaktioneller Hinweis:

Leistungen, die von Kostenbeiträgen freigestellt werden, sind auch jene Leistungen zum Erwerb und Erhalt praktischer Kenntnisse und Fähigkeiten, die der Vorbereitung auf die Teilhabe am Arbeitsleben in Form des Budgets für Arbeit dienen.

- Nummer 7 dem bisherigen § 92 Absatz 2 Nummer 3, wobei konkretisiert wird, dass es sich hierbei wie auch im geltenden Recht um Leistungen zur Sozialen Teilhabe handelt;
- Durch die Regelung in Absatz 1 Nummer 8 wird sichergestellt, dass die Aufbringung eines Beitrages nicht verlangt wird, wenn dadurch der notwendige Lebensunterhalt nach dem SGB II, SGB XII oder BVG gefährdet wäre.

Redaktioneller Hinweis:

Nach Absatz 1 sind also folgende Leistungen der Eingliederungshilfe beitragsfrei:

- Leistungen der Leistungsgruppe medizinische Rehabilitation (§ 109 SGB IX; inkl. Leistungen nach § 64 Absatz 1 Ziffer 3–6, also Reha-Sport, Funktionstraining, Reisekostenübernahme, Haushaltshilfe, Kinderbetreuungskosten)

- Leistungen der Leistungsgruppe Teilhabe am Arbeitsleben nach § 111 Absatz 1 – also Beschäftigung in einer WfBM oder einem anderen Leistungsanbieter sowie im Rahmen des Budgets für Arbeit (nicht aber Hilfsmittel nach § 111 Absatz 2!)
- Leistungen der Leistungsgruppe Teilhabe an Bildung, wenn es sich um eine Schulbildung im Rahmen der allgemeinen Schulpflicht und/oder zum Besuch weiterführender Schulen handelt – einschließlich der Vorbereitung hierzu (= § 112 Absatz 1 Ziffer 1)
- Leistungen zur schulischen Ausbildung für einen Beruf nach § 112 Absatz 1 Ziffer 2 SGB IX, wenn diese Leistungen in besonderen Ausbildungsstätten mit Internatsanschluss („über Tag und Nacht") für Menschen mit Behinderung erbracht werden.
- Leistungen zum Erwerb und Erhalt praktischer Kenntnisse und Fähigkeiten (§ 113 Absatz 2 Nr. 5 i.V.m. § 81 SGB IX), soweit sie der Vorbereitung auf die Teilhabe am Arbeitsleben nach § 111 Absatz 1 dienen
- heilpädagogische Leistungen der Sozialen Teilhabe (§ 113 Absatz 2 Nr. 3 i.V.m. § 79 SGB IX)
- Leistungen in der Leistungsgruppe Soziale Teilhabe (§ 113 SGB IX) für noch nicht eingeschulte Kinder

Die Vermögenssituation wird – im Rahmen der Eingliederungshilfe – nicht berücksichtigt, wenn

- gleichzeitig zu den Fachleistungen Leistungen zum Lebensunterhalt nach SGB II, SGB XII oder nach § 27a BVG gezahlt werden

und

- dadurch der notwendige Lebensunterhalt gefährdet wäre.

Zu Absatz 2

Absatz 2 stellt sicher, dass nur ein Beitrag aufzubringen ist, auch wenn mehrere Leistungen der Eingliederungshilfe bezogen werden. Dies gilt unabhängig davon, ob ein Mensch mit Behinderungen mehrere Eingliederungshilfeleistungen bezieht oder im Haushalt ein minderjähriges Kind mit Behinderungen Leistungen bezieht.

Redaktioneller Hinweis:

Wenn mehrere minderjährige Kinder gleichzeitig Leistungen der Eingliederungshilfe erhalten, wird der Beitrag nur für das erste Kind erhoben. Damit muss auch bei mehreren Leistungen der Eingliederungshilfe der Eigenbeitrag nur einmal aufgebracht werden, unabhängig davon, ob ein Mensch mehrere Leistungen erhält oder mehrere Kinder im Haushalt leistungsberechtigt sind.

Zu Absatz 3

Absatz 3 entspricht inhaltsgleich dem § 87 Absatz 3 SGB XII, soweit es sich um Bedarfsgegenstände handelt, die der Eingliederungshilfe zuzuordnen sind.

Redaktioneller Hinweis:

Handelt es sich bei der Eingliederungshilfeleistung um einen Bedarfsgegenstand, dessen Gebrauch für mindestens ein Jahr bestimmt ist, muss höchstens das Vierfache des monatlichen Beitrags einmalig aufgebracht werden.

Bedarfsgegenstände sind Gegenstände, die für den individuellen und unmittelbaren Gebrauch durch den Leistungsberechtigten bestimmt sind und die einer Abnutzung unterliegen. Hierzu gehören insbesondere orthopädische u. a. Hilfsmittel, Pflegehilfsmittel, Einrichtungsgegenstände, Bekleidung usw. Der Träger der Eingliederungshilfe kann bis zu dem Vierfachen des Monatsbeitrages berücksichtigen; ob er das in vollem Umfang tut, liegt in seinem pflichtgemäßen Ermessen.

Zu Absatz 4

Redaktioneller Hinweis:

Durch das „Gesetz zur Änderung des Neunten und des Zwölften Buches Sozialgesetzbuch und anderer Rechtsvorschriften" = sog. Reparaturgesetz (Drs. 19/11006) soll Absatz 4 in zweierlei Hinsicht angepasst werden:

- Zur Klarstellung soll jeweils das Wort „unterhaltspflichtigen" eingefügt werden (vor Eltern bzw. Elternteil).
- Der Wert soll aufgrund der Kindergelderhöhung zum 01.07.2019 auf 34,44 Euro angehoben werden (anstelle der bisherigen BTHG-Fassung aus dem Jahr 2016 mit „32,08 Euro").

Dem Referentenentwurf des Angehörigen-Entlastungsgesetzes vom 12.06.2019 ist zu entnehmen, dass der komplette Absatz 4 aufgehoben werden soll. Begründet wird dies im Referentenentwurf wie folgt: „Der Beitrag orientiert sich sowohl dem Grunde als auch der Höhe nach an dem bisherigen – begrenzten – Unterhaltsbeitrag von Eltern volljähriger Kinder zu Leistungen der Eingliederungshilfe nach § 92 Absatz 2 Halbsatz 1 des Zwölften Buches. Dieser Unterhaltsbeitrag wurde mit Herauslösung der reformierten Eingliederungshilfe aus dem Zwölften Buch als Beitrag in das Neunte Buch übernommen. Zur Vermeidung von Ungleichbehandlungen müsste die mit diesem Gesetz vorgesehene Entlastung Unterhaltsverpflichteter mit einem Jahresbruttoeinkommen von jeweils bis zu 100.000 Euro in der Sozialhilfe (§ 94 Absatz 1a des Zwölften Buches) auch für den Beitrag nach § 138 Absatz 4 gelten. Ansonsten wären Eltern behinderter Kinder gegenüber unterhaltsverpflichteten Eltern nach dem Zwölften Buch durch die mit dem BTHG erfolgte Herauslösung der Eingliederungshilfe aus dem Zwölften Buch schlechter gestellt. Aufgrund der nur sehr geringen Fallzahlen von betroffenen Eltern, die über ein Jahreseinkommen über 100.000 Euro verfügen und aufgrund der Tatsache, dass die Eingliederungshilfe ab 2020 eben nicht mehr Teil der Sozialhilfe, sondern Teil eines insoweit Besserstellungen rechtfertigenden, eigenen Leistungssystems ist, wird der auf monatlich 32,08 Euro (Stand 2016) begrenzte Beitrag zu Leistungen der Eingliederungshilfe auch für Eltern von Volljährigen gestrichen, deren Jahresbruttoeinkommen jeweils mehr als 100.000 Euro beträgt. Dabei wird insbesondere auch dem unverhältnismäßig hohem Verwaltungsaufwand Rechnung getragen, der durch die begrenzte Heranziehung der geringen Anzahl der davon betroffenen Eltern entstehen würde."

SGB XII bis 31.12.2019	SGB IX ab 1.1.2020
§ 90 Einzusetzendes Vermögen (1) Einzusetzen ist das gesamte verwertbare Vermögen. (2) Die ~~Sozialhilfe~~ darf nicht abhängig gemacht werden vom Einsatz oder von der Verwertung 1. eines Vermögens, das aus öffentlichen Mitteln zum Aufbau oder zur Sicherung einer Lebensgrundlage oder zur Gründung eines Hausstandes erbracht wird, 2. eines nach § 10a oder Abschnitt XI des Einkommensteuergesetzes geförderten Altersvorsorgevermögens im Sinne des § 92 des Einkommensteuergesetzes; dies gilt auch für das in der Auszahlungsphase insgesamt zur Verfügung stehende Kapital, soweit die Auszahlung als monatliche oder als sonstige regelmäßige Leistung im Sinne von § 82 Absatz 5 Satz 3 erfolgt; für diese Auszahlungen ist § 82 Absatz 4 und 5 anzuwenden, 3. eines sonstigen Vermögens, solange es nachweislich zur baldigen Beschaffung oder Erhaltung eines Hausgrundstücks im Sinne der Nummer 8 bestimmt ist, soweit dieses Wohnzwecken behinderter (§ 53 Absatz 1 Satz 1 und § 72) oder pflegebedürftiger Menschen (§ 61) dient oder dienen soll und dieser Zweck durch den Einsatz oder die Verwertung des Vermögens gefährdet würde, 4. eines angemessenen Hausrats; dabei sind die bisherigen Lebensverhältnisse der nachfragenden Person zu berücksichtigen, 5. von Gegenständen, die zur Aufnahme oder Fortsetzung der Berufsausbildung oder der Erwerbstätigkeit unentbehrlich sind, 6. von Familien- und Erbstücken, deren Veräußerung für die nachfragende Person oder ihre Familie eine besondere Härte bedeuten würde, 7. von Gegenständen, die zur Befriedigung geistiger, insbesondere wissenschaftlicher oder künstlerischer Bedürfnisse dienen und deren Besitz nicht Luxus ist, 8. eines angemessenen Hausgrundstücks, das von der nachfragenden Person oder einer anderen in den § 19 Absatz 1 bis 3 genannten Person allein oder zusammen mit Angehörigen ganz oder teilweise bewohnt wird und nach ihrem Tod von ihren Angehörigen bewohnt werden soll. Die Angemessenheit bestimmt sich nach der Zahl der	**§ 139 Begriff des Vermögens** 1Zum Vermögen im Sinne dieses Teils gehört das gesamte verwertbare Vermögen. 2Die Leistungen nach diesem Teil dürfen nicht abhängig gemacht werden vom Einsatz oder von der Verwertung des Vermögens im Sinne des § 90 Absatz 2 Nummer 1 bis 8 des Zwölften Buches und …

SGB XII bis 31.12.2019	SGB IX ab 1.1.2020
Bewohner, dem Wohnbedarf (zum Beispiel behinderter, blinder oder pflegebedürftiger Menschen), der Grundstücksgröße, der Hausgröße, dem Zuschnitt und der Ausstattung des Wohngebäudes sowie dem Wert des Grundstücks einschließlich des Wohngebäudes,	
~~9. kleinerer Barbeträge oder sonstiger Geldwerte; dabei ist eine besondere Notlage der nachfragenden Person zu berücksichtigen.~~ ~~**§ 1 Verordnung zur Durchführung des § 90 Absatz 2 Nr. 9 des Zwölften Buches Sozialgesetzbuch**~~ ~~Kleinere Barbeträge oder sonstige Geldwerte im Sinne des § 90 Absatz 2 Nummer 9 des Zwölften Buches Sozialgesetzbuch sind:~~ ~~1. für jede in § 19 Absatz 3, § 27 Absatz 1 und 2, § 41 und § 43 Absatz 1 Satz 2 des Zwölften Buches Sozialgesetzbuch genannte volljährige Person sowie für jede alleinstehende minderjährige Person, 5000 Euro,~~ ~~2. für jede Person, die von einer Person nach Nummer 1 überwiegend unterhalten wird, 500 Euro.~~	… eines Barvermögens oder sonstiger Geldwerte bis zu einem Betrag von 150 Prozent der jährlichen Bezugsgröße nach § 18 Absatz 1 des Vierten Buches.
(3) $_1$Die Sozialhilfe darf ferner nicht vom Einsatz oder von der Verwertung eines Vermögens abhängig gemacht werden, soweit dies für den, der das Vermögen einzusetzen hat, und für seine unterhaltsberechtigten Angehörigen eine Härte bedeuten würde. ~~$_2$Dies ist bei der Leistung nach dem Fünften bis Neunten Kapitel insbesondere der Fall, soweit eine angemessene Lebensführung oder die Aufrechterhaltung einer angemessenen Alterssicherung wesentlich erschwert würde.~~	$_4$*Die Eingliederungshilfe darf ferner nicht vom Einsatz oder von der Verwertung eines Vermögens abhängig gemacht werden, soweit dies für den, der das Vermögen einzusetzen hat, und für seine unterhaltsberechtigten Angehörigen eine Härte bedeuten würde.*

Gesetzesbegründung zu § 139 (Drs. 18/9522, S. 304; Drs. 19/11006)

Satz 1 bis Satz 3

Satz 1 umfasst inhaltsgleich den gesamten § 90 SGB XII. Der Begriff des Vermögens und des geschützten Vermögens wird aus dem SGB XII übernommen. Somit bleiben die bisherigen Verhältnisse zum Vermögenseinsatz – insbesondere die Auflistung des geschützten Vermögens – unverändert. Dies bringt einerseits Sicherheit für diejenigen Leistungsempfänger, die bisher Leistungen nach dem SGB XII erhielten, andererseits kann auf eine gefestigte Rechtsprechung zurückgegriffen werden.

Gerade die Regelungen zur baldigen Beschaffung eines Hausgrundstückes (§ 90 Absatz 2 Nummer 3 SGB XII) als auch zum angemessenen Hausgrundstück (§ 90 Absatz 2 Nummer 8 SGB XII) erfordern somit keine gesonderte Definition aller bisher durch die Rechtsprechung geklärten Aspekte.

Eine Abweichung von § 90 SGB XII erfolgt nur zur Höhe des Barvermögens. Dieses wird der veränderten Ausgangssituation der Eingliederungshilfe -neu- angepasst. Gerade die Herauslösung aus dem Fürsorgesystem und die zunehmende Freistellung vom Einkommenseinsatz haben auch Veränderungen beim Barvermögen zur Folge. Die jetzige Höhe ermöglicht es, von den Leistungsverbesserungen einen Teil anzusparen, ohne dass diese Einsparungen für den eigenen Bedarf wieder eingesetzt werden müssen, weil eine (geringere) Vermögensfreigrenze überschritten wird. Da es hier um Menschen mit erheblicher Teilhabeeinschränkung geht, und die Regelung nur für Fachleistungen der Eingliederungshilfe gilt, war eine Erhöhung des bisherigen Betrages angezeigt. Durch die Höhe des Betrages ist zudem eine detaillierte Unterscheidung nach der Anzahl der Angehörigen nicht mehr erforderlich. Damit auch hier – wie beim Einkommen – eine Dynamisierung erfolgt, wurde der Betrag von der Sozialversicherungsbezugsgröße abgeleitet.

Redaktioneller Hinweis:

Geschütztes Vermögen: Aufgrund der Übernahme des Vermögensbegriffes inklusive der Regelungen zum geschützten Vermögen aus dem bisherigen Recht (§ 90 SGB XII) bleiben die bisherigen Verhältnisse zum Vermögenseinsatz – insbesondere die Auflistung des geschützten Vermögens – unverändert. Als Vermögen sind nicht zu berücksichtigen:

- Vermögen, das aus öffentlichen Mitteln zum Aufbau oder zur Sicherung einer Lebensgrundlage oder zur Gründung eines Hausstandes erbracht wird (z. B. Leistungen nach dem Lastenausgleichsgesetz wie etwa Aufbaudarlehen, Beihilfen für Häftlinge),
- angemessener Hausrat; bei der Bewertung sind die bisherigen Lebensverhältnisse zu beachten,
- Gegenstände, die zur Aufnahme oder Fortsetzung der Berufsausbildung oder der Erwerbstätigkeit unentbehrlich sind,
- Gegenstände, die zur Befriedigung geistiger Bedürfnisse dienen und deren Besitz nicht Luxus ist,
- Familien- und Erbstücke, deren Veräußerung für die Sozialhilfe nachfragende Person oder ihre Familie eine besondere Härte bedeuten würde,
- ein Hausgrundstück von angemessener Größe, das von der Sozialhilfe nachfragenden Person oder einsatzpflichtigen Haushaltspartnern allein oder zusammen mit Angehörigen ganz oder teilweise bewohnt wird und nach ihrem Tod von ihren Angehörigen bewohnt werden soll,
- sonstiges Vermögen, solange es nachweislich zur baldigen Beschaffung oder Erhaltung eines Hausgrundstück von angemessener Größe bestimmt ist, soweit dieses zu Wohnzwecken behinderter oder pflegebedürftiger Menschen dient und dieser Zweck durch den Einsatz oder die Verwertung gefährdet würde,
- Kapital und seine Erträge zum Erwerb einer staatlich geförderten Altersvorsorge („Riester-Zusatzaltersversorgung").

Schonvermögen: Bei der Höhe des Barvermögens wird allerdings von § 90 SGB XII abgewichen. Falls es gelingt von den Leistungsverbesserungen einen Teil anzusparen, soll die ab 1.1.2020 geltende Höhe verhindern, dass diese Einsparungen für den eigenen Bedarf wieder eingesetzt werden müssen, weil eine (geringere) Vermögensfreigrenze überschritten wird. Durch die Höhe des Betrages ist zudem eine detaillierte Unterscheidung nach der Anzahl der Angehörigen nicht mehr erforderlich.

Damit auch hier – wie beim Einkommen – eine Dynamisierung erfolgt, wurde der Betrag von der Sozialversicherungsbezugsgröße (§ 18 Absatz 1 SGB IV) abgeleitet. Die Höhe des Schonvermögens beträgt 150 % der Bezugsgröße, das wären im Jahr 2019 56.070 Euro.

Satz 4 (eingefügt durch sog. Reparaturgesetz, Drs. 19/11006)

Redaktioneller Hinweis:

Satz 4 wird durch das „Gesetz zur Änderung des Neunten und des Zwölften Buches Sozialgesetzbuch und anderer Rechtsvorschriften" (sog. Reparaturgesetz) angefügt. Der Begründung ist dazu Folgendes zu entnehmen:

Der Begriff des Vermögens und des geschützten Vermögens wurde für die reformierte Eingliederungshilfe weitestgehend aus dem Zwölften Buch übernommen. Nicht übernommen wurde die allgemeine Härteregelung des § 90 Absatz 3 Satz 1 SGB XII. Diese Härteregelung umfasst atypische Fälle der Regelvorschriften des § 90 Absatz 1 und Absatz 2 SGB XII. Die Nichtübernahme dieser Regelung für die reformierte Eingliederungshilfe könnte im Einzelfall dazu führen, dass Leistungsberechtigte hohe Schmerzensgeldzahlungen zwar nicht für Leistungen der Sozialhilfe, aber für Leistungen der Eingliederungshilfe verwerten müssten. Um diese Schlechterstellung in der Eingliederungshilfe zu vermeiden, soll der Inhalt des § 90 Absatz 3 Satz 1 SGB XII entsprechend für die Eingliederungshilfe übernommen werden.

SGB XII bis 31.12.2019	SGB IX ab 1.1.2020
	§ 140 Einsatz des Vermögens (1) Die antragstellende Person sowie bei minderjährigen Personen die im Haushalt lebenden Eltern oder ein Elternteil haben vor der Inanspruchnahme von Leistungen nach diesem Teil die erforderlichen Mittel aus ihrem Vermögen aufzubringen.
§ 91 Darlehen $_{1}$Soweit ~~nach § 90~~ für den Bedarf der nachfragenden Person Vermögen einzusetzen ist, jedoch der sofortige Verbrauch oder die sofortige Verwertung des Vermögens nicht möglich ist oder für die, die es einzusetzen hat, eine Härte bedeuten würde, soll die ~~Sozialhilfe~~ als Darlehen geleistet werden. $_{2}$Die Leistungserbringung kann davon abhängig gemacht werden, dass der Anspruch auf Rückzahlung dinglich oder in anderer Weise gesichert wird.	(2) $_{1}$Soweit für den Bedarf der nachfragenden Person Vermögen einzusetzen ist, jedoch der sofortige Verbrauch oder die sofortige Verwertung des Vermögens nicht möglich ist oder für die, die es einzusetzen hat, eine Härte bedeuten würde, soll die beantragte Leistung als Darlehen geleistet werden. $_{2}$Die Leistungserbringung kann davon abhängig gemacht werden, dass der Anspruch auf Rückzahlung dinglich oder in anderer Weise gesichert wird.
§ 92 Absatz 2 Satz 2 Die in ~~Satz 1~~ genannten Leistungen sind ohne Berücksichtigung von vorhandenem Vermögen zu erbringen.	(3) Die in § 138 Absatz 1 genannten Leistungen sind ohne Berücksichtigung von vorhandenem Vermögen zu erbringen.

Gesetzesbegründung zu § 140 (Drs. 18/9522, S. 304)

Zu Absatz 1

Absatz 1 regelt den Grundsatz, dass vor der Inanspruchnahme von Leistungen das vorhandene Vermögen – soweit es nicht zum geschützten Vermögen nach § 139 gehört – einzusetzen ist.

Durch die Beschränkung des Satzes 1 auf die antragstellende Person wird klargestellt, dass das Vermögen des Ehepartners oder Partners nicht zum einzusetzenden Vermögen gehört.

Die Zuordnung der einzelnen Vermögensteile des Ehe-/Partnerschaftsvermögens muss im Einzelfall erfolgen.

Redaktioneller Hinweis:

Gemeint mit „Vermögensteile des Ehe-/Partnerschaftsvermögens" ist ein gemeinschaftliches Vermögen (insbesondere bei Vorliegen von Gütergemeinschaft nach § 1416 BGB).

Zu Absatz 2

Absatz 2 entspricht inhaltsgleich der bisherigen Regelung des § 91 SGB XII, für den Fall, dass eine sofortige Verwertung des Vermögens nicht möglich ist und dennoch Eingliederungshilfe zu gewähren ist.

Redaktioneller Hinweis:

Falls ein Vermögenswert nicht sofort verwertet werden kann oder wenn sofortige Verwertung eine unzumutbare Härte bedeuten würde, kann eine beantragte Leistung als Darlehen geleistet werden. Eine besondere Härte wäre etwa, wenn der sofortige Verkauf einer Immobilie wirtschaftlich besonders ungünstig wäre. Der Leistungsträger kann aber als Bedingung für eine Gewährung von Leistungen eine Absicherung verlangen, etwa eine Grundschuld auf ein Grundstück oder bei beweglichen Sachen eine Sicherungsübereignung.

Zu Absatz 3

Absatz 3 entspricht inhaltsgleich der bisherigen Regelung des § 92 Absatz 2 Satz 2 SGB XII.

Redaktioneller Hinweis:

Ein Beitrag ist – unabhängig von der Vermögenssituation – also bei folgenden Leistungen der Eingliederungshilfe nicht aufzubringen:

- heilpädagogische Leistungen der Sozialen Teilhabe
- Leistungen zur medizinischen Rehabilitation
- Leistungen zur Teilhabe am Arbeitsleben
- Leistungen zur Teilhabe an Bildung (Hilfen zu einer Schulbildung)
- Leistungen zur schulischen oder hochschulischen Ausbildung oder Weiterbildung
- Leistungen zum Erwerb und Erhalt praktischer Kenntnisse und Fähigkeiten zur Vorbereitung auf das Arbeitsleben
- Leistungen im Rahmen der Sozialen Teilhabe für noch nicht eingeschulte Kinder

Die Vermögenssituation wird – im Rahmen der Eingliederungshilfe – nicht berücksichtigt, wenn

- gleichzeitig zu den Fachleistungen Leistungen zum Lebensunterhalt nach SGB II, SGB XII oder nach § 27a BVG gezahlt werden

und

- dadurch der notwendige Lebensunterhalt gefährdet wäre.

SGB XII bis 31.12.2019	SGB IX ab 1.1.2020
§ 93 Übergang von Ansprüchen	**§ 141 Übergang von Ansprüchen**
(1) $_{1}$Hat eine leistungsberechtigte Person oder haben ~~bei Gewährung von Hilfen nach dem Fünften bis Neunten Kapitel auch ihre Eltern, ihr~~ nicht getrennt lebender Ehegatte oder ihr Lebenspartner für die ~~Zeit, für die Leistungen erbracht werden,~~ einen Anspruch gegen einen anderen, der kein Leistungsträger im Sinne des § 12 des Ersten Buches ist, kann der Träger der ~~Sozialhilfe~~ durch schriftliche Anzeige an den anderen bewirken, dass dieser Anspruch bis zur Höhe seiner Aufwendungen auf ihn übergeht. $_{2}$~~Er kann den Übergang dieses Anspruchs auch wegen seiner Aufwendungen für diejenigen Leistungen des Dritten und Vierten Kapitels bewirken, die er gleichzeitig mit den Leistungen für die in Satz 1 genannte leistungsberechtigte Person, deren nicht getrennt lebenden Ehegatten oder Lebenspartner und deren minderjährigen unverheirateten Kindern erbringt.~~	(1) $_{1}$Hat eine Person im Sinne von § 136 Absatz 1 oder der nicht getrennt lebende Ehegatte oder Lebenspartner für die antragstellende Person einen Anspruch gegen einen anderen, der kein Leistungsträger im Sinne des § 12 des Ersten Buches ist, kann der Träger der Eingliederungshilfe durch schriftliche Anzeige an den anderen bewirken, dass dieser Anspruch bis zur Höhe seiner Aufwendungen auf ihn übergeht. $_{2}$*Dies gilt nicht für bürgerlich-rechtliche Unterhaltsansprüche.*
$_{3}$Der Übergang des Anspruchs darf nur insoweit bewirkt werden, als bei rechtzeitiger Leistung des anderen entweder die Leistung nicht erbracht worden wäre oder ~~in den Fällen des § 19 Absatz 5 und des § 92 Absatz 1 Aufwendungsersatz oder ein Kostenbeitrag~~ zu leisten wäre. $_{4}$Der Übergang ist nicht dadurch ausgeschlossen, dass der Anspruch nicht übertragen, verpfändet oder gepfändet werden kann.	(2) $_{1}$Der Übergang des Anspruches darf nur insoweit bewirkt werden, als bei rechtzeitiger Leistung des anderen entweder die Leistung nicht erbracht worden wäre oder ein Beitrag aufzubringen wäre. $_{2}$Der Übergang ist nicht dadurch ausgeschlossen, dass der Anspruch nicht übertragen, verpfändet oder gepfändet werden kann.
(2) $_{1}$Die schriftliche Anzeige bewirkt den Übergang des Anspruchs für die Zeit, für die der leistungsberechtigten Person die Leistung ohne Unterbrechung erbracht wird. $_{2}$Als Unterbrechung gilt ein Zeitraum von mehr als zwei Monaten.	(3) $_{1}$Die schriftliche Anzeige bewirkt den Übergang des Anspruches für die Zeit, für die der leistungsberechtigten Person die Leistung ohne Unterbrechung erbracht wird. $_{2}$Als Unterbrechung gilt ein Zeitraum von mehr als zwei Monaten.
(3) Widerspruch und Anfechtungsklage gegen den Verwaltungsakt, der den Übergang des Anspruchs bewirkt, haben keine aufschiebende Wirkung.	(4) $_{1}$Widerspruch und Anfechtungsklage gegen den Verwaltungsakt, der den Übergang des Anspruches bewirkt, haben keine aufschiebende Wirkung.
(4) Die §§ 115 und 116 des Zehnten Buches gehen der Regelung des Absatzes 1 vor.	$_{2}$Die §§ 115 und 116 des Zehnten Buches gehen der Regelung des Absatzes 1 vor.

Gesetzesbegründung zu § 141 (Drs. 18/9522, S. 304; Drs. 18/10523)

Die Regelung entspricht vollumfänglich der bisherigen Regelung des § 93 SGB XII, soweit sich dieser auf Leistungen nach dem Sechsten Kapitel des Zwölften Buches bezog.

Redaktioneller Hinweis:

Der Träger der Eingliederungshilfe kann sich unter Umständen die Kosten, die für einen Leistungsempfänger entstehen, zurückholen, wenn der Leistungsempfänger Ansprüche gegen Dritte hat. Er macht quasi stellvertretend für den Leistungsempfänger diese Ansprüche geltend, wenn er dies formal angezeigt hat, und zwar bis zur Höhe der aufgebrachten Leistungen (sog. Überleitung).

Grundsätzlich können Ansprüche aller Art übergeleitet werden. Dies können Geldansprüche, wie etwa Ansprüche auf Schadensersatz, Beihilfeansprüche, ein Pflichtteilsanspruch, Ansprüche aus einer Kapitallebensversicherung, Darlehensforderungen sein. Vielfach handelt es sich um die Rückforderung von Schenkungen.

Mit der Beschlussempfehlung (Drs. 18/10523) wurde in Absatz 1 der Passus „oder der nicht getrennt lebende Ehegatte oder Lebenspartner für die antragstellende Person" eingefügt. Mit der Regelung des § 141 SGB IX können vorrangige rechtliche Ansprüche leistungsberechtigter Personen, die Auswirkungen auf deren Leistungen der Eingliederungshilfe haben, auf den Leistungsträger übergeleitet werden. Die Einfügung stellt klar, dass hierzu auch Ansprüche gehören, die der nicht getrennt lebende Ehegatte oder Lebenspartner für die antragstellende Person geltend machen kann (z. B. Beihilfeansprüche des Ehegatten/Partners für den Menschen mit Behinderungen).

Mit dem sog. Reparaturgesetz (Drs. 19/11006) wird Absatz 1 Satz 2 eingefügt. Die Gesetzesbegründung führt dazu aus: „§ 141 entspricht vollumfänglich der bisherigen Regelung des § 93 des Zwölften Buches Sozialgesetzbuch, soweit sich dieser auf Leistungen nach dem Sechsten Kapitel bezog. Bürgerlich-rechtliche Unterhaltsansprüche sind nicht von § 93 des Zwölften Buches und damit auch nicht von § 141 umfasst. Dies ist im Zwölften Buch aufgrund der den § 93 SGB XII verdrängenden, spezielleren Vorschrift des § 94 SGB XII unzweifelhaft. Weil es in der reformierten Eingliederungshilfe nur für die Sonderregelung des § 142 Absatz 3 SGB IX eine dem § 94 des Zwölften Buches entsprechende Regelung gibt, bestand die Möglichkeit, auch bürgerlich-rechtliche Unterhaltsansprüche unter den Wortlaut des § 141 zu fassen, was mit dieser Regelung nicht beabsichtigt war. Zur Vermeidung von Rechtsunsicherheiten wird klargestellt, dass § 141 nicht auf die Überleitung von bürgerlich-rechtlichen Unterhaltsansprüchen anzuwenden ist. Der Übergang des Unterhaltsanspruchs volljähriger Internatsschüler gegenüber ihren Eltern richtet sich nicht nach dieser Regelung, sondern nach der Sondervorschrift des § 142 Absatz 3 SGB IX."

SGB XII bis 31.12.2019	SGB IX ab 1.1.2020
§ 92 Absatz 2 Satz 3 und Absatz 1 Anrechnung bei behinderten Menschen	**§ 142 Sonderregelungen für minderjährige Leistungsberechtigte und in Sonderfällen**
(2) $_{3}$Die Kosten des ~~in einer Einrichtung erbrachten~~ Lebensunterhalts ~~sind in den Fällen der Nummern 1 bis 6~~ nur in Höhe der für den häuslichen Lebensunterhalt ersparten Aufwendungen ~~anzusetzen; dies gilt nicht für den Zeitraum, in dem gleichzeitig mit den Leistungen nach Satz 1 in der Einrichtung durchgeführte andere Leistungen überwiegen.~~	(1) Minderjährigen Leistungsberechtigten und ihren Eltern oder einem Elternteil ist bei Leistungen im Sinne des § 138 Absatz 1 Nummer 1, 2, 4, 5 und 7 die Aufbringung der Mittel für die Kosten des Lebensunterhalts nur in Höhe der für den häuslichen Lebensunterhalt ersparten Aufwendungen zuzumuten, soweit Leistungen über Tag und Nacht *oder über Tag* erbracht werden.
(1) $_{1}$~~Erfordert die Behinderung~~ Leistungen ~~für eine stationäre Einrichtung, für eine Tageseinrichtung für behinderte Menschen~~ oder für ärztliche oder ärztlich verordnete Maßnahmen, sind die Leistungen ~~hierfür~~ auch dann in vollem Umfang zu erbringen, wenn den ~~in § 19 Absatz 3 genannten Personen~~ die Aufbringung der Mittel zu einem Teil zuzumuten ist.- $_{2}$In Höhe dieses Teils haben sie zu den Kosten der erbrachten Leistungen beizutragen; mehrere Verpflichtete haften als Gesamtschuldner.	(2) $_{1}$Sind Leistungen von einem oder mehreren Anbietern über Tag und Nacht oder über Tag oder für ärztliche oder ärztlich verordnete Maßnahmen erforderlich, sind die Leistungen, die der Vereinbarung nach § 134 Absatz 3 zugrunde liegen, durch den Träger der Eingliederungshilfe auch dann in vollem Umfang zu erbringen, wenn den minderjährigen Leistungsberechtigten und ihren Eltern oder einem Elternteil die Aufbringung der Mittel nach Absatz 1 zu einem Teil zuzumuten ist. $_{2}$*In Höhe dieses Teils haben sie zu den Kosten der erbrachten Leistungen beizutragen; mehrere Verpflichtete haften als Gesamtschuldner."*
	(3) [1)]*Bei Leistungen, denen Vereinbarungen nach § 134 Absatz 4 zugrunde liegen, geht der nach bürgerlichem Recht bestehende Unterhaltsanspruch einer volljährigen Person gegenüber ihren Eltern wegen Leistungen nach dem Dritten Kapitel des Zwölften Buches zusammen mit dem unterhaltsrechtlichen Auskunftsanspruch nur in Höhe von bis zu 26,49 Euro monatlich auf den Träger der Eingliederungshilfe über.*
§ 94 Absatz 2 Satz 2 und Satz 3, Absatz 3 $_{2}$Es wird vermutet, dass der Anspruch in Höhe der genannten Beträge übergeht und mehrere Unterhaltspflichtige zu gleichen Teilen haften; die Vermutung kann widerlegt werden. $_{3}$Die in Satz 1 genannten Beträge verändern sich zum gleichen Zeitpunkt und um denselben Vomhundertsatz, um den sich das Kindergeld verändert. (3) $_{1}$Ansprüche nach Absatz 1 und 2 gehen nicht über, soweit 1. die unterhaltspflichtige Person Leistungsberechtigte nach dem Dritten und Vierten Kapitel ist oder bei Erfüllung des Anspruchs würde oder 2. der Übergang des Anspruchs eine unbillige Härte bedeuten würde.	$_{2}$*§ 94 Absatz 2 Satz 2 und Satz 3 sowie Absatz 3 des Zwölften Buches gilt entsprechend.*

1) Absatz 3 soll durch das Angehörigen-Entlastungsgesetz (Referentenentwurf vom 12.06.2019) aufgehoben werden.

SGB XII bis 31.12.2019	SGB IX ab 1.1.2020
[2]Der Träger der Sozialhilfe hat die Einschränkung des Übergangs nach Satz 1 zu berücksichtigen, wenn er von ihren Voraussetzungen durch vorgelegte Nachweise oder auf andere Weise Kenntnis hat.	
	(4) Die Absätze 1 und 2 gelten entsprechend, wenn *1. volljährige Leistungsberechtigte Leistungen zur Schulbildung nach § 112 Absatz 1 Nummer 1 sowie Leistungen zur schulischen Ausbildung für einen Beruf nach § 112 Absatz 1 Nummer 2 erhalten und* *2. diese Leistungen in besonderen Ausbildungsstätten über Tag und Nacht für Menschen mit Behinderungen erbracht werden.*

Gesetzesbegründung zu § 142 (Drs. 18/9522, S. 304–305; Drs. 19/11006)

Zu Absatz 1 und Absatz 2

Die Absätze 1 und 2 übernehmen § 92 Absatz 1 und Absatz 2 Satz 3 SGB XII, soweit er Kinder und Jugendliche betrifft. Die Regelung ist eine Folge der Beibehaltung des Rechts der Eingliederungshilfe nach dem SGB XII für minderjährige Leistungsberechtigte (§ 134). Im Zusammenhang mit der Aufbringung der Mittel für die Kosten des Lebensunterhalts sind dabei die Regelungen des SGB XII maßgeblich.

Redaktioneller Hinweis:

Für minderjährige Leistungsberechtigte gilt die Trennung von existenzsichernden Leistungen und Fachleistungen der Eingliederungshilfe nicht (siehe § 134 SGB IX). Daher werden bei einer Unterbringung beispielsweise in Internaten die Eltern zu einem Kostenbeitrag für die Verpflegung zur Kasse gebeten, soweit es ihnen zumutbar ist. Das soll einen Ausgleich darstellen für die zu Hause eingesparte Verpflegung.

Redaktioneller Hinweis zu Änderungen durch das sog. Reparaturgesetz:

Durch das „Gesetz zur Änderung des Neunten und des Zwölften Buches Sozialgesetzbuch und anderer Rechtsvorschriften" (sog. Reparaturgesetz) werden Absatz 1 und Absatz 2 wie folgt korrigiert:

- Absatz 1: Einfügung von „oder über Tag" nach dem Wort „Nacht"
- Absatz 2: Einfügung von Satz 2

In der Begründung dazu ist Folgendes zu lesen (Drs. 19/11006, S. 22):

Zu Satz 1: § 142 Absätze 1 und 2 wurden inhaltlich übernommen aus § 92 Absatz 1 und Absatz 2 Satz 3 des Zwölften Buches. Nicht in Absatz 1 übernommen wurde die Regelung, dass die für den häuslichen Lebensunterhalt ersparten Aufwendungen auch bei Leistungen in bisherigen teilstationären

Einrichtungen aufgebracht werden müssen (z. B. Mittagessen in heil-pädagogischen Kindertagesstätten). Eine solche Veränderung gegenüber dem bisherigen Recht war aber nicht beabsichtigt. Durch Hinzufügung der Leistungen „über Tag" werden nun ausdrücklich auch die für den Lebensunterhalt ersparten Aufwendungen in bisherigen teilstationären Einrichtungen umfasst.

Zu Satz 2: § 142 Absätze 1 und 2 wurden inhaltlich übernommen aus § 92 Absatz 1 und Absatz 2 Satz 3 des Zwölften Buches. Nicht aus dem Zwölften Buch übernommen wurde die Regelung, dass die minderjährigen Leistungsberechtigten und ihre Eltern zu den ihnen zumut-baren Kosten des Lebensunterhalts beizutragen haben und mehrere Verpflichtete als Gesamtschuldner haften. Eine solche Veränderung gegenüber dem bisherigen Recht war aber nicht beabsichtigt. Der neu in Absatz 2 eingefügte Satz 2 entspricht daher § 92 Absatz 1 Satz 2 des Zwölften Buches. Der Eingliederungshilfeträger wird dadurch ermächtigt, die Forderung gegen die Eltern bzw. den minderjährigen Leistungsberechtigten geltend zu machen.

Zu Absatz 3

Redaktioneller Hinweis:

Durch das „Gesetz zur Änderung des Neunten und des Zwölften Buches Sozialgesetzbuch und anderer Rechtsvorschriften" (sog. Reparaturgesetz, Drs. 19/11006) sollte an sich Absatz 3 gegenüber der BTHG-Fassung neu gefasst werden – der geplante Wortlaut ist vorne kursiv dargestellt. Aufgrund des Referentenentwurfs des Angehörigen-Entlastungsgesetzes (Referentenentwurf vom 12.06.2019) kommt dieser Neufassung keine Bedeutung zu, da durch diesen Entwurf eine Aufhebung von Absatz 3 geplant ist. Der Begründung des Referentenentwurfs ist dazu zu entnehmen: „ § 142 Absatz 3 wird in Folge der mit diesem Gesetz vorgesehenen Entlastung Unterhaltsverpflichteter gestrichen.

Die Regelung wurde inhaltlich aus § 94 Absatz 2 Satz 2 letzte Halbsatz SGB XII übernommen, wonach der Anspruch von volljährigen Kindern auf Unterhalt gegen ihre Eltern wegen Leistungen nach dem Dritten Kapitel des Zwölften Buches nur in begrenzter Höhe auf den Träger der Sozialhilfe übergeht. Übernommen wurde diese Regelung nur für Volljährige, die in besonderen Ausbildungsstätten über Tag und Nacht leben (z.B. in Internatsschulen für blinde oder taublinde Kinder). Denn nur für diesen Personenkreis soll, wie bei Minderjährigen, weiterhin das bis zum 31. Dezember 2019 geltende Recht der Eingliederungshilfe nach dem SGB XII gelten. Die Leistungen werden in diesen Sonderfällen wie nach bisheriger Rechtslage im SGB XII in vollem Umfang von der Eingliederungshilfe erbracht und nicht getrennt.

Daher müsste die mit diesem Gesetz vorgesehene Entlastung Unterhaltsverpflichteter mit einem Jahresbruttoeinkommen von jeweils bis zu 100.000 Euro in der Sozialhilfe (§ 94 Absatz 1a des Zwölften Buches) auch für den Übergang des Unterhaltsanspruchs nach § 142 Absatz 3 gelten. Ansonsten wären unterhaltsverpflichtete Eltern behinderter volljähriger Kinder, die in Internaten leben, durch die mit dem BTHG erfolgte Herauslösung der Eingliederungshilfe aus dem Zwölften Buch schlechter gestellt.

Aufgrund der nur sehr geringen Fallzahl von betroffenen Eltern, die jeweils über ein Jahreseinkommen von über 100.000 Euro verfügen und aufgrund der Tatsache, dass die Eingliederungshilfe ab 2020 eben nicht mehr Teil der Sozialhilfe, sondern Teil eines insoweit Besserstellungen rechtfertigenden, eigenen Leistungssystems ist, wird der auf monatlich 24,68 Euro (Stand 2016) begrenzte Unterhaltsanspruch zu Leistungen des Lebensunterhalts auch für Eltern von volljährigen Internatsschülern gestrichen, deren Jahresbruttoeinkommen jeweils mehr als 100.000 Euro beträgt. Dabei wird auch dem unverhältnismäßig hohen Verwaltungsaufwand Rechnung getragen, der durch die begrenzte Heranziehung der geringen Anzahl der davon betroffenen Eltern entstehen würde.

Mit der Aufhebung von Absatz 3 wird es in der gesamten Eingliederungshilfe keine Heranziehung von Unterhaltsverpflichteten mehr geben. Damit wird auch unter unterhaltsrechtlichen Aspekten verdeutlicht, dass die Eingliederungshilfe aus dem Fürsorgesystem der Sozialhilfe herausgeführt wird."

Zu Absatz 4

Redaktioneller Hinweis:

Absatz 4 wird erst mit dem „Gesetz zur Änderung des Neunten und des Zwölften Buches Sozialgesetzbuch und anderer Rechtsvorschriften" (sog. Reparaturgesetz) angefügt. Dazu die Gesetzesbegründung (Drs. 19/11006, S. 22–23):

In § 142 Absatz 2 und Absatz 1 wurde für Minderjährige das sogenannte „Bruttoprinzip" aus § 92 Absatz 1 des Zwölften Buches übernommen. Danach ist der Sozialhilfeträger verpflichtet, die Leistungen für Menschen mit Behinderungen in stationären Einrichtungen auch dann in vollem Umfang zu erbringen, wenn diesen Personen – beziehungsweise ihren Ehegatten oder Eltern – die Aufbringung der Mittel zu einem Teil zuzumuten ist. Dies ist Folge der Beibehaltung des bis zum 31. Dezember 2019 geltenden Rechts der Eingliederungshilfe nach dem SGB XII für diesen Personenkreis.

Neben Minderjährigen soll es aber auch für volljährige Leistungsberechtigte, die in besonderen Ausbildungsstätten über Tag und Nacht leben (z. B. in Internatsschulen für blinde oder taubblinde Kinder) bei dieser Rechtslage bleiben. Für die begrenzte Zeit, in der sie sich als Volljährige in diesen Internaten aufhalten, werden sie leistungsrechtlich weiterhin wie Minderjährige behandelt. Dies wurde bereits in § 134 Absatz 4 für das Vertragsrecht verankert. Für das Leistungsrecht fehlte eine entsprechende Regelung. Diese wird nun eingefügt, indem § 142 Absätze 1 und 2 auch für diese Fälle entsprechend anwendbar sein sollen. Denn auch Leistungen, denen Vereinbarungen nach § 134 Absatz 4 zugrunde liegen, sollen in vollem Umfang durch den Träger der Eingliederungshilfe zu erbringen sein, auch wenn den Leistungsberechtigten oder ihren Eltern die Aufbringung der Mittel für die Kosten des Lebensunterhalts in Höhe der für den häuslichen Lebensunterhalt ersparten Aufwendungen nach Absatz 1 zuzumuten sind.

Einkommens- und Vermögensanrechnung bei Bezug von Eingliederungshilfe, Hilfe zur Pflege und Grundsicherung im Alter und bei Erwerbsminderung

Vor allem durch die Trennung der Leistungen in existenzsichernde Leistungen und Leistungen zur Teilhabe ab 2020 besteht für Menschen mit Behinderungen und/oder pflegebedürftige Menschen oft die Notwendigkeit, zwei oder gar drei Leistungen gleichzeitig beantragen zu müssen. Dabei werden sie auf die Schwierigkeit stoßen, dass es für die Leistungen jeweils unterschiedliche Regelungen zur Einkommens- und Vermögensanrechnung gibt, genauso wenig ist einheitlich geregelt, ob beispielsweise das Partnereinkommen ein Rolle spielt.

Bei der Vermögensanrechnung geht es hier hauptsächlich um das sogenannte Schonvermögen, also das Geld, was man auf der „hohen Kante" liegen hat. Das geschützte Vermögen (zum Beispiel das Eigenheim) bleibt bei allen Leistungen gleich geschützt.

Hier vergleichen wir zunächst die Regelungen der einzelnen Leistungen, weiter unten werden wir die Regelungen bei den möglichen Kombinationen der Leistungen vorstellen.

Da die konkreten Zahlen für 2020 noch nicht bekannt sind, beziehen sich die verwendeten Zahlen auf das Jahr 2019 um eine politische Vorstellung von den Summen zu bekommen.

Leistungen	Einkommen	Vermögen	Anrechnung Partner
Hilfe zur Pflege	848 Euro plus Wohnkosten, Familienzuschläge; Freibetrag vom Arbeitseinkommen: 40 %, höchstens 276 Euro	5.000 Euro plus 25.000 Euro aus Einkünften während des Leistungsbezugs	Einkommen und Vermögen des Partners, Ehegatten und bei Kindern auch das der Eltern wird herangezogen
Grund-sicherung	848 Euro plus Wohnkosten, Familienzuschläge; Freibetrag vom Einkommen in einer WfbM: bis zu 50 % des Lohns	5.000 Euro	Einkommen und Vermögen des Partners, Ehegatten wird herangezogen. Kinder oder Eltern: ab 100.000 Jahresverdienst
Eingliederungs-hilfe	31.773 Euro, (28.035 Euro, 22.428 Euro)	56.070 Euro	kein Zugriff beim Partner; Eltern bei minderjährigen Kindern: Erhöhung des Freibetrags um 28.035 Euro; Beitrag der Eltern bei volljährigen Kindern: monatlich 32,76 Euro.

Es folgt eine etwas nähere Beschreibung der Leistungen und der Kombinationen:

Hilfe zur Pflege

Einkommensanrechnung

(§ 85 SGB XII, § 82 Absatz 6 SGB XII)

Das Einkommen, das über der Einkommensgrenze liegt, wird eingesetzt.

Die Einkommensgrenze ergibt sich aus dem Grundbetrag, den Kosten der Unterkunft und eventuellen Familienzuschlägen für Partner und Kinder. Der Grundbetrag rechnet sich nach der Höhe des Zweifachen der Regelbedarfsstufe 1 nach der Anlage zu § 28 SGB XII: 848 Euro (2019).

Personen, die Leistungen der Hilfe zur Pflege erhalten, ist ein Betrag in Höhe von 40 % des Einkommens aus selbständiger und nichtselbständiger Tätigkeit des Leistungsberechtigten abzusetzen, höchstens jedoch 65 % der Regelbedarfsstufe 1 nach der Anlage zu § 28 SGB XII: 276 Euro (2019).

Vermögensanrechnung
(§ 90 Absatz 2 Nr. 9 SGB XII i.V.m. § 1 DVO zu § 90 SGB XII; § 66a SGB XII)

Nicht angerechnet werden kleinere Barbeträge oder sonstige Geldwerte bis zur Höhe von 5.000 Euro. Für jede Person, die von der leistungsberechtigten Person überwiegend unterhalten wird, 500 Euro.

Nicht angerechnet wird ein zusätzlicher Betrag von bis zu 25.000 Euro für die Lebensführung und die Alterssicherung; aber nur, wenn dieser Betrag ganz oder überwiegend als Einkommen aus selbständiger und nichtselbständiger Tätigkeit der Leistungsberechtigten während des Leistungsbezugs erworben wurde.

Anrechnung des Partnereinkommens und -vermögens
(§ 39 SGB XII, § 19 Absatz 3 SGB XII)

Das Einkommen und Vermögen des Partners, Ehegatten und bei Kindern auch das der Eltern wird herangezogen.

Grundsicherung

Einkommen
(§ 85 SGB XII, § 82 Absatz 3 SGB XII)

Das Einkommen, das über der Einkommensgrenze liegt, wird eingesetzt

Die Einkommensgrenze ergibt sich aus dem Grundbetrag, den Kosten der Unterkunft und eventuellen Familienzuschlägen für Partner und Kinder. Der Grundbetrag rechnet sich nach der Höhe des Zweifachen der Regelbedarfsstufe 1 nach der Anlage zu § 28 SGB XII: 848 Euro (2019).

Werkstattbeschäftigte, die Grundsicherung erhalten, können bis zu 50 % des übersteigenden Werkstattlohns absetzen.

Vermögen
§ 90 Absatz 2 Nr. 9 SGB XII i.V.m. § 1 DVO zu § 90 SGB XII

Nicht angerechnet werden kleinere Barbeträge oder sonstige Geldwerte bis zur Höhe von 5.000 Euro. Für jede Person, die von der leistungsberechtigten Person überwiegend unterhalten wird, 500 Euro.

Anrechnung des Partnereinkommens und -vermögens
(§ 39 SGB XII, § 19 Absatz 3 SGB XII, § 43 Absatz 5 SGB XII)

Das Einkommen und Vermögen des Partners, Ehegatten wird herangezogen.

Gegenüber Kindern und Eltern mit einem Jahreseinkommen jeweils unter 100.000 Euro findet daher kein Unterhaltsrückgriff statt.

Eingliederungshilfe

Einkommen
(§ 136 SGB IX)

2 % der Differenz zwischen Jahresbruttoeinkommen und Freibetrag wird als Beitrag eingesetzt.

Der Freibetrag (2019) liegt bei

- 31.773 Euro bei sozialversichert erwerbstätigen oder selbständigen Antragstellern,
- 28.035 Euro bei nicht sozialversicherungspflichtig Beschäftigten,
- 22.428 Euro bei Rentnern.

Die Freibeträge erhöhen sich

- um 5.607 Euro für den nicht getrennt lebenden Ehegatten oder Lebenspartner, den Partner einer eheähnlichen oder lebenspartnerschaftsähnlichen Gemeinschaft,
- um 3.738 Euro für jedes unterhaltsberechtigte Kind im Haushalt.

Vermögen
(§ 139 SGB IX; § 140 SGB IX)

Die Höhe des Schonvermögens beträgt 56.070 Euro.

Anrechnung des Partnereinkommens und -vermögens
(§ 136 Absatz 5 SGB IX; § 138 Absatz 4 SGB IX)

Partnereinkommen und Partnervermögen werden nicht angerechnet.

Eltern: Die Einkommensfreibeträge erhöhen sich jeweils um 28.035 Euro, wenn ein leistungsberechtigtes minderjähriges Kind im Haushalt mit beiden Elternteilen lebt.

Eltern einer volljährigen leistungsberechtigten Person müssen einen Beitrag in Höhe von monatlich 32,76 Euro aufbringen.

Kombinationen von Leistungen

Kombinationen von Leistungen	Einkommen	Vermögen	Anrechnung Partner
Hilfe zur Pflege und Grundsicherung	Es gelten die Vorschriften der Hilfe zur Pflege	Es gelten die Vorschriften der Grundsicherung	Es gelten die Vorschriften der Grundsicherung
Hilfe zur Pflege und Eingliederungshilfe	Lebenslagenmodell*: ▪ vor der Regelaltersrente: Eingliederungshilfe ▪ danach: Hilfe zur Pflege	Lebenslagenmodell*: ▪ vor der Regelaltersrente: Eingliederungshilfe ▪ danach: Hilfe zur Pflege	Lebenslagenmodell*: ▪ vor der Regelaltersrente: Eingliederungshilfe ▪ danach: Hilfe zur Pflege

Vergleich der Anrechnungen (EGH, HzP, Grusi)

Kombinationen von Leistungen	Einkommen	Vermögen	Anrechnung Partner
Grundsicherung und Eingliederungshilfe	Es gelten die jeweiligen Vorschriften getrennt	Es gelten die Vorschriften der Grundsicherung	Es gelten die Vorschriften der Grundsicherung
Hilfe zur Pflege, Grundsicherung und Eingliederungshilfe	Lebenslagenmodell*: ▪ vor der Regelaltersrente: Eingliederungshilfe ▪ danach: Hilfe zur Pflege	Es gelten die Vorschriften der Grundsicherung	Es gelten die Vorschriften der Grundsicherung

* Gesetzliche Grundlage des „Lebenslagenmodells" ist § 103 Absatz 2 SGB IX.

Kapitel 10
Statistik

Gesetzestext mit BTHG-Gesetzesbegründung und redaktionellen Hinweisen

SGB XII bis 31.12.2019	SGB IX ab 1.1.2020
§ 121 Bundesstatistik für das Dritte und Fünfte bis Neunte Kapitel	**§ 143 Bundesstatistik**
Zur Beurteilung der Auswirkungen des Dritten und Fünften bis Neunten Kapitels und zu deren Fortentwicklung werden Erhebungen über	Zur Beurteilung der Auswirkungen dieses Teils und zu seiner Fortentwicklung werden Erhebungen über
1. die Leistungsberechtigten, denen a) Hilfe zum Lebensunterhalt nach dem Dritten Kapitel (§§ 27 bis 40), b) Hilfen zur Gesundheit nach dem Fünften Kapitel (§§ 47 bis 52), c) Eingliederungshilfe für behinderte Menschen nach dem Sechsten Kapitel (§§ 53 bis 60), d) Hilfe zur Pflege nach dem Siebten Kapitel (§§ 61 bis 66), e) Hilfe zur Überwindung besonderer sozialer Schwierigkeiten nach dem Achten Kapitel (§§ 67 bis 69) und f) Hilfe in anderen Lebenslagen nach dem Neunten Kapitel (§§ 70 bis 74), geleistet wird,	1. die Leistungsberechtigten und
2. die Einnahmen und Ausgaben der Träger der Sozialhilfe nach dem Dritten und Fünften bis Neunten Kapitel	2. die Ausgaben und Einnahmen der Träger der Eingliederungshilfe
als Bundesstatistik durchgeführt.	als Bundesstatistik durchgeführt.

Gesetzesbegründung zu § 143 (Drs. 18/9522, S. 305)

Die Vorschrift übernimmt das bisherige Recht. Sie bestimmt, dass über die Leistungsberechtigten und die Ausgaben und Einnahmen in der Eingliederungshilfe eine Bundesstatistik zu führen ist.

SGB XII bis 31.12.2019	SGB IX ab 1.1.2020
§ 122 Erhebungsmerkmale	**§ 144 Erhebungsmerkmale**
(1) Erhebungsmerkmale bei der Erhebung nach § 121 Nummer 1 Buchstabe a sind:	(1) Erhebungsmerkmale bei den Erhebungen nach § 143 Nummer 1 sind für jeden Leistungsberechtigten
1. für Leistungsberechtigte, denen Leistungen nach dem Dritten Kapitel für mindestens einen Monat erbracht werden:	
a) Geschlecht, Geburtsmonat und -jahr, Staatsangehörigkeit, Migrationshintergrund, bei Ausländern auch aufenthaltsrechtlicher Status, Regelbedarfsstufe, Art der geleisteten Mehrbedarfe,	1. Geschlecht, Geburtsmonat und -jahr, Staatsangehörigkeit, Bundesland, Wohngemeinde und Gemeindeteil, Kennnummer des Trägers, mit anderen Leistungsberechtigten zusammenlebend, erbrachte Leistungsarten im Laufe und am Ende des Berichtsjahres,
b) für Leistungsberechtigte, die das 15. Lebensjahr vollendet, die Altersgrenze nach § 41 Absatz 2 aber noch nicht erreicht haben, zusätzlich zu den unter Buchstabe a genannten Merkmalen: Beschäftigung, Einschränkung der Leistung,	2. die Höhe der Bedarfe für jede erbrachte Leistungsart, die Höhe des aufgebrachten Beitrags nach § 92, die Art des angerechneten Einkommens, Beginn und Ende der Leistungserbringung nach Monat und Jahr, die für mehrere Leistungsberechtigte erbrachte Leistung, die Leistung als pauschalierte Geldleistung, die Leistung durch ein Persönliches Budget sowie
c) für Leistungsberechtigte in Personengemeinschaften, für die eine gemeinsame Bedarfsberechnung erfolgt, und für einzelne Leistungsberechtigte: Wohngemeinde und Gemeindeteil, Art des Trägers, Leistungen in und außerhalb von Einrichtungen, Beginn der Leistung nach Monat und Jahr, Beginn der ununterbrochenen Leistungserbringung für mindestens ein Mitglied der Personengemeinschaft nach Monat und Jahr, die in den § 27a Absatz 3, §§ 27b, 30 bis 33, §§ 35 bis 38 und 133a genannten Bedarfe je Monat, Nettobedarf je Monat, Art und jeweilige Höhe der angerechneten oder in Anspruch genommenen Einkommen und übergegangenen Ansprüche, Zahl aller Haushaltsmitglieder, Zahl aller Leistungsberechtigten im Haushalt,	3. gleichzeitiger Bezug von Leistungen nach dem Zweiten, Elften oder Zwölften Buch.
d) bei Änderung der Zusammensetzung der Personengemeinschaft und bei Beendigung der Leistungserbringung zusätzlich zu den unter den Buchstaben a bis c genannten Merkmalen: Monat und Jahr der Änderung der Zusammensetzung oder der Beendigung der Leistung, bei Ende der Leistung auch Grund der Einstellung der Leistungen,	
e) für Leistungsberechtigte mit Bedarfen für Bildung und Teilhabe nach § 34 Absatz 2 bis 7:	
aa) Geschlecht, Geburtsmonat und -jahr, Wohngemeinde und Gemeindeteil, Staatsangehörigkeit, bei Ausländern auch aufenthaltsrechtlicher Status,	

SGB XII bis 31.12.2019	SGB IX ab 1.1.2020
bb) die in § 34 Absatz 2 bis 7 genannten Bedarfe je Monat getrennt nach Schulausflügen, mehrtägigen Klassenfahrten, Ausstattung mit persönlichem Schulbedarf, Schülerbeförderung, Lernförderung, Teilnahme an einer gemeinsamen Mittagsverpflegung sowie Teilhabe am sozialen und kulturellen Leben in der Gemeinschaft und	
2. für Leistungsberechtigte, die nicht zu dem Personenkreis der Nummer 1 zählen: Geschlecht, Altersgruppe, Staatsangehörigkeit, Vorhandensein eigenen Wohnraums, Art des Trägers.	
(3) Erhebungsmerkmale bei den Erhebungen nach § 121 Nummer 1 Buchstabe b bis f sind für jeden Leistungsberechtigten:	(2) Merkmale bei den Erhebungen nach Absatz 1 Nummer 1 und 2 nach der Art der Leistung sind insbesondere:
1. Geschlecht, Geburtsmonat und -jahr, Wohngemeinde und Gemeindeteil, Staatsangehörigkeit, bei Ausländern auch aufenthaltsrechtlicher Status, Art des Trägers, erbrachte Leistung im Laufe und am Ende des Berichtsjahres sowie in und außerhalb von Einrichtungen nach Art der Leistung nach § 8, am Jahresende erbrachte Leistungen nach dem Dritten und Vierten Kapitel jeweils getrennt nach in und außerhalb von Einrichtungen, 2. bei Leistungsberechtigten nach dem Sechsten und Siebten Kapitel auch die einzelne Art der Leistungen und die Ausgaben je Fall, Beginn und Ende der Leistungserbringung nach Monat und Jahr sowie Art der Unterbringung, Leistung durch ein Persönliches Budget, 3. bei Leistungsberechtigten nach dem Sechsten Kapitel zusätzlich a) die Beschäftigten, denen der Übergang auf den allgemeinen Arbeitsmarkt gelingt, b) der Bezug von Leistungen nach § 43a des Elften Buches, 4. bei Leistungsberechtigten nach dem Siebten Kapitel zusätzlich a) das Bestehen einer Pflegeversicherung, b) die Erbringung oder Gründe der Nichterbringung von Pflegeleistungen von Sozialversicherungsträgern und einer privaten Pflegeversicherung, c) die Höhe des anzurechnenden Einkommens.	1. Leistung zur medizinischen Rehabilitation, 2. Leistung zur Beschäftigung im Arbeitsbereich anerkannter Werkstätten für behinderte Menschen, 3. Leistung zur Beschäftigung bei anderen Leistungsanbietern, 4. Leistung zur Beschäftigung bei privaten und öffentlichen Arbeitgebern, 5. Leistung zur Teilhabe an Bildung, 6. Leistung für Wohnraum, 7. Assistenzleistung nach § 113 Absatz 2 Nummer 2 in Verbindung mit § 78 Absatz 2 Nummer 1, 8. Assistenzleistung nach § 113 Absatz 2 Nummer 2 in Verbindung mit § 78 Absatz 2 Nummer 2, 9. heilpädagogische Leistung, 10. Leistung zum Erwerb praktischer Kenntnisse und Fähigkeiten, 11. Leistung zur Förderung der Verständigung, 12. Leistung für ein Kraftfahrzeug, 13. Leistung zur Beförderung insbesondere durch einen Beförderungsdienst, 14. Hilfsmittel im Rahmen der Sozialen Teilhabe und 15. Besuchsbeihilfen.

SGB XII bis 31.12.2019	SGB IX ab 1.1.2020
(4) Erhebungsmerkmale bei der Erhebung nach § 121 Nummer 2 sind: Art des Trägers, Ausgaben für Leistungen in und außerhalb von Einrichtungen nach § 8, Einnahmen in und außerhalb von Einrichtungen nach Einnahmearten und Leistungen nach § 8.	(3) Erhebungsmerkmale nach § 143 Nummer 2 sind das Bundesland, die Ausgaben gesamt nach der Art der Leistungen die Einnahmen gesamt und nach Einnahmearten sowie die Höhe der aufgebrachten Beiträge gesamt.

Gesetzesbegründung zu § 144 (Drs. 18/9522, S. 305; Drs. 18/10523)

Zu Absatz 1

Die Vorschrift benennt die Erhebungsmerkmale für jeden Leistungsberechtigten, die sowohl personenbezogene Daten als auch Daten zu den erbrachten Leistungen umfassen. Entsprechend der personenzentrierten Neuausrichtung der Eingliederungshilfe, bei der dem Ort der Leistungserbringung keine leistungsrelevante Bedeutung mehr zukommt, wird bei der Erhebung der statistischen Daten nicht mehr zwischen Leistungen „in und außerhalb von Einrichtungen“ unterschieden.

Redaktioneller Hinweis:

Mit der Beschlussempfehlung (Drs. 18/10523) wurden in Absatz 1 Satz 1 die Wörter „Geburtsmonat“ und „Wohngemeinde und Gemeindeteil,“ eingefügt. Dazu die Begründung in der Beschlussempfehlung:

„Bereits in der jetzt für die Eingliederungshilfe geltenden Vorschrift des § 122 Absatz 1 Nummer 1 Buchstabe a) SGB XII ist der Geburtsmonat als Erhebungsmerkmal aufgeführt. Dies soll auch in das neue Recht im SGB IX, Teil 2 übernommen werden. Der Geburtsmonat ist ebenso Bestandteil der Verwaltungsdaten bei den Trägern der Eingliederungshilfe. Außerdem ist das Merkmal „Geburtsmonat“ im Rahmen der Plausibilisierung der Daten erforderlich.

Die Erhebung der „Wohngemeinde und des Gemeindeteils“ ist auch in den Statistikregeln der §§ 122 ff. SGB XII vorgesehen. Je nach Regelung der örtlichen Zuständigkeit durch die Länder ist eine Ableitung aus der Gemeindekennziffer nicht möglich. Der „Gemeindeteil“ ist – wie bisher schon im SGB XII – als freiwillige Angabe vorgesehen.“

Die bisherige Unterscheidung nach dem Ort der Leistungserbringung wird durch das Erhebungsmerkmal „mit anderen Leistungsberechtigten zusammenlebend“ ersetzt. Es wird weiterhin die Erhebung des Bundeslandes des Wohnorts des Leistungsberechtigten angeordnet. Die statistischen Ämter legen unter Federführung des Statistischen Bundesamts für jeden Träger der Eingliederungshilfe zur Erleichterung von Auswertung und Prüfung der Statistik eine eigene Kennnummer fest. Aus der Höhe der Bedarfe für die einzelnen Leistungsarten und der Höhe des aufgebrachten Beitrages können die tatsächlichen Aufwendungen des Leistungsträgers berechnet werden, so dass diese nicht gesondert erhoben werden müssen.

Die Erhebungsmerkmale „Höhe des aufgebrachten Beitrags“ und „Art des angerechneten Einkommens“ werden für die Gesetzesfolgenabschätzungen benötigt. Mit Art des Einkommens ist in erster Linie die Unterscheidung nach § 136 Absatz 2 des Gesetzes gemeint.

Das Erhebungsmerkmal „die für mehrere Leistungsberechtigte erbrachte Leistung“ trägt dem Umstand Rechnung, dass nunmehr Leistungen der Eingliederungshilfe auch von mehreren

Leistungsberechtigten gemeinsam in Anspruch genommen werden können. Ein denkbarer Anwendungsfall ist der Einsatz von Schulbegleitern an Regelschulen, die jeweils mehrere Kinder und Jugendliche mit Behinderungen während ihres Schulbesuchs unterstützen.

Das Erhebungsmerkmal „die Leistung als pauschalierte Geldleistung" trägt dem Umstand Rechnung, dass nunmehr Leistungen der Eingliederungshilfe im Benehmen mit dem Leistungsberechtigten auch als pauschalierte Geldleistung erbracht werden können.

Zu Absatz 2

Die Vorschrift legt die bei den statistischen Erhebungen nach der „Art der Leistung" zu berücksichtigenden Merkmale fest. Die Merkmale orientieren sich am Katalog der Leistungen, die im Rahmen der Eingliederungshilfe erbracht werden können.

Zu Absatz 3

Das Erhebungsmerkmal „Höhe der aufgebrachten Beiträge insgesamt" wird für die Gesetzesfolgenabschätzung benötigt.

SGB XII bis 31.12.2019	SGB IX ab 1.1.2020
§ 123 Hilfsmerkmale	**§ 145 Hilfsmerkmale**
(1) Hilfsmerkmale ~~für Erhebungen nach § 121~~ sind	(1) Hilfsmerkmale sind
1. Name und Anschrift des Auskunftspflichtigen,	1. Name und Anschrift des Auskunftspflichtigen,
3. Name und Telefonnummer der für eventuelle Rückfragen zur Verfügung stehenden Person.	2. Name, Telefonnummer und E-Mail-Adresse der für eventuelle Rückfragen zur Verfügung stehenden Person,
2. für die Erhebung nach § 122 Absatz 1 Nummer 1 und Absatz 3 die Kennnummern der Leistungsberechtigten,	3. für die Erhebung nach § 143 Nummer 1 die Kennnummer des Leistungsberechtigten.
(2) $_1$Die Kennnummern nach Absatz 1 Nummer 2 dienen der Prüfung der Richtigkeit der Statistik und der Fortschreibung der jeweils letzten Bestandserhebung. $_2$Sie enthalten keine Angaben über persönliche und sachliche Verhältnisse der Leistungsberechtigten und sind zum frühestmöglichen Zeitpunkt spätestens nach Abschluss der wiederkehrenden Bestandserhebung zu löschen.	(2) $_1$Die Kennnummern nach Absatz 1 Nummer 3 dienen der Prüfung der Richtigkeit der Statistik und der Fortschreibung der jeweils letzten Bestandserhebung. $_2$Sie enthalten keine Angaben über persönliche und sachliche Verhältnisse des Leistungsberechtigten und sind zum frühestmöglichen Zeitpunkt, spätestens nach Abschluss der wiederkehrenden Bestandserhebung, zu löschen.

Gesetzesbegründung zu § 145 (Drs. 18/9522, S. 305)

Zu Absatz 1

Die Vorschrift übernimmt das bisherige Recht, wonach Name und Anschrift des Auskunftspflichtigen, Kennnummer sowie Name und Telefonnummer der für eventuelle Rückfragen zur Verfügung stehenden Person (gemäß § 145 nicht verpflichtend) als Hilfsmerkmale erfasst werden. Da Rückfragen mittlerweile in der Regel per E-Mail erfolgen, wird zusätzlich die E-Mail-Adresse als Hilfsmerkmal erfasst.

Zu Absatz 2

Die Kennnummern werden im Rahmen der Plausibilisierung der Daten für Rückfragen der Statistischen Landesämter bei den Auskunftspflichtigen benötigt und sind somit von zentraler Bedeutung für die Qualität der statistischen Ergebnisse.

SGB XII bis 31.12.2019	SGB IX ab 1.1.2020
§ 124 Absatz 4 Periodizität, Berichtszeitraum und Berichtszeitpunkte	**§ 146 Periodizität und Berichtszeitraum**
(4) Die Erhebungen nach § 122 Absatz 3 und 4 erfolgen jährlich für das abgelaufene Kalenderjahr.	Die Erhebungen erfolgen jährlich für das abgelaufene Kalenderjahr.

Gesetzesbegründung zu § 146 (Drs. 18/9522, S. 305)

Die Vorschrift bestimmt in Übernahme des bisherigen Rechts, dass die Bundesstatistik jährlich für das abgelaufene Kalenderjahr zu erstellen ist.

SGB XII bis 31.12.2019	SGB IX ab 1.1.2020
§ 125 Auskunftspflicht	**§ 147 Auskunftspflicht**
(1) ₁Für die Erhebungen nach § 121 besteht Auskunftspflicht. ₂Die Angaben nach § 123 Absatz 1 Nummer 3 sowie die Angaben zum Gemeindeteil nach § 122 Absatz 1 Nummer 1 Buchstabe c und e sowie Absatz 3 Nummer 1 sind freiwillig.	(1) ₁Für die Erhebungen besteht Auskunftspflicht. ₂Die Angaben nach § 145 Absatz 1 Nummer 2 und die Angaben zum Gemeindeteil nach § 144 Absatz 1 Nummer 1 sind freiwillig.
(2) Auskunftspflichtig sind die zuständigen örtlichen und überörtlichen Träger der Sozialhilfe sowie die kreisangehörigen Gemeinden und Gemeindeverbände, soweit sie Aufgaben dieses Buches wahrnehmen.	(2) Auskunftspflichtig sind die Träger der Eingliederungshilfe.

Gesetzesbegründung zu § 147 (Drs. 18/9522, S. 305; Drs. 18/10523)

Die Vorschrift bestimmt in Übernahme des bisherigen Rechts, dass die Träger der Eingliederungshilfe auskunftspflichtig sind; eine gesonderte Erwähnung der Gemeinden und Gemeindeverbände ist nicht mehr erforderlich.

SGB XII bis 31.12.2019	SGB IX ab 1.1.2020
§ 128h Absatz 1 Satz 1 Datenübermittlung, Veröffentlichung	**§ 148 Übermittlung, Veröffentlichung**
(1) ₁Die in sich schlüssigen und nach einheitlichen Standards formatierten Einzeldatensätze sind von den Auskunftspflichtigen elektronisch bis zum Ablauf von ~~30~~ Arbeitstagen nach Ende des jeweiligen Berichtsquartals nach § 128f an das Statistische ~~Bundesamt~~ zu übermitteln.	(1) Die in sich schlüssigen und nach einheitlichen Standards formatierten Einzeldatensätze sind von den Auskunftspflichtigen elektronisch bis zum Ablauf von 40 Arbeitstagen nach Ende des jeweiligen Berichtszeitraums an das jeweilige statistische Landesamt zu übermitteln.
§ 126 Übermittlung, Veröffentlichung	
(1) ₁An die fachlich zuständigen obersten Bundes- oder Landesbehörden dürfen für die Verwendung gegenüber den gesetzgebenden Körperschaften und für Zwecke der Planung, jedoch nicht für die Regelung von Einzelfällen, vom Statistischen Bundesamt und den statistischen Ämtern der Länder Tabellen mit statistischen Ergebnissen nach § 121 übermittelt werden, auch soweit Tabellenfelder nur einen einzigen Fall ausweisen. ₂Tabellen, deren Tabellenfelder nur einen einzigen Fall ausweisen, dürfen nur dann übermittelt werden, wenn sie nicht differenzierter als auf Regierungsbezirksebene, bei Stadtstaaten auf Bezirksebene, aufbereitet sind.	(2) ₁An die fachlich zuständigen obersten Bundes- oder Landesbehörden dürfen für die Verwendung gegenüber den gesetzgebenden Körperschaften und für Zwecke der Planung, jedoch nicht für die Regelung von Einzelfällen, vom Statistischen Bundesamt und von den statistischen Ämtern der Länder Tabellen mit statistischen Ergebnissen übermittelt werden, auch soweit Tabellenfelder nur einen einzigen Fall ausweisen. ₂Tabellen, die nur einen einzigen Fall ausweisen, dürfen nur dann übermittelt werden, wenn sie nicht differenzierter als auf Regierungsbezirksebene, bei Stadtstaaten auf Bezirksebene, aufbereitet sind.
(2) Die statistischen Ämter der Länder stellen dem Statistischen Bundesamt zu den Erhebungen nach § 121 für Zusatzaufbereitungen des Bundes jährlich unverzüglich nach Aufbereitung der Bestandserhebung und der Erhebung im Laufe des Berichtsjahres Einzelangaben aus ~~einer Zufallsstichprobe mit einem Auswahlsatz von 25 vom Hundert der Leistungsberechtigten~~ zur Verfügung.	(3) ₁Die statistischen Ämter der Länder stellen dem Statistischen Bundesamt für Zusatzaufbereitungen des Bundes jährlich unverzüglich nach Aufbereitung der Bestandserhebung und der Erhebung im Laufe des Berichtsjahres die Einzelangaben aus der Erhebung zur Verfügung. ₂Angaben zu den Hilfsmerkmalen nach § 145 dürfen nicht übermittelt werden.
(3) Die Ergebnisse der Sozialhilfestatistik dürfen auf die einzelne Gemeinde bezogen veröffentlicht werden.	(4) Die Ergebnisse der Bundesstatistik nach diesem Kapitel dürfen auf die einzelnen Gemeinden bezogen veröffentlicht werden.

Gesetzesbegründung zu § 148 (Drs. 18/9522, S. 306)

Zu Absatz 1

Die Vorschrift in § 148 Absatz 1 stellt sicher, dass die Datenübermittlung gemäß dem Gesetz zur Förderung der elektronischen Verwaltung elektronisch erfolgt. Die angegebene Frist zur Übermittlung der Ergebnisse an die Statistischen Landesämter orientiert sich an der üblichen Vorgehensweise gemäß der Erhebungsunterlagen der aktuellen dezentralen Statistik der Empfänger von Leistungen nach dem 5. bis 9. Kapitel SGB XII.

Zu Absatz 2

Die Vorschrift in § 148 Absatz 2 übernimmt unverändert das bisherige Recht.

Zu Absatz 3

Die Vorschrift in § 148 Absatz 3 übernimmt im Wesentlichen das bisherige Recht. Die bisherige Vorschrift, dass dem Statistischen Bundesamt lediglich eine 25-Prozent-Zufallsstichprobe der Einzeldatensätze zu übermitteln ist, entspricht nicht mehr dem Stand der Datenverarbeitungstechnik und wird ersetzt durch die Übermittlung aller Einzeldatensätze. Dies führt zu erheblicher Arbeitsersparnis bei allen Beteiligten. Die gesonderte Ziehung einer Zufallsstichprobe durch die Landesämter entfällt, das Bundesamt muss die Ergebnisse von Sonderauswertungen nicht mehr hochrechnen, und bei unerwarteten Abweichungen sind keine Rückfragen mehr erforderlich, ob eine zufällige Abweichung oder ein Fehler vorliegt. Die bisherige Praxis der Veröffentlichung der Ergebnisse der Länderstatistiken bleibt unverändert.

Zu Absatz 4

Die Vorschrift in § 148 Absatz 4 übernimmt unverändert das bisherige Recht.

Kapitel 11
Übergangs- und Schlussbestimmungen

Gesetzestext mit BTHG-Gesetzesbegründung und redaktionellen Hinweisen

<table>
<tr><th colspan="2">SGB XII bis 31.12.2019</th><th>SGB IX ab 1.1.2020</th></tr>
<tr><td colspan="2">§ 130 Übergangsregelung für ambulant Betreute</td><td>§ 149 Übergangsregelung für ambulant Betreute</td></tr>
<tr><td>Für Personen, die Leistungen der Eingliederungshilfe ~~für behinderte Menschen oder der Hilfe zur Pflege empfangen~~, deren Betreuung am 26. Juni 1996 durch von ihnen beschäftigte Personen oder ambulante Dienste sichergestellt wurde, gilt § 3a des Bundessozialhilfegesetzes in der am 26. Juli 1996 geltenden Fassung.</td><td>§ 3a BSHG in der am 26. Juli 1996 geltenden Fassung

Die erforderliche Hilfe ist soweit wie möglich außerhalb von Anstalten, Heimen oder gleichartigen Einrichtungen zu gewähren. Dies gilt nicht, wenn eine geeignete stationäre Hilfe zumutbar und eine ambulante Hilfe mit unverhältnismäßigen Mehrkosten verbunden ist. Bei der Prüfung der Zumutbarkeit sind die persönlichen, familiären und örtlichen Umstände angemessen zu berücksichtigen.</td><td>Für Personen, die Leistungen der Eingliederungshilfe für behinderte Menschen erhalten,

deren Betreuung am 26. Juni 1996 durch von ihnen beschäftigte Personen oder ambulante Dienste sichergestellt wurde,

gilt § 3a des Bundessozialhilfegesetzes in der am 26. Juni 1996 geltenden Fassung.</td></tr>
</table>

Gesetzesbegründung zu § 149 (Drs. 18/9522, S. 306)

Die Regelung übernimmt inhaltsgleich § 130 SGB XII.

SGB IX ab 1.1.2020

§ 150 Übergangsregelung zum Einsatz des Einkommens

Abweichend von Kapitel 9 sind bei der Festsetzung von Leistungen für Leistungsberechtigte, die am 31. Dezember 2019 Leistungen nach dem Sechsten Kapitel des Zwölften Buches in der Fassung vom 31. Dezember 2019 erhalten haben und von denen ein Einsatz des Einkommens über der Einkommensgrenze gemäß § 87 des Zwölften Buches in der Fassung vom 31. Dezember 2019 gefordert wurde, die am 31. Dezember 2019 geltenden Einkommensgrenzen nach dem Elften Kapitel des Zwölften Buches in der Fassung vom 31. Dezember 2019 zugrunde zu legen, solange der nach Kapitel 9 aufzubringende Beitrag höher ist als der Einkommenseinsatz nach dem am 31. Dezember 2019 geltenden Recht.

Gesetzesbegründung zu § 150 (Drs. 18/9522, S. 306)

Die Vorschrift enthält eine Übergangsregelung zum Einsatz des Einkommens. Sie stellt sicher, dass der Leistungsberechtigte durch den aufzubringenden Beitrag nach Kapitel 9 nicht höher belastet wird als nach dem am 31. Dezember 2019 geltenden Recht des SGB XII.

Begünstigt sind ausschließlich Leistungsberechtigte, die am 31. Dezember 2019 Leistungen der Eingliederungshilfe nach dem 6. Kapitel des SGB XII bezogen haben.

Ergibt sich bei der Einführung der neuen Bestimmungen zum Einkommenseinsatz nach Kapitel 9, dass die Einkommensanrechnung nach dem Recht bis zum 31. Dezember 2019 günstiger wirkt, ist eine Vergleichsberechnung vorzunehmen, solange das Recht zum Einsatz des Einkommens nach Kapitel 9 zu ungünstigeren Folgen führt.

Sobald die Bestimmungen zum Einkommenseinsatz nach dem Neunten Kapitel für den Leistungsberechtigten günstiger sind als die Anwendung der Einkommensgrenzen nach dem Elften Kapitel des Zwölften Buches, erfolgt die Ermittlung des Einkommensbeitrages nur noch nach den Bestimmungen des Neunten Kapitels.

Schwankendes Einkommen wird über § 135 Absatz 2 berücksichtigt.

Personenzentrierung: Trennung von Fachleistungen der Eingliederungshilfe und Leistungen zum Lebensunterhalt; Auswirkungen auf die Wohnkosten

Hinweis: Für minderjährige Menschen mit Behinderung wird durch Sonderregelungen das bisherige Recht weitergeführt. Die folgenden Ausführungen gelten damit nur für erwachsene Menschen mit Behinderungen!

1. Personenzentrierte Leistungserbringung unabhängig von der Wohnform

Die Neuausrichtung der Eingliederungshilfe durch das Bundesteilhabegesetz hin zu einer personenzentrierten Leistungserbringung, die unabhängig von der Wohnform des Menschen mit Behinderung erfolgen soll, führt dazu, dass die bisherige Finanzierung der Leistungen der Eingliederungshilfe neu geregelt werden muss. Die Fachleistungen müssen von den existenzsichernden Leistungen getrennt werden. Diese Trennung erfolgt zum 1. Januar 2020, die vertragsrechtlichen Regelungen dafür traten jedoch schon zum 1. Januar 2018 in Kraft.

Das bis Ende 2019 vollversorgende, im SGB XII einheitlich geregelte Leistungs- und Vergütungssystem endet endgültig mit Stichtag 1. Januar 2020. Das „Sondersystem" Lebensunterhalt in Einrichtungen – § 27b SGB XII (Barbetrag, Zusatzbarbetrag, Bekleidungsgeldpauschale) – entfällt im Bereich der Eingliederungshilfe.

Die Wohn- und Unterstützungsangebote für erwachsene Menschen mit Behinderung organisieren und finanzieren sich künftig aus mindestens zwei Leistungsgesetzen und über mehrere Zahlungsströme.

Auftrennung der Leistungen innerhalb des Sozialleistungssystems

Leistungen	Zuständigkeit
Leistungen zur Teilhabe (= Fachleistungen)	Eingliederungshilfeträger SGB IX
Leistungen zum Lebensunterhalt und Wohnen (= existenzsichernde Leistungen)	(meist) Sozialhilfeträger SGB XII

Existenzsichernde Leistungen werden auch durch andere Sozialleistungen gewährt, siehe unten.

Der Unterschied zwischen existenzsichernden Leistungen und Fachleistungen ist nicht immer eindeutig. Vor allem in den besonderen Wohnformen, die bis Ende 2019 noch stationäre Einrichtungen heißen dürfen, wird das deutlich. Etwa dann, wenn die genutzten Wohnflächen aufgeteilt werden müssen nach privat genutztem Wohnraum, gemeinschaftlich genutztem Wohnraum und Wohnraum, der unter die Eingliederungshilfe fällt, also Fachleistung ist. Zusätzlich gibt es noch Wohnflächen mit gemischter Nutzung.

Ein weiteres Beispiel sind die Verwaltungs- und Leitungskosten so einer Einrichtung. Der Teil der Kosten, der für die Organisation der Betreuung aufgewendet wird, gehört zur Eingliederungshilfe; der Teil, der für die Organisation der Hausverwaltung und Haustechnik anfällt, gehört zu den Kosten der Unterkunft und damit zu den existenzsichernden Leistungen.

2. Existenzsichernde Leistungen

Existenzsichernde Leistungen, also notwendiger Lebensunterhalt, Mehrbedarfe, einmalige Bedarfe und Kosten für Unterkunft und Heizung, werden nicht vom Vertrags- und Vergütungsrecht des SGB IX erfasst. Damit entfällt das bisherige Referenzsystem der Grund-, Maßnahme- und Investitionskostenpauschale im Vertrags- und Vergütungsrecht. Wesentliche Kostenbestandteile werden von den Leistungsberechtigten beispielsweise aus der Grundsicherung zu finanzieren sein. Zu den existenzsichernden Leistungen werden künftig keine Vereinbarungen mehr zwischen den Leistungserbringern und den Trägern der Eingliederungshilfe geschlossen. Für die Leistungserbringer verändern sich damit Risiken der Kostenkalkulation und Refinanzierbarkeit der erbrachten Leistungen.

Existenzsichernde Leistungen werden gewährt im Rahmen der Hilfe zum Lebensunterhalt oder der Grundsicherung im Alter und bei Erwerbsminderung. Auch die Grundsicherung für Arbeitsuchende gewährt existenzsichernde Leistungen, ebenso BAföG oder die Leistungen für Asylbewerber und diverse Rentenarten. Hier begnügen wir uns mit den Regelungen des SGB XII zum notwendigen Lebensunterhalt und zu den Kosten der Unterkunft, weil dies die meisten Fälle betrifft.

Zu den existenzsichernden Leistungen gehören

- die Kosten für Ernährung
- die Kosten für Kleidung
- Hygienekosten
- Kosten für (in vertretbarem Umfang) eine Teilhabe am sozialen und kulturellen Leben in der Gemeinschaft
- Kosten für Hausrat
- die Wohnkosten, incl. Heizkosten und Nebenkosten (Kosten der Unterkunft)

Bis auf den letzten (= Kosten der Unterkunft) werden diese Punkte unter dem Sammelbegriff „notwendiger Lebensunterhalt" zusammengefasst.

Notwendiger Lebensunterhalt

Der notwendige Lebensunterhalt umfasst insbesondere Ernährung, Kleidung, Körperpflege, Hausrat, Heizung, Erzeugung von Warmwasser und persönliche Bedürfnisse des täglichen Lebens. Dabei gehören zu den persönlichen Bedürfnissen des täglichen Lebens in vertretbarem Umfang auch Beziehungen zur Umwelt und eine Teilnahme am kulturellen Leben. Bei Kindern und Jugendlichen umfasst der notwendige Lebensunterhalt auch den besonderen, insbesondere den durch ihre Entwicklung und ihr Heranwachsen bedingten Bedarf.

Eine Abweichung gibt es allerdings bei der gemeinschaftlichen Mittagsverpflegung, § 113 Absatz 4 SGB IX. Hier ist im notwendigen Lebensunterhalt in den existenzsichernden Leistungen nur der Warenwert eines Mittagessens eingepreist, nicht aber die Kosten, die bei der außerhäuslichen Zubereitung anfallen (Personal, Räumlichkeiten, Geräte und so weiter). Die nicht gedeckten Kosten gelten deswegen als Fachleistung im Rahmen der Sozialen Teilhabe (§ 113 SGB IX).

Bei der Teilhabe am sozialen und kulturellen Leben gehört etwa die Eintrittskarte für das Kino durchaus zum notwendigen Lebensunterhalt, die Kosten für eine eventuell nötige Begleitperson sind aber als Fachleistung zu beantragen (so das Beispiel aus der Empfehlung der AG Personenzentrierung, dort Fußnote 4).

Auch bei einfachen Tätigkeiten im Alltag kann es manchmal schwierig werden, die Leistungen genau zu trennen.

Beispiel:

Ein Bewohner in einer stationären Einrichtung, bzw. besonderen Wohnform, möchte für seine Geburtstagsfeier eine besondere Nachspeise in der Gemeinschaftsküche zubereiten. Er braucht dabei die Unterstützung eines Mitarbeiters sowohl beim Einkauf als auch bei der Zubereitung. Da er Diabetiker ist, muss anschließend der Blutzuckerspiegel gemessen und Insulin verabreicht werden.

Bis Ende 2019 werden alle Leistungen, Lebensmittel, Benutzen der Gemeinschaftsküche, Assistenz beim Einkaufen und Zubereiten vom Sozialhilfeträger übernommen, unabhängig davon wer die Leistung erbringt oder wie oft sie erbracht wird oder ob damit individuelle Teilhabeziele erreicht werden. Die Leistungen werden erbracht, weil der Bewohner in der stationären Einrichtung lebt. Es handelt sich also um einrichtungszentrierte Leistungen.

Anders sieht es im Jahr 2020 aus. Jetzt werden bewohnerzentrierte Leistungen erbracht:

Lebensmittel	Notwendiger Lebensunterhalt Sozialhilfeträger
Assistenz beim Einkauf	Fachleistung Eingliederungshilfeträger
Benutzen der Gemeinschaftsküche	Kosten der Unterkunft Sozialhilfeträger
Assistenz beim Zubereiten	Fachleistung Eingliederungshilfeträger
Blutzuckerspiegel, Insulinspritze	Häusliche Krankenpflege Krankenkasse

Bei dem Projekt „Geburtstagsdessert" werden fünf Leistungen erbracht, die in vier verschiedene Leistungsbereiche mit vier verschiedenen Kostenträgern aufgeteilt werden.

Finanzierung über den Regelbedarf

Der notwendige Lebensunterhalt von Menschen mit Behinderung wird ab 2020 nun unabhängig von der Wohnform über das Regelbedarfssystem finanziert (bei Erfüllung der jeweiligen Anspruchsvoraussetzungen). Dieses setzt sich zusammen aus:

- Regelbedarf und
- Mehrbedarfe (z. B. kostenaufwändige Ernährung aus medizinischen Gründen, für voll Erwerbsgeminderte mit dem Merkzeichen G), hinzu kommt ein zusätzlicher Mehrbedarf für die gemeinschaftliche Mittagsverpflegung in Werkstätten für behinderte Menschen und bei sonstigen tagesstrukturierenden Maßnahmen (ab 2020 geregelt in § 42b SGB XII – Wortlaut abgedruckt bei § 113, siehe S. 129),
- einmalige Bedarfe (z. B. Erstausstattung für die Wohnung, Anschaffung bzw. Reparatur von orthopädischen Schuhen),
- Beiträge für die Kranken- und Pflegeversicherung, Beiträge für die Vorsorge,
- Bedarfe für Bildung und Teilhabe,
- Bedarfe für Unterkunft und Heizung.

Menschen mit Behinderungen in eigenen Wohnungen haben wie bisher Anspruch auf Regelbedarfsstufe 1, es sei denn, sie leben mit einem Ehegatten oder Lebenspartner oder in eheähnlicher oder lebenspartnerschaftsähnlicher Gemeinschaft mit einem Partner zusammen. Dann bekommen sie Regelbedarfsstufe 2.

Menschen mit Behinderungen, die in einer besonderen Wohnform nach § 42a Absatz 2 Satz 3 SGB XII, also in den ehemaligen stationären Einrichtungen, leben, haben Anspruch auf Regelbedarfsstufe 2.

Hierbei gelten die Einkommens- und Vermögensgrenzen der Hilfe zum Lebensunterhalt (3. Kapitel SGB X II) und der Grundsicherung im Alter und bei dauerhafter Erwerbsminderung (4. Kapitel SGB XII) bzw. Grundsicherung für Arbeitsuchende nach SGB II.

Die Leistungsberechtigten in **besonderen Wohnformen** erhalten nach Antragstellung vom zuständigen Träger (SGB XII oder SGB II) einen monatlichen Regelsatz nach Regelbedarfsstufe 2 einschließlich ggf. der Mehrbedarfe. Der Betrag wird auf ein vom Leistungsberechtigten bzw. seinem Vertreter bestimmtes Konto überwiesen. Aus diesem Regelsatz muss er seinen Lebensunterhalt bestreiten. Der Barbetrag nach altem Recht entfällt.

Wenn der Leistungsberechtigte im gemeinschaftlichen Wohnen lebt, wird er für die Versorgung mit Lebensmitteln sowie den Waren- und Materialeinsatz für Wäsche- und Wohnungsreinigung etc. ein Angebot des Wohnraumanbieters erhalten. In vielen Fällen wird der Anbieter zugleich Leistungserbringer in der Eingliederungshilfe sein. In diesem Fall werden diese Leistungen im Wohn- und Betreuungsvertrag zwischen Leistungsberechtigtem und Leistungserbringer vereinbart.

Die Zusammensetzung des Regelsatzes (§ 5 Regelbedarfsermittlungsgesetz) lässt erkennen, dass darin Bestandteile enthalten sind, die nach der bisherigen Systematik überwiegend in der Grundpauschale abgebildet sind. Dazu gehören bspw. Nahrungsmittel, aber auch Strom, Reinigungs- und Putzmittel, Innenausstattung, Haushaltsgeräte und -gegenstände, Duschgel, Shampoo, Toilettenpapier.

Andere Bestandteile, wie Bekleidung, Innenausstattung, Freizeit wurden dem Barbetrag und der Bekleidungspauschale zugeordnet. Diese Bestandteile machen etwa 130 bis 160 Euro der Regelbedarfsstufe 2 aus. Laut § 121 Absatz 4 Ziffer 6 SGB IX muss im Gesamtplan festgelegt werden, welcher Anteil den Leistungsberechtigten als Bargeldleistung für die Deckung der persönlichen Bedarfe verbleibt.

Der Rest, also etwa 220 bis 250 Euro, wäre das, was der Leistungsnehmer dem Anbieter für die volle Versorgung im Monat bezahlen könnte.

Ein weiteres (im Gesamtplan) zu lösendes Problem ist, dass mit Sicherheit auch Unterhaltskosten entstehen, die Teilhabeleistungen – also Fachleistungen – betreffen. Bei der Ausrichtung von Feiern, beim Erwerb von Alltagskompetenzen, bei Freizeitaktivitäten, Einladungen, Besuchen usw. entstehen Kosten, die normalerweise dem Lebensunterhalt zugeordnet werden. Menschen mit Behinderungen würden jedoch in ihrer Teilhabe extrem eingeschränkt, wenn nicht im Zusammenhang mit der Eingliederungshilfe auch Kosten, zumindest anteilig, übernommen würden, die ansonsten dem Lebensunterhalt zugeordnet sind.

Zusammenfassung
(Auszug aus der Gesetzesbegründung, Drs. 18/9552, S. 201)

„Die leistungsrechtliche Gleichstellung hinsichtlich des Lebensunterhalts von Menschen mit Behinderungen unabhängig von der gewählten Wohnform hat zur Folge, dass Bedarfe, die durch den Regelsatz abgedeckt sind, wie bei allen anderen Leistungsberechtigten außerhalb von stationären Einrichtungen aus dem monatlichen Regelsatzbudget finanziert werden müssen. Dies setzt voraus, dass der Regelsatz – anders als der nach heutigem Recht vom Einrichtungsträger ausgezahlte Barbetrag – vom zuständigen Träger nach dem SGB XII auf das Bankkonto der leistungsberechtigten Person überwiesen wird und einem Menschen mit Behinderungen damit auch tatsächlich zur Verfügung steht.

Der geltende Grundsatz, dass vom Regelsatz – anders als beim Barbetrag – nur in konkreten Ausnahmefällen Teilbeträge im Wege einer sogenannten Direktzahlung an Leistungsanbieter oder sonstige Dritte überwiesen werden können, ist auch in dieser Konstellation uneingeschränkt anzuwenden. Dadurch erhalten Menschen mit Behinderungen ein wesentlich höheres Maß an Entscheidungsfreiheit als bislang in stationären Einrichtungen. Sie können im Rahmen der für alle Personen mit geringem monatlichem Budget bestehenden Grenzen selbst entscheiden, wofür sie ihr Geld verwenden. Dies gilt beispielsweise für den Kauf von Kleidung ebenso wie für die Freizeitgestaltung. Daher können Barbetrag, Zusatzbarbetrag und Kleiderpauschale künftig entfallen. Die Funktion des Barbetrags liegt im geltenden Recht darin, dass Leistungsberechtigte in stationären Einrichtungen, weil sie keinen Regelsatz erhalten, einen kleinen Bargeldbetrag zur Verfügung haben.

Bei der Gleichstellung von Menschen mit Behinderungen hinsichtlich ihres notwendigen Lebensunterhalts wird im Rahmen der Teilhabeplanung berücksichtigt, ob sie alle erforderlichen Tätigkeiten für eine selbständige Lebens- und Haushaltsführung ausüben können. Wird dabei festgestellt, dass ein Mensch mit Behinderungen alle erforderlichen Tätigkeiten nicht oder nicht vollständig selbst ausüben kann und deshalb eine Unterstützung benötigt, ist dieser Unterstützungsbedarf den Fachleistungen der Eingliederungshilfe zuzuordnen. Ein solcher Unterstützungsbedarf besteht beispielsweise, wenn erwachsene Menschen mit Behinderungen nicht in der Lage sind, die Einkäufe von Lebensmitteln und Getränken sowie die Zubereitung der Mahlzeiten selbst zu übernehmen."

3. Fachleistungen

In der neuen Eingliederungshilfe erfolgt ab 1.1.2020 keine Differenzierung zwischen stationären und ambulanten Leistungen (anders als im Ordnungsrecht/Heimrecht oder Baurecht). Im Rahmen der Eingliederungshilfe werden die Fachleistungen

- Leistungen zur sozialen Teilhabe,
- Leistungen zur Teilhabe am Arbeitsleben,
- Leistungen zur Teilhabe an Bildung und
- Leistungen zur medizinischen Rehabilitation

übernommen.

Gleichzeitig übernimmt der Träger der Eingliederungshilfe die Kosten der Unterkunft bei besonderen Wohnformen (siehe § 113 Absatz 5 SGB IX – eingefügt durch das sog. Reparaturgesetz), die die sog. Angemessenheitsgrenze von 25 % übersteigen, soweit ein gesteigerter Wohnraumbedarf besteht (siehe gleich ausführlich im Folgenden).

Außerdem werden ausschließlich die Kosten der erforderlichen sächlichen und personellen Ausstattung und der betriebsnotwendigen Anlagen für die Mittagsverpflegung in Verantwortung der Werkstatt oder bei einem anderen Leistungserbringer oder beim Leistungserbringer der andere tagesstrukturierende Maßnahmen vom Träger der Eingliederungshilfe finanziert, wenn Leistungsberechtige in gemeinschaftlichen Settings sich selbst das Essen nicht zubereiten können (§ 113 Absatz 4 SGB IX i.V.m. § 42b SGB XII).

4. Bedarfe für Unterkunft und Heizung

Die Behandlung der Wohnkosten ist im neuen Eingliederungsrecht wohl der komplizierteste Bereich (mit Ausnahme der Schnittstelle zur Pflege, die wir im Anschluss an § 103 SGB IX behandeln).

Es beginnt schon mit den Begrifflichkeiten der „Wohnform". Da ja das Bundesteilhabegesetz durch die Aufgabe von ambulant, teilstationär und stationär den Begriff „Einrichtung" eliminiert, musste eine andere Begrifflichkeit gefunden werden. Während allerdings im SGB IX von „Wohnform" bzw. „besonderer Wohnform" (siehe § 104 SGB IX) gesprochen wird, stellt das SGB XII auf „gemeinschaftliche Wohnformen" ab. (Ein Blick in das Recht der Pflegeversicherung zeigt, dass zudem dort noch von „Räumlichkeiten" im Zusammenhang mit Einrichtungen der Eingliederungshilfe gesprochen wird, siehe § 71 Absatz 4 SGB XI und die Erläuterungen dazu vorne bei § 103 SGB IX).

Definitionen zur Wohnform

Wohnung:
Gesetzliche Definition in § 42 Absatz 2 Satz 2 SGB XII: „Wohnung ist die Zusammenfassung mehrerer Räume, die von anderen Wohnungen oder Wohnräumen baulich getrennt sind und die in ihrer Gesamtheit alle für die Führung eines Haushalts notwendigen Einrichtungen, Ausstattungen und Räumlichkeiten umfassen."

Besondere Wohnform:
Einrichtung, in der ausschließlich Menschen mit Behinderungen betreut werden (so Drs. 18/10523, S. 62), siehe § 104 Absatz 3 Satz 3 SGB IX

Gemeinschaftliche Wohnform („Gemeinschaftliches Wohnen")

Variante 1: § 42 Absatz 2 Ziff. 2 = persönlicher Wohnraum + Räumlichkeiten zur gemeinschaftlichen Nutzung
Gesetzliche Definition in § 42 Absatz 2 Satz 3 SGB XII:

- Persönlicher Wohnraum ist ein Wohnraum, der Leistungsberechtigten allein oder zu zweit zur alleinigen Nutzung überlassen wird,
- zusätzliche Räumlichkeiten sind Räume, die ihnen zusammen mit weiteren Personen zur gemeinsamen Nutzung überlassen werden.

Variante 2: § 42 Absatz 2 Ziff. 3 = sonstige Unterkunft
z. B. Obdachlosenunterkunft

Kosten der Unterkunft in besonderen Wohnformen (bisher: Einrichtungen der Eingliederungshilfe)

Ab dem 1.1.2020 werden die Fachleistungen der Eingliederungshilfe und die Leistungen für den Lebensunterhalt, inklusive der Kosten für die Unterkunft, getrennt behandelt und finanziert.

Nach dem bis Ende 2019 geltenden Recht erhalten Leistungsberechtigte in stationären Einrichtungen eine Gesamtleistung. Durch diese Gesamtleistung werden alle Leistungen der Eingliederungshilfe und des notwendigen Lebensunterhalts nach dem SGB XII erbracht und finanziert. Dabei erfolgte im Hintergrund eine teilweise Refinanzierung der Leistungen durch die Grundsicherung im Alter und bei Erwerbsminderung. Hierfür wird von der Grundsicherung im Alter und bei Erwerbsminderung eine Pauschale gezahlt, deren Höhe jedoch in keinem unmittelbaren Zusammenhang mit der Höhe der in der stationären Einrichtung tatsächlich erbrachten Lebensunterhaltsleistungen steht.

Ab 2020 werden die Bedarfe für den Lebensunterhalt aus der bisherigen Gesamtleistung herausgelöst, damit werden die Kosten der Unterkunft (KdU) von den Leistungen der Eingliederungshilfe in Einrichtungen getrennt. Die Kosten der Unterkunft richten sich dann nach § 42a SGB XII.

Welche Kosten der Unterkunft damit genau gemeint sind, hat die AG Personenzentrierung am 5.7.2018 in den *„Empfehlungen für die personenzentrierte Leistungserbringung in bisherigen stationären Einrichtungen der Behindertenhilfe"* beschrieben; sie können unter www.umsetzungsbegleitung-bthg.de downgeloadet werden.

Notwendig wurde diese Empfehlung, da in solchen Einrichtungen ja nicht nur die persönlichen Wohnräume, sondern auch Gemeinschaftsräume, Therapieräume, Räume für das Personal und einiges mehr zu finanzieren sind und es heftig umstritten war (und noch weiter ist), wie diese Räume kostentechnisch aufzuteilen sind. Die AG Personenzentrierung empfiehlt eine Aufteilung in Wohnflächen, Fachleistungsflächen und Mischflächen.

Danach sind Wohnflächen persönlich genutzte Räumlichkeiten und Gemeinschaftsräumlichkeiten:

- Schlafzimmer,
- frei benutzbare Küchen (ggf. mit Speisekammer/Vorratsraum),
- Wohnzimmer,
- normale Bäder,
- sowie diese Räume verbindende Flure.

Fachleistungsflächen sind Räumlichkeiten, die über den Wohnraum hinaus für die Erbringung der unterschiedlichen Leistungen der Eingliederungshilfe erforderlich sind oder sein können:

- Therapieräume,
- Hobbyräume,
- Veranstaltungsräume,
- Pflege-/Bewegungsbäder,
- Räume für Personal einschließlich Assistenzkräfte (z. B. Einrichtungsleitung, Nachtbereitschaft).

Mischflächen sind nicht eindeutig zuzuordnende Flächen:

- Eingangsbereiche,
- Treppenhäuser und Flure, die sowohl als Zugang zu Fachräumen als auch zu Wohnräumen benutzt werden müssen,
- Vorratsräume/Hauswirtschaftsräume für Putzutensilien für das gesamte Haus,
- Energieversorgungsräume.

Finanzierung der Wohnflächen

Die kalkulatorische Miete für Wohnflächen wird nach § 42a Absatz 5 SGB XII als Aufwendungen für Unterkunft und Heizung (Warmmiete) berücksichtigt. Das Abstellen auf die durchschnittliche Warmmiete hat zur Folge, dass eine ausschließlich betragsmäßige Betrachtung für die Bedarfe für Unterkunft und Heizung erfolgt. Eine zusätzliche Angemessenheitsprüfung für die Anerkennung der Bedarfe nach § 42a Absatz 5 SGB XII, beispielsweise auf der Grundlage der einer leistungsberechtigten Person zugeordneten Wohnfläche (Fläche in Quadratmetern) findet im Unterschied zu Wohnungen nicht statt.

Der sich ergebende Euro-Betrag kann jedoch nach § 42a Absatz 5 Satz 4 SGB XII um bis zu 25 Prozent überschritten werden (das heißt: die durchschnittliche Warmmiete entspricht 100 Prozent, Erhöhung um 25 Prozent ergibt Kappungsgrenze bei 125 Prozent der durchschnittlichen Warmmiete für die im Rahmen der Lebensunterhaltsleistungen anzuerkennenden Bedarfe für Unterkunft und Heizung). Die Übernahme der diesen Betrag übersteigenden Kosten der Unterkunft um bis zu 25 Prozent wurde durch nachträgliche Änderung des sog. Reparaturgesetzes von einer Ermessensleistung (vorherige Formulierung „können anerkannt werden, wenn“) zu einer Mussleistung („sind anzuerkennen, wenn“).

Die leistungsberechtigte Person muss aber durch den Vertrag nachweisen, dass der sich daraus ergebende monatlich geschuldete Betrag über die Warmmiete hinaus weitere und gesondert im Vertrag ausgewiesene zusätzliche Kosten umfasst für:

1. Zuschläge für persönlich genutzte Räumlichkeiten, die vollständig oder teilweise möbliert zur Nutzung überlassen werden („Möblierungszuschlag“),
2. Wohn- und Wohnnebenkosten und diese Kosten im Verhältnis zu vergleichbaren Wohnformen angemessen sind,
3. Haushaltsstrom, Instandhaltung von persönlichen Räumlichkeiten und den Räumlichkeiten zur gemeinschaftlichen Nutzung sowie der Ausstattung mit Haushaltsgroßgeräten oder
4. Gebühren für Telekommunikation sowie für den Zugang zu Rundfunk, Fernsehen und Internet.

Die zusätzlichen Aufwendungen nach den Nummern 2 bis 4 werden nach der Anzahl der in einer baulichen Einheit lebenden Personen zu gleichen Teilen aufgeteilt.

Dies bedeutet, dass Aufwendungen von mehr als 100 Prozent der durchschnittlichen Warmmiete eines Einpersonenhaushalts dann als Bedarfe für Unterkunft und Heizung bis zur Höhe von 125 Prozent anerkannt werden, wenn mindestens eine der in den Nummer 1 bis 4 enthaltenen Voraussetzungen durch den Vertrag nachgewiesen wird.

Daraus folgt: Wenn sich die Miete auf mindestens 100 Prozent der durchschnittlichen Warmmiete beläuft und sich damit aus der Summe von tatsächlicher Warmmiete und nachgewiesenen zusätzlichen Kosten nach den Nummern 1 bis 4 eine vertragliche monatliche Zahlungsverpflichtung von mehr als 100 Prozent ergibt, werden sie bis zu 125 Prozent als Bedarf anerkannt.

Finanzierung der Fachleistungsflächen

Die Kostenübernahme für die Fachleistungsflächen ist mit dem Träger der Eingliederungshilfe vertraglich zu vereinbaren. Dabei ist das Vertragsrecht nach dem 8. Kapitel des Eingliederungshilferechts (Teil 2) des SGB IX in der Fassung ab 2020 zuständig.

Finanzierung der Mischflächen

Die Kostenzuordnung für Mischflächen erfolgt gemäß der ermittelten oder vertraglich vereinbarten quotalen Aufteilung zwischen Wohn- und Fachleistungsflächen. Diese werden also nicht gesondert abgerechnet, sondern sind Bestandteil der kalkulatorischen Miete je Quadratmeter für die Wohn- und Fachleistungsflächen.

Überschreiten der Angemessenheitsgrenze um mehr als 125 Prozent

Übersteigen die tatsächlichen Aufwendungen für die Wohnflächen die Angemessenheitsgrenze um mehr als 25 Prozent, können diese Mehrkosten gegebenenfalls über die Fachleistungen nach dem ab 2020 geltenden Eingliederungsrecht des SGB IX abgerechnet werden (§ 42a Absatz 6 SGB XII).

Dies setzt allerdings voraus, dass

- dem Leistungsberechtigten eine entsprechende Leistung nach den im Eingliederungshilferecht dargelegten Regelungen bewilligt wurde und
- eine schriftliche Vereinbarung des Trägers der Eingliederungshilfe mit dem Leistungserbringer über die entsprechenden Leistungen geschlossen wurde.

Die Entscheidung über die Bewilligung im Einzelfall obliegt dem Eingliederungshilfeträger.

Die Bewilligung setzt voraus, dass der Leistungsberechtigte einen Anspruch auf diese Leistung hat. Der Anspruch wird in § 113 Absatz 5 SGB IX geregelt. Dieser Absatz wird im Rahmen des sog. Reparaturgesetzes eingefügt. In der ursprünglichen BTHG-Fassung gab es im SGB IX keine ausdrückliche Anspruchsnorm für Wohnkosten, welche die 125%-Angemessenheitsgrenze nach § 42a Absatz 5 SGB XII übersteigen, so dass es sich hierbei um unbenannte Leistungen zur Sozialen Teilhabe nach dem Kapitel 6 SGB IX handeln musste. Leistungen zur Sozialen Teilhabe werden erbracht, um eine gleichberechtigte Teilhabe am Leben in der Gemeinschaft zu ermöglichen oder zu erleichtern. Hierzu gehört, Leistungsberechtigte zu einer möglichst selbstbestimmten und eigenverantwortlichen Lebensführung im eigenen Wohnraum sowie in ihrem Sozialraum zu befähigen (§ 113 Absatz 1 SGB IX).

§ 113 Absatz 5 SGB IX stellt zudem klar, dass auch Menschen, die andere Leistungen als Grundsicherung (z. B. Arbeitslosengeld II) beziehen, nunmehr dahingehend gleich gestellt werden.

Gleichwohl ist die Frage, ob die Wohnkosten über 125 Prozent als eine Leistung zur sozialen Teilhabe vom Eingliederungshilfeträger bewilligt werden, für jeden Einzelfall zu klären, insbesondere nach der Art des Bedarfes, den persönlichen Verhältnissen, dem Sozialraum und den eigenen Kräften und Mitteln; dabei ist auch die vom Leistungsberechtigten gewünschte Wohnform zu würdigen (§ 104 SGB IX).

In diesem Zusammenhang kommt der für die Eingliederungshilfe vorgesehenen Gesamtplanung eine Schlüsselfunktion zu. Im Rahmen des Gesamtplanverfahrens ist unter Beteiligung des Leistungsberechtigten und möglicher Hinzuziehung des Leistungserbringers als Beteiligter nach § 12 SGB X zu klären, ob und wenn ja, in welchem Umfang und für welche Dauer der Träger der Eingliederungshilfe den 125 Prozent überschreitenden Anteil der kalkulatorischen Miete übernimmt. Dabei ist auch das Wunsch- und Wahlrecht des Leistungsberechtigten zu berücksichtigen. Der Träger der Lebensunterhaltsleistungen wird am Gesamtplanverfahren beteiligt.

Das Verfahrenspapier der Bundesauftragskonferenz (vertreten sind dort: Bund, Länder, kommunale Spitzenverbände sowie die Bundesarbeitsgemeinschaft der überörtlichen Sozialhilfeträger) *„Bedarfe für Unterkunft und Heizung in der besonderen Wohnform ab dem 1. Januar 2020 nach § 42a Absatz 5 und 6 SGB XI"* vom 10. April 2019 beschreibt detailliert, was unter „tatsächliche Aufwendungen" zu verstehen ist und erläutert Art und Weise der Ermittlung der Angemessenheitsgrenzen. Das Verfahrenspapier kann unter www.umsetzungsbegleitung-bthg.de downgeloadet werden.

§ 42a SGB XII Bedarfe für Unterkunft und Heizung		
Bis 31.12.2019	Ab 1.1.2020 (ursprüngl. BTHG-Fassung)	Ab 1.1.2020 (Fassung Reparaturgesetz)
(1) Für Leistungsberechtigte sind angemessene Bedarfe für Unterkunft und Heizung nach dem Vierten Abschnitt des Dritten Kapitels sowie nach § 42 Nummer 4 Buchstabe b anzuerkennen, soweit in den folgenden Absätzen nichts Abweichendes geregelt ist.	(1) Für Leistungsberechtigte sind angemessene Bedarfe für Unterkunft und Heizung nach dem Vierten Abschnitt des Dritten Kapitels sowie nach § 42 Nummer 4 Buchstabe b anzuerkennen, soweit in den folgenden Absätzen nichts Abweichendes geregelt ist.	
(2) $_{1}$Für die Anerkennung von Bedarfen für Unterkunft und Heizung	(2) $_{1}$Für die Anerkennung von Bedarfen für Unterkunft und Heizung bei	(2) $_{1}$Für die Anerkennung von Bedarfen für Unterkunft und Heizung bei
1. bei Leistungsberechtigten, die in einer Wohnung leben, gelten die Absätze 3 und 4 sowie	1. Leistungsberechtigten, die in einer Wohnung nach Satz 2 leben, gelten die Absätze 3 und 4,	1. Leistungsberechtigten, die in einer Wohnung nach Satz 2 leben, gelten die Absätze 3 und 4,
2. bei Leistungsberechtigten außerhalb von Einrichtungen, die in einer sonstigen Unterkunft leben, gilt Absatz 5.	2. Leistungsberechtigten, die nicht in einer Wohnung nach Nummer 1 leben, weil ihnen allein oder zu zweit ein persönlicher Wohnraum und zusätzliche Räumlichkeiten zur gemeinschaftlichen Nutzung nach Satz 3 zu Wohnzwecken überlassen werden, gelten die Absätze 5 und 6,	2. Leistungsberechtigten, die nicht in einer Wohnung nach Nummer 1 leben, weil ihnen ***zur Erbringung von Leistungen nach Teil 2 des Neunten Buches*** allein oder zu zweit ein persönlicher Wohnraum und zusätzliche Räumlichkeiten zur gemeinschaftlichen Nutzung nach Satz 3 zu Wohnzwecken überlassen werden, gelten die Absätze 5 und 6,
	3. Leistungsberechtigten, die weder in einer Wohnung nach Nummer 1 noch in einem persönlichen Wohnraum und zusätzlichen Räumlichkeiten nach Nummer 2 untergebracht sind und für die § 42 Nummer 4 Buchstabe b nicht anzuwenden ist, gilt Absatz 7.	3. Leistungsberechtigten, die weder in einer Wohnung nach Nummer 1 noch in einem persönlichen Wohnraum und zusätzlichen Räumlichkeiten nach Nummer 2 untergebracht sind und für die § 42 Nummer 4 Buchstabe b nicht anzuwenden ist, gilt Absatz 7.
$_{2}$Wohnung im Sinne des Satzes 1 Nummer 1 ist die Zusammenfassung mehrerer Räume, die von anderen Wohnungen oder Wohnräumen baulich getrennt sind und die in ihrer Gesamtheit alle für die Führung eines Haushaltes notwendigen Einrichtungen, Ausstattungen und Räumlichkeiten umfassen.	$_{2}$Wohnung ist die Zusammenfassung mehrerer Räume, die von anderen Wohnungen oder Wohnräumen baulich getrennt sind und die in ihrer Gesamtheit alle für die Führung eines Haushalts notwendigen Einrichtungen, Ausstattungen und Räumlichkeiten umfassen.	$_{2}$Wohnung ist die Zusammenfassung mehrerer Räume, die von anderen Wohnungen oder Wohnräumen baulich getrennt sind und die in ihrer Gesamtheit alle für die Führung eines Haushalts notwendigen Einrichtungen, Ausstattungen und Räumlichkeiten umfassen.

§ 42a SGB XII Bedarfe für Unterkunft und Heizung		
Bis 31.12.2019	Ab 1.1.2020 (ursprüngl. BTHG-Fassung)	Ab 1.1.2020 (Fassung Reparaturgesetz)
	3Persönlicher Wohnraum ist ein Wohnraum, der Leistungsberechtigten allein oder zu zweit zur alleinigen Nutzung überlassen wird, und zusätzliche Räumlichkeiten sind Räume, die ihnen zusammen mit weiteren Personen zur gemeinsamen Nutzung überlassen werden.	3Persönlicher Wohnraum ist ein Wohnraum, der Leistungsberechtigten allein oder zu zweit zur alleinigen Nutzung überlassen wird, und zusätzliche Räumlichkeiten sind Räume, die **Leistungsberechtigten** zusammen mit weiteren Personen zur gemeinsamen Nutzung überlassen werden.
(3) 1Lebt eine leistungsberechtigte Person 1. zusammen mit mindestens einem Elternteil, mit mindestens einem volljährigen Geschwisterkind oder einem volljährigen Kind in einer Wohnung im Sinne von Absatz 2 Satz 2 und sind diese Mieter oder Eigentümer der gesamten Wohnung (Mehrpersonenhaushalt) und 2. ist sie nicht vertraglich zur Tragung von Unterkunftskosten verpflichtet, sind ihr Bedarfe für Unterkunft und Heizung nach den Sätzen 3 bis 5 anzuerkennen.	(3) 1Lebt eine leistungsberechtigte Person 1. zusammen mit mindestens einem Elternteil, mit mindestens einem volljährigen Geschwisterkind oder einem volljährigen Kind in einer Wohnung im Sinne von Absatz 2 Satz 2 und sind diese Mieter oder Eigentümer der gesamten Wohnung (Mehrpersonenhaushalt) und 2. ist sie nicht vertraglich zur Tragung von Unterkunftskosten verpflichtet, sind ihr Bedarfe für Unterkunft und Heizung nach den Sätzen 3 bis 5 anzuerkennen.	(3) 1Lebt eine leistungsberechtigte Person 1. zusammen mit mindestens einem Elternteil, mit mindestens einem volljährigen Geschwisterkind oder einem volljährigen Kind in einer Wohnung im Sinne von Absatz 2 Satz 2 und sind diese Mieter oder Eigentümer der gesamten Wohnung (Mehrpersonenhaushalt) und 2. ist sie nicht vertraglich zur Tragung von Unterkunftskosten verpflichtet, sind ihr Bedarfe für Unterkunft und Heizung ***nach den Sätzen 2 bis 5*** anzuerkennen.
2Als Bedarf sind leistungsberechtigten Personen nach Satz 1 diejenigen Aufwendungen für Unterkunft als Bedarf anzuerkennen, die sich aus der Differenz der angemessenen Aufwendungen für den Mehrpersonenhaushalt entsprechend der Anzahl der dort wohnenden Personen ergeben und für einen Haushalt mit einer um eins verringerten Personenzahl.	2Als Bedarf sind leistungsberechtigten Personen nach Satz 1 diejenigen Aufwendungen für Unterkunft als Bedarf anzuerkennen, die sich aus der Differenz der angemessenen Aufwendungen für den Mehrpersonenhaushalt entsprechend der Anzahl der dort wohnenden Personen ergeben und für einen Haushalt mit einer um eins verringerten Personenzahl.	2Als Bedarf sind leistungsberechtigten Personen nach Satz 1 diejenigen Aufwendungen für Unterkunft als Bedarf anzuerkennen, die sich aus der Differenz der angemessenen Aufwendungen für den Mehrpersonenhaushalt entsprechend der Anzahl der dort wohnenden Personen ergeben und für einen Haushalt mit einer um eins verringerten Personenzahl.
3Für die als Bedarf zu berücksichtigenden angemessenen Aufwendungen für Heizung ist der Anteil an den tatsächlichen Gesamtaufwendungen für die Heizung der Wohnung zu berücksichtigen, der sich für die Aufwendungen für die Unterkunft nach Satz 1 ergibt.	3Für die als Bedarf zu berücksichtigenden angemessenen Aufwendungen für Heizung ist der Anteil an den tatsächlichen Gesamtaufwendungen für die Heizung der Wohnung zu berücksichtigen, der sich für die Aufwendungen für die Unterkunft nach Satz 1 ergibt.	3Für die als Bedarf zu berücksichtigenden angemessenen Aufwendungen für Heizung ist der Anteil an den tatsächlichen Gesamtaufwendungen für die Heizung der Wohnung zu berücksichtigen, der sich für die Aufwendungen für die Unterkunft ***nach Satz 2*** ergibt.

§ 42a SGB XII Bedarfe für Unterkunft und Heizung		
Bis 31.12.2019	Ab 1.1.2020 (ursprüngl. BTHG-Fassung)	Ab 1.1.2020 (Fassung Reparaturgesetz)
$_4$Abweichend von § 35 kommt es auf die nachweisbare Tragung von tatsächlichen Aufwendungen für Unterkunft und Heizung nicht an.	$_4$Abweichend von § 35 kommt es auf die nachweisbare Tragung von tatsächlichen Aufwendungen für Unterkunft und Heizung nicht an.	$_4$Abweichend von § 35 kommt es auf die nachweisbare Tragung von tatsächlichen Aufwendungen für Unterkunft und Heizung nicht an.
$_5$Die Sätze 2 und 3 gelten nicht, wenn die mit der leistungsberechtigten Person zusammenlebenden Personen darlegen, dass sie ihren Lebensunterhalt einschließlich der ungedeckten angemessenen Aufwendungen für Unterkunft und Heizung aus eigenen Mitteln nicht decken können; in diesen Fällen findet Absatz 4 Satz 1 Anwendung.	$_5$Die Sätze 2 und 3 gelten nicht, wenn die mit der leistungsberechtigten Person zusammenlebenden Personen darlegen, dass sie ihren Lebensunterhalt einschließlich der ungedeckten angemessenen Aufwendungen für Unterkunft und Heizung aus eigenen Mitteln nicht decken können; in diesen Fällen findet Absatz 4 Satz 1 Anwendung.	$_5$Die Sätze 2 und 3 gelten nicht, wenn die mit der leistungsberechtigten Person zusammenlebenden Personen darlegen, dass sie ihren Lebensunterhalt einschließlich der ungedeckten angemessenen Aufwendungen für Unterkunft und Heizung aus eigenen Mitteln nicht decken können; in diesen Fällen findet Absatz 4 Satz 1 Anwendung.
(4) $_1$Lebt eine leistungsberechtigte Person zusammen mit anderen Personen in einer Wohnung im Sinne von Absatz 2 Satz 2 (Wohngemeinschaft) oder lebt die leistungsberechtigte Person zusammen mit in Absatz 3 Satz 1 Nummer 1 genannten Personen und ist sie vertraglich zur Tragung von Unterkunftskosten verpflichtet, sind die von ihr zu tragenden Aufwendungen für Unterkunft und Heizung bis zu dem Betrag als Bedarf anzuerkennen, der ihrem nach der Zahl der Bewohner zu bemessenden Anteil an den Aufwendungen für Unterkunft und Heizung entspricht, die für einen entsprechenden Mehrpersonenhaushalt als angemessen gelten.	(4) $_1$Lebt eine leistungsberechtigte Person zusammen mit anderen Personen in einer Wohnung im Sinne von Absatz 2 Satz 2 (Wohngemeinschaft) oder lebt die leistungsberechtigte Person zusammen mit in Absatz 3 Satz 1 Nummer 1 genannten Personen und ist sie vertraglich zur Tragung von Unterkunftskosten verpflichtet, sind die von ihr zu tragenden Aufwendungen für Unterkunft und Heizung bis zu dem Betrag als Bedarf anzuerkennen, der ihrem nach der Zahl der Bewohner zu bemessenden Anteil an den Aufwendungen für Unterkunft und Heizung entspricht, die für einen entsprechenden Mehrpersonenhaushalt als angemessen gelten.	(4) $_1$Lebt eine leistungsberechtigte Person zusammen mit anderen Personen in einer Wohnung im Sinne von Absatz 2 Satz 2 (Wohngemeinschaft) oder lebt die leistungsberechtigte Person zusammen mit in Absatz 3 Satz 1 Nummer 1 genannten Personen und ist sie vertraglich zur Tragung von Unterkunftskosten verpflichtet, sind die von ihr zu tragenden Aufwendungen für Unterkunft und Heizung bis zu dem Betrag als Bedarf anzuerkennen, der ihrem nach der Zahl der Bewohner zu bemessenden Anteil an den Aufwendungen für Unterkunft und Heizung entspricht, die für einen entsprechenden Mehrpersonenhaushalt als angemessen gelten.
$_2$Satz 1 gilt nicht, wenn die leistungsberechtigte Person auf Grund einer mietvertraglichen Vereinbarung nur für konkret bestimmte Anteile des Mietzinses zur Zahlung verpflichtet ist; in diesem Fall sind die tatsächlichen Aufwendungen für Unterkunft und Heizung bis zu dem Betrag als Bedarf anzuerkennen, der für einen Einpersonenhaushalt angemessen ist, soweit der von der leistungsberechtigten Person zu	$_2$Satz 1 gilt nicht, wenn die leistungsberechtigte Person auf Grund einer mietvertraglichen Vereinbarung nur für konkret bestimmte Anteile des Mietzinses zur Zahlung verpflichtet ist; in diesem Fall sind die tatsächlichen Aufwendungen für Unterkunft und Heizung bis zu dem Betrag als Bedarf anzuerkennen, der für einen Einpersonenhaushalt angemessen ist, soweit der von der leistungsberechtigten Person zu	$_2$Satz 1 gilt nicht, wenn die leistungsberechtigte Person auf Grund einer mietvertraglichen Vereinbarung nur für konkret bestimmte Anteile des Mietzinses zur Zahlung verpflichtet ist; in diesem Fall sind die tatsächlichen Aufwendungen für Unterkunft und Heizung bis zu dem Betrag als Bedarf anzuerkennen, der für einen Einpersonenhaushalt angemessen ist, soweit der von der leistungsberechtigten Person zu

§ 42a SGB XII Bedarfe für Unterkunft und Heizung		
Bis 31.12.2019	Ab 1.1.2020 (ursprüngl. BTHG-Fassung)	Ab 1.1.2020 (Fassung Reparaturgesetz)
zahlende Mietzins zur gesamten Wohnungsmiete in einem angemessenen Verhältnis steht. $_3$Übersteigen die tatsächlichen Aufwendungen der leistungsberechtigten Person die nach den Sätzen 1 und 2 angemessenen Aufwendungen für Unterkunft und Heizung, gilt § 35 Absatz 2 Satz 2 entsprechend.	zahlende Mietzins zur gesamten Wohnungsmiete in einem angemessenen Verhältnis steht. $_3$Übersteigen die tatsächlichen Aufwendungen der leistungsberechtigten Person die nach den Sätzen 1 und 2 angemessenen Aufwendungen für Unterkunft und Heizung, gilt § 35 Absatz 2 Satz 2 entsprechend. (5) $_1$Für leistungsberechtigte Personen, die in Räumlichkeiten nach Absatz 2 Satz 1 Nummer 2 leben, werden die tatsächlichen Aufwendungen für die Unterkunft, soweit sie angemessen sind, als Bedarf berücksichtigt für 1. die persönlichen Räumlichkeiten, wenn sie allein bewohnt werden, in voller Höhe, wenn sie von zwei Personen bewohnt werden, jeweils hälftig, 2. die persönlich genutzten Räumlichkeiten, die vollständig oder teilweise möbliert zur Nutzung überlassen werden, in der sich daraus ergebenden Höhe, 3. die Räumlichkeiten, die vorrangig zur gemeinschaftlichen Nutzung der leistungsberechtigten Person und anderer Bewohner bestimmt sind (Gemeinschaftsräume), mit einem Anteil, der sich aus der Anzahl der vorgesehenen Nutzer bei gleicher Aufteilung ergibt. $_2$Für die tatsächlichen Aufwendungen für die Heizung werden die auf die persönlichen Räumlichkeiten und Gemeinschaftsräume nach Satz 1 entfallenden Anteile als Bedarf anerkannt, soweit sie angemessen sind.	zahlende Mietzins zur gesamten Wohnungsmiete ***in einem angemessenen Verhältnis*** steht. $_3$Übersteigen die tatsächlichen Aufwendungen der leistungsberechtigten Person die nach den Sätzen 1 und 2 angemessenen Aufwendungen für Unterkunft und Heizung, gilt § 35 Absatz 2 Satz 2 entsprechend. (5) $_1$Für leistungsberechtigte Personen, die in Räumlichkeiten nach Absatz 2 Satz 1 Nummer 2 leben, werden die tatsächlichen Aufwendungen für die Unterkunft, soweit sie angemessen sind, als Bedarf berücksichtigt für 1. die persönlichen Räumlichkeiten, wenn sie allein bewohnt werden, in voller Höhe, wenn sie von zwei Personen bewohnt werden, jeweils hälftig, 2. die persönlich genutzten Räumlichkeiten, die vollständig oder teilweise möbliert zur Nutzung überlassen werden, in der sich daraus ergebenden Höhe, 3. die Räumlichkeiten, die vorrangig zur gemeinschaftlichen Nutzung der leistungsberechtigten Person und anderer Bewohner bestimmt sind (Gemeinschaftsräume), mit einem Anteil, der sich aus der Anzahl der vorgesehenen Nutzer bei gleicher Aufteilung ergibt. $_2$Für die tatsächlichen Aufwendungen für die Heizung werden die auf die persönlichen Räumlichkeiten und Gemeinschaftsräume nach Satz 1 entfallenden Anteile als Bedarf anerkannt, soweit sie angemessen sind.

§ 42a SGB XII Bedarfe für Unterkunft und Heizung		
Bis 31.12.2019	Ab 1.1.2020 (ursprüngl. BTHG-Fassung)	Ab 1.1.2020 (Fassung Reparaturgesetz)
	[3]Tatsächliche Aufwendungen für Unterkunft und Heizung nach den Sätzen 1 und 2 gelten als angemessen, wenn sie die Höhe der durchschnittlichen angemessenen tatsächlichen Aufwendungen für die Warmmiete eines Einpersonenhaushaltes *im örtlichen Zuständigkeitsbereich des für die Ausführung des Gesetzes nach diesem Kapitel zuständigen Trägers nach § 46b nicht überschreiten.*	[3]Tatsächliche Aufwendungen für Unterkunft und Heizung nach Satz 1 und 2 gelten als angemessen, wenn sie die Höhe der durchschnittlichen angemessenen tatsächlichen Aufwendungen für die Warmmiete eines Einpersonenhaushaltes ***nicht überschreiten.*** ***[4]Maßgeblich ist die Höhe der sich nach Satz 3 ergebenden durchschnittlichen Warmmiete des für die Ausführung des Gesetzes nach diesem Kapitel nach § 46b zuständigen örtlichen Trägers, in dessen örtlichem Zuständigkeitsbereich die Räumlichkeiten nach Satz 1 liegen.*** ***[5]Hat ein zuständiger örtlicher Träger innerhalb seines örtlichen Zuständigkeitsbereiches mehr als eine Angemessenheitsgrenze festgelegt, können die sich daraus ergebenden örtlichen Abgrenzungen für die Durchschnittsbildung nach Satz 3 zugrunde gelegt werden.***
	[4]Überschreiten die tatsächlichen Aufwendungen die Angemessenheitsgrenze nach Satz 3, können um bis zu 25 Prozent höhere als die angemessenen Aufwendungen anerkannt werden, wenn die leistungsberechtigte Person die höheren Aufwendungen durch einen Vertrag mit gesondert ausgewiesenen zusätzlichen Kosten nachweist für 1. Zuschläge nach Satz 1 Nummer 2, 2. Wohn- und Wohnnebenkosten und diese Kosten im Verhältnis zu vergleichbaren Wohnformen angemessen sind,	[6]Überschreiten die tatsächlichen Aufwendungen die Angemessenheitsgrenze nach Satz 3, sind um bis zu 25 Prozent höhere als die angemessenen Aufwendungen anzuerkennen, wenn die leistungsberechtigte Person die höheren Aufwendungen durch einen Vertrag mit gesondert ausgewiesenen zusätzlichen Kosten nachweist für 1. Zuschläge nach Satz 1 Nummer 2, 2. Wohn- und Wohnnebenkosten und diese Kosten im Verhältnis zu vergleichbaren Wohnformen angemessen sind,

§ 42a SGB XII Bedarfe für Unterkunft und Heizung		
Bis 31.12.2019	Ab 1.1.2020 (ursprüngl. BTHG-Fassung)	Ab 1.1.2020 (Fassung Reparaturgesetz)
	3. Haushaltsstrom, Instandhaltung von persönlichen Räumlichkeiten und den Räumlichkeiten zur gemeinschaftlichen Nutzung sowie der Ausstattung mit Haushaltsgroßgeräten oder 4. Gebühren für Telekommunikation sowie Gebühren für den Zugang zu Rundfunk, Fernsehen und Internet. $_5$Die zusätzlichen Aufwendungen nach Satz 4 Nummer 2 bis 4 sind nach der Anzahl der in einer baulichen Einheit lebenden Personen zu gleichen Teilen aufzuteilen. (6) $_1$Übersteigen die Aufwendungen für die Unterkunft nach Absatz 4 den der Besonderheit des Einzelfalles angemessenen Umfang und hat der für die Ausführung des Gesetzes nach diesem Kapitel zuständige Träger Anhaltspunkte dafür, dass ein anderer Leistungsträger diese Aufwendungen ganz oder teilweise zu übernehmen verpflichtet ist, wirkt er auf eine sachdienliche Antragstellung bei diesem Träger hin. $_2$Übersteigen die tatsächlichen Aufwendungen die Angemessenheitsgrenze nach Absatz 5 Satz 4 um mehr als 25 Prozent, umfassen die Leistungen nach Teil 2 des Neunten Buches auch diese Aufwendungen.	3. Haushaltsstrom, Instandhaltung von persönlichen Räumlichkeiten und den Räumlichkeiten zur gemeinschaftlichen Nutzung sowie der Ausstattung mit Haushaltsgroßgeräten oder 4. Gebühren für Telekommunikation sowie Gebühren für den Zugang zu Rundfunk, Fernsehen und Internet. $_7$Die zusätzlichen Aufwendungen nach Satz 6 Nummer 2 bis 4 sind nach der Anzahl der in einer baulichen Einheit lebenden Personen zu gleichen Teilen aufzuteilen. (6) $_1$Übersteigen die Aufwendungen für die Unterkunft nach Absatz 4 den der Besonderheit des Einzelfalles angemessenen Umfang und hat der für die Ausführung des Gesetzes nach diesem Kapitel zuständige Träger Anhaltspunkte dafür, dass ein anderer Leistungsträger diese Aufwendungen ganz oder teilweise zu übernehmen verpflichtet ist, wirkt er auf eine sachdienliche Antragstellung bei diesem Träger hin. $_2$Übersteigen die tatsächlichen Aufwendungen die Angemessenheitsgrenze nach Absatz 5 Satz 6 um mehr als 25 Prozent, umfassen die Leistungen nach Teil 2 des Neunten Buches auch diese Aufwendungen.
(5) $_1$Lebt eine leistungsberechtigte Person in einer sonstigen Unterkunft nach Absatz 2 Satz 1 Nummer 2 allein, sind höchstens die durchschnittlichen angemessenen tatsächlichen Aufwendungen für die Warmmiete eines Einpersonenhaushaltes im örtlichen Zuständigkeitsbereich des für die Ausführung des Gesetzes nach diesem Kapitel zuständigen Trägers als Bedarf anzuerkennen.	(7) $_1$Lebt eine leistungsberechtigte Person in einer sonstigen Unterkunft nach Absatz 2 Satz 1 Nummer 3 allein, sind höchstens die durchschnittlichen angemessenen tatsächlichen Aufwendungen für die Warmmiete eines Einpersonenhaushaltes im örtlichen Zuständigkeitsbereich des für die Ausführung des Gesetzes nach diesem Kapitel zuständigen Trägers als Bedarf anzuerkennen.	(7) $_1$Lebt eine leistungsberechtigte Person in einer sonstigen Unterkunft nach Absatz 2 Satz 1 Nummer 3 allein, sind höchstens die durchschnittlichen angemessenen tatsächlichen Aufwendungen für die Warmmiete eines Einpersonenhaushaltes im örtlichen Zuständigkeitsbereich des für die Ausführung des Gesetzes nach diesem Kapitel zuständigen Trägers als Bedarf anzuerkennen.

§ 42a SGB XII Bedarfe für Unterkunft und Heizung		
Bis 31.12.2019	Ab 1.1.2020 (ursprüngl. BTHG-Fassung)	Ab 1.1.2020 (Fassung Reparaturgesetz)
₂Lebt die leistungsberechtigte Person zusammen mit anderen Bewohnern in einer sonstigen Unterkunft, sind höchstens die angemessenen tatsächlichen Aufwendungen anzuerkennen, die die leistungsberechtigte Person nach der Zahl der Bewohner anteilig an einem entsprechenden Mehrpersonenhaushalt zu tragen hätte.	₂Lebt die leistungsberechtigte Person zusammen mit anderen Bewohnern in einer sonstigen Unterkunft, sind höchstens die angemessenen tatsächlichen Aufwendungen anzuerkennen, die die leistungsberechtigte Person nach der Zahl der Bewohner anteilig an einem entsprechenden Mehrpersonenhaushalt zu tragen hätte.	₂Lebt die leistungsberechtigte Person zusammen mit anderen Bewohnern in einer sonstigen Unterkunft, sind höchstens die angemessenen tatsächlichen Aufwendungen anzuerkennen, die die leistungsberechtigte Person nach der Zahl der Bewohner anteilig an einem entsprechenden Mehrpersonenhaushalt zu tragen hätte.
₃Höhere als die sich nach Satz 1 oder 2 ergebenden Aufwendungen können im Einzelfall als Bedarf anerkannt werden, wenn	₃Höhere als die sich nach Satz 1 oder 2 ergebenden Aufwendungen können im Einzelfall als Bedarf anerkannt werden, wenn	₃Höhere als die sich nach Satz 1 oder 2 ergebenden Aufwendungen können im Einzelfall als Bedarf anerkannt werden, wenn
1. eine leistungsberechtigte Person voraussichtlich innerhalb von sechs Monaten in einer angemessenen Wohnung untergebracht werden kann oder, sofern dies als nicht möglich erscheint, voraussichtlich auch keine hinsichtlich Ausstattung und Größe sowie der Höhe der Aufwendungen angemessene Unterbringung in einer sonstigen Unterkunft verfügbar ist, oder	1. eine leistungsberechtigte Person voraussichtlich innerhalb von sechs Monaten in einer angemessenen Wohnung untergebracht werden kann oder, sofern dies als nicht möglich erscheint, voraussichtlich auch keine hinsichtlich Ausstattung und Größe sowie Höhe der Aufwendungen angemessene Unterbringung in einer sonstigen Unterkunft verfügbar ist oder	1. eine leistungsberechtigte Person voraussichtlich innerhalb von sechs Monaten ***ab der erstmaligen Anerkennung von Bedarfen nach Satz 1 oder 2*** in einer angemessenen Wohnung untergebracht werden kann oder, sofern dies als nicht möglich erscheint, voraussichtlich auch keine hinsichtlich Ausstattung und Größe sowie Höhe der Aufwendungen angemessene Unterbringung in einer sonstigen Unterkunft verfügbar ist oder
2. zusätzliche haushaltsbezogene Aufwendungen beinhaltet sind, die ansonsten über die Regelbedarfe abzudecken wären.	2. zusätzliche haushaltsbezogene Aufwendungen beinhaltet sind, die ansonsten über die Regelbedarfe abzudecken wären.	2. ***die Aufwendungen*** zusätzliche haushaltsbezogene Aufwendungen beinhalten, die ansonsten über die Regelbedarfe abzudecken wären.

Verwendete Quellen, Literatur

Gesetzesmaterial

Gesetz zur Stärkung der Teilhabe und Selbstbestimmung des Menschen mit Behinderungen (Bundesteilhabegesetz – BTHG)

- Drucksache 18/9522 vom 05.09.2016 (Gesetzentwurf der Bundesregierung)
- Drucksache 18/10523 vom 30.11.2016 (Beschlussempfehlung und Bericht des Ausschusses für Arbeit und Soziales)
- Bundesgesetzblatt I (BGBl. I) vom 23.12.2016 (BGBl. I S. 3234)

Gesetz zur Durchführung von Verordnungen der Europäischen Union zur Bereitstellung von Produkten auf dem Markt und zur Änderung des Neunten und Zwölften Buches Sozialgesetzbuch

- Drucksache 19/5456 vom 01.11.2018 (Gesetzentwurf der Bundesregierung)
- Drucksache 19/6465 vom 12.12.2018 (Beschlussempfehlung und Bericht des Ausschusses für Arbeit und Soziales)
- Bundesgesetzblatt I (BGBl. I) vom 18.04.2019 (BGBl. I S. 473)

Gesetz zur zielgenauen Stärkung von Familien und ihren Kindern durch die Neugestaltung des Kinderzuschlags und die Verbesserung der Leistungen für Bildung und Teilhabe (Starke-Familien-Gesetz)

- Drucksache 19/7504 vom 01.02.2019 (Gesetzentwurf der Bundesregierung)
- Drucksache 19/8613 vom 20.03.2019 (Beschlussempfehlung und Bericht des Ausschusses für Arbeit und Soziales)
- Bundesgesetzblatt I (BGBl. I) vom 29.04.2019 (BGBl. I S. 530)

Gesetz zur Änderung des Neunten und des Zwölften Buches Sozialgesetzbuch und anderer Rechtsvorschriften

- Drucksache 19/11006 vom 19.06.2019 (Gesetzentwurf der Bundesregierung)
  Vorgangsablauf unter: http://dipbt.bundestag.de/extrakt/ba/WP19/2473/247333.html

Gesetz zur Entlastung unterhaltsverpflichtender Angehöriger in der Sozialhilfe und in der Eingliederungshilfe (Angehörigen-Entlastungsgesetz), Referentenentwurf des BMAS vom 12.06.2019 siehe auch: www.bmas.de/DE/Service/Gesetze/angehoerigen-entlastungsgesetz.html

Abschlussbericht zu den rechtlichen Wirkungen im Fall der Umsetzung von Artikel 24a § 99 des Bundesteilhabegesetzes (ab 2023) auf den leistungsberechtigten Personenkreis der Eingliederungshilfe: Drucksache 19/4500 vom 13.09.2018

Empfehlungen, Richtlinien, Orientierungshilfen

Orientierungshilfe zur Gesamtplanung §§ 117 ff. SGB IX / §§ 141 ff. SGB XII der BAGüS

Eckpunkte für Empfehlungen zu Rahmenverträgen zur Erbringung von Leistungen der Eingliederungshilfe nach § 131 Abs. 3 SGB IX der Bundesarbeitsgemeinschaft der Freien Wohlfahrtspflege e.V. (BAGFW) und der Bundesarbeitsgemeinschaft der überörtlichen Träger der Sozialhilfe (BAGüS)

Empfehlung des GKV-Spitzenverbandes und der BAGüS gemäß § 13 Absatz 4 Satz 5 SGB XI zu den Modalitäten der Übernahme und der Durchführung der Leistungen der Pflegeversicherung durch einen Träger der Eingliederungshilfe sowie der Erstattung der Kosten für diese Leistungen und zu der Beteiligung des für die Hilfe zur Pflege zuständigen Trägers

Orientierungshilfe zu den Leistungen zur Sozialen Teilhabe in der Eingliederungshilfe §§ 76 ff. i.V.m. 113 ff. SGB IX der BAGüS

Orientierungshilfe der BAGüS für die Beratung über den Anteil des Regelsatzes, der Leistungsberechtigten in besonderen Wohnformen als Barmittel verbleibt (Orientierungshilfe Barmittelanteil)

Empfehlungen der BAGüS zu Leistungen der Eingliederungshilfe für Menschen mit Behinderungen für ein Kraftfahrzeug im Rahmen der Sozialen Teilhabe nach dem SGB IX (Kfz-Empfehlungen)

Richtlinien des GKV-Spitzenverbandes nach zum Vorliegen von Räumlichkeiten i. S. d. § 71 Absatz 4 Nr. 3 SGB XI (Entwurfsfassung)

Verfahrenspapier der Bundesauftragskonferenz –Bewilligung von Leistungen der Grundsicherung im Altern und bei Erwerbsminderung für Leistungsberechtigte in der besonderen Wohnform

Verfahrenspapier der Bundesauftragskonferenz – Bedarfe für Unterkunft und Heizung in der besonderen Wohnform ab dem 1. Januar 2020 nach § 42a Absatz 5 und 6 SGB XI

Literatur

Boetticher, Arne von: Das neue Teilhaberecht, Nomos-Verlag, Baden-Baden 2018

Diem, Alexander: Auswirkungen des Bundesteilhabegesetzes (BTHG) auf das sozialhilferechtliche Dreiecksverhältnis, in: Zeitschrift für die sozialgerichtliche Praxis 2018, S. 71

Fix, Elisabeth: Die Schnittstelle Eingliederungshilfe – Pflege im Licht der gesetzlichen Regelungen des Bundesteilhabegesetzes und des Pflegestärkungsgesetzes III, Fachbeitrag auf www.reha-recht.de vom 22.03.2017; https://www.reha-recht.de/fachbeitraege/beitrag/artikel/beitrag-d11-2017/

Fuchs, Harry: Unterschiedliches Leistungserbringungs-und Vergütungsrecht im Teil 1 und 2 des SGB IX. Trennung der Fachleistungen von den Leistungen zum Lebensunterhalt http://harry-fuchs.de/wp-content/uploads/2017/12/HS-Du%CC%88sseldorf-Block-BTHG-16.02.2018.pdf

Kruse, Katja, Die aktuelle Empfehlung der Spitzenverbände zur Schnittstelle von Eingliederungshilfe und Pflege im ambulanten Bereich, in: Zeitschrift für die sozialgerichtliche Praxis 2019, S. 23

Linhart/Adolph, SGB II, SGB XII, Asylbewerberleistungsgesetz (Loseblattwerk, 2019)

Weiterführende Informationen

www.umsetzungsbegleitung-bthg.de
Informationen und Fachdiskussionen zur Umsetzung des Bundesteilhabegesetzes bis 2020 durch den Deutschen Verein mit Förderung durch das BMAS

www.bagues.de
Homepage der Arbeitsgemeinschaft der Bundesarbeitsgemeinschaft der überörtlichen Sozialhilfeträger (BAGüS)

www.bar-frankfurt.de
Homepage der Bundesarbeitsgemeinschaft für Rehabilitation (BAR), auf der auch die Gemeinsamen Empfehlungen veröffentlicht sind (Rubrik „Publikationen")

www.einfach-teilhaben.de
Informationsportal des BMAS für Menschen mit Behinderungen, ihre Angehörigen, Verwaltungen und Unternehmen

www.gemeinsam-einfach-machen.de
Informationsseite des BMAS zur Umsetzung der UN-Behindertenrechtskonvention

www.teilhabeberatung.de
Informationen zur ergänzenden unabhängigen Teilhabeberatung inklusive Abrufmöglichkeiten der regionalen Beratungsstellen

www.teilhabegesetz.org
Kampagnensite der Selbsthilfeverbände mit zahlreichen kritischen Informationen zum Bundesteilhabegesetz

Abkürzungsverzeichnis

AIS	Ausschuss für Arbeit, Integration und Sozialpolitik
BAGüS	Bundesarbeitsgemeinschaft der überörtlichen Sozialhilfeträger
BGB	Bürgerliches Gesetzbuch
BGBl.	Bundesgesetzblatt
BMAS	Bundesministerium für Arbeit und Soziales
BR-Drs.	Bundesratsdrucksache
BT-Drs.	Bundestagsdrucksache
BSG	Bundessozialgericht
BSHG	Bundessozialhilfegesetz
BTHG	Bundesteilhabegesetz
BVerfG	Bundesverfassungsgericht
BVG	Bundesversorgungsgesetz
Drs.	Drucksache
EGH	Eingliederungshilfe
EGH-VO	Eingliederungshilfe-Verordnung
EStG	Einkommensteuergesetz
EUTB	Ergänzende unabhängige Teilhabeberatung
f.	folgender Paragraf
GAE	Grundsicherung im Alter und bei dauerhafter Erwerbsminderung
GG	Grundgesetz
GKV	Gesetzliche Krankenversicherung
GruSi	Grundsicherung
HzP	Hilfe zur Pflege
ICD	Internationale Klassifikation der Krankheiten (International Statistical Classification of Diseases and Related Health Problems)
ICF	Internationale Klassifikation der Funktionsfähigkeit, Behinderung und Gesundheit der WHO (International Classification of Functioning, Disability and Health)
KdU	Kosten der Unterkunft
KfzHV	Kraftfahrzeughilfen-Verordnung
KV	Krankenversicherung
LSG	Landessozialgericht
PSG III	Drittes Pflegestärkungsgesetz
RV	Rentenversicherung

Abkürzungsverzeichnis

SGB	Sozialgesetzbuch
SGB I	Sozialgesetzbuch – Erstes Buch (Allgemeiner Teil)
SGB II	Sozialgesetzbuch – Zweites Buch (Grundsicherung für Arbeitsuchende)
SGB III	Sozialgesetzbuch – Drittes Buch (Arbeitsförderung)
SGB V	Sozialgesetzbuch – Fünftes Buch (Gesetzliche Krankenversicherung)
SGB VI	Sozialgesetzbuch – Sechstes Buch (Gesetzliche Rentenversicherung)
SGB IX	Sozialgesetzbuch – Neuntes Buch (Rehabilitation und Teilhabe von Menschen mit Behinderungen)
SGB XI	Sozialgesetzbuch – Elftes Buch (Soziale Pflegeversicherung)
SGB XII	Sozialgesetzbuch – Zwölftes Buch (Sozialhilfe)
UN-BRK	Behindertenrechtskonvention der Vereinten Nationen
UV	Unfallversicherung
WBVG	Wohn- und Betreuungsvertragsgesetz
WfBM	Werkstatt für Menschen mit Behinderungen
WHO	Weltgesundheitsorganisation der Vereinten Nationen (World Health Organization)

Stichwortverzeichnis